Wohin steuert die ökonomische Wissenschaft?

Normative Orders

Schriften des Exzellenzclusters »Die Herausbildung normativer Ordnungen« der Goethe-Universität, Frankfurt am Main

Herausgegeben von Rainer Forst und Klaus Günther

Band 3

*Volker Caspari* ist Professor für Wirtschaftstheorie an der TU Darmstadt. *Bertram Schefold* ist Professor für Volkswirtschaftslehre, insbesondere Wirtschaftstheorie, an der Johann Wolfgang Goethe-Universität, Frankfurt am Main.

Volker Caspari, Bertram Schefold (Hg.)

# Wohin steuert die ökonomische Wissenschaft?

Ein Methodenstreit in der Volkswirtschaftslehre

Campus Verlag
Frankfurt/New York

Bibliografische Information der Deutschen Nationalbibliothek
Die Deutsche Nationalbibliothek verzeichnet diese Publikation in der Deutschen Nationalbibliografie.
Detaillierte bibliografische Daten sind im Internet unter http://dnb.d-nb.de abrufbar.
ISBN 978-3-593-39383-4

Copyright © 2011 Campus Verlag GmbH, Frankfurt am Main
Umschlaggestaltung: Campus Verlag, Frankfurt am Main
Druck und Bindung: Beltz Druckpartner, Hemsbach

Gedruckt auf Papier aus zertifizierten Rohstoffen (FSC/PEFC).
Printed in Germany

Besuchen Sie uns im Internet: www.campus.de

# Inhalt

# Vorwort:
# Die normative Ordnung der Wirtschaft

Die Finanzkrise der letzten Jahre hat einmal mehr vor Augen geführt, dass wir in einer Zeit tiefgreifender und rapider gesellschaftlicher Veränderungen leben, die mit vielfältigen sozialen Auseinandersetzungen – um eine gerechte »Weltwirtschaftsordnung« angesichts knapper Ressourcen und systemischer Risiken, des Klimawandels oder kriegerischer Konflikte – verbunden sind. Es stellen sich damit Herausforderungen neuer Art, die mit herkömmlichen Ordnungsvorstellungen nicht beantwortet werden können, und dies insbesondere aus dem Grund, dass diese Krisen und Konflikte die nationalen Grenzen überschreiten und transnationale Lösungen erforderlich machen. Dafür aber scheinen uns die Begriffe und Theorien zu fehlen. Diese Herausforderungen, Prozesse und Konflikte mit angemessenen Mitteln zu analysieren, hat sich der Frankfurter Forschungscluster unter dem Gesichtspunkt der »Herausbildung normativer Ordnungen« zur Aufgabe gemacht, und zwar in der Überzeugung, dass die Vielfalt der Probleme eine interdisziplinäre Zusammenarbeit nötig macht, die die Philosophie, die Sozialwissenschaften, die Geschichts- und Rechtswissenschaften sowie die Ethnologie und die Religionswissenschaft ebenso einbegreift wie – nicht zuletzt – die Ökonomie.

Normative Ordnungen werden in unseren Forschungen als »Rechtfertigungsordnungen« bezeichnet, die in historisch gewachsene und lokal variierende »Rechtfertigungsnarrative« eingebettet sind. Sie zeichnen bestimmte Legitimationen aus, wobei Normen und Werte verschiedenster Art auf spannungsreiche oder konflikthafte Weise ineinander greifen. Gemeinsame Basis der Wissenschaftler und Wissenschaftlerinnen, die sich mit diesen Themen befassen, bleibt bei aller gewünschten und gelebten Pluralität wissenschaftlicher Perspektiven und Methoden die Betonung des internen, des normativen Standpunkts der Teilnehmer an sozialen Praktiken und Institutionen. Damit schließt der Cluster auf innovative Weise an die Frankfurter Tradition der geistes- und sozialwissenschaftlichen Forschung an, um sich den wissenschaftlichen Herausforderungen der Gegenwart und Zukunft zu stellen.

Dass die Ökonomie eine Wissenschaft ist, die es mit normativen Ordnungen in diesem Sinne zu tun hat, hätte zu früheren Zeiten niemanden
überrascht, denkt man an die Klassiker dieser Wissenschaft. Doch wie der
vorliegende Band zeigt, stößt man mit dieser Frage heute auf einen Methodenstreit, in dem es darum geht, in welchem Sinne die Wissenschaft von der
Wirtschaft die Wissenschaft von einer Ordnung ist, die nicht nur eigenen
Gesetzen folgt, sondern noch immer eine Ordnung des Handelns ist, die
gesellschaftliche Ziele und Grundsätze, am vornehmsten das Prinzip der Gerechtigkeit, zur Grundlage hat. Kann sie in ihren Prämissen das soziale Handeln, das auf solche Grundsätze abzielt, noch unterbringen? Und welches
Bild macht sie sich von der Beziehung dieser Prinzipien zur Funktionslogik
des ökonomischen Systems? Versteht sie sich auch als eine politische Wissenschaft, die über die Möglichkeiten und Ziele von Wirtschaftspolitik nach-
denkt? Was heißt es, eine »Wirtschaftsordnung« zum Gegenstand wissenschaftlicher Betrachtung zu machen; ist sie nicht immer auch eine Ordnung
des Handelns, der Grundsätze und der Werte – und muss man hier nicht an
die vielfältigen Bedeutungen von »Wert« erinnern, die in dieser Wissenschaft
eine Rolle spielen?
　　Wie sich die Ökonomie die Genese von Normen vorstellte und vorstellt,
war das Thema eines Forschungsprojekts des Clusters, das die Kollegen Volker Caspari, Rainer Klump und Bertram Schefold verantworteten, und in
diesem Rahmen nahmen sie sich auf einer Tagung der Frage nach den meta-
wissenschaftlichen Grundlagen im aktuell ausgetragenen »Neuen Methodenstreit« innerhalb der Wirtschaftswissenschaften an. Die Beiträge, die in
diesem Band versammelt sind, situieren diesen Streit historisch und in seinen vielfältigen Bezügen, auch anhand einer Diskussion der volkswirtschaftlichen Curricula – wenn man so will, einer besonderen Form akademischer
normativer Ordnung. Hier zeigt sich, inwiefern es die Teilnahme an sozialen
normativen Ordnungen immer wieder nötig macht, auch die Ordnung der
eigenen Wissenschaft zu überdenken. So öffnen die Herausgeber mit diesen
Fragen auch die Volkswirtschaftslehre für die anderen Disziplinen des Frankfurter Clusters und dokumentieren die Produktivität der Einbindung in einen interdisziplinären Diskurs.
　　Der vorliegende Band bildet den 3. Band der Reihe »Normative Orders«,
in der zentrale Tagungen und Vorlesungsreihen, die die interdisziplinäre Arbeit des Clusters repräsentieren, dokumentiert werden. Frau Dr. Judith Wil-
ke-Primavesi vom Campus Verlag möchten wir an dieser Stelle für die gute
Zusammenarbeit danken. Schließlich ein herzliches Wort des Dankes an die

Organisatoren der Tagung und die Herausgeber des Bandes, Volker Caspari und Bertram Schefold, und an alle, die seinerzeit zum Gelingen des Workshops und anschließend zum Zustandekommen dieses Bandes beigetragen haben.

*Frankfurt am Main, im Februar 2011*
*Rainer Forst und Klaus Günther*
*Sprecher des Exzellenzclusters »Die Herausbildung normativer Ordnungen«*

# I. Einleitung

In der deutschen akademischen Volkswirtschaftlehre war im Jahr 2009 eine Debatte über die Ausrichtung und die Methoden des Faches entstanden. Seit einigen Jahren gärte es bereits. Die Abstimmung der Studierenden mit den Füßen, d.h. die Entscheidung, lieber Betriebs- als Volkswirtschaftslehre zu studieren, hatte zu einem Rückbau volkswirtschaftlicher zu Gunsten betriebswirtschaftlicher Lehrstühle geführt. Die Kritiker einer analytisch-mathematischen Ausbildung in der Volkswirtschaftslehre sahen ihre Überzeugung, die Volkswirtschaftslehre verliere ihre wirtschaftspolitische Relevanz, durch das Abstimmungsverhalten der Studienanfänger bestätigt. Mit dem Generationenwechsel in der Professorenschaft nahm der Einfluss der sich am amerikanischen Mainstream orientierenden deutschen Ökonomen jedoch schrittweise zu, und so fühlten sich die Vertreter der deutschen Ordnungsökonomik zunehmend an den Rand gedrängt. Ein scheinbar äußerlicher Auslöser dieses »Neuen Methodenstreits« war der Plan der Kölner Universität – einer der Bastionen der Ordnungsökonomik – ihre Lehrstühle für Wirtschaftspolitik umzuwidmen, um einen »international wettbewerbsfähigen« Forschungsschwerpunkt für Makroökonomik zu schaffen. Der Plan geriet schnell in die Öffentlichkeit und kulminierte in einem von 83 Professoren unterzeichneten Aufruf in der *Frankfurter Allgemeinen Zeitung* (05.05. 2009) zur Rettung der Wirtschaftspolitik an den deutschen Universitäten. Beantwortet wurde dieser durch einen von 188 Ökonomen unterzeichneten und im *Handelsblatt* veröffentlichten Gegenaufruf »Baut die deutsche VWL nach internationalen Standards um!« (08.06.09), in dem für einen am amerikanischen Modell ausgerichteten »Dreiklang« der Ausbildung – Mikroökonomik, Makroökonomik und Ökonometrie – plädiert wurde.[1] In dieser vorwiegend im *Handelsblatt* und in der *FAZ* ausgetragenen Auseinandersetzung ging es nicht um konkrete Problemstellungen, wie z.B. die Bekämpfung der seinerzeit gerade ausgebrochenen Finanzmarktkrise, sondern um

---

1 Beide Aufrufe sind im Anhang abgedruckt.

die Frage, ob und wie das Fach Wirtschaftspolitik in volkswirtschaftlichen Curricula noch einen Platz finden sollte. Damit wurden die Ausrichtung und Normung der volkswirtschaftlichen Forschung und Lehre an deutschen Universitäten selbst zum Gegenstand.

Die in der öffentlichen Debatte aufgeworfenen Fragen der inhaltlichen und methodischen Ausrichtung des Fachs »Volkswirtschaftslehre« führte im Kreis der Forschungsgruppe »Genese von Normen in der ökonomischen Wissenschaft: Robinsonaden, Werturteilsstreit und Ordoliberalismus«[2] zu einer intensiveren Erörterung der erkenntnistheoretischen Hintergründe der aktuellen Diskussionen. Ist die deutsche Volkswirtschaftslehre tatsächlich dem durch von Mises und von Hayek begründeten Apriorismus gefolgt und hat sich im Sinne von Kempskis zu einer normativ-analytischen Gesetzeswissenschaft entwickelt, gegen die man noch immer den Vorwurf des Modellplatonismus erheben darf? Oder hat sich in den deutschen volkswirtschaftlichen Fakultäten und Instituten nicht viel eher in der Verbindung von ökonomischer Theorie und Ökonometrie eine empirisch-analytische Tradition herausgebildet, die sich weit mehr dem Popperschen kritischen Rationalismus als dem Hayekschen Apriorismus verpflichtet fühlt? Ist dabei die Wirtschaftspolitik sozusagen »auf der Strecke geblieben«? Dies kann eigentlich so nicht vorbehaltlos bejaht werden, denn die empirischen Analysen, die sich ökonometrischer Methoden bedienen, gehen in der Regel von wirtschaftspolitisch relevanten Fragestellung aus und behandeln höchst selten Probleme aus Wolkenkuckucksheim. Wo aber werden die Fragen nach der Wirtschaftsordnung bzw. nach dem Wirtschaftssystem behandelt? Wie greifen Werteordnungen (Freiheit, Gleichheit, Gerechtigkeit), Gesellschaftsordnung und Wirtschaftsordnungen ineinander? Wie begründet man Eigentumsrechte? Diese Fragen sind nicht mit Hilfe der empirisch-quantativen Methoden zu beantworten. Soll sich die Volkswirtschaftslehre deshalb bei der Behandlung dieser Fragen für nicht zuständig erklären? Entschlösse man sich hierzu, wäre nicht nur der Bruch mit den sozialwissenschaftlichen Nach-

---

2 Die Forschergruppe arbeitet im Rahmen des Exellenzclusters »Die Herausbildung normativer Ordnungen« an der Johann-Wolfgang-Goethe Universität Frankfurt am Main. Johannes Glaeser arbeitet an einem Dissertationsprojekt zu »Werturteile und Normengenese in der deutschen soziökonomischen Diskussion im ausgehenden 19. und beginnenden 20. Jahrhundert«, wobei es im wesentlichen um die theoriegeschichtliche Aufarbeitung des *Werturteilsstreits* geht. Der Arbeitstitel der Dissertation von Matthias Lennig lautet »From Justice to Efficiency: Essays on Two Normative Concepts in the History of Economic Thought«. Manuel Wörsdörfers Dissertation soll demnächst unter dem Titel »Die normativen und wirtschaftsethischen Grundlagen des Ordoliberalismus« erscheinen.

bardisziplinen (Soziologie, Jurisprudenz und Politologie) endgültig vollzogen, man würde sich auch aus wesentlichen Fragen der wirtschaftspolitischen Praxis verabschieden und den Nachbardisziplinen das Feld überlassen.

Ein Blick in die Geschichte der Volkswirtschaftslehre zeigt, dass solche Fragen keineswegs neu sind. So wurde z.B. vor und nach der Weltwirtschaftskrise in der Weimarer Republik die Reflexion wirtschaftspolitischer Optionen vor dem Hintergrund unterschiedlicher ökonomischer Paradigmen geführt. Zu diesen Strömungen zählten seinerzeit die Historische Schule, die Österreichische Schule wie auch Vertreter, die sich im Anschluss an die englische Klassik der »isolierenden Methode« annäherten und sich »Ricardianer« nannten.

In dem Workshop »Normen in der Volkswirtschaftslehre – Normung des volkswirtschaftlichen Curriculums« wurde den Grundlagen der jeweiligen Positionen im »Neuen Methodenstreit« aus erkenntnistheoretischer und theoriegeschichtlicher Perspektive nachgegangen. Die Tagung fand vom 18. bis 19. Februar 2010 an der Johann-Wolfgang-Goethe Universität Frankfurt am Main im Rahmen der Aktivitäten des Exzellenzclusters »Die Herausbildung normativer Ordnungen« statt, dessen Ziele Rainer Forst und Klaus Günther im Vorwort diesen Bandes beschreiben. Die Tagung war öffentlich und gut besucht. Vorträge wurden durch Volker Caspari, Johannes Glaeser, Rainer Klump, Heinz Kurz, Michael Lennig, Andrea Maurer, Bertram Schefold, Ekkehart Schlicht, Keith Tribe und Carl Christian von Weizsäcker gehalten. Der Beitrag von Manfred E. Streit wurde stellvertretend durch Volker Caspari besprochen. Zu den weiteren Teilnehmern des Workshops zählten Rüdiger Bachmann, Nils Goldschmidt, Bert Rürup und Roland Vaubel. Ein Großteil der von den einzelnen Fachvertretern gehaltenen Referate wurde schriftlich ausgearbeitet. Sie liegen neu geordnet und in einen allgemeinen Zusammenhang gestellt in diesem Band vor. An der den Workshop anschließenden Podiumsdiskussion waren etwa 200 Gäste anwesend. Eine Dokumentation des Diskussionsverlaufs befindet sich im Anhang.

Im ersten Kapitel des Buchs (Abschnitt II) geht es um die Umbrüche der akademischen Kultur in der modernen Wissensgesellschaft und um das Verhältnis der Ökonomie zu ihren gesellschaftswissenschaftlichen Nachbardisziplinen. Es folgen in Abschnitt III zwei Reflexionen über die ökonomischen Curricula in der Gegenüberstellung der deutsch-kontinentalen und der angelsächsischen Entwicklungen. Den Hauptteil (Abschnitt IV) bilden fünf Arbeiten zum Methodenpluralismus aus verschiedenen Perspektiven, die teils systematisch, teils exemplarisch eine bestimmte Herangehensweise zu begründen und zu rechtfertigen suchen. In Abschnitt V folgen die Positionsbestimmungen der zwei Hauptprotagonisten und Initiatoren der Aufrufe: Rüdiger Bachmann fasst rückblickend seine Position zu den in der Methodendebatte aufgeworfenen Fragen zusammen. In einem anschließenden Ausblick prophezeit Bachmann, dass DSGE (*Dynamic Stochastic General Equilibrium*) als Modellierungsparadigma gestärkt aus der Krise hervorgehen werde. Roland Vaubel erläutert und vertritt die Thesen, die mit dem Aufruf der 83 VWL Professoren in die Öffentlichkeit getragen und zur Diskussion gestellt wurden. Im Anschluss nimmt er zu den Missverständnissen Stellung, die sich aus seiner Sicht im Zuge der Ausweitung der Diskussion in Presse und Öffentlichkeit ergeben haben. Im Anhang befinden sich abschließend die Aufrufe, wie sie im *Handelsblatt* und der *Frankfurter Allgemeinen Zeitung* erschienen sind, und die Transkription der Podiumsdiskussion.

Im folgenden werden die Einzelbeiträge zusammengefasst:

*Bertram Schefold* diskutiert in seinem Beitrag »Die Ökonomisierung der Wissensgesellschaft« die Möglichkeiten und Grenzen einer Wissenswirtschaft. Hierzu gibt er einen historischen Abriss der Wissenskulturen von der Antike bis zur Gegenwart. Die monetäre Bewertung von Wissen betrachtet Schefold nicht grundsätzlich als effizient. Das von der EU geförderte Projekt der »Wissensgesellschaft« laufe auf eine Verengung der Forschungsförderung hinaus, die das kulturelle Erbe vernachlässigt. Schefold ruft dazu auf, sich einer humanistischen Wissenskultur zuzuwenden, die sich der Relativität des Wissens und der Ziele wieder bewusst wird.

In ihrem Beitrag »Prekäre Verhältnisse? Wirtschaftssoziologie und Sozialökonomie auf der Suche nach der verlorenen Einheit« thematisiert *Andrea Maurer* das Verhältnis der Soziologie zur Wirtschaftswissenschaft. Sie zeichnet die historische Ausdifferenzierung und Arbeitsteilung der beiden Disziplinen nach. In Anknüpfung an die Sozialökonomie und die verstehende Soziologie Max Webers vertritt Frau Maurer die Position einer integrativen Sozialwissenschaft, indem sie zu zeigen versucht, wie unter einem gemeinsamen methodologischen Dach soziologische Perspektiven auf und Erklärungen von Wirtschaft gewonnen werden können.

In »Wirtschaftspolitik im volkswirtschaftlichen Curriculum – Glanzlicht oder Auslaufmodell« diskutiert *Rainer Klump* Geschichte und Zukunft des volkwirtschaftlichen Faches Wirtschaftspolitik. Beginnend mit den Anfängen im Absolutismus des 17. und 18. Jahrhunderts über das goldene Zeitalter nach dem zweiten Weltkrieg bis zu seiner schrittweisen Marginalisierung –

unter anderem im Zuge des Bologna-Prozesses – zeichnet Klump die Geschichte des Faches Wirtschaftspolitik nach. Heute stehe die ökonomische Wissenschaft vor der Frage, ob die Ökonomie nur eine Lehre der Effizienz oder auch die Lehre von der Gerechtigkeit sei. Fragen einer gerechten Gesellschaftsordnung und der Wirtschaftspolitik müssten in das ökonomische Curriculum integriert werden.

*Keith Tribe* ordnet anschließend die deutschen Bemühungen der Anpassung der universitären Curricula im Zuge des Bologna-Prozesses in den internationalen Kontext ein. »Das volkswirtschaftliche Curriculum und das angelsächsische Modell« stellt dar, dass von dem vielzitierten »angelsächsischen Vorbild« in der Realität keine Rede sein kann. US-amerikanisches und britische Systeme unterscheiden sich maßgeblich vor dem Hintergrund einer je individuellen Entstehungsgeschichte. *Tribe* empfiehlt, die deutsche Diskussion am amerikanischen Vorbild auszurichten und spricht dagegen von dem britischen System als einem »zum Scheitern verurteilten Modell«.

In seinem Aufsatz »Vom Glück und von Gärten: Moderne Ordnungsökonomik und die normativen Grundlagen der Gesellschaft« thematisiert *Nils Goldschmidt* die Genese von Normen in den Wirtschaftswissenschaften am Beispiel des Ordoliberalismus. Ordnungsökonomik, als Gestaltung von Spielregeln und gesellschaftlicher Rahmenbedingungen, wird von Goldschmidt auch als normative Disziplin eingeführt. Die Frage nach einer für moderne Gesellschaften tragfähigen normativen Leitidee versucht er durch einen Rückgriff auf ordoliberale Denker (Rüstow) zu beantworten. In Abgrenzung zu Effizienz- und Glücksfaktoren wird für eine auf Inklusion und Verwirklichungschancen der Menschen ausgerichtete Vitalpolitik plädiert. Als normatives Begründungskriterium sozial- und wirtschaftspolitischer Maßnahmen verweist Goldschmidt auf die »Zustimmungsfähigkeit« als heuristisches Mittel.

*Manfred E. Streit* zeichnet den Weg vom Ordnungsdenken der Freiburger Schule zur Institutionenökonomik von North und Williamson. Ordnungspolitik definiert Streit als die Reduzierung von Reibungsverlusten bei der Verfolgung politischer Ziele, wobei er Institutionen (Regeln) als geeignetes Steuerungsinstrument vorstellt. Zur Beantwortung der programmatischen Fragen nach der Entstehung, Veränderung und Normativität von Institutionen verweist Streit auf Arbeiten von Elinor Ostrom, Douglass North und F.A. von Hayek. Die Bedeutung institutioneller Veränderungen wird anhand eines Exkurses der Transformationsprozesse der ehemaligen DDR besprochen.

Anschließend wirft *Volker Caspari* einen Blick auf die »Kritik an der ökonomischen Prognostik«. Die Nachfrage nach ökonomischer Prognosetätigkeit ist enorm gestiegen. Gleichzeitig nimmt auch die öffentliche Kritik an den Vorhersagen der Ökonomen zu, und im Gegenzug ist das Vertrauen der Bevölkerung in die Ökonomenzunft auf einem Minimum angelangt. Als Hilfsinstrument der Wirtschaftspolitik hat die ökonomische Prognostik mit einer Reihe von Problemen zu kämpfen. Allerdings steht es um die Prognosefähigkeit anderer Disziplinen nicht besser. Anhand eines Vergleiches mit der Wettervorhersage zeigt Caspari, dass in Bezug auf die Alltagsrelevanz die BIP-Prognosen der Volkswirte vergleichsweise genau seien.

Meist gehen Ökonomen von funktionierenden Märkten mit einer Tendenz zum Gleichgewicht aus. Es gibt jedoch Ausnahmen. So neigt der Finanzmarkt häufig zu einer Bildung spekulativer Blasen. Ähnlich sei es in der ökonomischen Wissenschaft, argumentiert *Heinz Kurz* in seinem Beitrag »Zur Bildung von Blasen im Fach und was man dagegen tun kann: Plädoyer für eine solide Ausbildung in Theorie- und Wirtschaftsgeschichte«. Anhand von Beispielen belegt Kurz, dass die ökonomische Theoriebildung keinesfalls immer zu einem stetigen Erkenntnisfortschritt tendiere, vielmehr erfinde die Ökonomik das Rad immer wieder aufs Neue, wenn auch im Gewand immer weiter verfeinerter Methoden. Eine solide Ausbildung in Wirtschafts- und Theoriegeschichte könne hingegen der Bildung solcher Blasen entgegenwirken und sei zudem mit einem direkten Vergnügen für Studierende, Forschende und Lehrende verbunden.

Normativität und die ökonomische Vorstellung eines Homo Oeconomicus stehen in einem Spannungsverhältnis. *Carl Christian von Weizsäcker* beschreibt in »Homo Oeconomicus Adaptivus – Die Logik des Handelns bei veränderlichen Präferenzen« den Umgang mit dem Konstrukt des Homo Oeconomicus in der ökonomischen Theoriegeschichte und in gegenwärtigen Diskussionen. Die normative Ökonomik sei dabei auf die unrealistische Annahme unveränderlicher Präferenzen angewiesen. Demgegenüber entwickelt von Weizsäcker ein Modell adaptiver Präferenzen. Dabei handelt es sich um Präferenzen bezüglich Fortschrittspfaden zwischen Warenkörben anstatt um Präferenzen zwischen den Warenkörben selbst. Dadurch wird es möglich, Konzepte wie Bildung, Lernen und gesellschaftliche Dynamik in die ökonomische Analyse zu integrieren.

Die deutschen Universitäten stehen mit anderen kontinentaleuropäischen in einer Umbruchphase, deren Bedeutung derjenigen der Universitätsreform um 1970 nicht nachsteht. Für die Volkswirtschaftslehre bedeutet dies eine neue Auseinandersetzung mit ihrer durch die Dominanz der Historischen Schule im neunzehnten Jahrhundert geprägten Geschichte. Die Diskussionen im Workshop und die dadurch induzierten Reflektionen in der Arbeitsgruppe des Exzellenzclusters haben zu neuen Fragestellungen, aber auch zu einer Neubewertung der jüngeren Entwicklung der Volkswirtschaftslehre geführt. Niemand bestreitet, dass eine wissenschaftlich fundierte Wirtschaftspolitik auf quantitative Methoden, wie z.B. Ökonometrie und Statistik, nicht verzichten kann. Alles andere wäre methodisch nicht viel besser als der Blick in die Glaskugel oder das Lesen im Kaffeesatz. Nur darf sich die Volkswirtschaftslehre, bzw. die Wirtschaftpolitik darin nicht erschöpfen. Der wirtschaftende Mensch ist und bleibt eingebettet in ein Rechtssystem, in die Gesellschaft und in eine bestimmte Kultur. Nun hat sich seit dem Mittelalter nicht nur das Ökonomische aus dem normativen Prokrustesbett erhoben, und die Wirkmächtigkeit der gesellschaftlichen und kulturellen (religiösen) Normen auf das Ökonomische ist geringer geworden. Hingegen haben die ökonomischen Begründungsnarrative im gesellschaftlichen Normendiskurs zugenommen (Ökonomisierung der Lebenswelt). Damit erwächst der Volkswirtschaftlehre eine größere gesellschaftliche Verantwortung, der sie sich nicht entziehen darf, indem sie etwa ihre normativen Fundamente ignoriert oder gar negiert. Noch vor 40 Jahren waren angesichts des faktischen Wettbewerbs zwischen sozialistischen Plan- und kapitalistischen Marktwirtschaften die normativen Grundfragen offensichtlich. Natürlich stellte sich die Frage, ob Planwirtschaft und Demokratie vereinbar seien. Mit dem historischen Niedergang der sozialistischen Planwirtschaften rückten diese Fragestellungen aus dem Blickfeld nicht nur der Volkswirtschaftslehre. Wenn jedoch im Zuge des Generationenwechsels die historische Erfahrung sukzessive verblasst, werden die Rufe nach einer anderen Wirtschafts- und Gesellschaftsordnung wieder vernehmbarer werden. Gegenwärtig spielt z.B. der Begriff der »sozialen Gerechtigkeit«, der in einem engen Zusammenhang mit einer tatsächlichen oder nur gefühlten Zunahme der Ungleichheit in der Einkommensverteilung steht, eine wichtige Rolle im öffentlichen Diskurs. Kann die Volkswirtschaftslehre zu dieser Thematik etwas beitragen? Für diese und ähnliche normativen Thematiken muss die universitäre Volkswirtschaftslehre wieder Raum in ihrem Curriculum schaffen, damit ihre Absolventinnen und Absolventen an diesem gesellschaftlichen Diskurs teilnehmen können. Reduziert sie ihr Erkenntnisinteresse auf die instrumentellen Zusammenhänge, wird sie ihre Deutungsmacht an andere

Sozialwissenschaften abgeben und sich auf die Rolle des »Wirtschaftsmeteorologen« beschränken müssen.

Wir schließen, indem wir unseren Mitarbeitern Johannes Glaeser und Matthias Lennig, Promovierende im Rahmen des Exzellenzclusters, herzlich für ihre große Arbeit bei der Vorbereitung und Durchführung der Tagung und für ihre Hilfe bei Ordnung und Durchsicht der Beiträge zu diesem Band danken; ebenso danken wir allen weiteren Helferinnen und Helfern in unserem Institut und in der Verwaltung des Clusters.

*Volker Caspari und Bertram Schefold*

## II. Wissenskultur und Wissensgesellschaft

# Ökonomisierung der Wissensgesellschaft

*Bertram Schefold*

Wer die Diskussion verfolgt, nach welchen Methoden sich die Volkswirtschaftslehre orientieren soll, bemerkt bald, dass hinter der fachspezifischen Auseinandersetzung ein Stilwandel der Wissenschaft steht, der in verwandten Formen das ganze universitäre Leben verändert. Es mag sein, dass er in den Naturwissenschaften als weniger bedrohlich empfunden wird als in einigen Geisteswissenschaften, weil er früher begann und ältere Entwicklungen fortsetzte, aber von Angehörigen der Geisteswissenschaften, zumal der älteren Generation, wird er als grundstürzend empfunden – die Wirtschafts- und Sozialwissenschaften stehen dazwischen. Da geht es einerseits um neue Strukturen für Lehre und Forschung wie die von der Europäischen Union ausgehenden Bestrebungen zur Studienreform und die Herstellung eines europäischen Forschungsraumes, neue Berufungsverfahren, Messungen der Leistungen anhand von Drittmitteleinwerbung, Messung der Publikationserfolge. Andererseits beobachten wir inhaltliche Veränderungen durch eine verstärkte Orientierung der Forschung an der Praxis, das Vordringen quantitativ-empirischer Methoden in Bereiche, in denen bisher vorwiegend qualitativ argumentiert wurde, neue Formen von wissenschaftlicher Arbeitsteilung und Kooperation, schließlich ein verändertes Verständnis der Bildungsziele der Universität und, dahinter stehend, der Bildung überhaupt. Es ist die akademische Lebenswelt selbst, die sich damit verändert, und das Verhältnis zu ihren Traditionen wird neu bestimmt. Die Anstöße kommen überwiegend von außen; deshalb werden einige Veränderungen als Belastungen und Beeinträchtigungen akademischer Freiheiten empfunden. In anderen kann man mehr Positives sehen: Wissenschaft scheint der Öffentlichkeit immer wichtiger zu werden, und immer mehr Personen durchlaufen eine universitäre Ausbildung. Immer deutlicher wird jedenfalls die Rivalität der Regionen, Nationen und Machtblöcke als Kampf um Vorsprünge in der wissenschaftlichen Fundierung des technischen Fortschritts und der Herausbildung neuer Institutionen verstanden. Wirtschaftlicher Wettbewerb treibt die Transformation voran, aber sie wird auch von einem primär politischen Emanzipationsstreben motiviert: Wenn der Mensch etwas gelten soll, muss er studiert haben. Selbst in diesem neuen Denken liegt eine Ambivalenz. Es scheint sich auf ein Menschenrecht auf Bildung zu gründen, ist aber eigentlich elitär. Demokratischer wäre die Anerkennung auch anderer Leistungen, darunter der Urteilskraft und der kognitiven Fähigkeiten, die sich mit der Familienerziehung, Pflege, Handwerk und jedem mit ernsthafter Hingabe verbundenen Beruf verbinden. Vielen geht es indessen nur um die höheren Löhne, die sich auf einen akademischen Abschluss gründen.

Aus der Fülle der Thematiken, in welche die Fragestellung des Buchs sich eingebettet findet, wähle ich eine übergreifende: die Ökonomisierung der Wissenschaft, die manchmal affirmativ, manchmal kritisch gesehen wird. Man kann sich über das Ausmaß und die Bewertung dieser Tendenz streiten, aber kaum über die Tatsache, dass Wissenschaft im Einklang mit einer politischen Programmatik und der Logik der sozioökonomischen Entwicklung wirtschaftlicher Rationalität im Sinne Webers stärker unterworfen wird als früher, wodurch eben eine an anderen Kriterien orientierte Rationalität – die beispielsweise Gesichtspunkte der Tradition berücksichtigt – beiseite gedrängt wird.[1]

## 1. Der Austausch des Wissens

Wissenskulturen hat es unter Menschen stets gegeben, da es ihn ja auszeichnet, dass er kulturelle Prägungen über mehrere Generationen weitergibt.[2] Von einer Wissensgesellschaft möchte ich sprechen, wenn sich zur Entwicklung und Tradierung irgendwelcher Wissensinhalte besondere Strukturen arbeitsteilig herausbilden, was sich in traditionsgebundenen Stammesgesellschaften schon abzeichnet und in Schriftkulturen ausgeprägte Formen annimmt. Ein bedeutendes Beispiel für viele: Der große arabische Gelehrte Ibn Khaldun hat in seinem Buch Muqqadima im vierzehnten Jahrhundert die klassische Darstellung vom Aufstieg und dem Niedergang der Nationen ge-

---

1 In verwandten Publikationen (vgl. Schefold, »Einleitung«, in: Weber) habe ich das Thema ebenfalls behandelt und erlaube mir deshalb textliche Übernahmen, die nachfolgend nicht einzeln gekennzeichnet sind.

2 Vgl. Fried/Stolleis (Hg.), *Wissenskulturen*.

geben. Seine Erfahrungen in den maghrebinischen Fürstentümern an der Küste Nordafrikas verallgemeinernd, schilderte er den Niedergang von Staaten, deren führende Dynastien und Oberschichten, an Luxus gewöhnt, ihre Untertanen mit schweren und verschiedenartigen Steuern belasteten, so dass unternehmerisches Handeln entmutigt, das Handwerk geschwächt, die Stadt korrumpiert und das Land – die Bauern – übervorteilt wurden. Aber in kargen Steppen und der Wüste sah er Nomadenstämme herumziehen, deren Lebensweise und Stammesverwandtschaft Tapferkeit und Treue begünstigten. War die Stadt schwach geworden, wurde sie von einem Stamm erobert, dessen Häuptling sich zum Fürsten aufschwang. Mit seiner Familie und seinen Anhängern stellte er die Ordnung im Staat wieder her. Dank der mäßigen Ansprüche der neuen herrschenden Schicht wurden die Steuern gesenkt, die Handwerker arbeiteten wieder regelmäßig, die Bauern wurden beschützt und fanden sicheren Absatz, der Handel erschloß den Verkehr mit den benachbarten Ländern, und es setzte ein Wachstumsprozeß ein, bei dem alle gewannen. Aber schließlich ließ sich auch die neue Oberschicht vom Reichtum verführen, sie hob die Steuern und wurde bestechlich. Der neue Niedergang führte zu neuer Eroberung; der ganze Zyklus zog sich über mehrere Generationen hin. Khalduns an scharfsinnigen ökonomischen Beobachtungen überaus reiche Beschreibung verband den Gedanken des Zyklus nicht mit dem eines ihn überlagernden langfristigen Wachstumsprozesses, sondern er entwarf das Bild von Schwankungen um ein im langfristigen Durchschnitt ungefähr konstant zu denkendes Niveau. Nur eines vermehrte sich ständig, wie der arabische Gelehrte emphatisch hervorhob: das in den Bibliotheken gespeicherte Wissen von Religion und Dichtung, von Geschichte, Philosophie und Rechtswissenschaft, von Sprachen, Astronomie und so fort. Dem entsprach der umfassende Charakter seiner eigenen Bildung, die er vor dem neuen Weltenherrscher Timur Lenk (Tamerlan) anlässlich ihrer dramatischen Begegnung 1401 bei der Belagerung von Damaskus ausbreitete. Wie den antiken Philosophen, wie den Mandarinen in China, wie den Gelehrten in noch anderen Schriftkulturen stellte sich Ibn Khaldun das ganze wechselvolle Leben als dienender Unterbau einer in immer mehr Büchern gerinnenden geistigen Entfaltung dar.[3]

Ganz anders das unvollendete Projekt der modernen Wissenswirtschaft, das wir auf vier Ebenen beschreiben. Hier ist Wissen erstens das Humanka-

---

3 Vgl. Ibn Khaldun, *Muqaddima*; Schefold, »Aufstieg und Niedergang in der Wirtschaftsentwicklung. Ibn Khalduns sozioökonomische Synthese«; ders., *Beiträge zur ökonomischen Dogmengeschichte*.

pital des Einzelnen: Der Ausbildungsaufwand wird unternommen, um in höhere Einkommensschichten aufzusteigen und aus den Erträgen eine Alterssicherung zu erlangen. Der Begriff »Humankapital«, dem ökonomischen Laien ein Greuel, ist in dieser oder ähnlicher Form unentbehrlich, um Lohnunterschiede zu erklären.[4] Spezialisiertes Wissen ist zweitens das Mittel der Unternehmen, um mit neuen Produktionsmethoden und Produkten Marktvorteile zu erlangen, die überdurchschnittliche Gewinne ermöglichen, bis Nachahmer gleichzuziehen und zu unterbieten beginnen. Allgemeines Wissen wird drittens gezielt gefördert in nationalen Innovationssystemen. Jedes Land lässt auf seine Weise universitäre Forschung, durch Staat und Stiftungen alimentierte Forschung, durch Subventionen gestützte private Forschung, unternehmenseigene Forschung über Märkte, staatliche und halbstaatliche Forschungseinrichtungen und persönliche Kommunikation (wie beispielsweise an Tagungen) sich verzahnen. Die Traditionen einzelner Länder unterscheiden sich nicht nur im akademischen Bereich, sondern auch durch die Form der Einbettung der Wissenschaft; die nationalen Innovationssysteme weisen ein von auf Einheitlichkeit erpichten internationalen Forschungsorganisationen als hinderlich empfundenes Beharrungsvermögen

---

4 In seiner für die Humankapitaltheorie bahnbrechenden Presidential Address an die American Economic Association musste Theodore W. Schultz noch entschuldigend bemerken (hier: S. 2): »The mere thought of investment in human beings is offensive to some among us. Our values and beliefs inhibit us from looking upon human beings as capital goods, except in slavery, and this we abhor. ... Hence, to treat human beings as wealth that can be augmented by investment runs counter to deeply held values. It seems to reduce man once again to a mere material component, to something akin to property. And for man to look upon himself as a capital good, even if it did not impair his freedom, may seem to debase him. ... But ... there is nothing in the concept of human wealth contrary to the idea that it exists only for the advantage of people. By investing in themselves, people can enlarge the range of choice available to them. It is one way free men can enhance their welfare.« – Marx führte Lohnratenunterschiede auf die Kosten der Ausbildung «komplizierter Arbeit« zurück. Heute gelten als Ausbildungskosten vor allem die während der Ausbildung entgangenen Einkommen, die ohne diese hätten erzielt werden können; hinzuzurechnen sind sonstige Ausbildungskosten. Als Ertrag kann man das durch die Ausbildung ermöglichte höhere Einkommen bezeichnen. Unter Vernachlässigung anderer Faktoren wie die Minderung des Risikos der Arbeitslosigkeit und sonstiger, konsumtiver Vorteile der Ausbildung gilt dann als private Bildungsrendite der Zinsfuß, bei dem die Kosten den erwarteten Erträgen entsprechen. Als fiskalische Bildungsrendite bezeichnet man die Verzinsung der für einen Studienplatz in einem Bildungsgang eingesetzten staatlichen Aufwendungen, wobei der Ertrag in den durch die höheren Löhne erhöhten Steuern besteht. Bei der Berechnung sozialer Bildungsrenditen versucht man, außerdem externe Effekte zu berücksichtigen. Vgl. Ammermüller/Dohmen, *Private und soziale Erträge von Bildungsinvestitionen*.

auf. Der Wissensaustausch wird viertens global. Er rationalisiert nicht nur, sondern wird selbst auf allen Stufen einem Rationalisierungsprozess unterworfen, dessen Entstehung und Funktionsweise, dessen Folgen für den Wissensbetrieb und für die Gesellschaft wir zu untersuchen haben. Die Ausrichtung der Wissenswirtschaft bedeutet, dass andere Verwendungen des Wissens zur Bildung oder zum kulturellen Genuß als Konsum erscheinen, damit als Abzug von privaten, unternehmerischen, staatlichen und zwischenstaatlichen Erwerbs- und Wachstumszielen.[5]

Historisch besehen erscheint Wissenswirtschaft also als ein Projekt, weil die Subordination unter Ertrags- und Wachstumsziele weder abgeschlossen ist noch allgemein als erwünscht gilt; sie wird sozusagen nie fertig. Ihr Gefühl sagt wohl den meisten, das Wissen entziehe sich monetärer Bemessung. Gewiss ist es kein homogenes ökonomisches Gut und kann nie ganz wie ein solches behandelt werden. In der Theoriegeschichte wird zwar seit alters her von verwandten Begriffen wie Ausbildung, Forschung, Technik gesprochen, aber kaum vom Wissen als solchem, und in der aktuellen Diskussion über die Wissensgesellschaft herrscht eine selbst für die Sozialwissenschaften erstaunlich große und anhaltende Begriffsverwirrung.

Nur Bruchstücke können wir zu ihrer Auflösung sammeln. Wir wollen von der antiken Debatte über den Wert der Bildung über die Schulung und Forschung historisch den Weg zu den erwähnten Innovationssystemen suchen und damit die Genese des Projektes der Wissenswirtschaft verfolgen, um sie zuletzt mit der zu Unrecht als altmodisch angesehenen Frage nach der Bildung in ihre Grenzen zu verweisen.

Der Streit um die Ökonomisierung der Wissenskultur, also um die Anfänge einer Wissenswirtschaft, geht zurück auf die Anfänge abendländischer Wissenschaft. Sokrates, wie er uns in der Apologie, in den Dialogen Platons und im Bericht Xenophons entgegentritt, nahm für die Gespräche mit seinen Jüngern, die doch Wege zur Erkenntnis, zu einem richtigeren und besseren Leben, also eine Unterrichtung darstellten, kein Geld, wohl aber die Sophisten, die Redekünstler. Immer wieder macht sich Platon mit Spott und

---

5 Nach der in der Fußnote zum Humankapital aufgeführten Studie von Ammermüller/ Dohmen, *Private und soziale Erträge von Bildungsinvestitionen*, S. 46, liegen die privaten Bildungsrenditen in so gut wie allen Studien über den fiskalischen, was sich durch die Vernachlässigung der externen Effekte rechtfertigen ließe. Die privaten Bildungsrenditen sind besonders niedrig und zum Teil negativ in geisteswissenschaftlichen Fächern, für die Bildung wesentlich »Konsum« bedeutet. Sie sind hoch in der Medizin – besonders Zahnmedizin (über 11%) -, und sie sind ansehnlich in den reinen Naturwissenschaften (ca. 7%), der Jurisprudenz (ca. 9%) und der Betriebswirtschaftslehre (ca. 6%).

Ironie über diese Meister der Überredung lustig, die sich anheischig machen zu zeigen, wie man vor Gericht und der Volksversammlung siegt und die nebenher die verschiedensten Künste, von der Tugendlehre bis zum Fechten in voller Rüstung, vermitteln. Fürchterlich geben sie damit an, – ein Hippias vor allem – wie viel sie von ihren reichen Schülern einnähmen und wie man dank ihrem Unterricht in ganz Griechenland glänzen könne – Anpreisungen so schön, wie wenn man heute von Exzellenzinitiativen hört.[6] Aber warum nimmt Sokrates kein Geld? In Xenophons Memorabilien[7] erklärt er, er nehme keines, weil er sonst einen Schüler, der bezahlte, auch dann unterrichten müsste, wenn ihm der zuwider würde. Dieser Sokrates nimmt Armut in Kauf. Ihm geht es um die Bewahrung seiner Freiheit, nur mit denen zu verkehren, die seine Lehren aufzunehmen wirklich bereit sind; mit ihnen pflegt er das sokratische Gespräch, das nicht nur Wissensvermittlung, sondern, damit untrennbar verbunden, Ausdruck von Freundschaft, von Lebensgemeinschaft ist. Streng mit sich selbst darf er auch mahnen und erziehen. Platon lässt seinen Sokrates sich über die Sophisten mokieren, die sich mit ihrem Unterrichtserfolg brüsten und zugleich sich beklagen, dass einige Schüler die Bezahlung schon empfangenen Unterrichts verweigern. Da der Unterricht in einer Vermittlung von Tugend besteht: Was kann er wert sein, wenn der Schüler nicht einmal lernt, dass man seine Schulden zu bezahlen hat? Ein Sophist aber, Protagoras, weiß eine Antwort.[8] Er, der so erfolgreich gewesen sein soll, dass er einer antiken Anekdote zufolge eine massive Goldstatue seiner selbst in Delphi aufstellen lassen konnte, nannte den Schülern den Preis, den sie für seinen Unterricht zu bezahlen hätten. Er stellte ihnen allerdings frei, wenn sie diesen zu zahlen nicht bereit waren, zu einem Tempel zu gehen und dort öffentlich und unter Eid zu erklären, wie viel der Unterricht für sie wert gewesen sei; diesen Betrag dann wirklich zu geben, wurden sie verpflichtet. Das Verfahren passte offenbar zur athenischen Tradition des öffentlichen freiwilligen Gebens für den Staat zur Finanzierung kultureller Leistungen wie von Theaterchören oder kriegerischen wie der Ausrüstung von Schiffen: Bei den Liturgien gab es einen Wetteifer des Gebens um der Ehre und des damit verbundenen Einflusses in der Stadt willen.[9]

Ungeachtet der sokratischen Reserve entstanden in Athen die Philosophenschulen, die bis in die Spätantike Studierende aus allen Teilen der grie-

---

6 Vgl. Platon, *Sämtliche Werke*, Bd. 1, Hippias major 282 d-e.
7 Vgl. Xenophon, *Erinnerungen an Sokrates*, I.6.5.
8 Vgl. Platon, *Sämtliche Werke*, Bd. 1, Protagoras 328 b-c.
9 Vgl. Schefold, »Platon und Aristoteles«.

chisch beeinflussten und später der römischen Welt anlockten und deren Unterrichtskosten durch Gebühren gedeckt wurden.[10] Auch Aristoteles richtete eine Schule ein. Aber auch er meinte, für die Wahrheit könne es keinen Preis geben.[11]

Offenbar müssen wir unterscheiden. Vom Nutzen des Erwerbs bekannter Künste und Fertigkeiten können wir uns ein Bild machen, und wenn ein Lehrer sie zu entsprechenden oder geringeren Kosten anderen vermitteln konnte, wird es auch bei einem selbst möglich sein, so dass sich beide Seiten unter Heranziehung der Erfahrung einigen können. Auf die Dauer – wenn sich die Übertreibungen eines Hippias erledigt haben – bildet sich ein Lohnniveau für vertrauenswürdigen Unterricht. Für die aristotelische reine Wahrheit gibt es keinen Preis, aber für die wiederholte Vermittlung von Wahrheiten. Je bedeutender der Wissenszuwachs, je tiefer die Bildung im Sinne einer Reifung und Veränderung der Persönlichkeit, desto komplexer die Vermittlung und desto schwieriger die Einschätzung ihres Werts, und es bleibt nur der Weg des Protagoras, auf die Ehre zu setzen, oder der noch radikalere des Sokrates, ohne Dazwischenkunft des Geldes auf den geistigen Austausch zwischen Meister und Jünger zu hoffen.

Es mag überraschen, aber die Vermittlung des Wissens als Gabentausch findet in elementaren Formen alltäglich und überall statt, wie ich kurz erläutern möchte – auf die erhabenere Form der Bildung des Jüngers durch den Meister kommen wir am Schluss zurück. Mit Gabentausch meinen wir die unter Ethnologen viel diskutierte Tatsache, dass in Stammes- und archaischen Gesellschaften und in anderen Kulturen bis zu unserer in manchmal

---

10 Die Philosophen verstrickten sich auch in römischer Zeit noch in Widersprüche, wenn es um das Bezahlen ging. Die Stoa verlangte vom Weisen, dass er sich nicht vom Geld abhängig mache. Und doch empfahl Chrysipp, wie Plutarch, die Zeitgenossen im Blick, bezeugt, Lohn von den Schülern entgegen zu nehmen, und zwar erst nach einiger Zeit, weil dies das vornehmere Verfahren (eugnomonesteron) sei. Allerdings sicherer (asphalesteron) erschien ihm das Einfordern zu Beginn (Nickel, *Stoa*, S. 767). Mit der den Epikuräern geziemenden Heiterkeit spricht dagegen Philodem von der Wünschbarkeit, Vermögen zu besitzen – es erwerben oder nur vermehren zu müssen, empfindet er schon als Gefährdung der durch Vermeidung aller Beschwerlichkeit lustvollen Lebensführung. Wie es anlegen? In der Vermietung von Häusern oder Sklaven? Nur, wenn es mit Anstand geschieht. Schöner ist der Landbesitz: Die Landbesitzer finden sich allabendlich beim gebildeten Gespräch in der Laube beisammen. Am schönsten (kalliston) aber sei es, wenn der Weise sein Geld mit wahrhaftigen, Spitzfindigkeiten und Zank vermeidenden Reden vor dafür empfänglichen Männern verdienen könne (Hartung, *Philodems Abhandlungen über die Haushaltung und über den Hochmuth und Theophrasts Haushaltung und Charakterbilder*, S. 55).

11 Vgl. Hénaff, *Le prix de la vérité. Le don, l'argent, la philosophie*, S. 140 f.

sehr elaborierten traditionellen Formen Gaben getauscht werden, die typisch in verschiedene Ränge oder Klassen fallen, derart dass, wenn ich eine Gabe eines bestimmten Typs einem anderen gebe, erwarten darf, dass ich eine entsprechende Gegengabe früher oder später erhalte. Solche Tauschakte unterscheiden sich vom Verkauf einer Ware in mehrerer Hinsicht.[12] Für die Waren gibt es keine Ränge. Ihr Wert lässt sich stufenlos in Geld bemessen, und wenn die Ware verkauft wurde, sind die Kontrahenten aller Verpflichtungen ledig. Sie begegneten sich dabei, ungeachtet ihres sozialen Status, als Gleiche, und sie lernen durch die Transaktion übereinander nur, dass der andere wenigstens kein Räuber war. Die wesentliche Wirkung des Gabentauschs besteht dagegen darin, dass die beiden – Gastfreunde etwa – sich künftig einander verpflichtet fühlen. Die Ethnologie hat viel gerätselt, woraus die Verpflichtung zur Gegengabe wirklich erwächst und weshalb sie so mächtig ist, dass sie in der Regel tatsächlich erfolgt.[13] Sie hat dazu beispielsweise die Angehörigen von Jäger- und Sammlerkulturen befragt, um den Zusammenhang mit religiösen, magischen, rechtlichen Vorstellungen zu erkunden. Aristoteles, der den Gabentausch ebenfalls behandelt, hält es für das größere Wunder, dass beim Geben einer vorangeht, und er empfindet die Tatsache, dass die Spontaneität des Gebens immer wieder auftaucht, als göttlich – um ihretwillen stelle man den Chariten, den Göttinnen der Anmut und des Dankes, Altäre auf.[14] Zu den höchsten Tugenden zählt bei ihm die der großen Seele.[15] Wer über sie verfügt, wird gerne und in großartiger Form zu geben wissen, sich treulich stets erinnern, was er von anderen empfing, aber bald vergessen, was er selber einmal gab. Diese megalo-psychia gibt es glücklicherweise in der Wissenschaft auch. Sie besitzt der Forscher, der von seinen Ergebnissen frühzeitig anderen Mitteilung macht und dann hoffen darf, dass auch sie gelegentlich mit ihren neuen Geheimnissen herausrücken. Er ist bereit, viel Zeit für die Beratung seiner Schüler zu opfern und denkt dabei dankbar an die Lehrer, von denen er dieselbe Gunst einmal empfing. Zum Lob gehört auch der gelegentliche Tadel und zur Güte die Strenge, die zu ertragen der Schüler bereit sein muss. In solcher Freiwilligkeit (lateinisch: *liberalitas*) besteht die Freiheit überhaupt, meinte Aristoteles, denn den Sklaven wird befohlen.

---

12 Vgl. Gregory, *Gifts and Commodities*.
13 Vgl. Sahlins, *Stone Age Economics*.
14 Vgl. Schefold, »Platon und Aristoteles«.
15 Vgl. Schefold, »Spontaneous Conformity in History«.

Vieles, was bei den alten Griechen noch vorwiegend über Gabe und Gegengabe geregelt wurde, vollzieht sich heute über den Kauf und Verkauf von Dienstleistungen, aber es scheint klar, dass eine monetäre Bewertung des angedeuteten Wissensaustauschs nicht immer effizient wäre. Denn was soll ich bezahlen für ein Wissen, das ich noch gar nicht kenne? Zu Waren eignen sich am besten Gegenstände, die offen da liegen, so dass sich ihr Gebrauchswert erkennen lässt. Oft ist der Gebrauchswert aber nicht so leicht zu ergründen. Ein beliebtes Beispiel ist seit alters her die Preisbildung auf dem Pferdemarkt: ein Pferd mag schön aussehen, aber vielleicht lässt es sich nur schwer bändigen und der betrogene Käufer wird abgeworfen. Die heutigen Lehrbücher beziehen sich auf den Markt für gebrauchte Autos; vielleicht fahren sie noch jahrelang, vielleicht lassen sie sich schon morgen nicht mehr starten. In solchen Fällen ist die Information, wie der Ökonom derzeit sagt, zwischen Käufer und Verkäufer asymmetrisch verteilt, und wenn der Käufer fürchtet, der Verkäufer verheimliche ihm den Mangel der Ware, kommt kein Handel zustande. Das erstbeste Gegenmittel besteht darin, dass der Verkäufer sich den Ruf der Ehrlichkeit erwirbt. Diese Lösung nannte schon Cicero in De officiis,[16] und die Moderne hat seither keine andere, höchstens eine kompliziertere Theorie gefunden. Wo aber ist die Information asymmetrischer verteilt als beim neuen Wissen? Wissen wird also nie, wie manche befürchten, zu einem handelbaren Gut wie jedes andere. Da beim neuen Wissen sonst kein Markt zustande kommt, wird die Spontaneität des Gebens zum Produktionsfaktor – ein Ergebnis, das der Wissenswirtschaft für alle Zeiten eine Schranke setzt. Die Gegengabe der Öffentlichkeit wird nicht immer erbracht – wird sie es, so besteht sie vorzugsweise in der Ehre.

Das Thema der Gegenseitigkeit beim Wissenstausch lässt sich noch ausspinnen. Der Philosoph Ricoeur hat darauf hingewiesen, der Gabentausch bedeute eine wechselseitige Anerkennung. Er setzt Vertrauen und einen sittlichen Rahmen schon voraus.[17] Oft sind wir aber auf einen Dienstleistungshandel angewiesen, wo wir uns als einander Fremde mit einem gewissen Misstrauen begegnen. Über welches Wissen verfügt der Anwalt, dem ich die Vertretung in meinem meine Existenz bedrohenden Prozess anvertraue? Wenn mir sein Ruf keine genügende Sicherheit bietet, besteht eine Lösung in der Übernahme einer Haftung, die der seinerseits misstrauische Anwalt allerdings wieder durch Klauseln zu beschränken suchen wird. Haftungsregeln sind wissenswirtschaftliche Notbehelfe, um etwas in das Schema des

---

16 Vgl. Schefold, »Von den Pflichten«.
17 Vgl. Ricoeur, *La lutte pour la reconnaissance et l'économie du don*.

Warentauschs zu pressen, dem die erste Eigenschaft der Ware, ein Ding mit ersichtlichen Eigenschaften zu sein, fehlt. Der Markt der Wissenswirtschaft ist nicht einfach da, sondern muss, so gut es geht, organisiert werden.

Schließlich gibt es noch weitere Hindernisse für den marktlichen Verkehr des Wissens. Es gibt das sogenannte implizite Wissen, das auf Erfahrungen beruht und das sich nicht oder wenigstens nicht innert nützlicher Frist und in überzeugender Weise anderen mitteilen lässt, das aber nichtsdestoweniger zur Erfüllung gewisser Aufgaben nötig ist – Wissen also, wie es fähige Mitarbeiter einer Unternehmung besitzen, die sich nur schwer ersetzen lassen und deren Abwerbung die Unternehmung als unangenehm empfinden würde.

Auch diese Wissensform spielt seit jeher eine wichtige Rolle; wir unterscheiden vier Formen. Es gibt erstens sachliches Wissen, das sein Träger nicht in Worten zu vermitteln weiß, wie das eines Handwerkers mit seinen besonderen Instrumenten, seinem Geschick und seinen Handwerksgeheimnissen. In der Aufklärung versuchten die Enzyklopädisten Diderot und d'Alembert sowohl die bloße Bewunderung der Kunstfertigkeit ebenso wie die intellektuelle Verachtung der Handarbeit zu überwinden und die »mechanischen« Produktionsprozesse zu analysieren, die zu erklären den Handwerkern selbst schwer fiel, weil sie es gewohnt waren, ihr Wissen mehr durch Zeigen als durch Reden ihren Lehrlingen zu vermitteln.[18] Infolge der Systematisierung der dazu geeigneten Herstellungsprozesse trieben die auf ein abstraktes Wissen gestützte Technik und die sich systematischem Vorgehen entziehende Kunst auseinander. Wir kennen zweitens ein Erfahrungswissen, das auf der Fähigkeit beruht, vor neuen Entscheidungen die Ergebnisse früheren Handelns in anderen Lagen im Gedächtnis aufrufen und daraus Schlüsse ziehen zu können. Erfahrungsgewinn kann im Unterricht durch Geschichte und Fallstudien erleichtert und ergänzt, aber nicht völlig ersetzt werden. Es gibt drittens eine psychologische Kenntnis von Personen und ihrem Zusammenwirken als Grundlage eines Führungswissens: einem Leiter gelingt es, seiner Mannschaft viel abzuverlangen und trotz großer Anstrengung sind sie zufrieden; dieselben müssen bei einem Anderen weniger leisten und maulen doch. Viertens die Vorausschau: Prognosen lassen sich begründen, es lässt sich über sie streiten, aber nur wenige machen einen guten Gebrauch davon. Nur weil sie Glück haben? Das glauben wir kaum; wir vertrauen also darauf, dass es eine besondere Begabung zur Prognose gibt, ohne dessen stets sicher zu sein. Implizites Wissen geht auf allen hier unterschiedenen Ebenen, besonders

---

18 Vgl. Poni, »The Worlds of Work: Formal Knowledge and Practical Abilities in Diderot's Encyclopédie«.

aber der letzten, in Intuition über und ist deshalb nie ganz zu vermitteln, so dass man sich auch fragen kann, ob überhaupt von »Wissen« gesprochen werden soll, da es am bestätigenden Nachvollzug fehlt.

Jedenfalls kann sich der Austausch des Wissens nur in seinen banaleren Formen bemächtigen. Implizites Wissen ist allenfalls indirekt, über die es tragenden Personen, handelbar. Wenn es an Institutionen, an bürokratische Apparate gebunden erscheint, wenn also nicht nur das implizite Wissen Einzelner, sondern Vieler, mit der entwickelten und bewährten, keinem Vorsitzenden ganz bekannten Form ihres Zusammenwirkens ins Spiel kommt, stellen sich seiner Übertragung noch größere Hindernisse entgegen. Das auf Personen und Institutionen verteilte implizite Wissen erscheint wie eine Ganzheit, ein »soziales Kapital«, oder, im Bildungszusammenhang, ein »kulturelles«.[19]

## 2. Wachstum und Vermittlung des Wissens

Wir wollen nun Stationen in der Entstehung der modernen Wissenswirtschaft beleuchten, indem wir uns einigen der nicht so zahlreichen Reflexionen über sie in der ökonomischen Dogmengeschichte zuwenden. Adam Smith zeigte in seiner »Theory of Moral Sentiments« und in kleineren Schriften, dass er sich in der ganzen abendländischen Wissenstradition auskannte, aber in seinem »Wealth of Nations«, dem ökonomischen Buch, behandelt er nur eine eingeschränkte Form der Wissenswirtschaft: den Unterricht. Die Finanzierung des Unterrichts an Schulen und Hochschulen nach antikem Vorbild durch Beiträge der Studenten hält er für weit überlegen.[20] Die alten englischen Universitäten, zuvorderst Oxford, mit den festen Bezügen der Fellows in den Colleges, hält er für verrottet; kein ernst zu nehmender Unterricht findet mehr statt. Gemischte Systeme, mit Professoren, die ein Grundgehalt beziehen und darüber hinaus Hörergeld, stellen einen vernünftigen Kompromiss dar, wenn nur sichergestellt wird, dass die Studenten tat-

---

19 Bourdieu, *Critique sociale du jugement.*

20 Der alte Hagestolz behauptete sogar, in seinem Jahrhundert erhielten die Frauen den besten Unterricht, weil er ganz in der Familie stattfände, damit bestens auf die späteren Aufgaben vorbereitete und jeder staatliche Einfluß unterbliebe. Vgl. Smith, *The Glasgow Edition of Works and Correspondence* (vol. 1) The Wealth of Nations, book V, chapter I, part III.

sächlich zwischen verschiedenen Veranstaltungen wählen können und nicht
institutionell gezwungen werden, bei bestimmten Professoren zu hören,
denn bei Zwangsveranstaltungen beziehen die Professoren auch auf dem
Weg über das Hörergeld im Grunde ein festes Einkommen, und die Qualität
ihrer Darbietungen wird bald abnehmen. Ehr- und Pflichtgefühl können
monetäre Anreize ergänzen, aber der Autor des »Wealth of Nations« traut
ihnen keine genügende regulierende Kraft zu. Verglichen mit dem bürokra-
tischen Evaluierungs-, Examens- und Belohnungssystem, in das die gegenwärtige Universität sich verstrickt hat, waren die Hörergelder in der Tat von
bestechender Einfachheit. Der deutsche Student wählte sich noch vor 60
Jahren seinen Professor, indem er zwischen den Universitäten verglich, denn
zu wechseln war ganz einfach. So evaluierten die Hörer, und ihre Einschätzung schlug sich unmittelbar im Einkommen des Professors nieder. Nicht
nur in diesem Beispiel stellt sich die geschmähte Ökonomisierung der Universität nicht als Vordringen des Marktes dar – den hatten die alten Universitäten aufgrund der Hörergelder – sondern als Misslingen eines bürokrati-
schen Interventionismus. Andere Gesichtspunkte wie die Forschungsleistung
– im alten deutschen System belohnt durch die Zulagen bei Berufungen –
werden von Smith merkwürdigerweise nicht in Betracht gezogen. Er sieht
den wirtschaftlichen Fortschritt in der Verfeinerung der Arbeitsteilung und
der Entwicklung der Maschinen, deren Entwicklung sich für ihn aus der
Praxis ohne Bezug zu einer Grundlagenforschung ergibt.

Die Rolle der Wissenschaft als Produktivkraft wurde in der deutschen
Tradition besser erfasst, mit praktischen Folgen. Die Kameralisten, die Fürs-
tenberater schon des 17. Jahrhunderts, die oft noch Latein schrieben, waren
über die primitive Überlegung, wie dem Staat möglichst viele Steuern zuzu-
leiten seien, bald hinaus gelangt und waren überzeugt, durch Förderung der
Glückseligkeit der Untertanen auch für den Fürsten das Beste zu leisten, weil
dann die allgemeine Wohlfahrt und sein Steueraufkommen stiegen.[21] Dazu
war in öffentliche Einrichtungen zu investieren wie die Bewässerung des
Landes und die Bewirtschaftung der Wälder, und selbst Theater sollten er-
richtet werden, um die besseren Unternehmer mit ihren Familien in die
Hauptstadt zu locken.[22] Deshalb wurden dann auch Fachschulen für die den
verschiedenen Produktionszweigen dienenden Wissenschaften gefordert.

---

21 Vgl. Klock, *Tractatus juridico-politico-polemico-historicus de Aerario, …*; Schefold, »Einleitung«, in: Klock.
22 Vgl. Justi, *Grundsätze der Policey-Wissenschaft*; Schefold, »Glückseligkeit und Wirtschaftspolitik: Zu Justis ›Grundsätze der Policey-Wissenschaft‹«.

Bergwerksakademien entstanden und Lehrstühle zur Förderung der Landwirtschaft, auch Lehrstühle zur Unterrichtung und Vertiefung des Kameralismus selbst. Man begriff, was in der neueren Wachstumstheorie seit den 1980er Jahren wiederentdeckt werden musste: dass es eigentlich zweierlei für die Produktion relevantes Wissen gibt: ein spezielles zur Herstellung bestimmter Produkte, dessen Verfahrensweisen erst einfach geheim gehalten werden, dessen Anwendungen dann geschützt werden durch fürstliche Privilegien und später durch Patente, und ein allgemeines Wissen, das sich wegen seines Charakters nicht privatisieren lässt, sondern das sich in der Gesellschaft verbreitet und zur Grundlage der privat verwerteten Einzelfortschritte wird; dem dienten in jener Epoche die Gründungen von Akademien. Jedes Land musste seine eigenen Ressourcen und sein eigenes Wissen entwickeln.[23]

Heinrich Friedrich von Storch, aus dieser Tradition hervorgehend, führte dann zu Beginn des 19. Jahrhunderts eine Differenzierung des Güterbegriffs ein. Er sprach von inneren Gütern, um die immateriellen kulturellen und damit auch das öffentliche Wissen zu erfassen. Innere Güter, meinte er, könnten nicht veräußert werden und hätten keinen Preis, denn sie würden in den Köpfen der Konsumenten durch die Arbeit des Unterrichtens erst erzeugt, und nur diese Arbeit werde, wie andere Dienstleistungen, entlohnt. Trotz der Verankerung des Wissens im Subjekt schreitet Storch fort zur Vernetzung des Wissens in der Kultur. Darin nimmt sein Ansatz die Wissenssoziologie Bourdieus vorweg.[24] In den Händen Friedrich Lists wurde daraus die berühmte Theorie von den produktiven Kräften eines Landes, die sich im Rahmen eines gegliederten Bildungssystems in einer nationalen Anstrengung entwickelten. Es kam darauf an, nicht nur Werte zu produzieren, sondern die Produktivkraft zu steigern. Um die Stufe der Industrialisierung zu erreichen, mussten die jungen Industrien nachholender Länder vorübergehend geschützt werden, und List zeigte historisch, wie das seit Smith den Freihandel predigende England selbst in den Jahrhunderten davor extreme Formen des Protektionismus betrieben hatte. List forderte: »Die Nation muss materielle Güter aufopfern und entbehren, um geistige oder gesellschaftliche Kräfte zu erwerben«.[25] Er forderte also für sein nationales System der Volkswirtschaft die Förderung der produktiven Kräfte und dazu nicht

---

23 Vgl. Hörnigk, *Oesterreich über alles, wann es nur will*; Schefold, »Ph. W. v. Hörnigk: ›Oesterreich ueber alles / wann es nur will‹. Zum Geleit«.

24 Vgl. Schefold, »Einleitung«, in: Storch, *Cours d'économie politique*; Bourdieu, *Critique*.

25 List, *Das nationale System der politischen Ökonomie*, S. 152.

nur den Ausbau der Infrastruktur, sondern des Bildungssystems auf allen Stufen, denn: »Im Manufakturstaat wird die Industrie der Massen durch die Wissenschaften erleuchtet und die Wissenschaften und Künste werden durch die Industrie der Massen ernährt.«[26]

Man weiß, dass die rasch nachholende Industrialisierung in Deutschland von besonderen Vorzügen des Bildungssystems begünstigt wurde, darunter dem hohen Anspruch des altsprachlichen Abiturs ohne Vernachlässigung der Naturwissenschaften, dem Wetteifer der Universitäten unter der Hoheit verschiedener Länder, der differenzierten Ausgestaltung der Berufsbildung und der Gründung der technischen Hochschulen. Unter dem Eindruck des deutschen Idealismus, der deutschen Wissenschaft des 19. Jahrhunderts, allerdings wohl auch der Siege im deutsch-französischen Krieg, begannen nicht nur die Engländer, Deutsch zu lernen. Sie suchten den Zugang zur deutschen Wissenskultur, nicht nur den zur deutschen Wissenswirtschaft; Beobachter bewunderten, wie die einen mehr durch Theorie und die Anstrengungen auch der Geisteswissenschaften, die anderen mehr durch praktische Tätigkeit, je nach Neigung und Begabung, einen Aufstieg zustande brachten, der in nationalem Überschwang vielleicht überschätzt wurde, der sich aber nach den Ergebnissen der neueren Wachstumsforschung[27] tatsächlich in deutlich höheren Zuwächsen des Bruttoinlandsprodukts pro Kopf zwischen 1870 und 1910 als in Frankreich, England und Italien niederschlug. Die Deutschen glaubten hoffen zu dürfen, das Wachstum werde zuletzt alle Schichten ergreifen und in die Höhe tragen, und zwar nicht nur in materieller, sondern auch in – wie man das damals nannte – sittlicher und kultureller Hinsicht. Zumindest für die Anhänger der historischen Schule war der Fortschritt eben nicht nur eine Angelegenheit von technischen Erfindungen, ökonomischer Zweckorientierung und politischer Institutionenbildung, sondern sollte von einem gemeinsamen Geistigen getragen werden, das aus der deutschen Klassik nachwirkte. Die für solche Entwicklung maßgebenden Werte schienen sich aufzudrängen; nicht so sinnlich erfahrbar erschienen die Werte wie bei Epikur, der behauptete, Werte könne man erkennen, wie man seinen Honig schmecke,[28] aber neue Normen schienen sich aufgrund alter Werte doch aus der Entwicklung zu ergeben. Der sich ausdifferenzierenden Gesellschaft entsprach eine komplexere Ethik. Das Wachsen

---

26 Ebd., S. 194.
27 Vgl. Maddison, *Monitoring the World Economy 1820–1992*, S. 194.
28 Vgl. Epikur, *Wege zum Glück*, S. 70 ff.

des Wissens nur unter dem Gesichtspunkt des Wachstums der Wirtschaft zu sehen kam damals auch für hartgesottene Ökonomen nicht in Frage.

Drei Außenseiter möchte ich nennen, die das Vertrauen auf das gemeinsame Wachstum von Technik und Wirtschaft, Wissen und Sittlichkeit nicht teilten. Der eine, uns allen als solcher sogleich präsent, war natürlich Marx, der zwar nie von einer Wissenswirtschaft sprach, der aber oft die Produktivkraft der Wissenschaft betonte, soweit sie nicht zu ideologischen und apologetischen Zwecken eingesetzt wurde. Die Tendenz zur Subsumption von Technik und Naturwissenschaft unter die Bedürfnisse der Kapitalakkumulation lag in der Konsequenz seines Denkens. Er respektierte die Leistungen unabhängiger Wissenschaftler, wie die eines Ricardo oder, auf anderen Feldern, eines Liebig oder Darwin, besonders, wenn sie seinem materialistischen Ansatz entgegenkamen. Aber wo die historische Schule die Einkommen der Arbeiter steigen und ihre Bildung zunehmen sah, diagnostizierte er Ausbeutung und gesellschaftlichen Verfall, denen die Organisation des Proletariats entgegenzusetzen war. Das ist bekannt.

Als einen anderen Außenseiter sehe ich Max Weber, was vielleicht in diesem Zusammenhang eher überrascht. Man weiß, dass er der wertgeladenen Fortschrittsthese der Schmollerschule seine Forderung einer wertfreien Wissenschaft entgegenstellte.[29] Für uns liegt es aber näher, seine These von der Rationalisierung im modernen Kapitalismus mit der Wissenswirtschaft in Verbindung zu bringen. Weber meinte bekanntlich, kapitalistische Tendenzen im Sinne eines leidenschaftlich verfolgten Erwerbsstrebens habe es in vielen Kulturen gegeben, aber die daraus folgende Tendenz zu anhaltender und konsequenter Kapitalakkumulation, unter Ausrichtung des Arbeitslebens auf den Beruf, mit der Rationalisierung auch des privaten Lebens unter Maximierung des Nutzens, ergab sich erst, als ein außerökonomisches Phänomen, der Aufstieg der calvinistischen Strömungen innerhalb des Protestantismus, den Boden dafür vorbereitet hatte. Früheren Kapitalismen fehlte diese Rationalität. Der antike Kapitalismus war politisch, die Merkantilperiode kam lange über einen Abenteuerkapitalismus nicht hinaus, und den Chinesen war der Konfuzianismus in seiner ursprünglichen Form ein Hindernis. Von Webers überaus komplexer Argumentation können wir hier nur dies in Erinnerung rufen: Die strenge innerweltliche Askese der Berufsausübung wird im modernen Kapitalismus zur Bedingung der Selbstbehauptung im Wettbewerb. Die Rationalisierung im Beruf, gegeben die erst in der

---

29 Vgl. Nau (Hg.), *Der Werturteilsstreit. Die Äußerungen zur Werturteilsdiskussion im Ausschuß des Vereins für Socialpolitik (1913)*.

Neuzeit erreichte Trennung von Haushalt und Betrieb, ist dabei nur ein Aspekt eines umfassenderen Rationalisierungsprozesses, der alle Verkehrsformen ergreift. Die berühmte rationale Kalkulation des Unternehmers, der in der Buchhaltung den vermuteten Wert seiner Anlagen festhält, ersetzt beispielsweise die Bewertung durch den Markt, die wegen der Dauerhaftigkeit der Anlagen nicht erfolgen kann, durch eine neue betriebswirtschaftliche Technik.[30] Und in diese Perspektive lässt sich die Wissenswirtschaft einordnen. Wenn Berufungen und Universitätswechsel nicht ausreichen, um die Bedeutung eines Professors zu bestimmen, wird er evaluiert, wenn man die Studenten während des Bachelorstudiums gängelt und am Universitätswechsel hindert, vergrößert man das Bedürfnis, Studiengänge zu evaluieren, und wenn man die Geduld nicht hat, die Ergebnisse der Forschung reifen zu sehen, muss auch sie begutachtet und der Gutachter wieder begutachtet werden. Da die Perspektive der Fachgutachter enger ist als die der wissenschaftlichen Öffentlichkeit insgesamt, wächst damit die Gefahr, dass sich einseitige Wissenschaftstrends verfestigen. Auch die Einführung und Ausgestaltung des Patentwesens lässt sich als Rationalisierungsschritt in der Ausgestaltung des modernen Kapitalismus begreifen.

Weber unterscheidet sich von Marx, indem er auslösende Momente der Entwicklung zuließ, die von den materiellen Determinanten weit ablagen, insbesondere einen autonomen Wandlungsprozess der Religion, aber mit einem dem Marx'schen nicht nachstehenden Pathos betonte er die Zwangsläufigkeit der nachfolgenden Entwicklung. Wenn er sagte, die Puritaner wollten ihren Beruf leben und wir müßten Berufsmenschen sein, können wir hinzufügen: Die Griechen wollten aus der Erkenntnis das gute Leben gestalten, wir müssen heute Wissenschaft treiben, um nur zu überleben: im Konkurrenzkampf, in der sich auflösenden Gesellschaft, angesichts drohender Umweltkatastrophen.

Werner Sombart, unser dritter Außenseiter, ging Max Weber teils voraus, teils folgte er ihm in der Unterscheidung zwischen einem vormodernen kapitalistischen Unternehmer, wie er etwa bis gegen Ende des 18. Jahrhunderts verbreitet war, und dem für Sombart modernen Typus, der sich im 19. Jahrhundert herausbildete und zu Beginn des 20. sich in Amerika am charakteristischsten zeigte. Sombarts Unterscheidungen laden dazu ein, sie in Analogie zur Herausbildung eines neuen Wissenschaftlertypus zu sehen, der allerdings später aufkommt und erst jetzt, zu Beginn des 21. Jahrhunderts, dominiert. Wir beginnen mit Sombarts Typologie des Unternehmers.

---

30 Vgl. Schefold, »A contribution to Weber's theory«.

Sombart sah die »Seele des kapitalistischen Unternehmers« aus »Erwerbstrieb, Unternehmungsgeist, Bürgerlichkeit und Rechenhaftigkeit« zusammengesetzt[31], jedoch in verschiedenen Mischungen in verschiedenen Ländern und, vor allem, je nach der Epoche. Obwohl der Bourgeois alten Stils alle obigen Eigenschaften besessen habe, sei doch der Mensch der Maßstab geblieben: »Noch schreitet selbst der Bourgeois auf seinen beiden Beinen breitspurig dahin, noch geht er nicht auf den Händen«[32]. So sehr diese Behäbigkeit schon gegen Ende des 18. Jahrhunderts gestutzt worden sei, fände man doch selbst in Franklin noch viel Betonung der Wohlanständigkeit; die Pflicht, den Reichtum jederzeit zu mehren, blieb verbunden mit der Ermahnung, ein gutes Gewissen zu behalten und Gott vor Augen zu haben. Jene sich dem Adelsstolz annähernden Kaufleute des spätmittelalterlichen Italien, die sich Burgen bauten, waren nicht mehr zu finden, aber die gesellschaftliche Sittlichkeit gebot, die Kunden nicht auszunutzen und lieber hohe Preise zu verlangen, damit ein kleiner Umsatz großen Nutzen bringe. Diese für den Kameralismus typische Beschränkung der Konkurrenz wurde durch Verordnungen gestützt, welche die Kaufleute ermahnten, sich nicht die Kunden abzujagen und nicht etwa zu behaupten, man verkaufe billiger als die Konkurrenz. Sombart sieht das Neue eines moderneren kapitalistischen Unternehmers darin, dass nun nur noch der Tauschwert entscheidet, »also das kapitalistische Interesse indifferent gegenüber der Gebrauchsgütereigenschaft«[33] geworden ist – eine Entwicklung, von der wir zeigen konnten, dass sie tatsächlich der Industrialisierung und der Herstellung homogener Massengüter vorausgeht.[34] Der alte Bourgeois fände Fortschritte der Technik nur wünschenswert, wenn sie kein Menschenglück zerstörten, und Sombart zitierte so bedeutende Autoren wie Becher, Colbert, Montesquieu, die sich gegen arbeitsparende Maschinen aussprachen; die Pfennige, um die etwas billiger werde, seien die Tränen der Arbeitslosen nicht wert. Dieses fortschrittskritische Argument entfällt in einer Wirtschaft, die dynamisch genug ist, um Vollbeschäftigung zu garantieren.

Die Parallelen zum Wissenschaftsbetrieb sind nun leicht zu sehen. Die Wissenschaft alten Stils tritt bescheiden auf, sie will mehr sein als scheinen, sie warnt, von entstehenden wissenschaftlichen Werken nicht zu sprechen,

---

31 Sombart, *Der Bourgeois. Zur Geistesgeschichte des modernen Wirtschaftsmenschen*, S. 194.
32 Ebd., S. 195.
33 Ebd., S. 209.
34 Schefold, »Bedürfnisse und Gebrauchswerte in der deutschen Aufklärung. Zum wechselnden Status der Waren bei Kameralisten, ökonomischen Klassikern und frühen Angehörigen der historischen Schule«.

bevor sie erschienen sind. Die neue Wissenschaft tritt selbstbewusst auf, will Sichtbarkeit (»Visibilität«) herstellen, und zwar sogar so, dass junge Wissenschaftler, die Projekte erst planen und noch nicht einmal einen Antrag geschrieben haben, schon durch die Erwähnung ihrer Ziele in irgendwelchen Projektlisten Aufmerksamkeit auf sich ziehen: Aus Nullen werden Einsen gemacht. Der Wissenschaftserwerb wird abstrakter. Die Leistung wird nicht durch den Inhalt erwiesener Entdeckungen und durch die Überzeugungskraft vollendeter Darstellungen beschrieben, sondern durch die Aufzählung von Publikationserfolgen, Zitierungen und Preisen. Dem Erwerbsstreben des alten Unternehmers war ein Ziel gesetzt in der Erreichung einer standesgemäßen Lebensführung (Sombart argumentiert hier ganz aristotelisch[35]); für die abstrakte Kapitalakkumulation wird keine solche Grenze sichtbar. Der Wissenschaftler alten Stils stellt sich eine Lebensaufgabe, etwa die, ein bestimmtes Problem monographisch umfassend zu behandeln, wie dies von den großen Historikern des 18. und 19. Jahrhunderts geleistet wurde. Der moderne Wissenschaftler eilt von einem Problem zum nächsten; die Breitenwirkung seiner Ergebnisse in der kurzen Frist gelten ihm mehr als die Tiefe in der langen. Sombart meint nicht, dass alle bürgerlichen Tugenden verschwunden seien, aber sie träten aus der »Sphäre persönlicher Willensbetätigung« heraus und würden zu »Sachbestandteilen des Geschäftsmechanismus«. So auch in der Wissenschaft, die sich mehr und mehr Regeln gibt und geben muss, um zu verhindern, dass unter dem Konkurrenzdruck durch die Manipulation von Forschungsresultaten eine Degeneration eintritt. Beide Entwicklungen, die der bürgerlichen Welt im allgemeinen und die des darin enthaltenen eigenen akademischen Kosmos sind ambivalent; so wie sich Fortschritt nicht leugnen lässt, sei auch sein Preis nicht verschwiegen.

## 3. Das Wissen in der ökonomischen Theorie

Wir gelangen endlich zur modernen Analyse. Wir versuchen, zusammenfassend das neoklassische Bild der Wissenswirtschaft zu entwerfen, indem wir das vielleicht interessanteste Modell der neueren Wachstumstheorie von Romer kurz präsentieren.[36] Es zeigt, wie sich drei Wissensformen, die wir ken-

---

35 Sombart, *Der Bourgeois. Zur Geistesgeschichte des modernen Wirtschaftsmenschen*, S. 219.
36 Vgl. Romer, »Endogenous Technological Change«; Barro/Sala-i-Martin, *Economic Growth*.

nengelernt haben, in einer Wissenswirtschaft verbinden können. Da ist einmal das Wissen als ein öffentliches Gut, von dem niemand ausgeschlossen werden kann, wenn es nämlich in Schriften kodifiziert ist, die zugänglich sind, und sich im Gespräch oder sonst wie verbreitet. Das alte Beispiel des öffentlichen Guts ist der Leuchtturm, der allen vorbeifahrenden Schiffen zur Orientierung dient; kein Schiff, das ihn nutzt, beeinträchtigt die übrigen, wenn sie ihn ebenso nutzen (sogenannte Nichttrivalität). Es gibt ferner keinen Ausschluss anderer durch Privilegierung (sogenannte Nichtausschließbarkeit von Wissen, das sich nicht patentieren lässt). Und daraus folgt für den Ökonomen, dass dieses Wissen, weil es so gut wie unentgeltlich zu haben ist, erstens auf starke Nachfrage stößt, und dass es zweitens von privater Seite nur unzureichend angeboten werden wird, weil eine private Produktion solchen Wissens nicht auf ihre Kosten kommt. Solches Wissen bedarf also auch von einem liberalen Standpunkt aus einer öffentlichen Förderung.

Im Modell wird zweitens privat verwertbares Wissen berücksichtigt, das zur Herstellung besserer Produktionsmethoden eingesetzt werden kann und das aber den Ausschluss anderer ermöglicht, weil es sich patentieren lässt. Im Modell spielt drittens Humankapital eine Rolle, und zwar mit doppelter Wirkung: wer Humankapital akkumuliert hat, wird ein höheres Einkommen erzielen, wird aber auch mehr sparen können und deshalb im Alter einen höheren Konsum genießen.

Die Idee der Wissensgesellschaft lässt sich damit wie folgt stilisiert darstellen: In einem ersten Sektor werden Konsumgüter hergestellt durch einfache Arbeiter, angeleitet durch mit Humankapital ausgestattete höherwertige Arbeit. Die Produktion stützt sich auf die Verwendung von Maschinen, die fortwährend verbessert werden. Der Einsatz zusätzlichen Kapitals würde sich bei gleichbleibender Arbeitsbevölkerung und gleichbleibender Landmenge immer weniger lohnen, wenn die Produktionsmethoden dieselben blieben, aber was der Ökonom als sinkende Grenzerträge bezeichnet, wird kompensiert durch die ständige Verbesserung der Maschinen.

Diese verbesserten Maschinen werden in einem zweiten Sektor produziert. Sie können an den Konsumgütersektor zu Monopolpreisen verkauft werden, weil jede einzelne Maschine einen neuen Typus darstellt, der, so lange er neu ist, konkurrenzlos dasteht und bis zur nächsten Erfindung keine Konkurrenz zu fürchten braucht.

Die Monopolgewinne aber bleiben nicht bei den Herstellern der Maschinen, sondern müssen, weil sich die Hersteller bei ihrer Nachfrage nach Ideen

konkurrenzieren, abgeführt werden an die Erfinder der neuen Produktionsmethoden. Diese sind ebenfalls mit Humankapital ausgestattet. Es ist die
eine Bedingung ihrer Erfindungsfähigkeit. Die andere besteht im allgemeinen Wissen, das, wie bemerkt, ein öffentliches Gut ist und mit dem Wachstum zunimmt, aber nicht individuell angeeignet und verkauft werden
kann.[37] Je mehr öffentliches Wissen es gibt, desto mehr und desto bessere
neue Maschinentypen können die mit ihrem Humankapital ausgestatteten
Erfinder tätigen. Die Wachstumsrate der ganzen Wissenswirtschaft hängt
deshalb wesentlich vom Wachstum dieses öffentlichen Wissens ab.[38]

Die Arbeiter beziehen einen Lohn, der ihrem Beitrag zur Produktion
entspricht. Das Gehalt der mit Humankapital ausgestatteten Arbeiter im
Konsumgütersektor richtet sich nach dem Einkommen der humankapital-
besitzenden Erfinder. In klassischer Tradition behauptete Storch, das Wissen
als inneres Gut im Kopf eines Menschen, also auch eine Erfindung, habe
einen Wert, der den Kosten der zur Erzeugung des inneren Guts aufzuwen-
denden Arbeit gleich sei. Die moderne neoklassische Theorie behauptet umgekehrt, dass der Wert der Erfinderarbeit vom Wert der Erfindungen für die
Konsumgüterproduktion abgeleitet werden müsse.

Aus der Summe der nicht gesparten Einkommen werden die Konsumgüter gekauft, womit sich das Modell im Wesentlichen schließt. Wie stets in
der Nationalökonomie ergeben sich aus Effizienzüberlegungen normative
Schlussfolgerungen. Das öffentliche Wissen, das sich – ohne jemanden aus-
zuschließen – spontan verbreitet und das – dies ist ein sogenannter externer
Effekt – dadurch den Erfindern hilft, die neuen Maschinen zu ersinnen,
vermehrt sich zwar als Nebenprodukt der Humankapitalverwendung, aber
nicht in solchem Ausmaß, dass ein der Sparbereitschaft der Individuen ange-
messenes Wachstum zustande käme – daher die Forderung, das Wachstum

---

37 Die Forschungs- und Entwicklungsmöglichkeiten, die sich Privaten bieten, ändern sich
   schnell mit den technischen Voraussetzungen und der Nachfrage. Ein Beispiel aus den
   Wirtschaftswissenschaften beschreibt Heilemann, »Zur Industrialisierung der empirischen
   Wirtschaftsforschung: Das Beispiel der amerikanischen ›model shops‹«: Eine regelrechte
   Industrialisierung der empirischen Wirtschaftsforschung in der Form der (in Amerika besonders verbreiteten) »model shops«, die gewinnorientiert die Entwicklung makroökonomischer Modelle vorantrieben und die Ergebnisse verkauften.
38 Die privaten Firmen greifen übrigens im sogenannten »Crowdsourcing« vermehrt auf Ide-
   en und Lösungsvorschläge anderer Firmen und sogar Konsumenten zurück, die mit Prä-
   mien belohnt werden, während die Aufträge an die Hochschulen gemäß einer schweizerischen Untersuchung zurückgehen (Gassmann, »Wie neue Beziehungsnetze den Firmen zu
   mehr Wissen verhelfen. Open Innovation als Nutzung von Schwarmintelligenz in einer
   gleich gewordenen Welt«); die Wissensquellen sprudeln vielfältiger.

dieses öffentlichen Wissens staatlich zu fördern. Die Modelle der neuen Wachstumstheorie legen so Regeln für die Rolle des Staates in der Wissenswirtschaft nahe. Das Humankapital führt zu höherem Einkommen, das die privaten Kosten des Humankapitalerwerbs durch entgangenen Lohn aus der während des Studiums nicht durchführbaren gewöhnlichen Arbeit übersteigen kann. Insoweit sollte man von den Studenten Studiengebühren verlangen, welche zur Deckung der öffentlichen Kosten des Humankapitalerwerbs beitragen.[39] Die Forschung, die zu in der Produktion verwertbarem und patentierbarem Wissen führt, ermöglicht Monopolgewinne und trägt sich insofern selbst. Jene Grundlagenforschung aber, welche das allgemeine Wissen vermehrt, sollte, obwohl sie zum Teil Nebenprodukt jeder Forschung ist, staatlich unterstützt werden. Gemischte Finanzierungen von Universitäten lassen sich so theoretisch begründen.

Die empirische Anwendung stößt allerdings auf Grenzen. Wie sich zeigt, lassen sich die im Modell verwendeten Größen durch Indikatoren zwar durchaus – oft mehr schlecht als recht – für die empirische Anwendung quantifizieren, so dass die Modelle grundsätzlich ökonometrischen Tests unterworfen werden können, aber es ergeben sich kaum verlässliche und stabile Beziehungen. Wird eine vor 30 Jahren in einem bestimmten Land vorgenommene Maßnahme der Humankapitalbildung, wie durch Verbesserung des Schulsystems, heute, eine Generation später, eine messbare Wirkung entfalten? Und lässt sich daraus ein verlässlicher Wert der Förderung ableiten? Wichtiger als ein solches Mäkeln an den Modellen, die ihre formale Eleganz immer durch eine gewisse inhaltliche Borniertheit erkaufen, scheint mir die richtige Charakterisierung des Wissenswirtschaftsprojekts im Verhältnis zur Wissenskultur zu sein. Nachdem wir uns eine theoretische Vorstellung erarbeitet haben, will ich im Vorgriff auf unsere nachfolgende Diskussion an einem Beispiel zeigen, mit welcher Konsequenz bestimmte Prinzipien der Wissenswirtschaft durchgesetzt werden. Dazu möchte ich die Auswirkungen des Projekts der Wissenswirtschaft anhand einer Darstellung der europäischen Forschungsförderung beschreiben.[40]

---

39 Das ließe sich, streng genommen, so deuten, dass durch Studiengebühren die privaten und die fiskalischen Bildungsrenditen (vgl. Fn. 3) einander angenähert werden müssten, solange die sozialen Bildungsrenditen nicht umgekehrt für eine stärkere Subventionierung des Studiums sprächen.

40 Die nachfolgenden Überlegungen zur europäischen Wissensgesellschaft stützen sich auf Schefold/Lenz, *Europäische Wissensgesellschaft. Leitbilder europäischer Forschungs- und Innovationspolitik?* und Schefold, »Wissen als ökonomisches Gut«.

## 4. Die europäische Wissensgesellschaft

Die europäische Wissensgesellschaft erschien zuerst als ein nun knapp zehn Jahre altes Leitbild und Bestandteil der Lissabonner Strategie. Sie bezeichnet das Bestreben, die wirtschaftspolitischen Maßnahmen der europäischen Union in ihrer Gesamtheit auf das Innovations- und Wachstumsziel auszurichten. Damit wird ein normativer Bezugsrahmen für die Entwicklung der einzelnen Mitgliedsländer vorgegeben, um Wachstumsraten zu erreichen, die der Erhaltung des europäischen Gesellschaftsmodells dienen. Die Kommission legt dabei großes Gewicht auf die ökologische Nachhaltigkeit, die nicht auf dem Wege des Verzichts, sondern dank der Anwendung umweltgerechter neuer technischer Verfahren erreicht werden soll. Um die als notwendig angesehenen Transformationen zu erreichen, wird ein umfassendes Indikatoren- und Benchmark-System erzeugt; so will man die sozioökonomischen Entwicklungen der Mitgliedsländer beeinflussen, wenn nicht gar lenken. Der Bologna-Prozess mit der Vereinheitlichung der Studienverläufe im europäischen Raum kann als ein Anwendungsbeispiel dieser Strategie interpretiert werden. Zu den wesentlichen Zielen gehört aber auch die Herstellung eines europäischen Forschungsraums, der die Fragmentierung der Forschungstätigkeiten, Programme und Strategien in Europa überwinden und langfristig die Entwicklung einer einheitlichen europäischen Forschungspolitik gewährleisten soll. Die Kommission versucht, regionale und nationale Forschungsaktivitäten aufeinander abzustimmen. Zugleich spricht man von einem europäischen »Markt des Wissens«. Die Freiheit des einzelnen Wissenschaftlers bleibt grundsätzlich erhalten, aber die Anreize, welche Laufbahnen und Forschungsorientierungen bestimmen, dienen der Ausrichtung auf das Leitbild. Zurzeit hat die EU ihr 7. Rahmenprogramm für Forschung und technische Entwicklung ausgeschrieben (FP 7); es läuft von 2007–2013 und umfasst ein Volumen von 50,5 Mrd. Euro, neben dem Euratom-Budget von 2,7 Mrd. Euro. Davon werden etwa 7,5 Mrd. Euro durch den europäischen Forschungsrat für hervorragende Einzelforschung vergeben, aufgrund von einzeln gestellten Anträgen, wobei auch hier der Anspruch erhoben wird, europäische Maßstäbe zu setzen. Der Wettbewerb ist scharf. So wurden 2008 für den Starting Grant (junge Wissenschaftler) 9167 Vorschläge eingereicht, zugeteilt wurden 299, also 3,3 Prozent. Projekte der klassischen Geisteswissenschaften finden sich unter den Gewinnern kaum; die Naturwissenschaften dominieren. Nur unter den Advanced Grants spielen die Geisteswissenschaften – wenigstens im weiteren Sinne – eine etwas breitere

Rolle. Außer dem Budget des Europäischen Forschungsrats gibt es zwar Programme, welche die Forscherlaufbahnen (Program People; 4,7 Mrd. Euro) und besondere Orte der Forschung (Program Capacities; 4,2 Mrd. Euro), wie Regionen und mittlere und Kleinunternehmen, unterstützen. Im Übrigen geht der Löwenanteil an Programme der Zusammenarbeit (Co-operation; 32,4 Mrd. Euro), die für solche Schlüsselgebiete wie Information und Kommunikation (9,1 Mrd. Euro), Gesundheit (6 Mrd. Euro), Transport (4,2 Mrd. Euro) oder Energie (ohne Euratom; 2,3 Mrd. Euro) da sind, während die Programme für sozioökonomische und Geisteswissenschaften zusammen 0,6 Mrd. Euro vorsehen. Betrachtet man nun aber die letzten Projekte, stellt man fest, dass sie sich sämtlich in die aktuellen politischen Problematiken einordnen, dass sich also beispielsweise die Ethnologie in den Dienst der Klimaforschung stellt, wenn es sich darum handelt, die Änderungen der Verhaltensweisen verschiedener Gruppen in verschiedenen europäischen Ländern beim Gebrauch verschiedener privater und öffentlicher Transportmittel zu erfassen.

Die Projektausschreibungen verlangen regelmäßig eine Kooperation mehrerer europäischer Universitäten in verschiedenen Ländern. Konsortien aus Forschergruppen in einem halben Dutzend verschiedener Sprachgebiete kommen häufig vor, und die Zahl der beteiligten Institute kann auch doppelt so groß sein. Bei der Projektbewertung wird auf die genaue Beachtung der Projektausschreibung, auf solide Planung des Managements der Forschergruppe und auf eine wirksame Politik der Verbreitung der erhofften Resultate Wert gelegt. Entsprechend lang und kompliziert sind die auszufüllenden Formulare – in englischer Sprache, so dass Konsortien, die Wissenschaftler englischer Muttersprache einschließen, es leichter haben – Osteuropäer reüssieren bisher wenig.

Im europäischen Forschungsraum gelten also eigene Regeln. Kooperation wird in Großprojekten gefördert (Hauptbeispiel CERN), aber auch in vielen kleinen, untereinander konkurrierenden, mit dem Nebenziel, die nationalen Forschungspolitiken einander anzunähern.

Diese Forschungspolitik, weitgehend geschichtslos, stellt mit ihrem Griff nach der politischen Aktualität und dem Ziel, dem langfristigen Wirtschaftswachstum zu dienen, einen eigentümlichen Kompromiss zwischen ökonomisch motivierter und nach den Maßstäben der politischen Korrektheit verstandener kultureller Integration dar.[41] Die Forschungsziele ergeben sich

---

41 Vgl. EUROPEAN Commission Directorate L, Unit L4, *Report of the Expert Group on Humanities. Positioning Humanities Research in the 7th Framework Programme.*

nicht aus dem Bestreben, sich dem kulturellen Erbe einzufügen, es zu verstehen, es zu sichern und zu vermitteln, sondern aus aktuellen politischen Zielsetzungen, die einen historischen Rückgriff nur gelegentlich erlauben und die Interpreten in die Zwangsjacke der jetzt als korrekt angesehenen Wertungen einschnüren. Denkbar wären ja ganz andere Aufgabenstellungen wie Untersuchungen zur transnationalen Wirkung europäischer Philosophen oder zur Nachwirkung der Antike; nicht zu vergessen wäre die Verpflichtung zur Erschließung schwer zugänglicher Quellen wie der Archive in Klöstern des Berges Athos oder der nun erreichbaren Bibliotheken Georgiens.[42]

Im METRIS-Report,[43] einer Untersuchung zu den Entwicklungsrichtungen der Gesellschafts- und Geisteswissenschaften in Europa, wird die skizzierte Orientierung zur politischen Aktualität nur in einem Kapitel wesentlich überschritten, das die »iconosphere and the iconic turn«, »new understanding of space« und »research on ›affect‹« behandelt, also Thematiken, die überwiegend die Auflösungstendenzen der europäischen Geisteswelt analysieren und befördern. Ein Wille, die europäische Identität zu behaupten, ist im Brennpunkt der europäischen Wissenschaftspolitik schwer zu erkennen; bildungsferne Verwalter arbeiten für eine bildungsfreie Wissenschaft.

Wem am Erhalt bestimmter Wissenstraditionen eines Landes liegt oder sonst für bestimmte nationale Strategien im Forschungs- oder Technologiebereich eintreten möchte,[44] wer vielleicht aus sozialen oder umweltpolitischen Gründen besondere Wege empfiehlt, wer noch älteren Konzeptionen der Geisteswissenschaften huldigt, wird mit diesem Einfluss aus Brüssel zu rechnen haben. Die nationalen Geldgeber der Forschung der Europäischen Union und assoziierter Staaten sind, vertreten durch die Vorsitzenden der nationalen Organisationen zur Förderung der Forschung, seit 1992 zu EUROHORC zusammengeschlossen, um die Vermittlung zwischen europäi-

---

42 Neu ist die mit einem Bericht 2011 eingebrachte Initiative *Digital Agenda for Europe: Digital Libraries Initiative*, in der im Rahmen der *Digital Agenda* der Europäischen Union die Bibliotheken innerhalb der EU erschlossen werden sollen.

43 Vgl. European Commission, *Emerging Trends in Socio-Economic Sciences and Humanities in Europe. The METRIS Report.*

44 Der Konkurrenzdruck innerhalb Europas und der OECD geht von dem statistischen Vergleich aus. Es werden nicht nur die Leistungen evaluiert, sondern vorgängig die Aufwendungen, bei denen sich Deutschland nicht auszeichnet. Z.B. betrugen die Ausgaben pro Studienplatz für die Hochschullehre in den USA 2006 19.467 Dollar, im OECD-Durchschnitt 8.418 Dollar, in Deutschland 7.339 Dollar (Institut der deutschen Wirtschaft (Hg.), *Informationsdienst*, S. 3). Die Exzellenz soll also auf der Basis einer unterdurchschnittlichen Ausstattung erzielt werden.

schen und nationalen Forschungsorganisationen zu erleichtern. Deklariert wird das Ziel der Exzellenz, aber, realistisch besehen, handelt es sich um eine neue Normalwissenschaft, die manche Messgrößen tatsächlich anhebt, aber andere ältere Maßstäbe gänzlich vergisst.

## 5. Wissen und Bildung

So haben wir für die erstrebte Wissenswirtschaft zu opfern, zuallererst und am offensichtlichsten, indem wir eine Schematisierung der Wissenschaft hinnehmen müssen. Mehr vom Gleichen, weniger Eigenart. Der Wissenschaftshistoriker wohl jeder Disziplin erinnert sich dagegen, dass die besten Leistungen oft an ganz unerwarteter Stelle auftauchen und von den Zeitgenossen lange nicht erkannt werden. Eine die Vielfalt reduzierende Förderung sogenannter Exzellenz könnte sich insofern selbst ad absurdum führen. Jedenfalls handelt es sich auch da nicht um eine Ökonomisierung durch den Rückgriff auf Marktmechanismen, sondern um administrative Zuteilung nach für die Bürokratie überprüfbaren Kriterien.

Das Projekt der Wissenswirtschaft verbindet sich mit einer Untergrabung, ja Leugnung des Lebenszusammenhangs der Wissenschaft, wenn sie, im besten Fall nämlich, auch die Persönlichkeit bildet. Vielleicht ist es nützlich, dies mit den Worten der Ökonomen zu beschreiben, um die Grenzen des ökonomischen Weltbilds mit seinen eigenen Mitteln zu bezeichnen. Zum Schönen der Bildung gehören externe Effekte. Begegne ich einem gebildeten Menschen, lässt mich dieser im Gespräch, im persönlichen Umgang an seiner Welt teilhaben, und meine innere Welt wird reicher. So verändern und erweitern sich auch meine Persönlichkeit und damit meine Bewertungen. Wissen, auf das ich einmal stolz war, wird relativiert, Neues gewonnen, ich finde Anerkennung für vorher nicht gekannte oder nicht genügend gewürdigte Standpunkte. Einigermaßen reduktionistisch spricht, wie erwähnt, auch der Soziologe von kulturellem Kapital. Die Wirkung der Bildung lässt sich also mit dem Jargon des Ökonomen und Soziologen beschreiben, aber eigentlich nur metaphorisch, weil sich nur die gröbsten der externen Effekte messen lassen.[45]

---

45 Die bei Ammermüller/Dohmen, *Private und soziale Erträge von Bildungsinvestitionen*, wie oben erwähnt, vorkommenden sozialen Bildungsrenditen messen – auch schon mangel-

Die Hauptleidtragenden in der Universität dürften die Geisteswissenschaften und ihnen nahestehende Gebiete wie die Wissenschaftsgeschichte oder die Morphologie sein. Sie haben schon selbst durch ihre Ausweitung das Wissen zwar gemehrt, aber seinen geistigen Nährwert sozusagen verdünnt. Der Kanon des abendländischen Wissens verliert sich an seinen Rändern durch Ausdifferenzierung. Charismatische Persönlichkeiten haben aber die geisteswissenschaftliche Tradition immer wieder belebt und erneuert. Sie haben den Blick auf neue Phänomene gelenkt und neue Sichtweisen und Interpretationen erschlossen. Vermittelt werden diese zumeist, ob wir nun von Hermeneutik oder Close reading sprechen, in einem engen Bezug zwischen Lehrer und Schüler. Vor einem Kreis persönlich bekannter Menschen wollen die jungen und noch die alten vor allem sich mit ihren Ideen und Schriften hervortun und bewähren, und mit Recht sieht ein junger Wissenschaftler oft die Zustimmung eines bewunderten älteren Lehrers als wichtigste Bestätigung an. Welcher Unsinn, davon abzulenken, indem der Erfolg bei fernen Zeitschriften in anonymisierten Referee-Verfahren bei Berufungen als allein entscheidender Maßstab aufgezwungen wird.

Gewiss muss zugegeben werden, dass die bildende Kraft der Wissenschaft und insbesondere der Geisteswissenschaften schon im Klassizismus zu schwinden begann. Umso bedeutsamer wurden die Nischen, in denen sie sich gleichwohl wieder zeigte. Wohl jeder hier kennt dies aus der Literatur und, in bescheidenerer Form, aus eigenem Erleben. Als Dogmenhistoriker der Nationalökonomie habe ich mich mit verschiedenen solcher Kreise befasst: Ricardo und seine Schüler, Keynes und seine Schüler (diese, besonders Joan Robinson, Piero Sraffa und Nicholas Kaldor, habe ich dann selbst als meine Lehrer erlebt). Besonders erforscht habe ich, etwas ungewöhnlich, die Ökonomen im George-Kreis. George beeinflusste die Geisteswissenschaften von der Jahrhundertwende bis zu einem Höhepunkt in der Weimarer Zeit, mit verborgenen Nachwirkungen, die weit in die Geschichte der Bundesrepublik hineinreichen.[46] Das Faktum, dass auch die historisch gewendete Nationalökonomie dazu gehörte, war übersehen worden: etwa ein Dutzend zum Teil namhafter Staatswissenschaftler standen George nahe, teils direkt, teils in Vermittlung durch andere. Sie nahmen ernst, dass der George-Kreis einem sokratisch-platonischen Kreis von Meistern und Jüngern glich, und sie überlegten von daher, wie die zeitgenössische Wissenschaft erneuert und

---

haft – Wirkungen auf Wachstum, insbesondere auf Produktivität, aber nicht auf die Kultur (Ausnahme: Reduktion der Kriminalität).

46 Vgl. Raulff, *Kreis ohne Meister.*

ihrer Aufgabe, dem Leben zu dienen, wieder näher gebracht werden könne. Über die Disziplinen hinweg entwickelte der George-Kreis seine Semantiken, um sich über die Anforderungen an solche Wissenschaft zu verständigen. Durch seine Staatswissenschaftler ergaben sich mir merkwürdige Verbindungen zwischen deutscher Geisteswissenschaft und Nationalökonomie; dank ihnen begriff ich zum Beispiel, wie wichtig das alte, schon für den Kameralismus typische Element anschaulicher Theorie als Gegenstück zur rationalen oder reinen Theorie in der deutschsprachigen Nationalökonomie gewesen ist und wieder werden könnte.[47]

Jedenfalls gilt nicht nur für dieses, sondern auch für die anderen Beispiele wissenschaftlicher Kreisbildung, dass die menschlichen Strukturen eines Forschung und Lehre, geistige Orientierung und menschliche Bildung umfassenden Unterrichts immer wieder den alten, aus Antike und Humanismus bekannten Mustern gleichen. Wir dürfen hoffen, dass die menschlichen Kräfte stark genug sind, noch heute die Formung solcher Kreise zu ermöglichen, auch wenn die Wissenswirtschaft und positivistisches Wissenschaftsverständnis das nicht vorsehen. Es geht dabei nicht nur um das Interesse des Wissenschaftlers an seiner Lebenswelt, sondern um den Charakter der aus dieser hervorgehenden Wissenschaft. Zumindest in die Geistes-, in die Gesellschafts- und Wirtschaftswissenschaften geht immer ein Element persönlichen Engagements und persönlicher Verantwortung ein, das wir durch Programmatik und Praktiken der Wissenswirtschaft in Frage gestellt sehen. Es mag ein banales Beispiel sein, aber ein Zeitschriftenaufsatz gilt offenbar schon deshalb mehr als der Beitrag zu einer Festschrift, weil letzterer, indem er auch einen persönlichen Bezug zum Ausdruck bringt, im Verdacht steht, von der reinen Sachlichkeit abzuweichen, obwohl er im günstigen Fall sonst verdeckte innere Abhängigkeiten zum Ausdruck bringt.

Die Fragwürdigkeit neuer Praktiken der Bewertung wissenschaftlicher Leistungen werde kurz anhand der Wirtschaftswissenschaften dargelegt, um die Kontraste zu verdeutlichen. Wettbewerb ist gut, aber man kann auch die falschen Anreize setzen. Es liegt auf der Hand, dass das Wachstum der höheren Bildungsanstalten, verbunden mit stärkerer Vernetzung und damit dem Zwang zum Vergleich bei sinkenden Möglichkeiten, fremde Disziplinen zu überblicken, faire Bewertungen zu einem immer dringenderen Bedürfnis

---

47 Vgl. *Wissenschaftler im George-Kreis. Die Welt des Dichters und der Beruf der Wissenschaft.* Zu den Ökonomen im George-Kreis vgl. Schönhärl, *Wissen und Visionen. Theorie und Politik der Ökonomen im Stefan George-Kreis,* zur anschaulichen Theorie vgl. Schefold, »Edgar Salin and his concept of ›Anschauliche Theorie‹ (›Intuitive Theory‹) during the interwar period«.

macht, doch wie sollen sie erzeugt werden? Gegenwärtig gelten nur noch Zeitschriften, die durch Herausgeber und Gutachter die Autoren disziplinieren. Die Konzentration auf das Wesentliche wird mit dem Verzicht auf den geistvollen Exkurs erkauft. Wie das Zählen von Zitaten in die Irre führt, haben Andere, besonders Bruno Frey, gezeigt: Wer häufiger zitiert wird, gilt mehr, auch wenn ihn viele nur zitierten, um ihn zu kritisieren. Es wird mit dem Rang der Zeitschriften[48] gewichtet, obwohl damit das Selbstlob innerhalb einer kumulativen Schulenbildung begünstigt wird und obwohl die Wissenschaftsgeschichte zeigt, dass die wirklichen Neuerungen oft an unerwarteter Stelle auftauchen. Es ist ganz erstaunlich, wie wenig die Rangordnung, die sich aus der Gewichtung der Publikationen nach dem Rang der Zeitschriften ergibt, mit der Rangordnung nach der Häufigkeit der Zitierungen korreliert, wie jedenfalls aus einer Untersuchung von Schläpfer und Schneider[49] hervorgeht. Intrinsische Motivation wird durch extrinsische verdrängt, der Forschungsbezug auf dem Papier verdrängt den persönlichen Umgang, und der Autor verlässt seine Überzeugungen, um seinen Gutachtern zu gefallen.[50] Berufungskommissionen setzen anonyme Messverfahren an die Stelle persönlich verantworteter Strenge. Die Spezialisierung erschwert Vergleiche, also sucht man neue Maßstäbe, vergleicht aber eigentlich Unvergleichbares: Wenn man früher nicht sagen konnte, ob Freud oder Einstein bedeutender war, werden nun schon die Leistungen in Einzeldisziplinen als inkommensurabel angesehen: Ist der Spieltheoretiker A dem Makroökonomen B vorzuziehen oder umgekehrt? Da man eines Gefühls für übergeordnete wissenschaftliche Bedeutung ermangelt und die formalen Vergleiche dafür nur bei großen Rangdifferenzen einen Ersatz bieten, wird die Berufungskommission beauftragt, unter den Berufungsfähigen nicht den Besten überhaupt, sondern den nach einer verengenden Kriterienliste am wenigsten Auszuschließenden zu suchen.[51] Bruno Frey spricht, seine frühere Diagnose verschärfend, mit Hinweisen auf mit den genannten verwandte Phänomene, von einem Schwund der akademischen Welt.[52]

---

48 Das Verfahren würde verbessert, wenn man auch die Zitate in Büchern einbezöge, aber das setzte deren aus anderen Gründen fragwürdige Digitalisierung voraus.

49 Schläpfer und Schneider, »Messung der akademischen Forschungsleistung in den Wirtschaftswissenschaften: Reputation vs. Zitierhäufigkeiten«, insbes. Abb. 2, S. 332.

50 Vgl. Osterloh/Frey, »Research Governance in Academia: Are there alternatives to Academic rankings?«.

51 Vgl. Kieser, »Die Tonnenideologie der Forschung«.

52 Frey, »Withering Academia?«.

Problematischer noch scheint mir die mit dem Bewertungssystem in Verbindung stehende Verstärkung des Trends zu einer Verengung der Methodenvielfalt und der disziplinären Ausrichtung. Was besser in Büchern gesagt wird als in Aufsätzen, also zum Beispiel die Diskussion historischer Entwicklungen, die zu ihrer angemessenen Erörterung eines ganzen Buchs bedürfen, wird so vergessen,[53] wie überhaupt die Technik der Modellbildung an die Stelle der Kultur der sprachlichen Erklärung tritt. Die Ökonomie greift durchaus auf Nachbargebiete aus, aber nach der Art des »ökonomischen Imperialismus«: Unter Festhalten an den eigenen Methoden, nicht von anderen lernend, sondern sie belehren wollend. Ganze Unterdisziplinen werden im Zuge methodischer Verengung aufgegeben; beispielsweise wandert die Sozialpolitik in die Soziologie ab – und Soziologen werden als Experten zur Beratung der Ministerien berufen –, oder die Theoriegeschichte wird den Wissenschaftshistorikern überlassen, die sich aber für ökonomische Theorie nicht recht erwärmen wollen. Dem überlagert sich die Tendenz, die für einige Universitäten sinnvolle Spezialisierung auf den Finanzsektor an vielen durchzuführen, mit der Konsequenz, dass man bald nicht mehr fähig sein wird, durch Berufungen die alte Breite des Fachs wiederherzustellen, selbst wenn man dies noch wollte. Eine empirische Studie bestätigt, dass die Neoklassik in der jungen Generation der akademischen Ökonomen in Deutschland vorherrscht, die Präferenz für sie aber mit dem Alter stark abnimmt,[54] während der Ordoliberalismus für die Älteren eine größere Rolle spielt. Doktoranden scheinen bei der Bewertung dessen, worauf es bei der Ökonomie als Wissenschaft ankommt, mit den Angelsachsen stärker überein zu stimmen als die älteren deutschen Kollegen: »American graduate programs thus seem to crowd out specific cultural characteristics«.[55] Diese Veränderungen nur unter dem Stichwort »Ökonomisierung der Wissensgesellschaft« zu sehen, wäre eine Vereinfachung; ein Zusammenhang zwischen ihr und der Transformation des Bildungssystems besteht jedoch.

---

53 Die Unkenntnis der Wirtschaftsgeschichte und damit früherer Finanzkrisen hat zur Entstehung der gegenwärtigen beigetragen, und erst bei ihrer Bekämpfung begann man sich wieder zu erinnern.

54 Vgl. Frey/Humbert/Schneider, »What is Economics? – Attitudes and views of German economists«, S. 5.

55 Frey/Humbert/Schneider, »What is Economics? – Attitudes and views of German economists«, S. 16.

## 6. Der Humanismus: eine Erinnerung

Nach den Eingriffen des Nationalsozialismus, die die Volkswirtschaftslehre
härter als die Betriebswirtschaftslehre trafen,[56] nach den Versuchen, in der
noch jungen Bundesrepublik die alte deutsche Universität in der Demokratie und mit ausländischer Hilfe zu erneuern[57] und nach den auf die 68er
Jahre folgenden Universitätsreformen[58] haben wir es jetzt mit der vierten
Umwandlung der Universität im deutschen Bildungssystem innerhalb weniger als eines Jahrhunderts zu tun. Wenn ich aufgefordert bin, in dieser Lage
ein Gegenbild zur Ökonomisierung der Wissenskultur zu benennen, drängt
sich ein Begriff auf, der die geschichtliche Verpflichtung, das Versäumnis
vergangener Reformen und den Gegensatz zur Gewinn- und Wachstumsori-
entierung der Wissenschaftspolitik in Verbindung mit dem erzieherischen
Auftrag gleichzeitig aufruft: der Humanismus. Es steht schlecht um ihn zur
Zeit, ich weiß. Die einen sehen seine Angebote als Zeitverlust, die anderen
als Ausdruck reaktionärer Gesinnung.[59] Erasmus formulierte seine Hoffnun-
gen in den 1500 in Paris veröffentlichten Adagia, seiner dann in ganz Europa
berühmten Sammlung antiker Redewendungen mit Erklärungen, beiläufig
beim Stichwort Delphikòn xíphos, delphisches Schwert.[60] Ein solches
Schwert verwendete man sowohl um Opfertiere zu schlachten wie um Ver-
brecher hinzurichten. So allseitig verwendbar seien die *litterae*, die Wissenschaften:

---

56 Dies zeigte sich besonders deutlich in meiner eigenen, der Goethe-Universität; vgl. Sche-
    fold, *Wirtschafts- und Sozialwissenschaftler in Frankfurt am Main, mit einem dokumentarischen
    Anhang und einer Lehrstuhlgeschichte, aus Erinnerungen zusammengestellt zum Universitäts-
    jubiläum 1982, ergänzt und als Buch herausgegeben zum Universitätsjubiläum 1989, erweitert
    um einen zweiten Teil zur Hundertjahrfeier der Gründung der Akademie für Sozial- und
    Handelswissenschaften 2001 von Bertram Schefold* und Nörr/Schefold/Tenbruck (Hg.),
    *Deutsche Geisteswissenschaften zwischen Kaiserreich und Republik. Zur Entwicklung von
    Nationalökonomie, Rechtswissenschaft und Sozialwissenschaft im 20. Jahrhundert.*
57 Vgl. Schefold/Acham/Nörr (Hg.), *Erkenntnisgewinne, Erkenntnisverluste. Kontinuitäten
    und Diskontinuitäten in den Wirtschafts-, Rechts- und Sozialwissenschaften zwischen den 20er
    und 50er Jahren.*
58 Vgl. Schefold/Acham/Nörr (Hg.), *Der Gestaltungsanspruch der Wissenschaft. Aufbruch und
    Ernüchterung in den Rechts-, Sozial- und Wirtschaftswissenschaften auf dem Weg von den
    1960er zu den 1980er Jahren.*
59 Der schulische Erfolg altsprachlichen Unterrichts lässt sich jedoch nach wie vor belegen;
    vgl. z.B. Eberle u.a., *Evaluierung der Maturitätsreform 1995 (EVAMAR), Schlußbericht zur
    Phase II.*
60 Erasmus, *Adagiorum D. Erasmi Roterodami Epitome*, S. 46.

Delphikòn xíphos

Nam litterae iuvenibus sunt necessariae, senibus iucundae, pauperibus
opes suppeditant, opulentis adiungunt ornamentum, in rebus adversis
solatio sunt, in secundis gloriae, claro natis genere splendorem augent,
obscuro genere natis claritatis initium conciliant.

Delphisches Schwert

Denn die Wissenschaften sind den Jungen notwendig, den Alten erfreulich,
sie bringen den Armen Unterstützung und fügen den Reichen den Schmuck hinzu,
sie bringen im Unglück Trost, im Glück Ruhm, sie vermehren den Glanz
der aus den im Licht stehenden Geschlechtern Geborenen,
und gewähren den aus dem Dunkel Stammenden einen Eingang zur Berühmtheit.

Der Entfaltung der Persönlichkeit gemäß den Altersstufen und den sozialen
Lagen also dient diese humanistische Wissenschaft. Der Vorgang entzieht
sich der Wissenswirtschaft. Eine Rationalisierung durch Organisation eines
Wissenshandels bei gegebenen Präferenzen wäre der eigentlichen Aufgabe,
die Präferenzen zu bilden, gerade entgegengesetzt. Wenn an der Fachsprache
etwas liegt, könnte man allenfalls sagen, es bilde sich in der Vernetzung ein
soziales Kapital, gebunden an Individuen, mit ihren vermittelbaren und mit
stillem Wissen, gebunden aber auch an Institutionen. Die Grenzen des Bil-
dungswissens zur Kunst sind fließend. Daher werden die Wendungen solcher Wissenschaft von Individuen geprägt, ja erzeugt. Sie entdecken nicht
nur unter der Oberfläche verborgene Wahrheiten, sondern schaffen unter
Erneuerung der Sprache neue Gegenstandsbereiche, aus der Tradition her-
vorgebracht. Lernen heißt also, neu zu sehen. Da sich der Bildungsprozess
zwischen Personen – nach dem alten Muster zwischen Meister und Jüngern
– vollzieht, spielt er sich in kleinen Gruppen ab. Deshalb begann unsere
Untersuchung mit dem sokratischen Gespräch.[61] Der Riesenapparat moderner Wissenschaft lässt ein Beziehungsgeflecht nur unter der Bedingung extremer Spezialisierung auf dem Niveau originärer Forschung zu. Wo sich die
Gegenstandsbereiche sachlich trennen lassen, kann es dann ein glückliches
Nebeneinander geben; der Friede erscheint gelegentlich gefährdet, wenn sich
die Disziplinen vor allem nach den Methoden unterscheiden. Wir müssen
die Realitäten akzeptieren, uns in den Nischen disziplinärer Verästelung und

---

61 Zum George-Kreis als Versuch einer sinnstiftenden Verbindung von Kunst, Wissenschaft
   und Leben vgl. Köster u.a., *Das Ideal des schönen Lebens und die Wirklichkeit der Weimarer
   Republik. Vorstellungen von Staat und Gemeinschaft im George-Kreis*.

personenbezogener Schulenbildung einrichten; deshalb haben wir auch bei
Berufungen zuweilen zwischen didaktischer Begabung, charakterlicher Eig-
nung und wissenschaftlicher Fähigkeit abzuwägen. Die disziplinenübergrei-
fenden Bezüge lassen sich für eine nach Ganzheit strebende Bildung dann
nur unter Bezug auf verbindende Denktraditionen herstellen. Es gilt also,
um der Ganzheit willen, einen Kanon gemeinsamer, den Ursprüngen ver-
bundener Wissenschaft zu pflegen. Die Anbindung an die Überlieferung
rechtfertigt sich ferner, wenn wir uns erinnern, dass es immer wieder der
neue Blick auf alte Autoren war, der neues Sehen ermöglichte.

Nationalökonomen insbesondere werden sich, so utopisch es vorerst
klingen mag, der Geschichte wieder nähern müssen, wenn sie sich der Relativität ihres Wissens und ihrer Ziele bewusst werden wollen. Zurzeit wird die
Fixierung auf ein verengtes Menschenbild vor allem durch die ökonomische
Verhaltensforschung und die experimentelle Spieltheorie herausgefordert,
die zuweilen ihre Ergebnisse im interkulturellen Vergleich prüfen. Die deutsche Tradition vom Kameralismus bis zur historischen Schule aber hatte einen weiteren Atem und suchte hinter Ereignissen und Erscheinungen im
wirtschaftlichen Bereich den kulturellen Wandel und die Veränderungen der
Denkweisen und Sitten zu verstehen, gestützt auf die hermeneutische Ausle-
gung der Texte in den Originalsprachen. Unter der modelltheoretischen
Oberfläche der Werke von Keynes[62] und Schumpeter findet man eine Max
Webers Bemühungen verwandte Auseinandersetzung mit dem Menschenbild der Moderne. Sollen wir die Untersuchung dieser tieferen Schichten, die
grundlegend sind für das Verständnis auch des Politischen, wirklich aus dem
Studium ausschließen?

Offenbar besteht durchaus ein Spielraum, innerhalb dessen wir uns eher
zur technokratischen Wissenswirtschaft oder zu einer humanistischen Wissenskultur hinbewegen können. Es wird immer wieder junge Menschen geben, die ihn nutzen wollen. Wir haben die Verantwortung, sie nicht auf be-
ruflich aussichtslose Wege zu locken, aber wir sollten die Pforten zum
geistigen Reich auch nicht verriegeln.

---

62 Zu Keynes' philosophischen Wurzeln vgl. Mini, *Keynes, Bloomsbury and the General
Theory*. Ein Bezug zur historischen Schule bestand durch seinen Vater John Neville
Keynes.

# Literatur

Acham, Karl/Nörr, Knut Wolfgang/Schefold, Bertram (Hg.), *Erkenntnisgewinne, Erkenntnisverluste. Kontinuitäten und Diskontinuitäten in den Wirtschafts-, Rechts- und Sozialwissenschaften zwischen den 20er und 50er Jahren* (Aus den Arbeitskreisen »Methoden der Geisteswissenschaften« der Fritz Thyssen Stiftung), Stuttgart: Steiner 1998.

Acham, Karl/Nörr, Knut Wolfgang/Schefold, Bertram (Hg.), *Der Gestaltungsanspruch der Wissenschaft. Aufbruch und Ernüchterung in den Rechts-, Sozial- und Wirtschaftswissenschaften auf dem Weg von den 1960er zu den 1980er Jahren* (Aus den Arbeitskreisen »Methoden der Geisteswissenschaften« der Fritz Thyssen Stiftung), Stuttgart: Steiner 2006.

Ammermüller, Andreas/Dohmen, Dieter, *Private und soziale Erträge von Bildungsinvestitionen*, Köln: Forschungsinstitut für Bildungs- und Sozialökonomie 2004.

Barro, Robert J./Sala-i-Martin, Xavier, *Economic Growth*, New York: McGraw-Hill 1995.

Bourdieu, Pierre, *Critique sociale du jugement*, Paris: Éditions de minuit 1979.

Böschenstein, Bernhard/Egyptien, Jürgen/Schefold, Bertram/Vitzthum/Graf, Wolfgang (Hg.), *Wissenschaftler im George-Kreis. Die Welt des Dichters und der Beruf der Wissenschaft*, Berlin: de Gruyter 2005.

Eberle, Franz u.a., *Evaluierung der Maturitätsreform 1995 (EVAMAR), Schlußbericht zur Phase II*. Im Auftrag der Schweizerischen Konferenz der Kantonalen Erziehungsdirektoren EDK und des Staatssekretariats für Bildung und Forschung SBF, Bern: Staatssekretariat für Bildung und Forschung SBF 2008.

Epikur, *Wege zum Glück*. Griechisch-lateinisch-deutsch, hg. von Rainer Nickel, Zürich: Artemis 2003.

Erasmus, *Adagiorum D. Erasmi Roterodami Epitome*, Amstelodami apud Joannem Janssonium Anno MDCLXIII.

EUROPEAN Commission Directorate L, Unit L4, *Report of the Expert Group on Humanities. Positioning Humanities Research in the 7th Framework Programme* (EUR 22843), Luxembourg: Office for Official Publications of the European Communities 2007: http://ec.europa.eu/research/evaluations/pdf/archive/fp6-evidence-base/evaluation_studies_and_reports/evaluation_studies_and_reports_2007/positioning_humanities_research_in_the_7th_framework_programme.pdf (abgerufen: 28.1.2011).

EUROPEAN Commission (Directorate General for Research in Socio-Economic Sciences and Humanities), *Emerging Trends in Socio-Economic Sciences and Humanities in Europe. The METRIS Report* (EUR 23.741), Brüssel: EC 2009.

Frey, Bruno, »Withering Academia?«, in: *CESifo Working Paper No. 3209*, München: CESifo GmbH 2010.

Frey, Bruno/Humbert, Silke/Schneider, Friedrich, »What is Economics? – Attitudes and views of German economists«, in: *IEW Working Paper No. 451*, Zürich: Institute for Empirical Research in Economics (IEW) 2009.

Fried, Johannes/Stolleis, Michael (Hg.), *Wissenskulturen. Über die Erzeugung und Weitergabe von Wissen*, Frankfurt/M.: Campus 2009.

Gassmann, Oliver, »Wie neue Beziehungsnetze den Firmen zu mehr Wissen verhelfen. Open Innovation als Nutzung von Schwarmintelligenz in einer gleich gewordenen Welt«, in: *Neue Zürcher Zeitung (Int. Ausgabe)*, 19. Juni 2010, Nr. 139, S. 13.

Gregory, Chris A., *Gifts and Commodities* (Studies in political economy, vol. 2), London und New York: Academic Press 1982.

Hartung, Johann A. (Hg.), *Philodem's Abhandlungen über die Haushaltung und über den Hochmuth und Theophrast's Haushaltung und Charakterbilder*. Griechisch und Deutsch, Leipzig: W. Engelmann 1857.

Heilemann, Ulrich, »Zur Industrialisierung der empirischen Wirtschaftsforschung: Das Beispiel der amerikanischen ›model shops‹«, in: *Ökonomisierung der Wissensgesellschaft*, hg. v. Ralf Diedrich und Ullrich Heilemann. Berlin: Duncker & Humblot 2011, S. 319–348.

Hénaff, Marcel, *Le prix de la vérité. Le don, l'argent, la philosophie*, Paris: Seuil 2002, S. 140f.

Hörnigk, Philipp Wilhelm von, *Oesterreich über alles, wann es nur will* (Klassiker der Nationalökonomie), Düsseldorf: Verlag Wirtschaft und Finanzen 1997; *Vademecum zu einem Klassiker absolutistischer Wirtschaftspolitik*, Kommentarband zum Faksimile-Nachdruck der 1684 erschienenen Erstausgabe von Hörnigk, Philipp Wilhelm von, *Oesterreich über alles, wann es nur will* (Klassiker der Nationalökonomie), Düsseldorf: Verlag Wirtschaft und Finanzen 1997.

Ibn Khaldun, *Muqaddima* (Klassiker der Nationalökonomie), Düsseldorf: Verlag Wirtschaft und Finanzen 2000; *Vademecum zu dem Klassiker des arabischen Wirtschaftsdenkens*, Kommentarband zum auszugsweisen Faksimile-Nachdruck der 1401/02 entstandenen Handschrift von Ibn Khaldun, *Muqaddima*, hg. v. Bertram Schefold (Klassiker der Nationalökonomie), Düsseldorf: Verlag Wirtschaft und Finanzen 2000.

Institut der deutschen Wirtschaft (Hg.), *Informationsdienst*, Jg. 35, Köln: Institut der deutschen Wirtschaft 2009.

Justi, Johann Heinrich Gottlob von, *Grundsätze der Policey-Wissenschaft* (Klassiker der Nationalökonomie), Düsseldorf: Verlag Wirtschaft und Finanzen 1993, *Vademecum zu einem Klassiker des Kameralismus*, Kommentarband zur Faksimile-Ausgabe der 1756 erschienenen Erstausgabe von Justi, Johann Heinrich Gottlob von, *Grundsätze der Policey-Wissenschaft*, hg. von Bertram Schefold (Klassiker der Nationalökonomie), Düsseldorf: Verlag Wirtschaft und Finanzen 1993.

Kieser, Alfred, »Die Tonnenideologie der Forschung«, in: *Frankfurter Allgemeine Zeitung*, 9. Juni 2010, Nr. 130, S. 5.

Klock, Kaspar, *Tractatus juridico-politico-polemico-historicus de Aerario*, … , Reprint der Originalausgabe von 1651 in 2 Teilbänden mit einer Einleitung [S. V*– CXIII* vorn im ersten Teilband] hg. von Bertram Schefold (Historia Scientiarum (Wirtschaftswissenschaften). Ein Editionsprogramm der Fritz Thyssen Stiftung zur Geschichte der Wissenschaften in Deutschland), Hildesheim: Olms 2009.

Köster, Roman/Plumpe, Werner/Schefold, Bertram/Schönhärl, Korinna (Hg.), *Das Ideal des schönen Lebens und die Wirklichkeit der Weimarer Republik. Vorstellungen von Staat und Gemeinschaft im George-Kreis* (Wissenskultur und gesellschaftlicher Wandel. Hg. v. Forschungskolleg 435 der Deutschen Forschungsgemeinschaft, Bd. 33), Berlin: Akademie Verlag 2009.

List, Friedrich, *Das nationale System der politischen Ökonomie. Volksausgabe auf Grund der Ausgabe letzter Hand*, hg. von Arthur Sommer, Tübingen: J. C. B. Mohr 1959.

Maddison, Angus, *Monitoring the World Economy 1820–1992*, Paris: OECD 1995.

Mini, Piero V., *Keynes, Bloomsbury and the General Theory*, Basingstoke: Palgrave Macmillan 1991.

Nau, Heino Heinrich (Hg.), *Der Werturteilsstreit. Die Äußerungen zur Werturteilsdiskussion im Ausschuß des Vereins für Socialpolitik (1913)*, Marburg: Metropolis 1996.

Nickel, Rainer (Hg.), *Stoa und Stoiker. Griechisch-lateinisch-deutsch. Auswahl der Fragmente und Zeugnisse, Übersetzung und Erläuterungen von Rainer Nickel*, Bd. 1 (Sammlung Tusculum), Düsseldorf: Artemis & Winkler 2008.

Nörr, Knut Wolfgang/Schefold, Bertram/Tenbruck, Friedrich (Hg.), *Deutsche Geisteswissenschaften zwischen Kaiserreich und Republik. Zur Entwicklung von Nationalökonomie, Rechtswissenschaft und Sozialwissenschaft im 20. Jahrhundert* (Aus den Arbeitskreisen »Methoden der Geisteswissenschaften« der Fritz Thyssen Stiftung), Stuttgart: Steiner 1994.

Osterloh, Margit/Frey, Bruno S., »Research Governance in Academia: Are there alternatives to Academic rankings?«, in: *Working Paper No. 423*, Zürich: Universität, Institute for Empirical Research in Economics 2009.

Platon, *Sämtliche Werke*, Bd. 1, Heidelberg: Schneider 1982.

Platon, *Platonis opera*, recognovit Ioannes Burnet, Tomus III (Scriptorum Classicorum Bibliotheca Oxoniensis), Oxford: Clarendon 1961 [1903].

Poni, Carlo, »The Worlds of Work: Formal Knowledge and Practical Abilities in Diderot's Encyclopédie«, in: *Jahrbuch für Wirtschaftsgeschichte 2009/1*, S. 135–150.

Raulff, Ulrich, *Kreis ohne Meister. Stefan Georges Nachleben*, 3. Auflage, München: C.H. Beck 2010.

Ricoeur, Paul, *La lutte pour la reconnaissance et l'économie du don*, Saint-Étienne: Dumas Titoulet 2004.

Romer, Paul M., »Endogenous Technological Change«, in: *Journal of Political Economy 98.5, 1990*, S. 71–102.

Sahlins, Marshall David, *Stone Age Economics*, Chicago: Aldine 1972.

Schefold, Bertram, »A contribution to Weber's theory of modern capitalism: amortisation according to Sraffa as a rational substitution of missing markets«, in: *Festschrift for Heinz D. Kurz*, ed. by Christian Gehrke and Neri Salvadori, Abingdon und New York: Routledge 2011, (in Vorb.).

Schefold, Bertram, »Aufstieg und Niedergang in der Wirtschaftsentwicklung. Ibn Khalduns sozioökonomische Synthese«, in: *Vademecum zu dem Klassiker des arabischen Wirtschaftsdenkens*. Kommentarband zum auszugsweisen Faksimile-Nachdruck der 1401/02 entstandenen Handschrift von Ibn Khaldun, Muqaddima, hg. von Bertram Schefold, (Klassiker der Nationalökonomie), Düsseldorf: Verlag Wirtschaft und Finanzen 2000, S. 5–20.

Schefold, Bertram, »Bedürfnisse und Gebrauchswerte in der deutschen Aufklärung. Zum wechselnden Status der Waren bei Kameralisten, ökonomischen Klassikern und frühen Angehörigen der historischen Schule«, in: *Die Sachen der Aufklärung*, (in Vorb.).

Schefold, Bertram, *Beiträge zur ökonomischen Dogmengeschichte, ausgewählt und herausgegeben von Volker Caspari*, Stuttgart: Schäffer-Poeschel Verlag 2004 [seitengleiche Ausgabe auch: Darmstadt: Wissenschaftliche Buchgesellschaft 2004.

Schefold, Bertram, »Edgar Salin and his concept of ›Anschauliche Theorie‹ (›Intuitive Theory‹) during the interwar period«, *Annals of the Society for the History of Economic Thought 46*, 2004, S. 1–16.

Schefold, Bertram, »Einleitung«, in: Storch, Heinrich Friedrich von, *Cours d'économie politique*, Bände 1–6 in der Reihe Historia Scientiarum (Wirtschaftswissenschaften). Ein Editions-Programm der Fritz Thyssen Stiftung zur Geschichte der Wissenschaften in Deutschland, hg. von Bernhard Fabian u.a. Hildesheim: Olms, 1997, S. 1–70.

Schefold, Bertram, »Einleitung«, in: Klock, Kaspar: *Tractatus juridico-politico-polemico-historicus de Aerario, …* , Reprint der Originalausgabe von 1651 in 2 Teilbänden mit einer Einleitung [S. V*–CXIII* vorn im ersten Teilband] hg. von Bertram Schefold, (Historia Scientiarum (Wirtschaftswissenschaften). Ein Editionsprogramm der Fritz Thyssen Stiftung zur Geschichte der Wissenschaften in Deutschland), Hildesheim: Olms 2009.

Schefold, Bertram, »Einleitung«, in: Weber, Max, *Abriß der universalen Sozial- und Wirtschaftsgeschichte. Mit- und Nachschriften 1919–1920*, hg. von Bertram Schefold in Zusammenarbeit mit Joachim Schröder (Max Weber-Gesamtausgabe. Im Auftrag der Kommission für Sozial- und Wirtschaftsgeschichte der Bayerischen Akademie der Wissenschaften, hg. von Horst Baier et al., Abt. III: Vorlesungen und Vorlesungsnachschriften, Bd. 6), Tübingen: Mohr.

Schefold, Bertram, »Glückseligkeit und Wirtschaftspolitik: Zu Justis ›Grundsätze der Policey-Wissenschaft‹«, in: *Vademecum zu einem Klassiker des Kameralismus*. Kommentarband zur Faksimile-Ausgabe der 1756 erschienenen Erstausgabe von Justi, Johann Heinrich Gottlob von, Grundsätze der Policey-Wissenschaft, hg.

von Bertram Schefold (Klassiker der Nationalökonomie), Düsseldorf: Verlag Wirtschaft und Finanzen 1993, S. 5–27.

Schefold, Bertram, »Ph. W. v. Hörnigk: »›Oesterreich ueber alles / wann es nur will‹. Zum Geleit«, in: *Vademecum zu einem Klassiker absolutistischer Wirtschaftspolitik.* Kommentarband zum Faksimile-Nachdruck der 1684 erschienenen Erstausgabe von Hörnigk, Philipp Wilhelm von, Oesterreich über alles, wann es nur will, hg. von Bertram Schefold (Klassiker der Nationalökonomie), Düsseldorf: Verlag Wirtschaft und Finanzen 1997, S. 5–45.

Schefold, Bertram, »Platon und Aristoteles«, in: Starbatty, Joachim (Hg.), *Klassiker des ökonomischen Denkens,* München: Beck 1989, S. 15–55.

Schefold, Bertram, »Spontaneous Conformity in History«, in: Hagemann, Harald/ Kurz, Heinz D. (Hg.), *Political Economics in Retrospect. Essays in Memory of Adolph Lowe,* Cheltenham: Edward Elgar 1998, S. 235–256.

Schefold, Bertram, »Von den Pflichten«, in: *Vademecum zu einem Klassiker des römischen Denkens über Staat und Wirtschaft.* Kommentarband zum Faksimile-Nachdruck der 1465 in Mainz gedruckten Editio princeps von Cicero, Marcus Tullius, *De officiis,* hg. von Bertram Schefold (Klassiker der Nationalökonomie), Düsseldorf: Verlag Wirtschaft und Finanzen 2001, S. 5–32.

Schefold, Bertram, *Wirtschafts- und Sozialwissenschaftler in Frankfurt am Main,* Marburg: Metropolis 2004.

Schefold, Bertram, »Wissen als ökonomisches Gut«, in: Fried, Johannes/Stolleis, Michael (Hg.), *Wissenskulturen. Über die Erzeugung und Weitergabe von Wissen,* Frankfurt/M.: Campus 2009, S. 79–102.

Schefold, Bertram/Lenz, Thorsten (Hg.), *Europäische Wissensgesellschaft. Leitbilder europäischer Forschungs- und Innovationspolitik?* (Wissenskultur und gesellschaftlicher Wandel. Hg. v. Forschungskolleg 435 der Deutschen Forschungsgemeinschaft, Bd. 26), Berlin: Akademie Verlag 2008.

Schläpfer, Felix/Schneider, Friedrich, »Messung der akademischen Forschungsleistung in den Wirtschaftswissenschaften: Reputation vs. Zitierhäufigkeiten«, in: *Perspektiven der Wirtschaftspolitik* 11.4, 2010, S. 325–339.

Schönhärl, Korinna, *Wissen und Visionen. Theorie und Politik der Ökonomen im Stefan George-Kreis* (Wissenskultur und gesellschaftlicher Wandel. Hg. v. Forschungskolleg 435 der Deutschen Forschungsgemeinschaft, Bd. 35), Berlin: Akademie 2009.

Schultz, Theodore W., »Presidential Address«, in: *The American Economic Review* 51.1, 1961, S. 1–17.

Smith, Adam, *The Glasgow Edition of Works and Correspondence,* Oxford: Clarendon Press 1976–1997.

Sombart, Werner, *Der Bourgeois. Zur Geistesgeschichte des modernen Wirtschaftsmenschen,* München und Leipzig: Duncker & Humblot 1923 [1913].

Xenophon, *Erinnerungen an Sokrates.* Griechisch-deutsch, hg. von Peter Jaerisch, 4. durchges. Aufl., Darmstadt: Wissenschaftliche Buchgesellschaft [auch als: Sammlung Tusculum, München, Zürich: Artemis] 1987.

# Prekäre Verhältnisse? Wirtschaftssoziologie und Sozialökonomie auf der Suche nach der verlorenen Einheit

*Andrea Maurer*

## 1. Das prekäre Verhältnis von (Wirtschafts-)Soziologie und Wirtschaftswissenschaft

Die Renaissance der Wirtschaftssoziologie Ende des 20. Jahrhunderts ausgehend von den USA aber mit zunehmender Resonanz in Europa hat nicht zuletzt auch dazu geführt, dass in der Soziologie vermehrt über das Verhältnis zur Wirtschaftswissenschaft nachgedacht und die Entwicklung der ökonomischen Theorie mit großer Aufmerksamkeit verfolgt wird. Die sich neu etablierende und ausrichtende Wirtschaftssoziologie hat sich ja vor allem mit dem Anspruch profiliert, mittels soziologischer Begriffe und Theorien *zentrale wirtschaftliche Sachverhalte* besser oder doch zumindest realitätsnäher beschreiben und erklären zu können als Neoklassik und Neue Institutionenökonomik.[1] Die verstärkte Hinwendung zu wirtschaftlichem Handeln und den Institutionen moderner Wirtschaftsysteme konfrontiert die Soziologie indes mit dem Problem, den wirtschaftlichen Grundtatbestand[2] des Herstellens, Vertreibens und Konsumierens nachgefragter Güter und Leistungen in soziologischen Kategorien zu erfassen und in eine soziologische Perspektive einzustellen. Dazu müssen sowohl relevante soziologische Fragestellungen als auch Erklärungsfaktoren benannt werden. Um alternative soziologische Erklärungen bzw. soziologisch informierte Erweiterungen ökonomischer Thesen vornehmen zu können, müssen wirtschaftliche Sachverhalte entweder als sozial bedeutsam, erklärungsbedürftig und/oder sozial bedingt erfasst werden. Theoretischer Fortschritt würde sich auf diesem Wege dann einstellen, wenn gezeigt werden könnte, dass ökonomische und/ oder soziologische Erklärungen Spezialfälle einer allgemeinen Erklärung

---

1 Maurer, *Handbuch der Wirtschaftssoziologie*; Smelser/Swedberg, *The Handbook of Economic Sociology*.

2 Weber, *Gesammelte Aufsätze zur Wissenschaftslehre*, S. 161.

sind, so dass sich ihre Anwendungsbedingungen vergleichend und zunehmend präziser angeben lassen.

Vor diesem Hintergrund ließe sich das gern und oft als prekär bezeichnete Verhältnis zwischen Soziologie und Ökonomie näher beleuchten und der gängigen Vermutung nachgehen, dass beide nichts miteinander verbindet, da die Soziologie sich mit dem »rein Sozialen« und die Ökonomie mit dem »rein Ökonomischen« beschäftige und beide dazu auch unterschiedliche Vorgehensweisen einsetzten. Eine demgegenüber neue Positionsbestimmung ergäbe sich daraus, beiden Disziplinen die Aufgabe der Analyse realer Probleme zuzuweisen, auf welche die Menschen in ihrem sozialen Zusammenleben, sei dies bei der Produktion materieller Güter oder bei der Herstellung sozialer Ordnung, treffen. Die Bearbeitung des Knappheitsproblems endlicher materieller Ressourcen unter Effizienzaspekten in der ökonomischen Theorie (meist unter Verwendung vollkommener Wettbewerbsmärkte als Rahmen), wäre dann als eine spezifische Ausarbeitung eines realen Handlungsproblems zu verstehen; dass dessen jeweilige Lösung von der gewählten Beschreibung der Handlungssituation entscheidend abhängt, macht eine, wenn nicht die entscheidende Differenzierung der sozialwissenschaftlichen Zugänge aus. Ein anderer Vorschlag wäre, die zu analysierende Problemlage zu verändern bzw. zu erweitern, was die Soziologie seit ihren klassischen Anfängen anrät, indem sie *soziale Abstimmungsprobleme* bzw. die Frage einer wechselseitigen Handlungsorientierung in den Mittelpunkt rückt, was es ihr aber durchaus erlaubt, dazu auch materielle Knappheiten oder Verteilungskonflikte zu berücksichtigen. Was sie indes mit der ökonomischen Theorie verbinden würde, wäre die Suche nach einer »vorteilhaften« Gestaltung der sozialen Welt über Institutionen, die real identifizierte oder theoretisch modellierte Abstimmungsprobleme beheben hülfe. Damit wären einerseits Markt und Tausch als mögliche Lösungen, andererseits aber auch Gruppennormen, Herrschaft oder Kultur als relevante Abstimmungsmechanismen zu identifizieren. Die soziologische Herausforderung läge allgemein darin, die Entstehungs- und Erfolgsbedingungen der jeweiligen institutionellen Arrangements zu analysieren, die wirtschaftssoziologische Aufgabenstellung, relevante Abstimmungsprobleme im Wirtschaftsleben zu identifizieren und neben Wettbewerbslösungen auch andere institutionelle Settings zu benennen und zu untersuchen; d.h. zu fragen, wie Abstimmung im Wirtschaftsleben vorteilhaft erfolgen kann, wenn die Wettbewerbsmarktbedingungen nicht erfüllt sind.

Mir scheint, dass auf diesem Wege entscheidende Linien für eine konst-
ruktive Auseinandersetzung und für eine fruchtbare Arbeitsteilung neu zu
ziehen wären. Zum einen ließe sich über immanente Erweiterungen und
Entwicklungen in der ökonomischen Theorie trefflich – weil methodologisch gerahmt – streiten, zum anderen wäre die Konzentration auf wirtschaftliche Erklärungsfaktoren und Wettbewerbskonstellationen bei der
Erklärung und Analyse von Institutionen im Wirtschaftsleben als eine besondere Fragestellung zu charakterisieren, die allerdings soziologisch aufzu-
greifen und auszubauen wäre. Die sich andeutende und im Folgenden aus-
zuarbeitende Position einer *integrativen Sozialwissenschaft* wäre durch zwei
Erweiterungslinien markiert. Erstens, durch die Analyse wirtschaftlichen
Handelns auf Märkten, die nicht vollkommenen Wettbewerb und vollstän-
dige Informationen bieten, wodurch die Tausch oder auch Effizienz för-
dernden Wirkungen sozialer Beziehungen, Institutionen und Strukturen
erkannt und thematisiert werden sollten. Zweitens, indem die soziale Kons-
titution von (insbesondere der modernen) Wirtschaftsinstitutionen: Markt,
Vertrag, Unternehmen und Geld, erklärt und deren spezifische auf Problemlagen bezogene Wirkungsweise erschlossen wird. Auf diesem Wege wären sowohl überflüssige Abgrenzungsbemühungen zu erkennen als auch
Imperialismusansprüche als überholt und theoretisch unfruchtbar zurück-
zuweisen.

Im Folgenden werde ich im Anschluss an Max Weber die Grundzüge
eines gemeinsamen sozio-ökonomischen Dachs skizzieren und daraus
*soziologische Perspektiven* für die Erklärung wirtschaftlicher Sachverhalte zu
gewinnen suchen, um auf diesem Wege die Wirtschaftssoziologie als Teil
einer breit angelegten Sozialwissenschaft zu positionieren.

## 2. Sozialökonomik: Die kurze gemeinsame Geschichte

Wie es zu der skizzierten Ausdifferenzierung und Arbeitsteilung zwischen
den beiden Disziplinen kommen konnte und welche Folgen dies hatte, zeigt
ein kurzer Blick in die Gründungsphase und die jüngere Geschichte der beiden Disziplinen.

## 2.1. Begriff und Gegenstand

Als Teil einer allgemeinen Staatsphilosophie wurde das Wirtschaften schon in den antiken Lehren von der guten Haushaltsführung etwa von Aristoteles und Platon behandelt. Aber erst mit den Arbeiten von Adam Smith und der *politischen Ökonomie* nach Karl Marx wurde im 17. und 18. Jahrhundert das Wirtschaften eines Staates oder einer Gesellschaft als eigenständiger Gegenstand einer systematischen, theoretischen Erklärung unterworfen und auch von politisch-ethischen Gerechtigkeitsvorstellungen abgegrenzt.[3] Mit den Physiokraten trat an deren Stelle das Argument der gesellschaftlichen Wertschöpfung bzw. die Analyse Werte schaffender (Produktions-)Faktoren wie Boden oder menschliche Arbeit. Die revolutionäre politische Sprengkraft, welche die Werke der Nachklassiker auszeichnet, speist sich denn auch wesentlich aus dem Argument, dass der herrschende Feudaladel nichts zur materiellen Existenzsicherung der Gesellschaft beitrage. Verteilungsfragen wurden im Kontext der objektiven Mehrwertlehre dann zusehends weniger unter dem Gesichtspunkt gerechter oder ethisch gesetzter Preise und *Verteilungsergebnisse* betrachtet, sondern zunehmend unter dem Aspekt der als objektiv verstandenen Mehrwertproduktion. Dies dürfte wesentlich zur Freisetzung der Wirtschaftstheorie und -analyse aus sozial-ethischen Kontexten beigetragen haben.

## 2.2. Sozialökonomik nach Max Weber

Eine Wirtschaftssoziologie bildete sich an der Wende vom 19. zum 20. Jahrhundert im Anschluss an das Denken der Aufklärung bzw. der politischen Ökonomie aus und war am Anfang entscheidend durch die Kapitalismusanalyse und die Soziale Frage in Europa gekennzeichnet. In und über die Diskussion um eine »objektive« oder »subjektive« Wertlehre,[4] den sogenannten »Methodenstreit« zwischen der Historischen Schule um Gustav Schmoller (1838–1917) und der Theoretischen Nationalökonomie von Carl von

---

3 Eine gut verständliche Darstellung der Klassiker bietet etwa der Sammelband von Kurz, *Klassiker des ökonomischen Denkens* oder die ideengeschichtliche Skizze von Priddat, *Theoriegeschichte der Wirtschaft*.

4 Die subjektive Wert- oder Preislehre, welche auf William Stanley Jevons, Carl von Menger und Leon Walras zurückgeht, bestimmt den Wert einer Ware aus dessen subjektiver Nachfrage bzw. dessen Angebot auf Märkten, wohingegen Karl Marx deren objektiven Wert aus der für die Herstellung benötigten Arbeitszeit folgerte.

Menger (1840–1921) sowie um die »*Werturteilsfreiheit*« sozialwissenschaftlicher Forschung entstand eine Sozialökonomik, welche das *Wechselspiel* von Gesellschaft, Politik und Wirtschaft im Blick hatte und für eine integrative soziologische, politische und wirtschaftliche Betrachtung des Wirtschaftens eintrat.[5] Werner Sombart (1863–1941), Max Weber (1864–1920), Joseph A. Schumpeter (1883–1950) u. a. arbeiteten am Projekt einer Sozialökonomik, aber vor allem Max Weber hat eine allgemeine Methodologie (verstehende Soziologie, Idealtypenbildung und Werturteilsfreiheit), »soziologische Kategorien« des Wirtschaftens und auch materiale Studien zum Zusammenhang von Wirtschaft und Gesellschaft vorgestellt.[6]

Zudem ist Max Weber mit dem von ihm seit 1914/15 betreuten und herausgegebenen »Grundriß der Sozialökonomik«[7] für ein integratives sozialwissenschaftliches Forschungsprogramm eingetreten und hat ausdrücklich das Wechselverhältnis von »Wirtschaft und Gesellschaft« zu seinem Thema gemacht.[8] Webers Kernvorschlag ist, die Sozialwissenschaften als eine empirische Handlungswissenschaft zu betreiben, die ihren Ausgangspunkt beim sinnhaften Handeln der Einzelnen nimmt, weil nur dadurch kulturbedeutsame Ausschnitte in der Welt zu erkennen sind. Die Aufgabe der Sozial- und Kulturwissenschaften ist entsprechend die Mehrung des empirischen Wissens über das reale *soziale* Leben und darin eingeschlossen das Wirtschaften.[9] Der methodologische Königsweg dafür ist nach Weber eine präzise Begriffs-

---

5 Ganßmann, »Die Arbeitsteilung zwischen Ökonomie und Soziologie bei Franz Oppenheimer«; Mikl-Horke, *Historische Soziologie – Sozioökonomie – Wirtschaftssoziologie.*

6 Schefold, »Max Webers Werk als Hinterfragung der Ökonomie«; Shionoya, »Max Webers soziologische Sicht der Wirtschaft«.

7 Eine ideengeschichtliche Rekonstruktion des Begriffs und seiner Verwendung vom 19. über das 20. bis ins 21. Jahrhundert findet sich bei Oppolzer, *Sozialökonomie*, und bei Mikl-Horke, *Sozialwissenschaftliche Perspektiven*, welche sowohl die gesellschaftliche Bedeutung als auch die Vielfalt dieses Denkens herausstreicht. Die gegenwärtige Verbindung von Sozioökonomie mit einer ethisch-moralisch ausgerichteten Ökonomie im Anschluss an die Arbeiten von Ökonomen wie Galbraith, Etzioni, Sen u.a. unterstreicht zudem die mitunter starke sozialpolitische Aufladung, siehe: Etzioni/Lawrence, *Socio-Economics*; Hollingsworth et al., *Advancing Socio-Economics.*

8 Weber, *Wirtschaft und Gesellschaft*, vgl. dazu das Vorwort von Johannes Winckelmann zur 5. Auflage von Wirtschaft und Gesellschaft (S. XI–XXIV). Vgl. zur Abgrenzung Webers gegenüber der nachklassischen Ökonomie Mommsen, *Max Weber als Nationalökonom*, oder Mikl-Horke, *Historische Soziologie der Wirtschaft*, zur Positionierung in der Nationalökonomie seiner Zeit Shionoya, »Max Webers soziologische Sicht der Wirtschaft« oder Swedberg, *Max Weber and the Idea of Economic Sociology*, S. 173 ff. und zu aktuellen ökonomischen Strömungen Erlei, »Neoklassik, Institutionenökonomik und Max Weber«.

9 Weber, »Die ›Objektivität‹ sozialwissenschaftlicher und sozialpolitischer Erkenntnis«, S. 147 ff.

bildung, wozu das Aufstellen von Idealtypen bzw. Modellen gehört, das deutende Verstehen und Erklären des individuellen *Handelns* als eines sinnhaften (zuvorderst zweck-rationalen) Tuns in institutionalisierten Kontexten und eine davon angeleitete Hypothesenbildung, welche die verschiedensten Kulturerscheinungen (wozu nach Weber zuvorderst der moderne rationale Kapitalismus zählt) als das Ergebnis eines sinnhaften Handelns in sozialen Kontexten erklärt.

Die Arbeiten Webers sind daher zurecht als der Versuch zu begreifen, zwischen dem rein rekonstruierend-beschreibenden Vorgehen der Historischen Schule, welche wirtschaftliche Phänomene wie den Kapitalismus in ihrer historischen Einmaligkeit erfassen wollte, und der Suche nach allgemeinen Kausalzusammenhängen im Wirtschaftsleben, wie es die allgemeine theoretische Nationalökonomie anstrebt, zu vermitteln bzw. eine eigene Position auszubilden.[10] Das macht den Stellenwert der verstehenden Soziologie Webers für die heutige Diskussion um integrative Forschungsprogramme aus, die an dem Anspruch festhalten wollen, *soziale Regelmäßigkeiten* durch das deutende Verstehen[11] des individuellen Handelns in *institutionalisierten Kontexten* kausal zu erklären.[12] Dies impliziert einerseits, dass sowohl verschiedene, mehr oder weniger abstrakte Handlungsmodelle (etwa die bekannten Handlungsmodelle des homo sociologicus oder des homo oeconomicus bzw. diverse Mischformen) verwendet werden können, und andererseits, dass nicht ausschließlich der Einfluss materieller Faktoren als erklärungsrelevant für das wirtschaftliche Handeln beachtet wird, sondern auch kulturelle Vorstellungen, direkte soziale Beziehungen oder soziale Institutionen.

Die im zweiten Kapitel von »Wirtschaft und Gesellschaft« angelegte Wirtschaftssoziologie kann daher auch als Verhältnisbestimmung zwischen einer allgemeinen soziologischen Analyse und einer enger gefassten abstrakt-theoretischen ökonomischen Analyse gelten. Zugleich ist aber mit Max Weber das Wirtschaften nachdrücklich als ein zentrales Thema der Soziologie festzuhalten.[13] Dafür sprechen auch der Aufbau von »Wirtschaft und Gesellschaft« und vor allem die Kennzeichnung des ersten Kapitels als »Soziologische Grundbegriffe« und die des zweiten als »Soziologische Grundkate-

10 Weber, *Gesammelte Aufsätze zur Wissenschaftslehre*.
11 Für Weber umschloss dies das Nachvollziehen konkreter singulärer Einzelhandlungen, das Erkennen eines durchschnittlichen Handelns vieler und eben auch das Aufstellen abstrakter Modelle bestehend aus Situations- und Handlungstypen.
12 Weber, *Wirtschaft und Gesellschaft*, S. 1.
13 Baier et al., »Overview«; Maurer (Hg.), *Wirtschaftssoziologie nach Max Weber*.

gorien des Wirtschaftens«. Beides bietet Evidenz dafür, dass die im zweiten Kapitel vorgenommenen Begriffsbestimmungen und die hergestellten Zusammenhänge, die Wirtschaftssoziologie als ein Teilgebiet einer methodologisch gerahmten und fundierten Sozialwissenschaft ausweisen. Wirtschaften ist dabei Gegenstand der Soziologie, weil und insofern die Akteure dem Wirtschaften einen besonderen Sinn zuschreiben und weil und insofern sie sich in ihrem sinnhaften Handeln am Tun der anderen orientieren. Der spezifische Zugang der Soziologie ist das Postulat vom sozialen Handeln und der Blick auf Gesellschaft und Wirtschaft. Dass Weber in seinen späteren Arbeiten, die sich in *Wirtschaft und Gesellschaft* finden, zusehends die Arbeitsteilung zwischen Soziologie und Ökonomie und die Position der Soziologie ins Auge fasste, zeigt sich in der am Anfang stehenden Bemerkung deutlich: »Nachstehend soll keinerlei ›Wirtschaftstheorie‹ getrieben, sondern es sollen allereinfachste soziologische Beziehungen innerhalb der Wirtschaft festgestellt werden.«[14]

Zwei Argumente sind daraus zu gewinnen, die Integrationspotentiale und Abgrenzungskriterien zwischen beiden Disziplinen klarer fassen helfen, als dies bislang der Fall ist. So wird erstens ein gemeinsamer Erklärungsbereich definiert: das Wirtschaften als ein *inhaltlich spezifiziertes* sinnhaftes Tun, das durch den subjektiven Sinn im Begehr nach bzw. der Fürsorge von Nutzleistungen zu erkennen ist.[15] Ein Teil wirtschaftlichen Handelns kann als *wirtschaftlich soziales Handeln* und ein Teil als autonomes Entscheiden der Einzelnen auf Märkten beschrieben und der modernen theoretischen Nationalökonomie zugeordnet werden. Der Gegenstandsbereich der Wirtschaftssoziologie ist mit Weber weiter zu fassen als das autonome Entscheiden von Wirtschaftsakteuren auf Märkten, es ist bestimmt durch das soziale Handeln, das seinen Sinn durch das Begehren knapper Güter und Leistungen erhält.[16] »Wenn irgend etwas, dann bedeutet, praktisch angesehen, Wirtschaft vorsorgliche Wahl grade zwischen *Zwecken*, allerdings: *orientiert* an der Knappheit der Mittel, welche für diese mehreren Zwecke verfügbar oder beschaffbar erscheinen«.[17] Zum Zweiten fasst Weber den Begriff des »Wirtschaftens« so allgemein, dass damit alle möglichen historisch-empirischen Erscheinungsformen: Subsistenzwirtschaft, Haus- und Grundherrschaft, Kapitalismus, erfasst werden. Die Eigenarten der modernen Verkehrswirt-

---

14 Weber, *Wirtschaft und Gesellschaft*, S. 31.
15 Ebd.
16 Swedberg, »Die Bedeutung der Weber'schen Kategorien für die Wirtschaftssoziologie«.
17 Ebd., S. 32; Hervorhebung im Original.

schaft werden als eine besondere Form des Wirtschaftens beschrieben, dessen Markenzeichen: der hohe Rationalitätsgrad, für Weber das zu Erklärende ist. Die soziologische Bedeutsamkeit der modernen Verkehrswirtschaft ist nach Weber zwar in der *friedlichen Nutzung* von *Verfügungsgewalten* beim *Erwerben* oder Profitmachen fundiert,[18] aber zu erklären ist, wie sich das darauf aufbauende zweckrationale Gewinnstreben und all die rationalen Institutionen des Kapitalismus: der privat-kapitalistische Wirtschaftsbetrieb, die großen Massengütermärkte und die rationale Geld- und Kapitalrechnung, sich verbreiten und damit die umfassende und einmalige Rationalisierung der westlichen Gesellschaften so entscheidend mitbewirken konnten.

Vor diesem Hintergrund erhalten die Ausführungen im zweiten Kapitel von »Wirtschaft und Gesellschaft« eine eigene Bedeutung, denn dort findet sich Webers Antwort: die »typischen Maßregeln« des rationalen Wirtschaftens als eines planvollen, die Knappheit der Ressourcen in Rechnung stellendem Wirtschaftens, sind dafür zentral. Denn die Rationalisierungseffekte der großen Massengütermärkte und der privat-kapitalistischen Wirtschaftsbetriebe folgen für Weber aus der Möglichkeit, durch die ermittelbaren Marktpreise eine umfassende Kapital*rechnung* in Geld vorzunehmen, so dass Unternehmer für sich planvoll und für andere erwartbar ihren Erwerbsinteressen durch Orientierung an Marktpreisen rational nachgehen und damit den privaten Haushalten eine erwart- und planbare Güterversorgung gewährleisten. Aus dieser unübertroffenen Plan- und Erwartbarkeit folgte für Weber, dass das planwirtschaftliche System dem verkehrswirtschaftlichen unterlegen sei, weil dem ersteren die rationalisierende Wirkung der Marktpreise als Abstimmungsmechanismus fehle.[19]

In der früher verfassten Schrift »Die Objektivität sozialwissenschaftlicher und sozialpolitischer Erkenntnis«[20] war die Intention Webers indes, einen Programmentwurf für das *Archiv für Sozialwissenschaft und Sozialpolitik* vorzulegen, der dem Auseinanderdriften der Ökonomie in eine historische und eine analytische Zugangsweise begegnen können sollte.[21] Sozialökonomik ist dort bei Weber zuvorderst als ein ökonomieimmanentes Projekt gedacht, um theoretische und historische Analyse zu verbinden. Der gemeinsame Ausgangspunkt dabei sollte die Frage der menschlichen Exis-

---

18 Ebd., S. 33.

19 Ebd.; Maurer, »Der privat-kapitalistische Wirtschaftsbetrieb: ein wirtschaftssoziologischer Blick auf Unternehmen?«.

20 Weber, *Gesammelte Aufsätze zur Wissenschaftslehre*, S. 146–214.

21 Mikl-Horke, *Historische Soziologie – Sozioökonomie – Wirtschaftssoziologie*, Kap. 5; Norkus, »Soziologische Erklärungen wirtschaftlicher Sachverhalte mit Weber«, S. 48ff.

tenzsicherung bzw. der Befriedigung materieller menschlicher Bedürfnisse unter Bedingungen von Knappheit sein, wozu es der »planvollen Vorsorge und der Arbeit, des Kampfes mit der Natur und der Vergesellschaftung mit Menschen bedarf, das ist, möglichst unpräzise ausgedrückt, der grundlegende Tatbestand, an den sich alle jene Erscheinungen knüpfen, die wir im weitesten Sinne als ›sozial-ökonomische‹ bezeichnen«.[22] Sozialökonomie umfasst dann zwingend verschiedene Perspektiven und Zugangsweisen zum Gegenstand der gesellschaftlichen *Bedürfnisbefriedigung* angesichts *knapper Ressourcen* und unter Berücksichtigung *sozialen Handelns*. Die Wirtschaftssoziologie, die Wirtschaftstheorie wie auch die Wirtschaftsgeschichte sollten nach Weber verschiedene Perspektiven, Aufgabenstellungen und Modelle entwickeln und einsetzen. Der Wirtschaftssoziologie sollte insbesondere die Aufgabe zufallen, konkrete empirisch-historische Zusammenhänge zwischen Gesellschaft und Wirtschaft und die »institutionelle Rahmung« des wirtschaftlichen Handelns zu erfassen und in ihren (rationalisierenden) Wirkungen zu analysieren. Die abstrakte Wirtschaftstheorie und insbesondere die Grenznutzenschule galten Weber als ein interessantes »idealtypisches Modell« der Sozialökonomie, welches insbesondere die Wirkungsweise von Märkten bei zweckrationalen Akteuren analysiert.[23]

Zusammenfassend ist festzuhalten, dass Sozialökonomie die Bündelung verschiedener *Perspektiven* und *Zugangsweisen auf Wirtschaft* unter einem (methodologischen) Dach meint, weil damit die Ansicht vertreten wird, dass das Wirtschaften nicht nur durch wirtschaftliche Faktoren sondern auch durch sozial-institutionelle Faktoren geprägt wird, dass aber die jeweiligen Einzeldisziplinen sich durchaus in »abstrahierender Weise« auf einzelne Erklärungsfaktoren und Kausalzusammenhänge beziehen können. Die Soziologie allgemein und die Wirtschaftssoziologie insbesondere hätte demnach die Aufgabe zu zeigen, warum und wie sozial-institutionelle Rahmenbedingungen einer Gesellschaft für das Wirtschaften relevant werden und wie diese entsprechend in Erklärungen berücksichtigt werden können. Daraus wäre insgesamt zu folgern, dass die sozialwissenschaftlichen Einzeldisziplinen mehr oder weniger allgemeine, d. h. abstrakte bzw. realitätsnähere Erklärun-

---

22 Ebd., S. 161.

23 Webers Arbeiten waren durch seine frühe Auseinandersetzung mit den »historischen« Ansätzen von Roscher und Knies auf der einen Seite, siehe: Weber, »Roscher und Knies und die logischen Probleme der historischen Nationalökonomie«, und der abstrakten Grenznutzenschule auf der anderen Seite geprägt, siehe: Weber, »Die Grenznutzenlehre und das ›psychophysische Grundgesetz‹«. Erst in den späteren Schriften trat die »Soziologie« in den Vordergrund, siehe: Maurer (Hg.), *Wirtschaftssoziologie nach Max Weber*.

gen des Wirtschaftens vorlegen, welche jeweils besonders interessierende soziale Rahmenbedingungen und/oder individuelle Handlungsorientierungen in ihrer Wirkung untersuchen, sich aber als mehr oder weniger allgemeine Modelle charakterisieren und miteinander in Verbindung setzen lassen.

Dass mit Max Weber auch an das klassische Aufklärungsdenken und die moderne Sozialtheorie – und als Ausprägung davon an die nach- und die neoklassische ökonomische Theorie – Anschluss gefunden werden kann, zeigt sich vor allem an zwei Stellen: Erstens am Vorschlag Webers aus »methodologischen Gründen« mit der Annahme eines zweckrationalen Handelns in institutionellen Kontexten zu beginnen und zweitens bei der Analyse der Institutionen des modernen Kapitalismus im Hinblick auf deren Sicherung von Erwartbarkeit und Planbarkeit bei der Bereitstellung und der Verteilung von Gütern und Leistungen. Die Kapitalismusthese Webers beschreibt das sich positiv verstärkende Wechselspiel kultureller, politischer und sozialer Faktoren als Ursache zunehmend zweckrationaler Handlungsweisen und rationaler Institutionen im Wirtschaftsleben. Der moderne rationale Kapitalismus, der aus diesem Geist und den entsprechenden institutionellen Voraussetzungen entspringt, erreicht eine Planbarkeit und Berechenbarkeit bei der Lösung der Knappheitsproblematik, die zur Loslösung der kulturellen Wurzeln und der Forcierung einer umfassenden Rationalisierung führt.[24] Der hohe Grad an Zweckrationalität bei der Güter- und Leistungsversorgung ist für Weber das zentrale Kennzeichen der modernen Verkehrswirtschaften, das sich vor allem auf das an *Marktpreisen* orientierte Erwerbsstreben in privat-kapitalistischen Wirtschaftsbetrieben und auf Massengütermärkten stützt und durch eine allgegenwärtige Kapitalrechnung abgesichert ist, die im Übrigen, was Weber bereits Ende des 19., Anfang des 20. Jahrhunderts erkannt hat, eine breite Palette moderner, rationaler Zahlungsmittel (Wechsel) und Handelsformen (Börsen) hervorbringt.[25]

## 3. Zwei idealisierende Ordnungsmodelle

Die bei Weber angedachte integrative Perspektive ging jedoch zunehmend verloren, und damit auch die Anbindung der Soziologie an die Tradition der

24 Weber, *Wirtschaft und Gesellschaft*, Kap. 2.
25 Weber, *Börsenwesen. Schriften und Reden 1893–1898*.

Aufklärung und auch der nach-klassischen Ökonomie bzw. der Teile der modernen Sozialtheorie, welche die vorteilhafte Gestaltung der Welt aus Sicht intentionaler Akteure behandeln. Sowohl in der Soziologie als auch in der Ökonomie wurde dieser Weg im 20. Jahrhundert kaum weiter verfolgt und erst Ende des 20. Jahrhundert in größerem Umfang wieder entdeckt und weiter ausgebaut.

## 3.1. Der Spezialfall einer kulturell-normativen Abstimmung

Für die Soziologie kann rekonstruktiv festgehalten werden, dass die »methodologische Gegenposition« des theoretischen Holismus Emile Durkheims, der Soziales allein durch Soziales erklärt wissen wollte,[26] und die auf Vilfredo Pareto zurückgehende Auffassung, dass die Soziologie sich auf das nicht-rationale Handeln bzw. die normative Wertintegration konzentrieren und das rationale Handeln bzw. interessenbasierte Sozialbeziehungen der Ökonomie überlassen solle, sich mit und über die Arbeiten Talcott Parsons bis in die 1980er Jahre durchsetzten. Innerhalb der Soziologie war dies lange Zeit mit der Abkehr von handlungstheoretisch fundierten Erklärungen verbunden und hatte die Ausarbeitung eines Idealmodells sozialer Ordnungsbildung zur Folge, das mit der Prämisse einer Wertintegration ansetzt. Damit überließ die Soziologie freilich das Interessenhandeln, Tausch, Markt und auch die *rationale, vorteilhafte Gestaltung* von Institutionen der ökonomischen Theorie und konzentrierte sich in strikter Abgrenzung davon auf Normen und deren Sicherung durch anerkannte Herrschaft, auf Wertgemeinschaften und Moral als den entscheidenden Abstimmungsmechanismus sozialen Zusammenlebens; das wie eingangs erwähnt von wirtschaftlichen Aspekten losgelöst gedacht wurde.[27]

Auch die Weiterführung des Weber'schen Programms erfolgte weitgehend ausgerichtet auf das allgemeine Problem der *wechselseitigen Erwartungsbildung* angesichts einer *komplexen* sozialen Welt. In weiten Teilen der Soziologie wurde darin in erster Linie ein Sinnsetzungs- oder Orientierungsproblem der Akteure entdeckt, als dessen unproblematische Lösung lange Zeit objektive Sinnzusammenhänge bzw. institutionalisierte Handlungskontexte galten, die den jeweiligen Gruppenmitgliedern die Einstellung auf die Situation vorgeben und daher ihr Handeln, auch das zweckrationale, als Ausdruck

---

26 Durkheim, *Die Regeln der soziologischen Methode.*
27 Schmid/Maurer, »Institution und Handeln«, S. 32ff.

sozialer Erwartungen erklären. Eine wichtige Interpretation dessen war, dass soziologische Arbeiten grundsätzlich mit der Erfassung des jeweils geltenden institutionellen Settings beginnen und angesichts von dessen Geltung die entsprechenden Handlungen der Akteure als Ausdruck davon erschließen. Im Falle einer normativen Rahmung der Situation wären sodann einerseits richtige Zwecke und andererseits auch das passende und erwartbare Handeln der Akteure in einem sozial relevanten Umfange abzuleiten. Das Grundmodell besagt, dass immer dann, wenn die beteiligten Akteure die Regeln als richtig anerkennen, diese auch als verbindlich ansehen und daher dem institutionellen Setting in einem sozial relevanten Umfang durch ein entsprechendes, regelgeleitetes Handeln *sozialen Gehalt* in Form *sozialer Regelmäßigkeiten* verleihen. Regelbrechendes strategisches und opportunistisches Handeln war damit ebenso wenig zu erfassen wie Konflikte zwischen den Einzelinteressen oder auch zwischen individuellen Interessen und institutionalisierten Regeln. Die Implikation davon war, dass Kontrollprobleme weitgehend ausgeblendet wurden und dass die Erklärungslast für eine gelungene Abstimmung allein bei den »Institutionen« und deren Gestalt liegt. Weber kann und muss daher so gelesen werden, dass allein schon durch das Finden und Einsetzen Komplexität reduzierender Institutionen vorteilhafte und rationale soziale Beziehungen möglich werden. Problemzuspitzungen und besonders prekäre soziale Beziehungen oder Verhältnisse können nicht vorgenommen werden. Dem korrespondiert, dass in der Soziologie meist Wissen und Normen als gleichwertige Grundlage sozialer Beziehungen gelten und in der neuen Wirtschaftssoziologie direkte soziale Beziehungen oder Netzwerke, weil diese Unsicherheit reduzieren.[28]

### 3.2. Der Spezialfall einer vollkommenen Marktabstimmung

Demgegenüber setzte sich in der Ökonomie die theoretisch-abstrakte Arbeitsweise durch und avancierte die Neoklassik zum Standard. Mit der Neoklassik bildete sich analog zur klassischen Soziologie ein »Idealmodell« des effizienten Ressourceneinsatzes aus, welches das hoch abstrakte Handlungsmodell des »homo oeconomicus« mit der stark vereinfachenden Situationsbeschreibung des vollkommenen Wettbewerbs und der vollständigen Information kombiniert. Aus den individuell freiwilligen und intentional-

---

28 Maurer, »Die Institutionen der Wirtschaft. Soziologische Erklärungen wirtschaftlicher Sachverhalte«.

rationalen Tauschhandlungen folgt auf Wettbewerbsmärkten dann die »unsichtbare« Koordination über Marktpreise, welche die subjektiven, durch Zahlungsfähigkeit gestützten individuellen Wertschätzungen bündeln und zum Ausdruck bringen. Kontrollprobleme gelten durch den Wettbewerb als gelöst, da »unkooperative« Tauschpartner kosten- und problemlos ausgewechselt werden können und diese Drohung im Normalfall hinreicht, um daraus resultierende Tauschprobleme zu verhindern. Dieses Idealmodell einer dezentralen, interessenbasierten Abstimmung kann zwischen vielen und vor allem auch fremden, nicht sozial verbundenen Akteuren seine koordinative Wirkung entfalten und bedarf auch nur eines minimalen institutionellen Rahmens in Form anerkannter bzw. durchsetzbarer Vertrags- und Eigentumsrechte. Die einzig wichtige Information und Orientierungsgröße für das individuelle Handeln ist unter den angegebenen Bedingungen der (für alle wahrnehmbare) Marktpreis. Soziologisch bemerkenswerte Ausarbeitungen und Weiterführungen innerhalb der Ökonomie waren die Neue Institutionenökonomik, welche auf Transaktionsprobleme hinweist, welche vor allem durch einseitige Investitionen und damit hervorgerufene Abhängigkeiten entstehen und daher nicht mehr durch den Konkurrenzmechanismus des Marktes bewältigt werden können, sondern die Vorzüge von Hierarchien zur Geltung bringen. Für die ökonomische Theorie wurde im Nachgang die These wichtig, dass wirtschaftliche Beziehungen bei Transaktionsproblemen nicht mehr allein durch den Markt (effizient) geregelt werden können. Soziologische Analysen können daran anschließen, indem sie Kontrollprobleme aufwerfen, welche durch Tausch entstehen und unter Umständen durch Normen und Hierarchie bewältigbar sind, wodurch diese als wirtschaftlich relevante Erklärungsfaktoren kenntlich werden. Eine andere bedeutsame Erweiterung gelang mit der Informationsökonomie, welche die wirtschaftliche Vorteilhaftigkeit kulturell oder sozial vermittelten Wissens aufweist, wenn die Wahl zwischen als gleich bewerteten Handlungen ansteht, Koordination bei strategischen Interdependenzen[29] erfolgt oder einfach jedwede Zusatzinformation angesichts begrenzter individueller Informationsverarbeitung Vorteile birgt.[30]

Soziologie und Ökonomie werden zumeist mit ihren »idealisierenden Modellen« identifiziert, wobei oftmals deren Leistung verkannt wird, Bedingungen klar zu benennen, unter denen es formal freien, Instinkt entbunde-

29 Schelling, The Strategy of Conflict.

30 Maurer, »Rational Choice: Kultur als Mittel der Handlungsorientierung«; Maurer/Schmid, Erklärende Soziologie, Kap. 5.

nen Akteuren gelingt, sich in der sozialen Welt zu orientieren, ihr Handeln aufeinander zu beziehen und mitunter sogar gemeinsam Ziele zu realisieren. Die Fragen der Produktion, Verteilung und des Konsums von Gütern und Leistungen in einer Gesellschaft lassen sich darunter subsumieren. Die Standardökonomik sucht darauf Antworten ausgehend von der Annahme individueller Akteuren, welche ihre Nachfrage nach Gütern und Leistungen in Nutzenwerte übersetzen und logisch konsistent ordnen können und durch Orientierung allein an den Marktpreisen sich für den Kauf oder Verkauf von Gütern und Leistungen entscheiden, mit dem sie individuell ihren Konsumnutzen maximieren und auf der Makroebene eine vorteilhafte Allokation der Ressourcen erreichen. Die klassische Soziologie hat ihre Antworten ausgehend von der Annahme eines regelgeleiteten Handelns in institutionalisierten Handlungskontexten gesucht und gefolgert, dass anerkannte, gültige Regeln das Handeln der Einzelnen so lenken und leiten, dass sich daraus soziale Bindungen und Integration ergeben. Max Weber hat zudem thematisiert, dass die Art der Setzung und die Form der Legitimitätsanerkennung sozialer Ordnungen entscheidend für den Grad an Erwartungssicherheit, Planbarkeit und Zweckgerichtetheit: kurzum den Rationalisierungsgrad, einer Gruppe oder Gesellschaft sind. Dieses allgemeine Argument kann als Konstruktionsidee seiner Kapitalismustypologie gelesen werden, die den modernen Kapitalismus als ein rationales Institutionensystem interpretiert, das auf verschiedenen sozialen Grundlagen basiert und mit allgemeinen Rationalisierungseffekten verbunden ist. Deren Erklärung wäre zentraler Gegenstandsbereich der Wirtschaftssoziologie.

## 4. Das gemeinsame Dach: die mikrofundierte Erklärungspraxis

Daher wird nicht zuletzt mit Bezug auf Max Weber seit einiger Zeit intensiv an der Verbesserung handlungstheoretisch fundierter Erklärungen gearbeitet, mit deren Hilfe soziale Konstellationen (oder besser noch: Handlungssituationen die durch typische Interdependenzen darstellbar sind) aus Sicht der Akteure so erschlossen werden können, dass sich deren Handeln als Folge spezifischer Verhältnisse erklären lässt. Dahinter steht der Anspruch, soziologische Erklärungen weder auf *Individualeigenschaften* zu reduzieren noch rein aus Makrogrößen zu folgern. Vielmehr soll, wie dies Weber angedacht hat, die Wirkung sozialer Kontexte auf das Handeln der Akteure bzw. deren Intentionen erfasst und so beide Argumente: Beschreibungen sozialer Handlungskontexte und Annahmen über individuelle Eigenschaften, verbunden werden. Eine solche mehrstufige Erklärungslogik lässt sich in dem Sinne allgemein ausarbeiten, als ausgehend von einer Handlungstheorie (die durchaus zu mehr oder weniger abstrakten bzw. empirisch angereicherten Handlungsmodellen ausgebaut werden kann) Situationstypiken erfasst werden, die soziale wie wirtschaftliche Verhältnisse zu kennzeichnen erlauben und auch kulturelle, sozial-institutionelle oder auch materiell-technische Faktoren in ihrer Wirkung auf das Handeln in den Mittelpunkt zu rücken vermögen. Die eingesetzten Situationsmodelle sind auf diesem Wege gleichermaßen als allgemeine Situationslogiken wie auch als historisch-einmalige Konstellationen zu verstehen, aber immer über die Grenzen von Handlungsfeldern hinweg einzusetzen. Das bedeutet nicht, dass nicht das Modell des vollkommenen Wettbewerbs bzw. Machtasymmetrien oder die Kollektivgutproblematik für bestimmte Handlungsfelder und Disziplinen wichtiger sind, weil sie für deren Erklärungsprobleme geeigneter sind. Aber immer wird die soziale Konstellation durch eine allgemeine Handlungstheorie erschlossen, die bestimmte Aspekte der sozialen Welt als für das indivduelle Handeln wirksam und bedeutsam benennen hilft.[31]

Dazu können die unterschiedlichsten Handlungsannahmen und -modelle eingesetzt werden. Die Theorie rationalen Wahl, weil sie insbesondere vorsieht, soziale Verhältnisse in Erträge zu übersetzen, die einzelne Handlungen haben werden; Lerntheorien, weil sie das Erkennen von Situationen und das Übertragen von Erfahrungen bei der Wahl von Handlungen nutzen; Habitustheorien, weil sie auf das Verwenden tradierter, kollektiver Handlungsmuster hinweisen; und Kreativitätstheorien, weil sie das Umdefinieren oder das Entdecken neuer Situationsmerkmale für Handlungsweisen als ausschlaggebend benennen. Je nach eingesetztem handlungstheoretischen Kern werden andere Situationsaspekte relevant und es werden vor allem andere Beziehungen zwischen Situation und Handeln unterstellt: Erträge, positive oder negative Bestätigungen, Passung von Gewohnheiten und individueller Situationswahrnehmung oder auch das Verhältnis von kreativer Situationsdeutung und Strukturmacht. Die Handlungsannahme wird immer situationsübergreifend als Suchscheinwerfer genutzt, um von Situationsaspekten

---

31 Coleman, *Foundations of Social Theory*; Giddens, *Politics, Sociology and Social Theory*; Lindenberg, »How Sociological Theory Lost Its Central Issue and What Can Be Done About It«.

abstrahieren bzw. andere in ihrer Wirkung auf das individuelle Handeln entschlüsseln zu können. Für die Wirtschaftssoziologie wie auch für die ökonomische Theorie muss das Anliegen sein, für die Produktion, Erstellung und den Konsum relevante soziale Kontexte zu erkennen und in Handlungen zu übersetzen, aus denen sich wiederum Effekte auf der Ebene des Wirtschaftens folgern lassen, die wirtschaftliche Phänomene und Prozesse erklären helfen.[32] Die Ausarbeitung zunehmend problemgeladener Situationen oder Konstellationen würde dazu beitragen, die institutionentheoretische Perspektive Webers in der Form weiterzuführen, dass der Problemlösungsgehalt unterschiedlicher institutioneller Arrangements analysierbar wäre.

Aus der methodologischen Anforderung Handlungs- und Strukturebene miteinander verbinden zu wollen, ergibt sich die Empfehlung, eine allgemeine und deterministische Handlungsannahme einzusetzen und dafür insbesondere die Annahme eines intentional-rationalen Handelns zu wählen. Dies findet seine Begründung darin, dass auf diesem Weg Situationen bzw. die dafür kennzeichnenden Faktoren bzw. Faktorenkonstellationen in ihren Wirkungen auf die Intentionen der Akteure erschlossen und sogar in Erträge und Kosten für verschiedene Handlungsalternativen übersetzt werden können. Das bedeutet nichts anderes, als die Wirkung bestimmter Situationskonstellationen bzw. -faktoren bezogen auf die Intentionen der Einzelnen eindeutig beschreiben und unter Nutzung eines Handlungsprinzips dann die jeweils ›richtige Handlung‹ auch bestimmen zu können; bei Anwendung des Prinzips der Nutzenmaximierung die Handlung, die angesichts der Situationskonstellation und der Intentionen den höchsten Ertrag erbringt.[33] Für Unternehmer in modernen kapitalistischen Wirtschaftssystemen würde dies

32 Im ersten, einfachsten Zugang wäre von gegebenen Intentionen auszugehen, also von all den Prozessen zu abstrahieren, die fragen, ob und inwiefern die Einzelnen ihre Intentionen durch private und kollektive Lernerfahrungen, Gewohnheiten oder Kreativitätspotentiale gewinnen, sich bewusst machen und diese auch kritisch hinterfragen können (wofür dann allgemeine Vernunftkriterien, Wohlfahrtsmaximen, Gerechtigkeitspostulate wichtig werden würden). Max Weber hat dazu den Idealtyp des zweckrationalen Handelns mit der Annahme versehen, dass auch die Wahl der Intentionen ein bewusster und rationaler Wahlakt der Individuen ist, wohingegen die Rational Choice Theorie neben einer bewussten auch die unbewusste Zwecksetzung zulässt (vgl. ausführlich Maurer, »Rational Choice: Kultur als Mittel der Handlungsorientierung«.
33 Erweiterungen der Rationalitätsannahme auf der Handlungsebene können zwei unterschiedliche Aspekte adressieren, einerseits die »grundsätzliche Intentionalität« des Handelns also die Zweck- oder Wertorientierung des Handelns und dessen logische Konsistenz, und andererseits die dafür einzusetzenden Fähigkeiten der Handelnden (Wissensverarbeitung, Situationswahrnehmung usw.).

unter Wettbewerbsbedingungen bedeuten, dass sie die Handlung (Kauf von Produktionsfaktoren, Produktion und Verkauf von Gütern und Leistungen) ergreifen, welche ihren Gewinn maximiert, wozu sie sich an den Marktpreisen orientieren werden, weil diese die entscheidende Information über den Ertrag bzw. die Kosten der verschiedenen Handlungen (Kauf- oder Verkaufmengen) beinhalten. Die Entscheidungen der Konsumentenhaushalte in kapitalistischen Wirtschaftssystemen wären analog als Entscheidung für den Kauf oder Nichtkauf von Gütern und Leistungen bei bestimmten Marktpreisen zu bestimmen.

Aus den Einzelentscheidungen der Haushalte und der Produktionsunternehmen unter der Annahme eines vollkommenen Wettbewerbs können dann Makroeffekte in Form von Ressourcenallokationen gefolgert werden, welche innerhalb des Wirtschaftssystems als effizient und den Wohlstand fördernd gelten. Hier wird nun der »Charme« des Modells des vollkommenen Wettbewerbsmarktes deutlich: Auf Wettbewerbsmärkten ist der Marktpreis ein objektiver Knappheitsindikator, der die subjektiven Wertschätzungen bzw. die realen Nachfragen nach einem Gut auf einem spezifischen Markt bündelt und damit allen Beteiligten sagt, was dafür einzutauschen bzw. dafür zu erhalten ist. Mit Bezug auf die Annahme Konsumnutzen maximierender Haushalte bzw. Gewinn maximierender Unternehmen folgt, dass die Produzenten so lange mehr produzieren respektive anbieten als dafür Konsumenten bereit sind Preise zu bezahlen, die noch Ertragszuwächse bergen, bzw. Haushalte so lange mehr nachfragen, als der verlangte Preis noch Nutzenzuwächse verspricht. Die Tauschhandlungen dauern so lange an, so lange Nutzenzuwächse möglich sind und finden dann ihr Gleichgewicht, wenn das nicht mehr der Fall ist, dann sind Angebot und Nachfrage ausgeglichen. Solche sich dezentral und ohne zentrale Außensteuerung ausbildenden Gleichgewichte haben aufgrund der Ausgangssituation eine sozial und individuell sehr schöne Eigenschaft: sie stellen ein Pareto-Optimum dar. Oder anders formuliert: die durch die rational-intentionalen Einzelhandlungen bewirkte Gesamtverteilung der Güter und Leistungen angesichts eines bestimmten Marktpreises könnte durch freiwillige und rationale Handlungen nicht mehr verbessert werden und damit läge auch kein Anlass mehr vor, über eine weitergehende Gestaltung nachzudenken. Die Handlungstheorie wirkt als Suchscheinwerfer nach relevanten Merkmalen in der Situation und hilft dabei, verschiedene Handlungssituationen mit Bezug auf die Intentionen (ergänzend auch unter Berücksichtigung von Fähigkeiten) der Individuen zu bewerten und deren Handlungswahl eindeutig zu bestimmen. Die unterlegte Situationsbeschreibung hilft hingegen soziale Konstellationen in ihrer Wirkung auf das individuelle Handeln zu erschließen und darüber hinaus im zweiten Schritt auch zu zeigen, wie sich individuelle Handlungen zu kollektiven Effekten verbinden. Das Wettbewerbsmodell besagt, dass die Einzelnen ihr Handeln am Marktpreis ausrichten, weil er ihnen die »kollektive Wertschätzung« für bestimmte Güter und Leistungen sagt – also weder religiöse Vorstellungen noch soziale Erwartungen oder Ethiken. Das Wettbewerbsmarktmodell beinhaltet aber auch eine Aussage über die soziale Konstellation, d. h. darüber, wie das Handeln der anderen auf die eigene Handlungswahl wirkt: wer bestimmte Preise nicht bezahlen kann oder will bzw. über bestimmten Markpreisen (ineffizienter als andere) produziert, fällt als Tauschpartner aus dem Markt heraus. Güterverteilungen spiegeln so die Leistungsfähigkeiten und reale Nachfrage von Tauschpartnern wider, und nicht (allenfalls zufällig) religiöse Gebote, Normen oder Moral. Wettbewerbssituationen beschreiben eine Situation, in der sich effiziente Anbieter gegen weniger effiziente Konkurrenten auf dem Markt durchsetzen und auf Konsumenten treffen, die über verschiedene Nachfragen verfügen und ihre Mittel intentional-rational einsetzen (einerlei ob das sozial, kulturell oder moralisch richtig ist).[34]

Die Leitheuristik dieser Erklärungslogik liegt zuvorderst in der Erfassung sozialer Konstellationen und insbesondere darin, theoriegeleitete Aussagen darüber machen zu können, warum und wie diese das Handeln der Einzelnen beeinflussen. Es reicht eben nicht zu sagen, dass soziale Beziehungsmuster (Macht, Herrschaft, Vertrauen …), kulturelle Vorstellungen (Normen, Wissensbestände, Ethik und Moral) oder institutionelle Settings (kapitalistische Wirtschaftssysteme, Positionsgefüge, Verfassungen usw.)

---

34 Die Logik mehrstufiger, handlungstheoretisch fundierter Erklärungen erfordert darüber hinaus immer auch noch theoretische *Verbindungen,* die erstens die Strukturebene in Handlungen (Brückenhypothesen, Schritt 1 in Abb. 1) und die zweitens dann auch die erklärten Einzelhandlungen in Struktureffekte übersetzen (Transformationsregeln, Schritt 3 in Abb. 1). Für den ersten Schritt, die Übersetzung der Situation in bewertete Handlungsmöglichkeiten, werden Brückenhypothesen formuliert, die bei einer Theorie der rationalen Wahl die (erwarteten) Erträge der verschiedenen Handlungsmöglichkeiten abbilden, z. B. die Erträge aus einer Kapitalbeteiligung an einem Unternehmen versus der Anlage auf Finanzmärkten. Aus den so erklärten Einzelhandlungen wird dann mit Hilfe sogenannter Transformationsregeln auf kollektive Effekte wie den Aufstieg oder den Niedergang von Unternehmen, Güterverteilungen usw. geschlossen, siehe: Esser, *Soziologie. Spezielle Grundlagen,* Bd. 2 sowie Lindenberg, »The Method of Decreasing Abstraction«. Institutionentheorien können diesen letzten Schritt anleiten, indem sie sagen, dass, wie und in welche Richtung soziale Regeln das Handeln beeinflussen.

wichtig sind, es muss ein Argument angegeben werden, warum und in welcher Art sie wirksam werden. Die handlungsrelevante Erschließung sozialer Konstellationen und die darauf gründende Erklärung sozial relevanter Handlungen ist die eine Seite dieses Erklärungsmodells, welche die Handlungstheorie betont, die andere ist die Überführung der so erklärten Handlungen in Makroeffekte.[35] Die sozialen Situationsbeschreibungen können und sollen sogar Fragen oder Disziplinen übergreifend verwendbar sein, aber einige empfehlen sich für bestimmte Fragestellungen oder disziplinäre Zugänge mehr oder weniger: etwa das Modell des vollkommenen Wettbewerbsmarkts für die Erklärung wirtschaftlicher Tauschvorgänge, oder Machtmodelle bzw. allgemeiner Verteilungsmodelle für Tauschhandlungen im sozialen Leben. Auch hier gilt die methodologische Regel, mit möglichst einfachen Situationsbeschreibungen anzufangen und diese erst bei widersprüchlichen Ergebnissen zu erweitern, um die Wirkung der Faktoren auch prüfen zu können. Und methodologisch konsequent weitergedacht, wäre daher das Handlungsmodell erst dann zu erweitern oder realitätsnäher anzulegen, wenn dies die Heuristik der Situationsbeschreibungen ergänzend stärkt bzw. wenn diese erkennbar ausgeschöpft ist.

Der »soziologische Geist« dieser Erklärungspraxis ist daher auf zwei Wegen zu stärken: Erstens durch die Ausarbeitung und den Einsatz von Situationsbeschreibungen, die wichtige und vor allem problembehaftete soziale Konstellationen wiedergeben und so zeigen, dass die im Wettbewerbsmechanismus mögliche dezentrale Lösung nicht greift und daher »soziale Institutionen« wichtig und vorteilhaft werden. Zweitens können natürlich auch die Handlungsmodelle etwa derart realitätsnäher gestaltet werden, dass die individuellen Fähigkeiten, vor allem die individuelle Rationalität, realitätsgerechter und empirisch »bunter« beschrieben werden und dass letztendlich auch dem Weber'schen Hinweis nachgegangen wird, dass viele, wenn nicht gar der Großteil der Handlungen gewohnheitsmäßig erfolgen und dass daher das Erfassen und Deuten von Handlungssituationen bzw. deren institutionelle Fassung als Erklärungsmoment in den Vordergrund rückt. Dies dürfte indes auch in soziologischen Analysen wirtschaftlicher Sachverhalte ein gut abzuwägender Erweiterungsschritt sein. Davor würde aus heuristischen Gründen eine Erweiterung der im Wirtschaftsleben bedeutsamen

---

35 Vgl. zu der dafür einzusetzenden Methode der abnehmenden Abstraktion etwa Weber und dessen ökonomische Zeitgenossen sowie auch für eine aktuelle Ausarbeitung: Lindenberg, »The Method of Decreasing Abstraction« und für eine zusammenfassende Darstellung siehe: Maurer/Schmid, *Erklärende Soziologie.*

*sozialen Interdependenzen* sinnvoll sein. Solche wären sowohl durch Abweichungen vom Wettbewerbsmarktmodell zu generieren als auch durch Beschreibungen sozialer Erwartungsstrukturen. Eine besonders starke, die Disziplinen übergreifend einsetzbare Forschungsheuristik liegt nach meiner Einschätzung darin, *soziale Beziehungskonstellationen* im Wirtschaftsleben zu explizieren, die *einseitige* und/oder *wechselseitig sichere Erwartungen* vorteilhaft machen. Dies würde Situationen erfassen und unterscheiden helfen, in denen wirtschaftliches Handeln bzw. wirtschaftliche Beziehungen grundsätzlich durch Planbarkeit Ertrag reicher oder auch Erfolg versprechender werden bis hin zu solchen Beziehungsformen, der Erfolg überhaupt davon abhängt, dass einige oder alle Beteiligten bestimmte Erwartungen an die anderen sicher hegen meinen zu können. Erst im Anschluss daran wäre es möglich zu klären, ob und mit Hilfe welcher Institutionen es gelingen könnte, das wirtschaftliche Handeln »vorteilhaft« zu gestalten. Gegenüber dem reinen Wettbewerbsmarktmodell wäre so etwa erweiternd zu erfassen, dass »soziale Institutionen« im Wirtschaftsleben durchaus bewusst und rational entstehen, dass sie aber weder per se stabil noch für alle vorteilhaft sein müssen. Allerdings kann deren Vorteilhaftigkeit nunmehr mit Bezug auf die individuellen Intentionen und Fähigkeiten angesichts der zu gestaltenden Situation auch analysiert und deren Problemgehalt eingeschätzt werden. Damit wären verschiedene institutionelle Lösungen im Hinblick auf ihre Leistungsfähigkeiten angesichts verschiedener Problemlagen zu vergleichen und unter Umständen auch zu klären, warum sie mitunter erreicht und mitunter verpasst werden.

Es ist der Nachweis und die Entschlüsselung solcher unvorteilhafter oder *problematischer Beziehungskonstellationen*, welche wirtschaftliche Phänomene sowie auch gesellschaftliche bzw. politische Situationskonstellationen mit Hilfe gemeinsam genutzter Modelle beschreiben und analysieren lässt und darüber hinaus auch mögliche Bezüge bzw. Grenzziehungen zwischen der Wirtschaftssoziologie und der ökonomischen Theorie erkenntlich macht.[36] Die Erfolgsbedingungen der unsichtbaren Marktlösung wären auf diesem Wege mit denen der sichtbaren hierarchischen Steuerung oder auch stiller sozialer Mechanismen zu kontrastieren bzw. aneinander anzubinden.[37] Dabei wäre Webers Vorschlag Abweichungen vom Idealtyp zu erfas-

---

36 Popper, *Karl R. Popper: Lesebuch*, insbes. S. 350 ff.

37 Das damit aufzuspannende sozialwissenschaftliche Dach, siehe: Albert, *Marktsoziologie und Entscheidungslogik*, umfasst mehr oder weniger abstrakte Modelle des individuellen Handelns und Abstimmungsprobleme, die soziale Wechselbeziehungen ebenso vorsehen können wie Wettbewerbskonstellationen oder auch Macht als einseitige Abhängigkeit.

sen derart umzusetzen, dass nach den empirischen Konkretionen gesucht wird, die deren Entstehung über das Handeln der Einzelnen aufzuhellen in der Lage sein sollten. Die verwendeten Annahmen und Modelle auf der Situations- wie auf der Handlungsebene können und müssen dazu einfacher und abstrakter bzw. komplexer und realitätsgerechter angelegt werden. Bei mehrstufigen, handlungstheoretisch fundierten Erklärungen wäre aber durch den handlungstheoretischen Kern angeleitet vorzugehen. »Man hat eben methodisch sehr oft nur die Wahl zwischen unklaren oder klaren, aber dann irrealen und ›idealtypischen‹, Termini. In diesem Fall sind die letzteren wissenschaftlich vorzuziehen.«[38] Eine allgemeine und möglichst einfache Handlungstheorie, wie die des zweckrationalen Handelns, wäre dazu ein geeigneter Ausgangspunkt,[39] weil so Situationen wie der vollkommene Wettbewerbsmarkt, Machtasymmetrien, Hierarchien usw. in ihrer Logik erschlossen werden können. Wird mit Abweichungen vom Modell des Wettbewerbsmarktes begonnen, dann können situationale Kontexte erfasst werden, in denen etwa keine Güterpreise als Knappheitsindikatoren vorliegen, weil etwa Kunstwerke oder Finanzleistungen nicht eindeutig bewertbar sind, weil Leistungen vorab nicht eindeutig bestimmbar sind, weil Güter und Leistungen nachträglich entlohnt werden müssen, weil manche Dinge nicht als »handelbares Gut« gelten usw.

Dabei lassen sich zunehmende Problemgrade oder Erschwernisse von Tauschbeziehungen erfassen und für deren Bearbeitung dann die Wirkung von Marktkonkurrenz ebenso benennen wie die informeller oder sozialer Regeln, von Vertrauen usw. Soziale Institutionen wären auf diese Weise nicht nur als Ergänzung sondern auch als Ersatz zum Wettbewerbsmarkt im wirtschaftlichen Leben auszuweisen, indem deren Wirkungen mit Bezug

---

38 Weber, *Wirtschaft und Gesellschaft*, S. 11.

39 Die hier vorgestellte Erklärungslogik schlägt vor, zunächst zusätzliche Brückenhypothesen zu formulieren, die weitere Situationsfaktoren und Handlungsalternativen berücksichtigen und auch die handlungsleitende Kraft von Situationsfaktoren spezifizieren. Siehe: Lindenberg, »The Method of Decreasing Abstraction«. Erst wenn dadurch widerlegte Thesen nicht zu verbessern sind, wären im nächsten Schritt zusätzliche Annahmen über die Fähigkeiten der Akteure, die Situation und damit ihre Handlungsmöglichkeiten wahrzunehmen, zu deuten und zu bewerten, einzuführen. Ich habe bereits angedeutet, dass im einfachsten Fall davon ausgegangen wird, dass die Individuen alle Informationen haben und diese auch der Realität entsprechen. Komplexer wird es, wenn individuelle und kollektive Situationsdeutungen berücksichtigt werden, die Unterschiede zwischen Gruppen und im Falle von Ideologien sogar die Verfälschung von Interessen thematisieren. Und letztendlich kann auch der handlungstheoretische Kern derart erweitert werden, dass Interessen und Ideen (Werte) als Handlungsmotive berücksichtigt werden.

auf die benannten Situationskonstellationen respektive Problemgehalte näher spezifiziert und handlungstheoretisch geklärt werden. Sowohl die *Existenz* als auch die *Form* und die *Funktionsweise* sozialer Regelsysteme können über die handlungstheoretische Basis erschlossen und aneinander angeschlossen werden. Die Integrationskraft liegt in der Erklärungspraxis bzw. der Anschließbarkeit handlungstheoretisch erschlossener Situationsmodelle. Soziologisch relevante Ausarbeitungen ergeben sich aus erweiterten Güterbeschreibungen (an Stelle von privaten Konsumgütern werden etwa öffentliche, ideelle oder soziale Güter gesetzt), der Erfassung unterschiedlicher bzw. spezifischer Ausstattungen (Macht, Gewalt, Positionen usw.) und vor allem der Berücksichtigung verschiedener sozialer Interdependenzmuster (Vertrauen, Staffelungen usw.). Die Beschreibung sozialer *Situationstypen* macht die soziologische Handwerkskunst[40] aus, denn erst dadurch kann der Markt in der ökonomischen Theorie als ein Spezialfall sichtbar gemacht und dessen Grenzen und Erweiterungen genutzt werden. Dies birgt die Chance, Präzisierungen des Problems wechselseitiger Handlungserwartungen vorzunehmen und davon ausgehend auch die Voraussetzungen und Grenzen von Marktlösungen zu erkennen. Die Aus- und Bearbeitung *sozialer Abstimmungsprobleme* stellt nach meinem Dafürhalten eine starke wirtschaftssoziologische Heuristik dar, die sowohl die Erfolgs- als auch die Entstehungsbedingungen unterschiedlicher institutioneller Lösungen aufdecken hilft. Dazu wäre etwa auf die in der klassischen Sozialtheorie sowie in der Spieltheorie formal dargestellten Grundfragen eines koordinierten Handelns ebenso einzugehen wie auf die eines kollektiven Gruppenhandelns.[41]

## 5. Fazit

Das Verhältnis zwischen (Wirtschafts-)Soziologie und Ökonomie war nicht immer so prekär, wie es in der neuen Wirtschaftssoziologie gegenwärtig oft scheint. Vielmehr sind soziologische und ökonomische Erklärungen wirtschaftlicher Prozesse und Strukturen über die Tradition der Aufklärung und der modernen Sozialtheorie eng miteinander verbunden und finden sich in deren Gründungsphase zu Beginn des 20. Jahrhunderts anregende und um-

---

40 Esser, *Soziologie. Spezielle Grundlagen*, Bd. 2.
41 Vgl. ausführlich Maurer/Schmid, *Erklärende Soziologie*, Kap. 7–9.

fangreiche Bemühungen zur Begründung einer integrativen Sozialwissenschaft oder Sozialökonomie. Drei Integrationsebenen und -argumente sind dafür anzugeben: Erstens das gemeinsame methodologische Dach in Form mikrofundierter Erklärungen, welche ihren Ausgangspunkt in der Annahme eines an sich sinnhaften Handelns findet. Zweitens ein gemeinsamer Erklärungsbereich in der Frage, wie sich wirtschaftliches Handeln so abstimmen lässt, dass die Bereitstellung begehrter Güter und Leistungen angesichts sozialer Interdependenzen und von Knappheitsrestriktionen möglichst gut gelingt. Und drittens durch den Vergleich alternativer sozialer Institutionen mit Bezug auf die explizierten sozialen Konstellationen und die angenommenen Fähigkeiten der Akteure. Daraus ist ein Forschungsprogramm zu gewinnen, das soziale Regeln bzw. institutionalisierte Handlungskontexte einerseits als das Ergebnis eines intentionalen Problemlösungshandelns der Einzelnen in spezifischen Kontexten erklärt. Zum anderen ist so zu analysieren und empirisch zu untersuchen, wann und mit welchen Effekten institutionelle Handlungskontexte wie der Markt, Normen, kollektives Wissen, Hierarchien usw. das Handeln von Wirtschaftsakteuren »lenken« und wie sich soziale, kulturelle, wirtschaftliche und/oder politische Regelsysteme zueinander verhalten.

Die wirtschaftssoziologische Ausarbeitung dieses Programms könnte bei dem von Weber aufgeworfenen und in der neuen Wirtschaftssoziologie aufgegriffenen Grundproblem wechselseitig verlässlicher Handlungserwartungen ansetzen und dieses handlungstheoretisch angeleitet präzisieren und zu situationsspezifischen Problemkonturierungen ausarbeiten. Dies hätte den großen Vorzug, dass typische und spezifizierte Abstimmungsprobleme in ihrer Logik und in ihrem Problemgehalt zu unterscheiden und zugleich zueinander in Beziehung zu setzen wären und damit letztlich auf Problemtypen zugeschnittene Lösungen erkannt und in ihren Entstehungs- und Erfolgsbedingungen genauer analysiert werden könnten. Durch die Verwendung einer gemeinsamen Handlungstheorie – die natürlich mit Bezug auf die Kernannahme erweiterbar sein sollte – wären die Erklärungsmodelle der Soziologie wie auch der Politikwissenschaft, der Geschichte und nicht zuletzt auch die der Ökonomie als aneinander anschließbare Modelle zu entwerfen, Disziplinen übergreifend zu verwenden und unter Umständen auch in übergreifende Modellen zu integrieren. Auf diesem Wege wären das klassische Erklärungsmodell der Soziologie – homo sociologicus und normative Rahmung ergeben soziale Integration – und das der Standardökonomik – homo oeconomicus und vollkommener Wettbewerb mit vollständigen Informationen ergeben stabile Gleichgewichte – als zwei »Idealmodelle« einer gelungenen wechselseitigen Erwartungsbildung und zu erkennen und empirische Anwendungen durch Abweichungsmodelle in beide Richtungen zu gewinnen. Die neoklassische Theorie mit ihren hoch restriktiven Annahmen wäre umstandslos in ein allgemeineres Erklärungsprogramm einzuordnen, das darüber hinausgehend auch die vorteilhafte Ressourcennutzung bei Risiko und Unsicherheit, bei sozialen Interdependenzen oder auch bei fehlenden Märkten mittels sozialer Beziehungen, Institutionen oder auch von Kultur und Wissen erklären will. Das durch die Behandlung von materiellen Knappheitsproblemen begründete Effizienzkriterium wäre somit als Spezifikation einer allgemeineren Problemlösungsfähigkeit von Wirtschaftsinstitutionen zu fassen.

Es sind vor allem zwei Engführungen der neo-klassischen Ökonomie, aber auch der klassischen Normsoziologie, die auf diesem Wege erkannt und einer Verbesserung zugänglich gemacht werden können: Zum einen die völlige Ausblendung sozialer bzw. institutioneller Erklärungsfaktoren in der Ökonomie und die von Problemgehalten und darauf beziehbaren Rationalitätsanalysen in der Soziologie. Die Konzentration der Soziologie auf Normen und Herrschaft als unerlässlichem Mechanismus sozialer Integration bzw. die der Ökonomie auf Wettbewerbsmärkte als universell effizienten Koordinationsmechanismus wäre so durch erweiterte Situations- und Handlungsmodelle aufzubrechen, die aus Sicht intentional-rationaler Akteure verschiedene soziale Problemkonstellationen aufdecken und damit die Suche nach dafür möglichen und nötigen institutionellen Lösungen anleiten. Es ist die auf diesem Wege zu gewinnende allgemeine Problemheuristik und deren Handlungsfeld bezogenen Konkretionen, welche es den Einzeldisziplinen erlauben, gemeinsam an besseren Erklärungen und Analysen sozialer bzw. wirtschaftlicher Institutionen zu arbeiten.

## Literatur

Albert, Hans, *Marktsoziologie und Entscheidungslogik. Ökonomische Probleme in soziologischer Perspektive*, Neuwied: Luchterhand 1967.
Baier, Horst/Lepsius, Rainer M./Mommsen, Wolfgang/Schluchter, Wolfgang, »Overview of the Text of Economy and Society by the Editors of the Max Weber Gesamtausgabe«, in: *Max Weber Studies 1* (2000), S. 104–114.

Coleman, James S., *Foundations of Social Theory*, Cambridge/MA und London: Belknap Press 1990.

Durkheim, Emile, *Die Regeln der soziologischen Methode*, Frankfurt/M.: Suhrkamp Verlag 1999/1895.

Erlei, Mathias, »Neoklassik, Institutionenökonomik und Max Weber«, in: Maurer, Andrea (Hg.), *Wirtschaftssoziologie nach Max Weber*, Wiesbaden: VS Verlag 2010, S. 69–94.

Esser, Hartmut, *Soziologie. Spezielle Grundlagen*, Bd. 2. Die Konstruktion der Gesellschaft, Frankfurt/M.: Campus 2000.

Etzioni, Amitai/Lawrence, Paul R. (Hg.), *Socio-Economics. Toward a New Synthesis*, Armonk/NY: Sharpe 1991.

Ganßmann, Heiner, »Die Arbeitsteilung zwischen Ökonomie und Soziologie bei Franz Oppenheimer, Karl Mannheim und Adolph Lowe«, in: Caspari, Volker/Schefold, Bertram (Hg.), *Franz Oppenheimer und Adolph Lowe. Zwei Wirtschaftswissenschaftler der Frankfurter Universität*, Marburg: Metropolis 1996, S. 197–224.

Giddens, Anthony, *Politics, Sociology and Social Theory. Encounters with Classical and Contemporary Social Thought*, Cambridge: Polity Press 1995.

Hollingsworth, Joseph R./Müller, Karl H./Hollingsworth, Ellen J. (Hg.), *Advancing Socio-Economics. An Institutionalist Perspective*, Lanham: Rowman & Littlefield 2002.

Kurz, Heinz D. (Hg.), *Klassiker des ökonomischen Denkens*, 2 Bde., München: Beck 2008.

Lindenberg, Siegwart, »How Sociological Theory Lost Its Central Issue and What Can Be Done About It«, in: Lindenberg, Siegwart/Coleman, James S./Nowak, Stefan (Hg.), *Approaches to Social Theory*, New York: Praeger Publishers 1986, S. 19–24.

Lindenberg, Siegwart, »The Method of Decreasing Abstraction«, in: Coleman, James S./Thomas J. Fararo (Hg.), *Rational Choice Theory. Advocacy and Critique*, Newbury Park: Sage 1992, S. 3–20.

Maurer, Andrea (Hg.), *Handbuch der Wirtschaftssoziologie*, Wiesbaden: VS Verlag 2008.

Maurer, Andrea, »Die Institutionen der Wirtschaft. Soziologische Erklärungen wirtschaftlicher Sachverhalte«, in: KZfSS Sonderheft 49 (2009), S. 208–218.

Maurer, Andrea, »Der privat-kapitalistische Wirtschaftsbetrieb: ein wirtschaftssoziologischer Blick auf Unternehmen?«, in: dies. (Hg.), Wirtschaftssoziologie nach Max Weber, Wiesbaden 2010: VS Verlag, S. 118–141.

Maurer, Andrea (Hg.), Wirtschaftssoziologie nach Max Weber, Wiesbaden: VS Verlag 2010.

Maurer, Andrea, »Max Weber – Soziologie und Ökonom. Einleitung«, in: dies. (Hg.), *Wirtschaftssoziologie nach Max Weber*, Wiesbaden: VS Verlag 2010, S. 13–20.

Maurer, Andrea, »Rational Choice: Kultur als Mittel der Handlungsorientierung«, in: Moebius, Stephan/Quadflieg, Dirk (Hg.), *Kultur. Theorien der Gegenwart*, Wiesbaden: VS Verlag 2010, S. 683–695.

Maurer, Andrea/Schmid, Michael, *Erklärende Soziologie. Grundlagen, Vertreter und Anwendungsfelder eines Forschungsprogramms*, Wiesbaden: VS Verlag 2010.

Mikl-Horke, Gertraude, *Historische Soziologie der Wirtschaft. Wirtschaft und Wirtschaftsdenken in Geschichte und Gegenwart*, München: Oldenbourg 1999.

Mikl-Horke, Gertraude, *Sozialwissenschaftliche Perspektiven der Wirtschaft*, München: Oldenbourg 2008.

Mikl-Horke, Gertraude, *Historische Soziologie – Sozioökonomie – Wirtschaftssoziologie*, Wiesbaden: VS Verlag 2011.

Mommsen, Wolfgang J., »Max Weber als Nationalökonom. Von der Theoretischen Nationalökonomie zur Kulturwissenschaft.«, in: *Sociologia Internationalis* 42/1 (2004): S. 3–36.

Norkus, Zenonas, »Soziologische Erklärungen wirtschaftlicher Sachverhalte mit Weber«, in: Maurer, Andrea (Hg.), *Wirtschaftssoziologie nach Max Weber*, Wiesbaden: VS Verlag 2010, S. 40–68.

Oppolzer, Alfred, »Sozialökonomie – Zu Gegenstand, Begriff und Geschichte eines interdisziplinären und praxisbezogenen Wissenschaftskonzeptes«, in: *Sozialökonomische Beiträge* 1/1 (1990): S. 6–29.

Popper, Karl R., *Lesebuch. Ausgewählte Texte zur Erkenntnistheorie, Philosophie der Naturwissenschaften, Metaphysik, Sozialphilosophie*, Tübingen: Mohr Siebeck 2000.

Priddat, Birger P., *Theoriegeschichte der Wirtschaft. Neue ökonomische Bibliothek*, München: Fink 2002.

Schefold, Bertram, »Max Webers Werk als Hinterfragung der Ökonomie. Einleitung zum Neudruck der ›Protestantischen Ethik‹ in ihrer ersten Fassung.«, in: Kaufhold, Karl/Roth, H. Guenther/Shionoya, Yuichi (Hg.), *Max Weber und seine ›Protestantische Ethik‹*, Düsseldorf: Verlag für Wirtschaft und Finanzen 1992, S. 5–31.

Schelling, Thomas C., *The Strategy of Conflict*, Cambridge, Mass. et al.: Harvard University Press 1960.

Schmid, Michael/Maurer, Andrea, »Institution und Handeln«, in: dies. (Hg.), *Ökonomischer und soziologischer Institutionalismus. Interdisziplinäre Beiträge und Perspektiven der Institutionentheorie und -analyse*, Marburg: Metropolis 2003, S. 9–46.

Shionoya, Yuichi, »Max Webers soziologische Sicht der Wirtschaft«, in: Kaufhold, Karl H./ Roth, Guenther/Shionoya, Yuichi (Hg.), *Max Weber und seine »Protestantische Ethik«. Klassiker der Nationalökonomie*, Düsseldorf: Verlag Wirtschaft und Finanzen [Jahr], S. 93–119.

Smelser, Neil J./Swedberg, Richard (Hg.), *The Handbook of Economic Sociology*, 2. Aufl., Princeton: Princeton University Press 2005/1992.

Swedberg, Richard, *Max Weber and the Idea of Economic Sociology*, Princeton: Princeton University Press 1998.

Swedberg, Richard, »Die Bedeutung der Weber'schen Kategorien für die Wirtschaftssoziologie«, in: Maurer, Andrea (Hg.), *Wirtschaftssoziologie nach Max Weber*, Wiesbaden: VS Verlag 2010, S. 21–39.

Weber, *Max, Wirtschaft und Gesellschaft. Grundriß der verstehenden Soziologie*, 5., rev. Aufl., Tübingen: Mohr Siebeck 1985/1922.

Weber, Max, »Die Grenznutzenlehre und das ›psychophysische Grundgesetz‹«, in: ders. (Hg.), *Gesammelte Aufsätze zur Wissenschaftslehre*, 7. Aufl., Tübingen: Mohr Siebeck 1988/1922, S. 384–399.

Weber, Max, »Roscher und Knies und die logischen Probleme der historischen Nationalökonomie«, in: Weber, Max (Hg.), *Gesammelte Aufsätze zur Wissenschaftslehre*, 7. Aufl., Tübingen: Mohr Siebeck 1988/1903–1906, S. 1–145.

Weber, Max, »Die ›Objektivität‹ sozialwissenschaftlicher und sozialpolitischer Erkenntnis«, in: Weber, Max (Hg.), *Gesammelte Aufsätze zur Wissenschaftslehre*, 7. Aufl. Tübingen: Mohr Siebeck 1988/1904, S. 146–214.

Weber, Max, *Gesammelte Aufsätze zur Religionssoziologie*, Bd. 1., Tübingen: Mohr Siebeck 1988/1920.

Weber, Max, *Gesammelte Aufsätze zur Wissenschaftslehre*, Tübingen: Mohr Siebeck 1988/1922.

Weber, Max, *Börsenwesen. Schriften und Reden 1893–1898*, Tübingen: Mohr Siebeck 1999/1893–1898.

# III. Ökonomisches Curriculum

# Wirtschaftspolitik im volkswirtschaftlichen Curriculum – Glanzlicht oder Auslaufmodell?

*Rainer Klump*

## 1. Einleitung

Wer, wie der Verfasser dieses Beitrags, in den 70er Jahren des letzten Jahrhunderts ein Diplom-Studium der Volkswirtschaftslehre an einer (west) deutschen Universität begann, hatte in der Regel fünf Fächer, in denen schriftliche und mündliche Diplomprüfungen abzulegen waren: Wirtschaftstheorie, Wirtschaftspolitik, Finanzwissenschaft, Allgemeine Betriebswirtschaftslehre und ein Wahlfach. Heute ist das Diplom an den meisten deutschen Universitäten durch die gestuften Bachelor- und Masterstudiengänge abgelöst; vielfach wird die Unterscheidung zwischen Betriebs- und Volkswirtschaftslehre durch die allgemeine Fachbezeichnung Wirtschaftswissenschaften aufgehoben; und das Fach Wirtschaftspolitik ist (ebenso wie das Fach Finanzwissenschaft) fast überall aus dem Feld der Pflichtprüfungsfächer verschwunden. Dafür hat sich die neue Trias von Mikroökonomie, Makroökonomie und Ökonometrie als Pflichtkanon der international üblichen volkswirtschaftlichen Ausbildung auch in Deutschland flächendeckend etablieren können. Und es ist letztlich diese veränderte Wertigkeit von Wirtschaftspolitik (oder auch von Wirtschaftstheorie und Finanzwissenschaft) im Verhältnis zu Mikroökonomie, Makroökonomie und Ökonometrie, die den Streit um die Widmung von volkswirtschaftlichen Professuren an deutschen Universitäten hat aufbrechen und damit den jüngsten Methodenstreit in der deutschsprachigen Ökonomie hat entstehen lassen.

Ziel dieses Beitrags soll es sein, den Rechtfertigungsnarrativen für die veränderte Positionierung der Wirtschaftspolitik im volkswirtschaftlichen Curriculum nachzugehen. Herausragende nationale Traditionen stehen dabei im harten Wettbewerb mit Prozessen des globalen wissenschaftlichen Wettbewerbs, die – und dies ist eine der Pointen der Analyse – von den Protagonisten der nationalen Tradition grundsätzlich sehr befürwortet werden, weil sie durch schöpferische Zerstörung immer wieder monopolistische Positionen einebnen. Wann wird sich daher fragen müssen, ob auch die großen nationalen Traditionen letztlich unproduktive Monopole darstellen, die es im Sinne höherer Effizienz wissenschaftlicher Erkenntnis zu schleifen gilt, oder ob die Lehre von der Wirtschaftspolitik nicht selbst ein Innovationspotenzial besitzt, das gefördert und gegenüber unfairen Dumping-Praktiken in Schutz genommen werden muss. Die Analyse zeigt, dass es in dieser Frage durchaus zyklische Veränderungen gibt, die auch getrieben werden von der Frage, wer sich als Adressat wissenschaftlicher wirtschaftspolitischer Beratung präsentiert und wie er den Beratungsbedarf artikuliert. Die Bedeutung des Fachs Wirtschaftspolitik in einem wirtschaftswissenschaftlichen Curriculum ist daher nicht zu trennen von der politischen und der gesellschaftlichen Rolle der wirtschaftspolitischen Beratung in Deutschland während der letzten 140 Jahre, vom Beginn einer nationalstaatlichen deutschen Wirtschaftspolitik nach der Reichsgründung bis zur Wirtschaftspolitik des wiedervereinten Deutschlands innerhalb der Europäischen Union. Ein Schwerpunkt der Betrachtung wird auf der Tradition wirtschaftspolitischer Lehre und Forschung in Westdeutschland zwischen Kriegsende und Wiedervereinigung liegen.

Eine besondere Rolle wird in diesem Beitrag immer wieder die Goethe-Universität Frankfurt am Main spielen, weil in ihr bestimmte Trends besonders markant deutlich werden. An der Frankfurter Universität, die 1914 gegründet wurde, gab es erstmals eine eigene Fakultät für Wirtschafts- und Sozialwissenschaften. In Frankfurt wurde nach dem Zweiten Weltkrieg besonders intensiv die Übernahme neuer wirtschaftswissenschaftlicher Erkenntnisse und Methoden aus den USA betrieben. In Frankfurt erhielt der bisher einzige deutsche Nobelpreisträger für Wirtschaftswissenschaften, Reinhard Selten, seine wissenschaftliche Ausbildung; und Frankfurt wurde zum Ausgangspunkt einer mikroökonomisch fundierten Betriebswirtschaftslehre in Deutschland. Gleichzeitig konnte sich in Frankfurt aber auch eine besondere Beziehung der Wirtschafts- zu den Sozial- und Geisteswissenschaften behaupten, die vor allem im Exzellenzcluster »Die Herausbildung normativer Ordnungen« eine zentrale Rolle spielt.

Am Schluss des Beitrags wird eine Erklärung für ein bemerkenswertes Paradox gesucht. Wirtschaftspolitik ist inzwischen kaum noch irgendwo ein Pflichtfach im Fächerkatalog des wirtschaftswissenschaftlichen Bachelor-Studiengangs. Allerdings verkauft sich ein neues Lehrbuch der Wirtschaftspolitik überraschend gut, und dies nicht nur in Österreich, wo es noch eine

Pflichtausbildung in Wirtschaftspolitik gibt. Es scheint also eine Nachfrage für Wirtschaftspolitik in der Lehre zu geben, was nicht verwundert, wenn man am Ende des BA-Studiums nicht nur einen formalen Einblick in das Wirtschaftsgeschehen haben möchte, sondern auch ein Gefühl für Anwendungsmöglichkeiten ökonomischer Theorie in der Praxis haben will. Die Zukunft der Wirtschaftspolitik scheint daher darin zu liegen, sich als ein attraktives und praxisbezogenes Wahlpflichtfach zu präsentieren, das Diskussionsstränge aus allen Pflichtfächern aufnimmt und zusammenführt. Wirtschaftspolitik würde sich damit als Synthese von mikroökonomischen, makroökonomischen und ökonometrischen Einsichten präsentieren und wäre dann keineswegs ein Auslaufmodell, sondern ein weiterhin strahlendes Glanzlicht innerhalb des wirtschaftswissenschaftlichen Curriculums.

## 2. Die Ursprünge

Die Ursprünge einer wissenschaftlich fundierten Lehre von der Wirtschaftspolitik, liegen im Zeitalter absolutistischer Fürstenherrschaft während des 17. und 18. Jahrhunderts. Bezeichnenderweise ist es ein französischer Merkantilist, Antoine de Montchrétien (1575–1621), der in einem 1615 erschienenen »Traité de l'oeconomie politique« die wissenschaftliche Wirtschaftspolitik begründete,[1] die zu diesem Zeitpunkt quasi als deckungsgleich mit staatlicher Finanzpolitik verstanden wurde. Eingriffe in das Wirtschaftsgeschehen, wie die Erhebung von Steuern und Zöllen oder die Einrichtung von Märkten, erfolgten auf zentralstaatliche Anordnung und dienten letztlich dem Zweck, die Einnahmen der fürstlichen Kassen zu maximieren. Aber schon der Vollender des deutschen Kameralismus, Johann Heinrich Gottlob von Justi (1720–1771), entwickelte eine Systematik der Wirtschaftslehre, die für lange Zeit die Lehrbücher und damit auch die curricularen Strukturen prägte.[2] Justi unterschied zwischen der »Ökonomik« als Grundlagenwissenschaft für das Verständnis der inneren Zusammenhänge innerhalb einer Volkswirtschaft, der »ökonomischen Polizeiwissenschaft« als der Lehre von den Maßregeln zur Steuerung der Wirtschaft, sowie der eigentlichen Kameralwissenschaft. Aus dieser Systematik entwickelte sich die in Deutschland

---

1 Gömmel/Klump, *Merkantilisten und Physiokraten in Frankreich*, S. 82 f.
2 Adam, *The Political Economy of J.H.G. Justi.*

vorherrschende Trias von Wirtschaftstheorie, Wirtschaftspolitik und Finanzwissenschaft.

Erst im 19. Jahrhundert bildete sich eine klare Trennung zwischen individuellen Wirtschaftsinteressen der Herrscher und gesamtstaatlichen Wirtschaftsinteressen der Bürger heraus. In dieser Zeit entstanden in den deutschen Ländern neben den Finanz- und Schatzministerien die ersten Handels- und Gewerbeministerien.[3] Nach der Reichsgründung 1871 besaß das Deutsche Reich zwar viele Zuständigkeiten für Handel, Gewerbe, Zölle und Münzwesen. Es existierten zunächst aber keine zentralen Wirtschaftsbehörden. Erst 1879 wurde ein Reichsschatzamt zur Regelung finanzpolitischer Aufgaben eingerichtet; 1880 wurde im Reichsamt des Inneren eine Abteilung für wirtschaftliche Angelegenheiten geschaffen. Sie erhielt auch die Zuständigkeit für die neu geschaffenen Sozialversicherungen sowie für Arbeitsschutz und Arbeitsverhältnisse. Damit entstand die in der Folgezeit für Deutschland typische Verbindung von Wirtschafts- und Sozialpolitik. Sie hatte im wissenschaftlichen Diskurs ihre Ursprünge in der durch Marx angestoßenen Debatte über die Lösung der »sozialen Frage«, die von den deutschen »Kathedersozialisten« aufgegriffen wurde, 1873 zur Gründung des Vereins für Socialpolitik führte und den Boden für die Bismarck'schen Sozialreformen bereitete, mit denen das Deutsche Reich sich an die Spitze moderner Sozialgesetzgebung setzte. Das Studium der Volkswirtschaftslehre blieb in dieser Zeit in Deutschland ein Teil der staatswissenschaftlichen Ausbildung, die im Wesentlichen von Juristen übernommen wurde.

1917 wurde aus der Abteilung für wirtschaftliche Angelegenheiten ein eigenständiges Reichswirtschaftsamt geschaffen, das eine Wirtschaftspolitische und eine Sozialpolitische Hauptabteilung besaß. In den wissenschaftlichen Diskussionen in Deutschland, und auch nur hier, bürgerte sich daraufhin der Begriff »Wirtschafts- und Sozialpolitik« ein, der sich zunehmend von der Finanzwissenschaft absetzte, die sich auf die staatliche Haushaltspolitik konzentrierte. Die Einrichtung der neuartigen Fakultät für Wirtschafts- und Sozialwissenschaften an der 1914 neu gegründeten Frankfurter Universität, der wenig später die neue Fakultät in Köln folgte, bildete diese neue Schwerpunktsetzung in Forschung und Lehre ab. Sie grenzte sich bewusst von der an den alten Universitäten des Reichs gepflegten Verbindung von Rechts- und Wirtschaftswissenschaften ab, bemühte sich um die Einbindung der neu entstandenen sozialwissenschaftlichen Forschung und Lehre in die wirtschaftswissenschaftlichen Ausbildungsgänge und zog mit dieser Ausrichtung

---

3 Vgl. im Folgenden Klump, *Wirtschaftspolitik. Instrumente, Ziele und Institutionen*, S. 24 ff.

innovative Wissenschaftler an, denen das klassische deutsche Universitätssystem kaum geeignete Entfaltungsmöglichkeiten geboten hatte. So wurde 1919 der Arzt und Ökonom und Sozialreformer Franz Oppenheimer (1864–1943) in Frankfurt auf den ersten deutschen Lehrstuhl für Soziologie und theoretische Nationalökonomie berufen, den er bis 1929 innehatte und bei dem 1925 der spätere Bundeswirtschaftsminister und Bundeskanzler Ludwig Erhard (1897–1977) über »Wesen und Inhalt der Werteinheit« promoviert wurde. Gerade das Werk Oppenheimers, der sich bewusst von der damals noch an vielen Wirtschaftsfakultäten dominierenden Historischen Schule der Nationalökonomie absetzte, zeigt, wie eine stringente theoretische Analyse von wirtschaftlichen und gesellschaftlichen Gegebenheiten und unter Berücksichtigung der immanenten Verknüpfung zwischen Wirtschaft und Gesellschaft Konzepte und Ansatzpunkte für eine politische Veränderung der bestehenden, als unbefriedigend angesehenen Verhältnisse liefern kann.[4]

Nach dem Ende des Ersten Weltkriegs setzte sich die institutionelle Ausdifferenzierung von Wirtschafts-, Finanz- und Sozialpolitik fort. Die Weimarer Republik besaß bereits eigenständige Reichsministerien für Finanzen, Wirtschaft und Arbeit (einschließlich Sozialordnung). In dieser Zeit liegen auch die Ursprünge des klassischen volkswirtschaftlichen Curriculums in Deutschland mit der Trias von Wirtschaftstheorie, Wirtschafts- (und Sozial)politik und Finanzwissenschaft, denn die Absolventen des volkswirtschaftlichen Studiums sollten sich entweder für Aufgaben in den entsprechenden Zweigen der staatlichen Verwaltung qualifizieren oder Aufgaben in Wirtschaftsverbänden übernehmen, die wiederum mit den entsprechenden staatlichen Stellen zusammenarbeiteten. Hyperinflation und Weltwirtschaftskrise führten dazu, dass in der Zeit der Weimarer Republik die Volkswirtschaftslehre erhebliche neue Impulse erhielt: einerseits durch eine stärker empirisch ausgerichtete Forschung über Konjunkturzyklen und langfristige Wachstumstrends, zum anderen durch intensive Debatten über die Wechselbeziehungen zwischen ökonomischer Theoriebildung und wirtschaftspolitischer Beratung, die auch nach 1933 anhielten und sich bis in die Endphase des Zweiten Weltkriegs fortsetzten. Zu den Protagonisten der empirischen Konjunkturforschung zählten der bis 1933 in Frankfurt lehrende Adolf Löwe (1893–1995) sowie Alfred Müller-Armack (1901–1978), Ludwig Erhards späterer Staatssekretär, der 1923 in Köln mit einer Arbeit promoviert hatte, die

---

4 Vgl. hierzu die Beiträge in Caspari/Schefold (Hrsg.), *Franz Oppenheimer – Adolf Lowe. Zwei Wirtschaftswissenschaftler der Frankfurter Universität.*

bezeichnenderweise den Titel »Das Krisenproblem in der theoretischen Sozialökonomik« trug. Der neuen theoretischen Grundlegungen für eine wirkungsvolle wirtschaftspolitische Beratung widmete sich vor allem der in Freiburg lehrende Walter Eucken (1891–1950). Den von Eucken und seinen Mitstreitern, darunter vielen Juristen, seit 1940 immer konkreter diskutierten Plänen für das Wirtschaftssystem der Nachkriegszeit lag das neue Denken in Wirtschaftsordnungen zugrunde, mit dem eine spezifisch deutsche Versöhnung von Historischer Schule und Modelltheorie versucht wurde, die ideengeschichtlich stark in der Phänomenologie Edmund Husserls (1859–1938) verankert war.[5] Historisch gewachsene oder politisch bewusst gestaltete Wirtschaftsordnungen bilden demnach den Rahmen, innerhalb dessen die Gesetzmäßigkeiten der Wirtschaft ablaufen und mit geeigneten Theorien verstanden werden können. Damit entstand aber ein Bedarf nach Forschung und Lehre über die Analyse und die Ausgestaltung von Wirtschaftsordnungen, die über die Kenntnis von Standardmodellen der Wirtschaftstheorie hinausgehen.

Für die inhaltliche Ausgestaltung des Faches Wirtschaftspolitik innerhalb des volkswirtschaftlichen Curriculums in Deutschland zeichneten sich damit in der Mitte des 20. Jahrhunderts folgende drei Schwerpunkte ab: Erstens eine Beschäftigung mit der sozialen Frage und der zu ihrer Lösung konzipierten Sozialpolitik, zweitens eine Beschäftigung mit dem Phänomen der Wirtschaftsordnungen und drittens, vielleicht noch am wenigsten ausgeprägt, ein Interesse an einer stärkeren empirischen Fundierung von theoretischen Analysen und politikrelevanten Empfehlungen. Während der erste Schwerpunkt deutlich die Nähe zu den neuen Sozialwissenschaften suchte, bot der zweite Schwerpunkt Anknüpfungspunkte für den Dialog mit den Juristen, während der dritte Schwerpunkt naturgemäß die Kooperation mit der Statistik suchte. Alle drei Schwerpunkte wiesen damit deutlich mehr interdisziplinäre Bezüge auf als die damals herrschende Wirtschaftstheorie.

## 3. Das Goldenen Zeitalter

In mehrerer Hinsicht erwiesen sich die Gründungsjahre der Bundesrepublik als ein wahres Eldorado der wissenschaftlichen Wirtschaftspolitik. Schon bei

---

5 Vgl. Klump, »Wege zur Sozialen Marktwirtschaft – Die Entwicklung ordnungspolitischer Konzeptionen in Deutschland vor der Währungsreform«.

Kriegsende lagen relativ gut ausgearbeitete wissenschaftliche Konzepte über den Aufbau der Nachkriegswirtschaft vor. Sie sahen überwiegend den Aufbau einer marktwirtschaftlichen Ordnung, die Ausgestaltung einer wirkungsvollen Sozialpolitik und geeignete Maßnahmen zur konjunkturellen Stabilisierung vor. Auch zur drängenden Frage, wie eine Währungsreform zur Bekämpfung der verdeckten Inflation am besten und ohne zu große soziale Verwerfungen zu gestalten sei, gab es bei den deutschen Experten relativ konkrete Vorstellungen. Im Umfeld des ehemaligen Reichswirtschaftsministeriums war umgekehrt die Einsicht gewachsen, dass nur durch systematische Einbeziehungen des wissenschaftlichen Sachverstands eine permanente wirtschaftliche Krisensituation wie nach Ende des I. Weltkriegs vermieden werden könne. Damit wurde die Politik 1947 zum Impulsgeber für die Einrichtung eines ersten ständigen wissenschaftlichen Beratungsgremiums für die deutsche Wirtschaftspolitik, nämlich des Wissenschaftlichen Beirats bei der Verwaltung für das Vereinigte Wirtschaftsgebiet (der britischen und amerikanischen Besatzungszone), aus dem nach der Gründung der Bundesrepublik der Wissenschaftliche Beirat beim Bundesministerium für Wirtschaft wurde. Ein Vorbild für die Gründung des neuen Beratergremiums war der 1946 in den USA neu geschaffene Council of Economic Advisers (CEA), der jedoch nicht als unabhängiger Beirat, sondern als Teil der Administration konzipiert war.

Dem neuen Beirat gehörten die renommiertesten deutschen Ökonomen, darunter Eucken und Müller-Armack, an; in seinem ersten Gutachten sprach sich der Beirat Anfang 1948 für die Verbindung einer Währungsreform mit einer Liberalisierung der Wirtschaft, also dem Übergang zur Marktwirtschaft, aus.[6] Der Adressat des Gutachtens, der zuständige Wirtschaftsdirektor des Vereinigten Wirtschaftsgebietes, war zu diesem Zeitpunkt bereits Ludwig Erhard, der dann im Juni 1948 die Währungsreform nutzte, um zeitgleich das Signal für die Aufhebung von Rationierungsvorschriften und Preiskontrollen zu geben und damit die Marktwirtschaft in Westdeutschland wieder einzuführen. Der Erfolg der Währungsreform von 1948 wurde nicht nur zu einem wesentlichen Faktor für den Erfolg der 1949 gegründeten Bundesrepublik; er begründete auch den Mythos von Ludwig Erhard als Vater des deutschen Wirtschaftswunders, der wiederum im hohen Wirtschaftswachstum der 1950er Jahre kein Wunder, sondern das Ergebnis konsequent umgesetzter wissenschaftlicher Wirtschaftspolitik sah. Mit der Gründung

---

6 Vgl. Klump, »Die Währungsreform von 1948. Ihre Bedeutung aus wachstumstheoretischer und ordnungspolitischer Sicht«.

der DDR und der dortigen Umsetzung einer sozialistischen und planwirtschaftlich gesteuerten Wirtschaftsordnung wurde schließlich auch ein Alternativmodell wirtschaftspolitischer Steuerung in unmittelbarer Nachbarschaft etabliert, dessen Auswirkungen ein dauerhaftes Anschauungsobjekt für die wissenschaftliche Wirtschaftspolitik in der Bundesrepublik bildeten. Der wachsende Wohlstand in Westdeutschland bildete das Fundament, auf dem auch weitere sozialpolitische Initiativen aufbauen konnten, darunter insbesondere die Einführung der dynamisierten Rente 1957 mit weit reichenden Wirkungen bis in die Gegenwart.

Der Erfolg der westdeutschen Währungsreform und das Wirtschaftswunder der 1950er Jahre hatten auch Rückwirkungen auf die politische Verankerung der Wirtschaftspolitik in Westdeutschland. Auf der Ebene der neu geschaffenen Bundesministerien wurde die Unterteilung in Wirtschafts-, Sozial- und Finanzpolitik beibehalten. Das von Ludwig Erhard geführte Bundeswirtschaftsministerium konnte sich innerhalb dieses Dreiecks zumindest zunächst eine sehr einflussreiche Position sichern. Es vertrat Deutschland bei vielen internationalen Organisationen und Regierungskonferenzen, insbesondere beim Internationalen Währungsfonds und der Weltbank sowie bei der Vorbereitung der Römischen Verträge von 1957, mit denen die Europäische Wirtschaftsgemeinschaft (EWG) gegründet wurde. Die neu geschaffene Grundsatzabteilung des Ministeriums legte großen Wert auf die Zusammenarbeit mit wissenschaftlichen Beratungsgremien und verstand sich als Wächter einer wirtschaftspolitischen Gesamtkonzeption, der sich im Prinzip auch Finanzpolitik und Sozialpolitik unterordnen sollten. Ein weiterer Schritt zur wissenschaftlichen Fundierung der Wirtschaftspolitik wurde Anfang der 1960er Jahre vollzogen. Einem Gutachten des Wissenschaftlichen Beirats folgend und unterstützt von der Grundabsatzabteilung des Ministeriums, die auch eine noch stärkere Institutionalisierung und zugleich ein stärkere quantitative Fundierung der Beratung wünschte, wurde 1963 der Sachverständigenrat zur Begutachtung der gesamtwirtschaftlichen Entwicklung eingerichtet, der 1964 seine Arbeit aufnahm.[7] Dem Idealbild rationaler Wirtschaftspolitik folgend, sollte der Rat nach gesetzlich fixierten Vorgaben kontinuierlich wissenschaftlichen Sachverstand in die praktische Wirtschaftspolitik einfließen lassen. Durch Information nicht nur von Regierung und Parlament, sondern auch der breiten Öffentlichkeit, sollte der Druck von organisierten Interessenverbänden auf die Politik zurückgedrängt und damit

---

7 Vgl. Klump, *Wirtschaftspolitik*, S. 38 ff.

die demokratische Kontrolle der staatlichen Wirtschaftspolitik verbessert werden.

Das Gesetz sieht vor, dass der Rat in jedem Jahr bis zum 15. November ein Jahresgutachten vorlegt. Darin soll er die jeweilige gesamtwirtschaftliche Lage und deren absehbare Entwicklung darstellen. Er soll weiterhin untersuchen, wie im Rahmen der marktwirtschaftlichen Ordnung und unter Berücksichtigung der Bildung und Verteilung von Einkommen und Vermögen gleichzeitig ein Bündel wirtschaftspolitischer Ziele, nämlich die Stabilität des Preisniveaus, ein hoher Beschäftigungsstand und außenwirtschaftliches Gleichgewicht bei stetigem und angemessenem Wirtschaftswachstum, gewährleistet werden können. Auffällig ist, dass das Gesetz dem Rat verbietet, explizite Empfehlungen für geeignete wirtschaftspolitische Maßnahmen zu geben. Vielmehr soll durch alternative Szenarien ein Spektrum möglicher Handlungsweisen der Politik analysiert werden. Die Bundesregierung muss zu den Jahresgutachten innerhalb von acht Wochen in ihrem Jahreswirtschaftsbericht Stellung nehmen. Neben den Jahresgutachten kann der Rat bei Bedarf jederzeit Sondergutachten erstellen. Die Mitglieder des Rats werden vom Bundespräsidenten auf Vorschlag der Bundesregierung und nach Anhörung der anderen Ratsmitglieder für die Dauer von fünf Jahren bestellt; die Wiederbestellung ist möglich. Von den Mitgliedern werden besondere wirtschaftswissenschaftliche Kenntnisse und volkswirtschaftliche Erfahrungen erwartet. In der Regel sind die Ratsmitglieder Hochschullehrer der Wirtschaftswissenschaften, darunter viele, die gleichzeitig Mitglied im Wissenschaftlichen Beirat des Bundeswirtschaftsministeriums, Präsidenten von großen Forschungsinstituten oder auch Mitglieder in privaten Arbeitskreisen zur wirtschaftspolitischen Beratung sind. Die Mitglieder des Rats sind in ihrer Tätigkeit unabhängig von Weisungen; jedes Mitglied kann Minderheitsvoten zur Mehrheitsmeinung des Rates formulieren und publizieren.

Der Höhepunkt des wissenschaftlichen Einflusses und des Einflusses des Bundeswirtschaftsministeriums auf die praktische Wirtschaftspolitik wurde in der alten Bundesrepublik gegen Ende der 1960er Jahre erreicht. Das 1967 in Kraft getretene Gesetz zur Förderung der Stabilität und des Wachstums der Wirtschaft war getragen vom Glauben an die Machbarkeit und Gestaltbarkeit der wirtschaftlichen Entwicklung. Mit der Konzertierten Aktion wurde ein Gremium geschaffen, in dem Vertreter von Regierung, Gewerkschaften und Arbeitsgebern unter Vorsitz des Bundeswirtschaftsministers und auf der Grundlage verlässlicher Informationen über aktuelle und zukünftige Entwicklungen abgestimmte Entscheidungen zur Stabilisierung der Konjunktur und zur Förderung des Wirtschaftswachstums herbeiführen sollten. Der damalige Bundeswirtschaftsminister Karl Schiller (1911–1994), der vor seiner politischen Karriere Ordinarius für Volkswirtschaftslehre an der Universität Hamburg gewesen war, übernahm 1971 für fast ein Jahr auch noch die Leitung des Bundesministerium der Finanzen und konnte damit in niemals wieder praktizierter Weise als wirtschafts- und finanzpolitischer »Superminister« agieren.[8] Der Rücktritts Schillers von allen Ministerämtern 1972 markierte dann einen Wendepunkt. Der Misserfolg der Konzertierten Aktion bei der Bekämpfung der Auswirkungen der ersten Ölkrise untergrub das Vertrauen von Öffentlichkeit und Politik in die Steuerbarkeit der Wirtschaft nach wissenschaftlichen Erkenntnissen. Durch die Verlagerung von Kompetenzen aus dem Wirtschafts- in das Finanzministerium, insbesondere hinsichtlich der Vertretung Deutschlands bei internationalen Organisationen und bei internationalen Gipfeltreffen wie den damals neu begründeten Weltwirtschaftsgipfeln, verschoben sich auch die politischen Gewichte dauerhaft.

Die Goldenen Jahre bis 1972 haben auch die curriculare Behandlung der Wirtschaftspolitik für mehr als eine Generation geprägt. Es gab keinerlei Debatte darüber, dass Wirtschaftspolitik neben Wirtschaftstheorie und Finanzwissenschaft als eigenständiges Lehr- und Prüfungsfach in der wirtschaftswissenschaftlichen Ausbildung zu behandeln sei. Die beiden Wirtschaftsminister Ludwig Erhard und Karl Schiller genossen nicht nur unter den universitären Wirtschaftswissenschaftlern, sondern auch in der breiten Öffentlichkeit hohe Popularität und waren für ihre jeweiligen Parteien, Erhard für die CDU, Schiller für die SPD, unverzichtbare Wahllokomotiven. Beide waren auch Autoren von Büchern, die in das wirtschaftspolitische Lehrprogramm eingingen: Erhard nicht nur mit dem 1957 erschienenen »Wohlstand für alle«[9], sondern auch mit »Deutsche Wirtschaftspolitik. Der Weg der Sozialen Marktwirtschaft«[10], 1962 veröffentlicht. Schiller legte 1964 sein Hauptwerk vor; es trug den Titel »Der Ökonom und die Gesellschaft. Das freiheitliche und das soziale Element in der modernen Wirt-

---

8 Vgl. Lütjen, *Karl Schiller (1911–1994). »Superminister« Willy Brandts.*
9 Erhard, *Wohlstand für alle.*
10 Erhard, *Deutsche Wirtschaftspolitik. Der Weg der Sozialen Marktwirtschaft.*

schaftspolitik«.[11] Der schon erwähnte Alfred Müller-Armack, der 1952 die
Leitung der Grundsatzabteilung im Bundeswirtschaftsministerium übernahm und 1957–1962 als Staatssekretär für Europäische Angelegenheiten
maßgeblichen Einfluss auf die Rolle Deutschlands in der Europäischen Integration besaß, war in dieser Zeit gleichzeitig Ordinarius am Wirtschaftspolitischen Seminar der Kölner Universität und war dort 1952 maßgeblich
an der Gründung des Instituts für Wirtschaftspolitik, eines eigenständigen
Forschungsinstituts, beteiligt, das wissenschaftliche Expertise für alle Bereiche von Wirtschaft und Gesellschaft verfügbar machen sollte.[12] 1954 wurde
in Freiburg das Walter-Eucken-Institut gegründet, ebenfalls als ein unab-
hängiges Forschungsinstitut mit einem Schwerpunkt in der Erforschung
von Wirtschaftsordnungen in der Tradition des 1950 verstorbenen Walter
Eucken, dessen 1952 posthum veröffentlichte »Grundsätze der Wirtschaftspolitik«[13] zum Standardrepertoire der wirtschaftspolitischen Ausbildung in
der alten Bundesrepublik gehörten.

Das zweite bedeutende Standardlehrbuch der Wirtschaftspolitik in dieser
Zeit erschien ab 1960 unter dem Titel »Allgemeine Wirtschaftspolitik I:
Grundlagen«[14] aus der Feder von Herbert Giersch (1921–2010), später eines
der Gründungsmitglieder des Sachverständigenrates. Erst 1983, Giersch war
zu dieser Zeit schon lange Zeit Präsident des Instituts für Weltwirtschaft in
Kiel, wurde »Allgemeine Wirtschaftspolitik II: Konjunktur- und Wachstumspolitik in der offenen Wirtschaft«[15] veröffentlicht. Giersch gehörte zweifellos
zu einer neuen Generation von Ökonomen, die sich den neuen internationalen Strömungen der ökonomischen Wissenschaft öffneten. Dies bedeutete
in den 50er und 60er Jahre vor allem eine Auseinandersetzung mit dem
Keynesianismus, sowohl in der Gestalt neuer Theorien über die Funktionsweise des Wirtschaftskreislaufs, mit denen auch die Mathematik ihren Sie-
geszug in den Wirtschaftswissenschaften begann, als auch in der Form einer
gezielten Auswertung empirischer Informationen über wirtschaftliche Zusammenhänge, die in der Ökonometrie ihre Heimat fanden. Besonders intensiv wurde die Auseinandersetzung mit den neuen Trends der Ökonomie,

11 Schiller, *Der Ökonom und die Gesellschaft. Das freiheitliche und das soziale Element in der
   modernen Wirtschaftspolitik.*

12 Vgl. Dietzfelbinger, *Soziale Marktwirtschaft als Wirtschaftsstil. Alfred Müller-Armacks
   Lebenswerk.*

13 Eucken, *Grundsätze der Wirtschaftspolitik.*

14 Giersch, *Allgemeine Wirtschaftspolitik I: Grundlagen.*

15 Giersch, *Allgemeine Wirtschaftspolitik II: Konjunktur- und Wachstumspolitik in der offenen
   Wirtschaft.*

wie sie in Forschung und Lehre in den USA praktizier wurde, an der Universität Frankfurt betrieben. Der dortige Ordinarius Heinz Sauermann (1905–1981) ermöglichte mehreren seiner Schüler über Stipendien der Rockefeller Foundation längere Forschungsaufenthalte in den USA. Deren Erfahrungen gingen u.a. in Lehrbücher ein, die neue systematische Bereiche der Volkswirtschaftslehre für die deutschen Studenten erschlossen, so Jochen Schumann als Autor der 1971 erstmals erschienenen »Grundzüge der mikroökonomischen Theorie«[16] oder Rudolf Richter, von dem 1973 die erste Auflage von »Makroökonomik: Eine Einführung«[17] erschien. Seit 1959 hatte Heinz Sauermann auch mit Reinhard Selten zusammengearbeitet, der über das Studium der Mathematik zur Anwendung spieltheoretischer und experimenteller Methoden auf wirtschaftswissenschaftliche Fragestellungen gekommen und ebenfalls gut vernetzt mit den führenden Arbeitsgruppen in den USA war. Selten erhielt 1994 als bisher einziger deutscher Ökonom den Nobelpreis für Wirtschaftswissenschaften für seine Bahn brechenden Arbeiten über Gleichgewichte in nicht-kooperativen Spielen, deren Grundlagen in der Frankfurter Zeit gelegt wurden.

Parallel zur zunehmenden Mathematisierung der Ökonomie lockerten sich auch in Frankfurt die traditionellen Bindungen zu den Sozialwissenschaften; die gemeinsame Fakultät brach in den 1960er Jahren auseinander und es entstanden eigenständige Fachbereiche für Wirtschafts- und für Gesellschaftswissenschaften. Ein Korrektiv gegen die Abgrenzung der Wirtschaftswissenschaften von anderen geistes- und sozialwissenschaftlichen Disziplinen bildete allerdings die intensivere Beschäftigung mit der ökonomischen Theoriegeschichte, die auch gerade in Frankfurt intensiv betrieben wurde; zunächst vor allem durch Fritz Neumark (1900–1991), auf dessen Initiative hin ein eigenständiger Ausschuss für Dogmengeschichte im Verein für Socialpolitik gegründet wurde, später und bis heute durch Bertram Schefold, der über alle curricularen Reformen hinweg dafür sorgte, dass es an der Goethe-Universität regelmäßige Lehrveranstaltungen zur Theoriegeschichte der Volkswirtschaftslehre gab und gibt. Der konstante Erfolg dieser Veranstaltungen bei den Studierenden kann auch als ein Signal verstanden werden, die vielfältige Vernetzung der Wirtschaftswissenschaften mit anderen Wissenschaften, und eben nicht nur mit der Mathematik, nicht aus dem Auge zu verlieren.

---

16 Schumann, *Grundzüge der mikroökonomischen Theorie*.
17 Richter, *Makroökonomik: Eine Einführung*.

## 4. Die Krise

Die Krise der Wirtschaftspolitik begann, als Deutschland mit bis dahin unbekannten wirtschaftspolitischen Problemen konfrontiert wurde: Inflation, Arbeitslosigkeit und Wachstumseinbrüche wie man sie in der Zeit des Wirtschaftswunders nicht kannte. Die Theoretiker der Wirtschaftspolitik und die wissenschaftlichen Beratungsgremien, allen voran der Sachverständigenrat, legten zwar ausgefeilte Analysen vor und entwickelten adäquate Strategien zur Überwindung der Krisensituationen; sie warnten in der Regel vor kurzfristigen Lösungsversuchen und plädierten für eine mittelfristige Orientierung in den wichtigsten Bereichen der Wirtschaftspolitik sowie für das Konzept einer angebotsorientierten Wirtschaftspolitik, in dem sich viele Anklänge an die früheren Debatten zur richtigen Gestaltung der ordnungspolitischen Rahmenbedingungen fanden. Allerdings hatten sich in der Zwischenzeit die Gewichte und Zuordnungen in der praktischen Wirtschaftspolitik verschoben. Der Anteil von Steuern, Staatsausgaben und Staatsschulden am Sozialprodukt hatte sich in Deutschland, wie in allen Industrieländern, dramatisch erhöht. Verantwortlich dafür war vor allem ein kontinuierlicher Anstieg sozialpolitisch motivierter Transferzahlungen. Das Bundeswirtschaftsministerium hat nach 1972 Bedeutung und Aufgaben eingebüßt. Es hatte wichtige Abteilungen, 1998 auch den größten Teil der Grundsatzabteilung, an das Bundesfinanzministerium verloren. Lösungen für die ökonomischen Probleme der deutschen Einheit oder die Schritte in die Europäische Währungsunion wurden wesentlich im Finanzministerium erarbeitet. Es ist insofern nicht abwegig, heute wieder von einem Vorrang der Finanz- vor der Wirtschaftspolitik zu sprechen.

Parallel dazu hatte sich auch das Wirkungsfeld des Bundesministeriums für Arbeit und Sozialordnung kontinuierlich erweitert. Es steht dabei in einem kontinuierlichen Dialog mit den nicht-staatlichen Trägern der Sozialpolitik, also Gewerkschaften, Arbeitgeberverbänden und Wohlfahrtsorganisationen. Mit der 2002 getroffenen Entscheidung, aus dem Wirtschaftsministerium und Teilen des Arbeitsministeriums ein neues Ministerium für Wirtschaft und Arbeit zu schaffen, sollte die Einheit von Wirtschafts- und Sozialpolitik neu verankert und gerade auf dem Arbeitsmarkt wirkungsvoll zum Einsatz gebracht werden. Mit der Regierungsbildung Ende 2005 wurde dann die alte Dreiteilung der Ministerien wiederhergestellt. Es bleibt abzuwarten, ob und inwieweit sich in dieser neuen Konstellation wirtschaftspolitische Interessen gegenüber den Interessen der Finanz- und Sozialpolitik durchsetzen lassen.

Die Dominanz von Finanzpolitik und Sozialpolitik in der praktischen Wirtschaftspolitik in Deutschland bringt erhebliche Probleme für die theoretische Wirtschaftspolitik mit sich. Das originäre Ziel der Finanzpolitik bleibt die Sicherung der finanziellen Handlungsfähigkeit des Staates; die Ziele der Sozialpolitik werden durch vielfältige Gruppeninteressen bestimmt, die sich auf unterschiedliche Weise politische Unterstützung sichern können. Beides wird häufig nicht genügend berücksichtigt, wenn eine bessere Beratung der praktischen Wirtschaftspolitik durch die Wirtschaftswissenschaften gewünscht und gefordert wird. Die wissenschaftlichen Vorschläge sind dann für die praktische Umsetzung oft ungeeignet und bleiben letztlich wirkungslos. Die theoretische Wirtschaftspolitik reagierte auf diese Herausforderungen der praktischen Wirtschaftspolitik, indem sie intensiver die internen Wirtschaftsmechanismen der Politik selbst zum Forschungsthema machte. Public Choice und Institutionenökonomik entwickelten sich zu neuen Schwerpunktbereichen, die auch in der Lehre zunehmend Berücksichtigung fanden. Einen Meilenstein dabei bildete zweifellos das Lehrbuch, das Rudolf Richter und Eirik Furubotn 1996 unter dem Titel »Neue Institutionenökonomik. Eine Einführung und kritische Würdigung«[18] herausbrachten. Die Tatsache, dass nur ein Jahr später eine englischsprachige Version dieses Werkes erschien, weist darauf hin, dass die Forschung über den Aufbau und die interne Funktionsweise von Institutionen Teil einer internationalen Agenda geworden war. Methodisch integrierte sich die ökonomische Forschung über Institutionen und Politik vollständig in den Mainstream des Faches: die theoretischen Analysen verwenden in der Regel das Instrumentarium der Mikroökonomie, in manchen Fällen auch der Makroökonomie; die empirischen Untersuchungen basieren auf Standardverfahren der modernen Ökonometrie. Damit ergab sich aber ein nachhaltiges Dilemma für die curriculare Verankerung der Wirtschaftspolitik. Obwohl methodisch viel besser gerüstet, um Studierende in die Lage zu versetzten, umsetzbare wirtschaftspolitische Empfehlungen abgeben zu können, konnte sich die Wirtschaftspolitik nicht durch eine eigenständige Forschungsmethodik profilieren und geriet damit in eine Situation, in der sie nur noch als eines von mehreren möglichen Anwendungsbereichen der methodischen Trias Mikroökonomie, Makroökonomie und Ökonometrie angesehen wurde. Aus dem Pflichtfach wurde damit konsequenterweise immer mehr ein Wahlpflicht-

---

18 Richter/Furubotn, *Neue Institutionenökonomik. Eine Einführung und kritische Würdigung.*

oder gar nur Wahlfach innerhalb des wirtschaftswissenschaftlichen Curriculums. Eine solch tiefgreifende Veränderung ist innerhalb bestehender Studienstrukturen allerdings nur schwer umsetzbar. Insofern versetzte auch erst die nach 1999 beginnende Umsetzung der neuen Bologna-Strukturen mit konsekutiven Bachelor- und Masterstudiengängen der klassischen Rolle der Wirtschaftspolitik den entscheidenden Stoß, denn die damals einsetzenden Studienreformen sollten ja gerade eine Modernisierung der Studiengänge und ein Straffung des Stoffes herbeiführen. De facto führten sie zumindest in den Bachelor-Studiengänge zu einer Stärkung der methodischen Ausbildung bei unzureichender Verzahnung mit den wirtschaftspolitischen Anwendungsbeispielen. So ist es für einen Bachelor-Studenten an der Goethe-Universität Frankfurt heute durchaus üblich, im Laufe der drei Jahre seines Studiums niemals eine Veranstaltung zur Wirtschaftspolitik besucht zu haben, allenfalls ein Seminar mit wirtschaftspolitisch relevanten Themen. Die neuen Master-Studiengänge bieten zwar die Möglichkeit zu einer Vertiefung in Wirtschaftspolitik – in Frankfurt sogar mit einem Studiengang, der sich programmatisch »International Economics and Economic Policy« nennt. Aber dies sind nun Spezialstudiengänge, die sich nur an eine überschaubare Zahl von Studierenden wenden; und in den betriebswirtschaftlichen Masterstudiengängen kommen Veranstaltungen zur Wirtschaftspolitik überhaupt nicht mehr vor.

Diese Entwicklung, die Krise der Wirtschaftspolitik innerhalb der wirtschaftswissenschaftlichen Entwicklung in Deutschland, wäre nicht weiter zu bedauern, sondern das Ergebnis einer unvermeidlichen »schöpferischen Zerstörung«, wenn nicht in Politik und Gesellschaft gleichzeitig ein massiver Bedarf an wirtschaftspolitischer Expertise angemahnt würde, der – so zumindest meine Hypothese, die natürlich noch einer robusten empirischen Bestätigung bedarf – in Zukunft durch die universitäre Ausbildung nicht befriedigt werden wird. Die Gründe für diesen Bedarf sind vielfältig: Globalisierung, demografische Herausforderungen, neue Grenzen des Wachstums aufgrund von Umweltrestriktionen; und sie unterscheiden sich teilweise deutlich von den klassischen Themen der wirtschaftspolitischen Forschung und Lehre – statt einem Wirtschaftsordnungsvergleich von Kapitalismus und Sozialisms geht es heute um die Unterschiede zwischen den diversen Spielarten des Kapitalismus, statt der nationalen Wirtschaftspolitik interessiert zunehmend die internationale und die europäische Wirtschaftspolitik, bei allen wirtschaftspolitischen Reformvorhaben sind die sozial- und die finanzpolitischen Implikationen stets im Blick zu behalten. Gleichwohl zeigen sich in dem wachsenden Bedarf auch bedeutsame Kontinuitäten – auf Mikro- wie auf Makroebene müssen wirtschaftspolitischen Reformen die Funktionsweise der relevanten Institutionen berücksichtigen, neben den rein ökonomischen sind auch juristische, politische, gesellschaftliche, kulturelle und historische Einflussfaktoren relevant und sollten in der Lehre thematisiert werden. Angesichts der gravierenden Wirtschaftskrise, die sich nicht einfach nur durch Vertrauen in die Selbstheilungskräfte der Wirtschaft wird überwinden lassen, wächst erneut der Bedarf nach kompetenter wissenschaftlicher Beratung der praktischen Wirtschaftspolitik und damit nach dem, was die universitäre Wirtschaftspolitik über lange Zeit erfolgreich geleistet hat. Die Erfahrungen dieser Beratungstätigkeit (und ihrer Ergebnisse) in der universitären Lehre wieder deutlicher und präsenter zu machen, ist die Herausforderung für die Zukunft, die sich für das wirtschaftswissenschaftliche Curriculum stellt. Sinnvollerweise würde man diese Erfahrungen in einem (Pflicht-)Kurs am Ende des Bachelor-Studiums behandeln, in dem Grundlagen von Mikroökonomie, Makroökonomie und Ökonometrie als bekannt vorausgesetzt werden können und ein zusätzlicher Schwerpunkt in der Institutionenökonomik gelegt werden kann. Eine so neu formierte und positionierte Wirtschaftspolitik wäre alles andere als ein Auslaufmodell, sondern zweifellos ein Glanzstück aller wirtschaftswissenschaftlichen Studiengänge.

Diese schließen im Übrigen auch die Wirtschaftspädagogik und das Lehramtsstudium in Politik und Wirtschaft mit ein. Gerade in diesen beiden Fächern, die der Ausbildung zukünftiger Lehrer gewidmet sind, kann es nicht nur um die Vermittlung formaler Grundlagen der Ökonomie gehen, sondern um die Auseinandersetzung mit wirtschaftspolitischen Entscheidungen und Experimenten unter Berücksichtigung der institutionellen Rahmenbedingungen. Die immer wieder als unzureichend empfundene Behandlung von Wirtschaftsthemen in den Schulen hat eine klare Ursache, nämlich die curricular zu wenig gewürdigte Wirtschaftspolitik.

## 5. Ausblick

Ziel des Beitrags war es, den Rechtfertigungsnarrativen nachzugehen, die für und gegen die Verankerung von Wirtschaftspolitik als einem zentralen Pflichtfach in der wirtschaftswissenschaftlichen Ausbildung in Deutschland sprachen. Es zeigte sich, dass die institutionellen Veränderungen bei den wichtigsten Trägern der praktischen Wirtschaftspolitik und veränderten internationalen Trends der Wirtschaftswissenschaften erst zusammen die Krise der universitären Wirtschaftspolitik herbeigeführt haben, die in den vergangenen Jahren konstatiert wurde. Gleichwohl sollte Wirtschaftspolitik als universitäres Fach nicht als Auslaufmodell missverstanden werden. Ganz im Gegenteil, als Folge der jüngsten Wirtschaftskrise und der dadurch auch ausgelösten Kritik und Selbstkritik innerhalb der Wirtschaftswissenschaften, könnte es sogar zu einer Renaissance wirtschaftspolitischer Ausbildung kommen. Wirtschaftspolitische Lehrbücher verkaufen sich zumindest heute viel besser als noch vor 10 Jahren.

Wie sollte das zukünftige Curriculum für Wirtschaftspolitik aussehen? Es müsste einerseits auf Grundkenntnisse der Mikroökonomie, der Makroökonomie und der Ökonometrie aufbauen, darüber hinaus aber auch Kenntnisse in der Institutionenökonomik und Ordnungstheorie vermitteln. Die Auseinandersetzung mit Institutionen wäre eine gute Gelegenheit, um interdisziplinäre Diskurse – in die Rechtswissenschaft, in die Geschichtswissenschaft, die Politikwissenschaft und die Soziologie hinein – anzuschließen sowie auf dieser Grundlage auch die Geschichte ökonomischer Theorien zu reflektieren. Die Binnenperspektive der Institutionen kann durch Anwendung von Methoden der Neuen Politischen Ökonomie erschlossen werden. Schließlich bleibt ein zentraler Bereich zu nennen, der traditionell unter der Überschrift »Ziele der Wirtschaftspolitik« abgehandelt wurde. Dahinter verbergen sich aus heutiger Sicht entscheidende intellektuelle und politische Debatten, die ohne ein Fach Wirtschaftspolitik an der wirtschaftswissenschaftlichen Diskussion vorbeizugehen drohen: die Frage über das geeignete Wohlfahrtsmaß, die Debatte über die Nachhaltigkeit wirtschaftspolitischer Strategie und – letztlich alles andere überwölbend – die Frage nach dem Verhältnis von Effizienz und Gerechtigkeit.

Der tiefere Sinn in dem Streit über die Wirtschaftspolitik in Deutschland liegt aus meiner Sicht letztlich darin, ob die Ökonomie sich zukünftig nur noch eine Lehre von der Effizienz versteht oder ob sie auch noch eine Lehre von der Gerechtigkeit sein will. In den zentralen Problemen der Wirtschaftspolitik geht es immer darum, Trade-offs zwischen Effizienz und Gerechtigkeit zu beschreiben und zu lösen. Ich finde es überhaupt nicht hilfreich, die Frage nach der Gerechtigkeit nur noch den Juristen, Politologen, Soziologen oder Humangeographen zu überlassen. Die Ökonomie hat ein etabliertes Instrumentarium, um sowohl Effizienz als auch Gerechtigkeit zu thematisieren, aber genau dieses Instrumentarium gerät mit dem Aussterben der Wirtschaftspolitik in Vergessenheit. Ich sehe die Ökonomen in Deutschland hier in einer gewichtigen gesellschaftlichen Verantwortung, der sie sich nicht verweigern sollten. Ganz im Gegenteil sollte sie die Chance nutzen, mit einem integrierten Konzept von Wirtschaftspolitik an dieser Debatte aktiv teilzunehmen.

An der Frankfurter Goethe-Universität wird diese Debatte seit 2007 im Rahmen des Exzellenzclusters »Die Herausbildung normativer Ordnungen« geführt. Wissenschaftlerinnen und Wissenschaftler verschiedener Disziplinen wie der Philosophie, der Geschichts-, Politik- und Rechtswissenschaft sowie der Ethnologie, der Ökonomie, der Theologie und der Soziologie arbeiten in diesem Forschungsverbund zusammen und untersuchen, unter welchen Bedingungen soziale Ordnungen entstehen, wie sie stabilisiert und werden und warum sie untergehen. Da die Forschung im Rahmen des Exzellenzclusters sehr stark auf die Rechtfertigungsnarrative für das Werden und Vergehen von Ordnungen abstellt, stößt sie zwangsläufig immer wieder auf die Frage, was eine gerechte bzw. eine als gerecht empfundene Ordnung auszeichnet. Ökonomen bringen in diese Forschungsagenda die Idee ein, dass es Tauschbeziehungen zwischen Gerechtigkeit und Effizienz geben kann, die sich auch innerhalb eines einheitlichen theoretischen Rahmen darstellen und analysieren lassen. Gleichzeitig können Ökonomen aus der Forschung des Exzellenzclusters lernen, dass das Thema Gerechtigkeit sich in der gesellschaftlichen Debatte nicht völlig durch Effizienzüberlegungen substituieren lässt.

Wenn man sich aber auf diese Debatte einlässt, wird man vielleicht erkennen, dass die Trade-offs zwischen Effizienz und Gerechtigkeit international sehr unterschiedlich verteilt sind. Die USA sind dann nicht mehr zwangsläufig Vorbild für die EU, sondern aus gutem Grund gibt es hier andere Institutionen der Wirtschaftspolitik, die auch in Zukunft ihren eigenständigen Charakter erhalten werden. Ob dies auch in Zukunft so bleiben wird oder ob es unter dem Gesichtspunkt einer gerechten globalen Ordnung auch zu Konvergenzprozessen der nationalen und regionalen Ordnungen kommen wird, sind weitere Forschungsthemen für den Exzellenzcluster. Es sind aber ebenso auch Themen für ein aktuelles wirtschaftspolitisches Lehrprogramm. Durch die Nähe zu dem Exzellenzcluster »Normative Ordnungen« wäre die Frankfurter Goethe-Universität ganz besonders prädestiniert, um solche Überlegungen in das wirtschaftswissenschaftliche Curriculum zu integrieren und damit forschungsgetrieben der wirtschaftspolitischen Lehre neue Impulse zu geben.

# Literatur

Adam, Ulrich, *The Political Economy of J.H.G. Justi*, Oxford 2006.

Caspari, Volker/Schefold, Bertram (Hg.), *Franz Oppenheimer – Adolf Lowe. Zwei Wirtschaftswissenschaftler der Frankfurter Universität*, Marburg 1996.

Dietzfelbinger, Daniel, *Soziale Marktwirtschaft als Wirtschaftsstil. Alfred Müller-Armacks Lebenswerk*, Gütersloh 1998.

Erhard, Ludwig, *Wohlstand für alle*, Düsseldorf 1957.

Erhard, Ludwig, *Deutsche Wirtschaftspolitik. Der Weg der Sozialen Marktwirtschaft*, Düsseldorf/Wien/Frankfurt am Main 1962.

Eucken, Walter, *Grundsätze der Wirtschaftspolitik*, Bern/Tübingen 1952.

Giersch, Herbert, *Allgemeine Wirtschaftspolitik I: Grundlagen*, Wiesbaden 1960.

Giersch, Herbert, *Allgemeine Wirtschaftspolitik II: Konjunktur- und Wachstumspolitik in der offenen Wirtschaft*, Wiesbaden 1983.

Gömmel, Rainer/Klump, Rainer, *Merkantilisten und Physiokraten in Frankreich*, Darmstadt 1994.

Klump, Rainer, »Die Währungsreform von 1948. Ihre Bedeutung aus wachstumstheoretischer und ordnungspolitischer Sicht«, in: Fischer, Wolfram (Hg.), *Währungsreform und Soziale Marktwirtschaft – Erfahrungen und Perspektiven nach 40 Jahren*, Schriften des Vereins für Socialpolitik, Neue Folge, Bd. 190, Berlin 1989.

Klump, Rainer, »Wege zur Sozialen Marktwirtschaft – Die Entwicklung ordnungspolitischer Konzeptionen in Deutschland vor der Währungsreform«, in: Streissler, Erich, W. (Hg.), *Studien zur Entwicklung der ökonomischen Theorie XVI: Die Umsetzung wirtschaftspolitischer Grundkonzeptionen in die kontinentaleuropäische Praxis des 19. und 20. Jahrhunderts, Teil I*, Berlin 1997.

Klump, Rainer, *Wirtschaftspolitik. Instrumente, Ziele und Institutionen*, München et. al. 2006.

Lütjen, Torben, *Karl Schiller (1911–1994). »Superminister« Willy Brandts*, Bonn 2007.

Richter, Rudolf, *Makroökonomik: Eine Einführung*, Berlin/Heidelber/New York 1973.

Richter, Rudolf/Furubotn, Eirik Grundtvig, *Neue Institutionenökonomik. Eine Einführung und kritische Würdigung*, Tübingen 1996.

Schiller, *Der Ökonom und die Gesellschaft. Das freiheitliche und das soziale Element in der modernen Wirtschaftspolitik*, Stuttgart 1964.

Schumann, Jochen, *Grundzüge der mikroökonomischen Theorie*, Berlin/Heidelberg/New York 1971.

# Das volkswirtschaftliche Curriculum und das angelsächsische Modell

*Keith Tribe*[*]

Dieser Beitrag soll zwei Zwecke erfüllen. Zum einen möchte ich die wichtigsten Merkmale skizzieren, die Aufschluss darüber geben, wie heute in Großbritannien und den Vereinigten Staaten das Fach Volkswirtschaftslehre sowohl an *Undergraduates* als auch an *Graduates* vermittelt wird.[1] Zum andern möchte ich darlegen, aus welchen Gründen sich die Studiengänge und Lehrpläne, so wie sie heute bestehen, herausgebildet haben. Wie wir sehen werden, hängt die Antwort auf die Frage, wie Volkswirtschaftslehre unterrichtet wird, vor allen Dingen davon ab, wie die Lehre in institutioneller Hinsicht organisiert ist, und weniger davon, *was* vermittelt wird. In den wirtschaftlich weit entwickelten Ländern gibt es nämlich einen weitgehenden Konsens über den Lehrstoff und über die Reihenfolge, in der seine einzelnen Bestandteile vermittelt werden sollten. Ob wir diese pädagogische Orthodoxie gutheißen können, ist eine offene Frage, die allerdings nicht primärer Gegenstand dieses Beitrags ist.

---

[*] Mein Dank gilt Brad Bateman, Friederike Klippel, Harald Hagemann und Tom Sharp für ihre Unterstützung bei der Auswertung amerikanischer, deutscher und britischer Quellen.

[1] In Großbritannien durchlaufen die »Undergraduates« ein dreijähriges (in Schottland; vierjähriges) Unterrichtsprogramm mit dem Abschluss »Bachelor« (in Schottland: »Master of Arts«). Bis zu den 1970er Jahren schlossen nur wenige Absolventen ein Aufbaustudium (oder Graduiertenstudium) an, sodass als »Graduate« einer Universität jeder verstanden wurde, der einen Abschluss als Bachelor of Arts (BA) oder Bachelor of Science (BSc) erworben hatte. Der Master-Abschluss wurde ursprünglich für eine Dissertation verliehen, die binnen einem oder zwei Jahren verfasst wurde; seit den 1970er Jahren wird er hingegen im Anschluss an ein einjähriges Studium mit abschließender kurzer Dissertation vergeben. Der Abschluss »PhD« *(philosophiae doctor)* beruhte bis in die 1990er Jahre ausschließlich auf einer Dissertation; seitdem setzt er zusätzlich in zunehmendem Umfang erfolgreich absolvierte Studien voraus. In den Vereinigten Staaten wird der BA nach einem vierjährigen Studium vergeben. Die Absolventen haben anschließend die Möglichkeit, sich an einer Graduate School einzuschreiben; dort durchlaufen sie ein Studienprogramm mit dem Abschlussziel PhD. Studierende auf dieser Ebene werden als Graduate-Studenten bezeichnet und sind nicht zu verwechseln mit den oben erwähnten »Graduates«.

Natürlich bewege ich mich im Rahmen der aktuellen Diskussion in Deutschland, die um die Frage kreist, welches Unterrichtsmodell den zuletzt eingeführten Neuerungen angemessen ist. Gemeint ist das infolge des Bologna-Prozesses konzipierte neue *Bachelor*-Studium. Aus ihm hat sich die Notwendigkeit ergeben, Studieninhalte aus dem ehemaligen *Diplom*-Studiengang in einen Dreijahreszyklus zu integrieren, sodass das gesamte Bachelor-Studium innerhalb von drei Jahren abgeschlossen werden kann. Zwei ganz bestimmte Themen stellen Hochschullehrer und Studierende gleichermaßen vor Probleme. Die Verkürzung eines nominell auf vier Jahre angelegten Studiums, das seinem Inhalt nach etwa dem in Großbritannien und den USA geltenden Master-Studium entsprach, warf ganz selbstverständlich die Frage nach den Lernzielen des neuen Systems im Vergleich mit dem alten auf. Da im Rahmen des neuen Systems die Inhalte gestrafft werden mussten, war davon auszugehen, dass auch die Studienziele im alten Lehrplan würden revidiert, wenn nicht sogar aufgeben werden müssen. Aus der Sicht der Studierenden hat der Übergang von einem flexiblen Studienprogramm zu einem eher starren, auf Modulen basierenden dreijährigen Studiengang eine Reihe von Schwierigkeiten mit sich gebracht. Dazu zählt nicht nur das subjektive Problem strenger und konvergierender Endtermine. Hinzu kommen mit den Fristen verbundene Ressourcenbeschränkungen, die es unter Umständen den Studierenden verwehren, ihre bevorzugten Studieninhalte zu verfolgen. Ist doch die Nachfrage nach populären Modulen, die im Rahmen des neuen Programms geschaffen wurden, stark gestiegen. Und besteht doch die Notwendigkeit, eine Reihe von Modulen, die aufeinander aufbauen, in einer festen zeitlichen Abfolge zu unterrichten.

Diese Probleme des Übergangs und der Umorganisation sind kaum zu überschätzen, nicht zuletzt im Hinblick auf die Studierenden, denen dieses Experiment auferlegt worden ist. Gemäß meiner eigenen, empirisch orientierten Denkweise als Engländer liegt es für mich nahe, die oben aufgeworfenen Fragen als Ausgangspunkt der Diskussion zu wählen, das heißt, ausgehend von den konkreten Fragen der Unterrichtsorganisation eine Abschätzung der Zwecke vorzunehmen, denen die Vermittlung der Volkswirtschaftslehre dient;[2] doch unglücklicherweise war anscheinend kaum einer der Teilnehmer des Workshops im Februar 2010 geneigt, sich einem solchen konkreten

---

2 Die umgekehrte Vorgehensweise, das heißt die Ableitung der Organisation aus den Prinzipien, führt unweigerlich zu einer Wunschliste für ein ideales Studienprogramm, das viele Jahre in Anspruch nähme und nur für wenige Studenten interessant wäre. Diese Problem geht mindestens bis auf Sincerus' *Project der Oeconomie in Form einer Wissenschaft* (Frankfurt 1716) zurück; vgl. dazu mein Buch *Governing Economy*, S. 37–39.

Ansatz anzuschließen. Auch ich werde diesen Ansatz in diesem Artikel nicht verfolgen, denn diejenigen, die tatsächlich in das deutsche System involviert sind, sollten eine sehr viel klarere Vorstellung davon haben, welche Inhalte welchen Adressaten in welcher Reihenfolge vermittelt werden, als irgendein außenstehender Beobachter.

Andererseits geschieht es oft, dass diejenigen, die innerhalb eines Systems arbeiten, nicht über die Form und den Zweck dessen nachdenken, was sie im Alltag tun. Sie sind sich dessen nicht bewusst, dass das, was sie für banal und keiner Diskussion für wert erachten, tatsächlich praktisches Fachwissen darstellt – ein Wissen, das bedeutsamer ist als die philosophischen und methodologischen Fragen der Ökonomie, zu denen sie sich vorzugsweise in aller Ausführlichkeit äußern. Nichtsdestoweniger können wir festhalten, dass das Modell, das dem neuen Curriculum für Volkswirtschaftslehre in Deutschland Pate steht, mit einiger Sicherheit zweifelhaften Ursprungs ist. Die Vereinbarung von Bologna ist ihren Worten nach darauf ausgerichtet, die Ausbildung an den Hochschulen Europas zu vereinheitlichen, und dies nach dem Muster des angelsächsischen Modells, bestehend aus einer dreijährigen Grundausbildung, gefolgt von einem ein- bis zweijährigen Aufbaustudium mit dem Master-Abschluss sowie einer zweijährigen Promotion mit dem PhD-Abschluss. Eines Modells also, das »Bachelors of Arts and Science« drei Jahre nach dem Schulabschluss hervorbringt und in dem die *graduate education* Inhalte umfasst, die mehr oder weniger unterschiedslos allen Studierenden vermittelt werden. Doch hier haben wir es schon mit dem erste Mangel zu tun, denn dieses angelsächsische Modell existiert nicht. Der Übergang von der Schule auf die Universität ist in Großbritannien und den Vereinigten Staaten nicht derselbe. Er unterscheidet sich zum Teil nach dem Alter des Studierenden und auch nach seinem Wissensstand; und diese Aussage gilt de facto auch, wenn wir die Verhältnisse in Schottland auf der einen Seite mit denen in England und Wales auf der anderen vergleichen.[3] In Großbritannien wird ebenso wie in den USA zwischen *undergraduate* und *graduate* unterschieden. In diesem Rahmen aber unterscheidet sich der Lehrstoff in den USA und England nach Eingangsvoraussetzungen, Studiendauer und Abschlussniveau. Für einen angehenden Bachelor of Arts mit Hauptfach Volkswirtschaftslehre (*economics major*) an einer führenden amerikani-

---

3 In Schottland wählen im Normalfall Studienanwärter im Alter von 17 Jahren vier Fächer zum Erwerb der Hochschulreife und schreiben sich anschließend für ein vierjähriges Universitätsstudium ein. In England und Wales hingegen werden sie mit 18 in drei Vertiefungsfächern geprüft und besuchen dann drei Jahre lang die Universität.

schen Universität oder einem führenden amerikanischen College umfasst
der Lehrstoff viel weniger ökonomische Kenntnisse als für einen entsprechenden Studierenden an einer führenden britischen Universität. Für die
Ausbildung als solche ist das keine schlechte Sache: Eine amerikanische Ba-
chelor-Ausbildung hat immer noch eine Breite, die in England verlorenge-
gangen ist. Und das gilt sowohl für die Schulen als auch für die Universitäten.

Der zweite Mangel hängt damit zusammen, dass Großbritannien an der
Umsetzungsphase des Bologna-Prozesses nicht teilgenommen hat. Deshalb
gab es in den Diskussionen unter europäischen Politikern und Erziehungs-
wissenschaftlern keinen Mechanismus zum Abgleich der Prämissen mit den
realen Verhältnissen.[4] Doch selbst dann, wenn Großbritannien vertreten gewesen wäre, hätte dies mit einiger Wahrscheinlichkeit nur wenig bewirkt; im
etablierten britischen Bildungswesen herrscht eine beklagenswerte Ignoranz
der jüngeren Geschichte britischer Hochschulausbildung, und darüber hinaus werden in Großbritannien kaum fundierte Debatten über das Bildungswesen im Allgemeinen und die Universitätsausbildung im Besonderen geführt.[5]

Deshalb beschränke ich mich auf die Diskussion des englischen[6] und des
amerikanischen Systems der Universitätsausbildung und den Platz, den die
Volkswirtschaftslehre darin innehat. Meine Beschreibung des englischen
Systems beruht überwiegend auf meinen persönlichen Erfahrungen. Daneben greife ich auf Ergebnisse meiner umfangreichen Forschung zur Geschichte und Entwicklung des britischen Universitätswesens zurück. Wo-
möglich wird dieser Ansatz als unwissenschaftlich eingeschätzt. Ich möchte

---

4 Für den Bereich der Schulbildung gilt ein vergleichbarer Befund: Die außerordentlich
positive Neubewertung der Ergebnisse des Schulunterrichts in Deutschland im Rahmen
der von der OECD durchgeführten PISA-Studienreihe fanden in Großbritannien keinen
Widerhall, da es an den beiden ersten Studien nicht teilnahm und die Existenz von PISA
überhaupt weitgehend unbekannt ist.

5 Im *Times Literary Supplement* wurde kürzlich eine Reihe sachdienlicher Artikel und Zu-
schriften publiziert, doch der Mangel an einer großformatigen seriösen, britischen Zei-
tung, die vergleichbar wäre mit der *Zeit,* der *Süddeutschen Zeitung* oder der *Frankfurter
Allgemeinen Zeitung* ist ein schweres Handikap. Die neueste ernstzunehmende Studie der
Organisation der universitären Ausbildung stammt von Stevens, *From University to Uni.*
Vgl. auch meine Rezension der Untersuchung, »Educational Economies«. Von Alison
Wolf stammt die einzige bedeutsame Studie des Erziehungs- und Bildungswesens als gan-
zem: *Does Education Matter?*

6 Genauer gesagt des Systems in England und Wales, ausgenommen also das schottische
und nordirische.

allerdings betonen, dass es in der britischen Bildungsdebatte ungewöhnlich ist, die eigene Sichtweise von Anfang an offenzulegen. Die Bildungspolitik der Nachkriegszeit ist von nichts sonst so sehr bestimmt worden wie von uneingestandenen klassenbezogenen und kulturellen Vorurteilen. Das gilt für die dogmatische Parteinahme der Labour Party für Gesamtschulen in den 1950er und -60er Jahren ebenso wie für die zeitgenössische Annahme, der Erwerb spezieller intellektueller Fähigkeiten sei das Anliegen einer kleinen Elite, das nicht in die moderne Zeit passe, die einen stärker »praxisbezogenen« Ansatz erfordere. Da jeder aufgrund seiner eigenen Schulerfahrung zum »Experten« in Ausbildungsfragen wird, ist es nur recht und billig, die eigenen Erfahrungen zum Besten zu geben. Ich war von 1968 bis 2002 in den folgenden Positionen: *Undergraduate* an der Universität Essex, *Graduate-Student* und *Supervisor* an der Universität Cambridge, *Lecturer* und dann *Reader* in Economics an der Keele University in Staffordshire; an letzterer war ich auch als Prüfer und in der Verwaltung des Fachbereichs tätig; von 1997 bis 2004 war ich zudem externer Prüfer und Gutachter an der School of Social Science der Universität von Sussex, von 2001 bis 2005 schließlich externer Prüfer im Bachelor-Studiengang Wirtschafts- und Sozialwissenschaften an der Universität Manchester.

Ohne Zweifel habe ich im Lauf dieser Tätigkeiten eine gewisse Portion von Vorurteilen erworben, doch meine Erforschung der Entwicklung des britischen Hochschulsystems von Mitte des 19. Jahrhunderts bis zum späten 20. Jahrhundert hat mich nicht zuletzt eines gelehrt: Als ich in das System eintrat, hatte es seine beste Zeit erreicht, und wie jeder andere Student dachte auch ich, dass die Verhältnisse schon immer so gewesen seien, wie ich sie wahrnahm;[7] demgegenüber erlebte ich im Lauf meiner Tätigkeit als Hochschullehrer, wie das britische Hochschulsystem seinen ursprünglichen Zauber, sein Klima der Offenheit, der geistigen Innovation und der zukunftsorientierten Änderung zum Besseren, stetig verlor.[8]

---

7 Vgl. auch die Erinnerungen Tony Judts an seine Zeit als junger Student in Cambridge zwischen 1966 und 1969 (Judt, »Meritocrats«). Judt beschreibt seine Kommilitonen als überaus strebsame, aufstiegsorientierte Produkte selektiver öffentlicher Schulen und das King's College als »die veritable Verkörperung des meritokratischen Großbritanniens der Nachkriegszeit«. Ebenso wie ich nahm er an, dass dies vollkommen normal sei.

8 Dieses Erleben war sehr persönlich. Ich trat meine Stelle an der Keele University im Januar 1976 an. Im darauffolgenden Sommer erschienen Meldungen in der Zeitung, wonach sie infolge der englischen Hauhaltskrise geschlossen werden sollte, ebenso wie die Universitäten Essex und Stirling. Im Jahr 1981 bot die Universität allen ihren Beschäftigten großzügige Abfindungen an, woraufhin die Regierung ihr Veto einlegte. Den Universitäten wurden gesetzliche Mindestanforderungen auferlegt, und sie wurden einem gehörigen

Während meiner Erforschung des Werdegangs der Volkswirtschaftslehre in Großbritannien stellte ich fest, dass die Geschichte der britischen Universität ein weitgehend unbekanntes Territorium war. Meine eigene Arbeit über die Begründung der Volkswirtschaftslehre als Hochschuldisziplin im frühen 20. Jahrhundert speiste sich folglich aus einer Vielzahl verstreuter Quellen: Beiträge zur Institutionengeschichte, Quellen aus Archiven und nicht zuletzt eine Reihe von Interviews, die ich in den 1990er Jahren mit erfahrenen Ökonomen führte, die in der Zeit von den 1920er bis zu den 1960er Jahren an britischen Universitäten studiert und gearbeitet hatten.[9] Die Verhältnisse in Amerika sind leichter überschaubar. Dort gibt es eine umfangreiche Literatur zum Unterricht in Volkswirtschaftslehre an Colleges und Universitäten und darüber hinaus sogar eine eigens diesem Thema gewidmete Fachzeitschrift – *The Journal of Economic Education*. Die American Economic Association hat zwei bedeutende Studien des Curriculums auf der Undergraduate- und der Graduate-Ebene durchgeführt. Zudem gibt es eine anhaltende nationale Debatte über Anforderungen aufseiten der beruflichen Praxis und über die Aufgaben der Hochschulausbildung.[10] Diese Quellen ermöglichen einen Überblick über die jüngste Diskussion über Funktion und Richtung der wirtschaftswissenschaftlichen Ausbildung in den Vereinigten Staaten.

Da das amerikanische mit dem englischen System nicht uneingeschränkt vergleichbar ist, werde ich beide Systeme getrennt behandeln. Doch zuvor möchte ich zur Orientierung einige allgemeine Aussagen zur Organisation der Lehre treffen.

## 1. Bildungsökonomische Vorüberlegungen

Mit der ökonomischen Bildung verhält es sich wie mit jedem anderen Gut: Ihr nachhaltiges Angebot hängt davon ab, inwieweit sie den Bedürfnissen

---

Druck ausgesetzt, »kleine« Fachbereiche wie »Russian Studies« oder auch »Chinese Studies« zu schließen oder zusammenzufassen. Als Stipendiat der Humboldt-Stiftung verbrachte ich von 1979 bis 1984 mehr Zeit in Deutschland als in Großbritannien und lag somit meiner Universität nur in geringem Umfang auf der Tasche. Wer sich für Ansätze zur Erklärung der Entwicklung wissenschaftlicher Disziplinen von dieser Warte aus interessiert, der sei auf meinen Aufsatz »British Economics in the 20th Century« verwiesen.

9 Vgl. die Zusammenstellung einer Auswahl meiner Interviews in der Publikation *Economic Careers*.

10 Siehe beispielsweise Nussbaum, *Not for Profit*.

der Konsumenten entspricht. Im universitären Alltag wird die Wissensvermittlung von Forschern und Hochschullehrern organisiert und praktiziert, doch die Disziplinen, innerhalb deren die Akademiker arbeiten, würden nicht existieren, wenn nicht zu irgendeinem früheren Zeitpunkt eine merkliche Nachfrage nach Anleitung und Qualifikation bestanden hätte. Diese Nachfrage entstammt nicht direkt dem Arbeitsmarkt; die Nachfrage der Studierenden spiegelt vielmehr die Erwartungen bezüglich der künftigen Nachfrage auf dem Arbeitsmarkt wider, und diese Erwartungen können mehr oder weniger gut begründet sein. Hinzu kommt, dass der Staat in der Erwartungsbildung eine wichtige Rolle spielt, indem er bemüht ist, bestimmte Arten von Fähigkeiten zu fördern. Heutzutage redet man in den Reihen der Verwalter der Universitäten vollmundig und zugleich etwas salopp über Studenten als »Kunden« und verursacht damit Unbehagen bei denen, die die traditionelle Beziehung zwischen Lehrer und Schüler im Auge haben. Nichtsdestoweniger ist es in bestimmter Hinsicht sinnvoll, die Universität als eine Einrichtung zu betrachten, die von einem Markt für Bildung mit einer Reihe von Akteuren abhängt, die in einer Austauschbeziehung zueinander stehen.

Allerdings ist der gewöhnliche Unterricht in Volkswirtschaftslehre an englischen Universitäten nicht das Ergebnis einer entsprechenden Nachfrage seitens der Studierenden. Er war auch nie mit einer förmlichen beruflichen Qualifikation verknüpft wie andernorts in Europa (Jura). Vielmehr ist er aufgrund von angebotsseitigen Impulsen entstanden, denen anfänglich keine entsprechende, quantitativ bedeutsame Nachfrage gegenüberstand. Der erste Studiengang in Wirtschaftstheorie, der in drei Jahren zu einem Abschluss führte,[11] war Alfred Marshalls Cambridge Tripos, der 1903 eingeführt wurde. Marshall hatte viele Jahre für diesen Studiengang geworben, und um seinem Anliegen Nachdruck zu verleihen, verwies er auf den Bedarf von Geschäftsleuten und Verwaltern an jungen Männern, die die Grundlagen der modernen Wirtschaftstheorie beherrschten. Sofern diese Interessensbekundungen echt waren, waren sie den Betreffenden meist von Marshall

---

11 Zwar wird heute diese Unterscheidung in der Regel nicht mehr getroffen, doch früher wurde in Großbritannien als »außerordentlicher« akademischer Grad (»honours« degree) in Volkswirtschaftslehre ein Abschluss bezeichnet, der voraussetzte, dass die Studierenden etwa 70 Prozent ihrer Zeit speziell dem Besuch von Vorlesungen und Seminaren zu ökonomischen Themen widmeten; ein »normaler« Abschluss (»ordinary« degree) wie etwa ein Abschluss im Fach Handelslehre war demgegenüber auf einer niedrigeren akademischen Ebene angesiedelt und bedeutete ein breiteres Fächerspektrum; er konnte auch einem Kandidaten verliehen werden, dem es nicht gelungen war, sich für den Erwerb eines außerordentlichen akademischen Grades zu qualifizieren.

selber entlockt worden.[12] Wie Ashley im Zuge seiner Erfahrungen mit dem 1901 eingeführten *Birmingham Commerce degree* erkennen musste, war selbst das Interesse der britischen Geschäftswelt an Absolventen des Fachs Handelslehre beschränkt; tatsächlich gab es in den 1920er Jahren aller Wahrscheinlichkeit nach eine größere Nachfrage nach Fachschullehrern für Handelslehre – fast ebenso wie der Anstieg der Nachfrage nach Absolventen des Fachs Wirtschaftstheorie nach dem Zweiten Weltkrieg wesentlich mit dem Bedarf der Schulen an Lehrern mit entsprechendem Hintergrundwissen zusammenhing. In beiden Fällen wurde die ursprüngliche Nachfrage also im Ausbildungssystem selbst geschaffen und nicht etwa in der Produktion und im Handel.

Wir kommen später noch einmal auf diesen Punkt zurück. An dieser Stelle wollen wir festhalten, dass der akademische Unterricht des Fachs Volkswirtschaftslehre voraussetzte, dass es eine kritische Masse von Interessenten gab, die dieses Fach studieren wollten, aus welchen Gründen auch immer. In dem Maße, wie diese Voraussetzung erfüllt wurde, entstanden (irgendwann) im Rahmen der gegebenen Verhältnisse an den Universitäten Vollzeitstellen für akademische Ökonomen, die später institutionelle Vorkehrungen zur Untermauerung ihrer Positionen schufen. Dieser Prozess der Konsolidierung war vor allem durch zwei Aspekte gekennzeichnet: Disziplinierung und Verwissenschaftlichung. Neue Studienfächer an den Universitäten – insbesondere sozialwissenschaftliche und humanistische – bildeten sich schnell zu »Disziplinen« heraus, die spezialisierte Hochschullehrer erforderten. Die Erweiterung dieser neuen Disziplinen brachte die Notwendigkeit mit sich, den Gegenstand des Studiums durch systematische Forschung zu vervielfältigen – eine Forschung, die sich rasch verselbständigte und zum Mittel für die Schaffung von Karrieren wurde.

Der Imperativ der Verwissenschaftlichung schafft sich seine eigene Legitimation und ist zugleich eine Lizenz für Praktiker und ein Prinzip für Marktherrschaft. Wenn wir den Marktmechanismus auf die Ausbildung anwenden, dann folgt er dem Paradox, das Hotelling im Jahr 1929 ausgemacht hat: Je größer der Markt ist, desto uniformer ist er.[13] Dieses Paradox ist in die Industrieökonomik als Einkaufsstraßeneffekt eingegangen: Die Betreiber von Läden mit vergleichbarem Sortiment neigen dazu, ihre Läden in unmittelbarer Nähe zueinander zu gruppieren und ihre Waren- und Dienstleis-

---

12 Wer in die Zusammenhänge Einblick nehmen möchte, der möge zu dem von Alon Kadish und mir herausgegebenen Buch *The Market for Political Economy* greifen.
13 Vgl. Hotelling, »Stability in Competition«.

tungsangebot wechselseitig anzugleichen. Dieser Effekt trifft auch auf akademische Fachbereiche und auf ganze Universitäten zu. Zwar mag anfänglich eine Vielfalt von Wahlmöglichkeiten für die Studierenden herrschen, doch über kurz oder lang tendieren die einzelnen Fachbereiche und Institutionen zu einem im Großen und Ganzen einheitlichen Produktangebot. Wir können diesen Prozess auch als evolutionär auffassen, als Wirken eines Selektionsmechanismus, in dem der »Tauglichste« dem Durchschnitt am nächsten kommt. Die Dynamik dieses Prozesses vermittelt eine Vorstellung davon, weshalb der Versuch, ideale Curricula mit neuen Komponenten zu bilden, gewöhnlich kaum von Erfolg gekrönt wird: Der Marktprozess sondert Neues aus und bevorzugt Durchschnittliches. In einer Wirtschaft, die voll ist von Metaphern aus der Welt des Sports, könnte man leicht annehmen, dass das »Überleben des Tauglichsten« zugleich das »Überleben des Besten« bedeutet. Dieser Schluss ist falsch. Es soll vielmehr heißen, dass derjenige überlebt, der am besten in der Lage ist, sich den Umständen anzupassen, und Hotellings Paradox legt nahe, dass auf jedem Markt früher oder später das durchschnittliche Angebot vorherrscht, nicht das beste. An dieser Stelle können wir einen dritten Begriff in die Diskussion einbringen: Die akademische Ausbildung wird zunehmend von einem Prozess der Verschulung beherrscht, das heißt von der Einführung von Routinen des Lernens auf der Basis eines Standardmodells.

Wir dürfen auch nicht verkennen, dass sich die universitäre Ausbildung an die Zwangsphase des Ausbildungssystems anschließt; die Universität bringt junge Menschen hervor, die geprägt sind von jahrelanger schulischer Unterweisung.[14] Zwar wechselt in England eine beträchtliche Zahl von Schülern im Alter von 16 Jahren von einer öffentlichen Schule auf eine private Bildungseinrichtung, doch die dort eingesetzten Curricula unterscheiden sich kaum von denen der öffentlichen Hochschulen.[15] In der Tat unterstehen in Großbritannien die staatlichen und die privaten Schulen einer zentralen Steuerung, was den Inhalt der Lehrpläne und die Prüfungen angeht, mit der Folge, dass die Schulabgänger beim Eintritt in die Universität einen einheitlichen Bildungshintergrund mitbringen. Auf diese Weise ergibt sich ein klarer Punkt des Übergangs von der Schule auf die Universität, eines Übergangs, den junge Menschen vollziehen, der jedoch selber weder von

---

14 In Großbritannien endet die Schulpflicht mit 16 Jahren, doch der freiwillige weiterführende Schulbesuch ist auf weitere zwei Jahre angelegt, die wiederum für die Erlangung der Hochschulreife obligatorisch sind.

15 Ausgenommen sind diejenigen, die das *International Baccalaureate* anstreben.

zentralen noch von lokalen Behörden, weder von Universitäten noch von Colleges koordiniert wird. Die Schulen bereiten ihre Schüler auf die Prüfungen vor, die sie im Erfolgsfall zum Besuch einer Hochschule berechtigen, doch sie haben keine konkrete Vorstellung davon, was an den Universitäten stattfindet. Die Wissensvermittlung im ersten Studienjahr wiederum erfolgt mehr oder weniger unabhängig von den Vorkenntnissen der Studierenden; die Hochschullehrer haben keinen direkten Bezug zum Schulsystem, wissen mithin bestenfalls nur wenig darüber.

## 2. Das Bachelor-Studium im englischen Kontext

An den englischen Universitäten bürgerte sich in der Zwischenkriegszeit ein nach Trimestern organisiertes, dreijähriges Studium ein. Bis weit ins 20. Jahrhundert studierten viele an einem College in Cambridge, ohne jedoch jemals ein Abschlussexamen abzulegen. Die London School of Economics bot parallel zu ihren regulären, tagsüber stattfindenden Lehrveranstaltungen Abendkurse für ältere, berufstätige Studenten an und hob damit den berufsvorbereitenden Charakter des Hochschulbesuchs hervor. Außerdem beschlossen viele ihr Studium als »Externe«, die nicht in London selbst studiert hatten, sondern an einer lokalen Fachhochschule oder an einem der neuen Colleges wie in Bristol oder Nottingham. Bis 1947 endete die Schulpflicht schon mit 14 Jahren. Dann wurde die Altersgrenze auf 15 Jahre angehoben. Wie aber das Beispiel der LSE zeigt, hinderte dies die Mehrheit der Bevölkerung nicht unbedingt daran, ein College oder eine Universität zu besuchen. Banken, Versicherungen und Eisenbahngesellschaften unterstützten die Fortbildung ihrer Beschäftigten an Universitäten in der Provinz wie Liverpool oder Manchester. Und tatsächlich wurde die Entwicklung des Lehrangebots in Volkswirtschaftslehre in Manchester stark von der Nachfrage nach Veranstaltungen zur beruflichen Bildung aufseiten der Unternehmen vor Ort beeinflusst.[16] Abgesehen von denen, die nach Oxford oder Cambridge gingen, wählten die angehenden Studenten in der Regel eine Universität an ihrem Wohnort aus. Im Jahr 1900 lebte die große Mehrheit der englischen Bevölkerung bereits in großen Städten; im späten 19. Jahrhundert lag der Urbanisierungsgrad der Bevölkerung in Großbritannien weit höher als im ganzen übrigen Europa.

---

16 Vgl. meinen Beitrag »The Faculty of Commerce and Manchester Economics, 1903-44«.

Formale Prüfungen auf nationaler Ebene, die eine Basis für den Eintritt in die Hochschulausbildung zu bilden vermochten, lassen sich bis zu den *Cambridge Higher Certificates* der 1860er Jahre zurückverfolgen, und bis zu den 1930er Jahren entwickelten sie sich zu einem dualen System. Schulzeugnisse für 15-jährige Absolventen (*School Certificates*) wurden über vier oder fünf Fächer ausgestellt, Zeugnisse höherer Schulen (*Higher School Certificates*) für 17- oder 18-jährige Absolventen über drei oder vier Fächer. Im Jahr 1951 wurde dieses System von den *Ordinary Certificates* und *Advanced Certificates* abgelöst. Letztere verdrängten in den 1960er Jahren die individuellen Aufnahmeprüfungen der Universitäten, in den 1980er Jahren dann auch die Aufnahmeprüfungen in Oxford und Cambridge.[17] Zwar ist der Nachweis des Fortgeschrittenen-Niveaus (*A-Level*) zur Standardvoraussetzung für den Eintritt in eine Universität geworden, und dies trotz wiederholter Versuche zur Erweiterung des mit ihm verbundenen engen inhaltlichen Spektrums in den beiden letzten Schuljahren. Doch dieser national gültige Nachweis wird nicht direkt vom britischen Bildungsministerium erteilt, sondern von einer geringen Zahl von Prüfungsorganen, unter denen die Schulen wählen können.[18]

In der Periode von 1950 bis 1990 blieb die Struktur der englischen Bildung im Bereich der Hochschulen recht stabil, wenngleich der Sektor größer wurde und seine Zusammensetzung im Einzelnen variierte. Die stark wachsende Zahl neuer Colleges in den Provinzen im späten 19. Jahrhundert führte bis zur Zwischenkriegszeit zu einem System unabhängiger Universitäten und Colleges, die entweder ihre eigenen Abschlüsse vergaben oder aber die der Universität London. Dieses System unterlag einer externen Prüfung, die für eine weitgehende Parität der Abschlüsse der einzelnen Einrichtungen

---

17 Akademische und berufliche Qualifikationsnachweise werden in Großbritannien seit je her von Fachverbänden, nationalen fachlichen Gesellschaften und Prüfungsausschüssen mit universitärer Anbindung vergeben. Die britische Regierung und regionale britische Behörden versuchen, auf diese Einrichtungen Einfluss zu nehmen, waren jedoch noch nie direkt in Prüfungen involviert.

18 Im Jahr 2000 wurde der Erwerb des *A-Levels* über zwei Jahre mit einer Abschlussprüfung durch eine zweiteilige modulare Struktur ersetzt. In dem neuen Rahmen werden in jeweils zwei Semestern im ersten Jahr vier Fächer unterrichtet, im zweiten drei. Prüfungen werden am Ende jedes Moduls abgelegt. Das bedeutet, dass nunmehr in den letzten drei Schuljahren ein beträchtlicher Teil der Unterrichts- und Lernzeit auf Prüfungen verwendet wird. Dabei haben die Schüler schon im fünften Jahr ihres Besuchs der höheren Schule fast die Hälfte ihrer Zeit mit der Vorbereitung auf oder der Ablegung von Prüfungen zugebracht.

sorgte.[19] Als Universität wurde eine amtlich zugelassene Bildungseinrichtung definiert, die eigene akademische Grade verleiht. Rechtlich gesehen hat sie die Form einer Treuhandgesellschaft; sie steht nicht im Eigentum des Staates, und die Verwaltung ist verpflichtet, das Vermögen der Gesellschaft den Zwecken der Institution gemäß einzusetzen. Die Organisation der Führung all der Institutionen, die unter diese Definition fallen, war während des größten Teils des 20. Jahrhunderts ein und dieselbe: Akademische Angelegenheiten wurden von der Professorenschaft und dem Rektor im Senat der Universität entschieden, während allgemeine Fragen von einem förmlichen Rat diskutiert wurden, der sich aus lokalen Würdenträgern sowie Vertretern der örtlichen Geschäftswelt und des örtlichen Gemeinwesens zusammensetzte. Finanzielle Unterstützung erhielt die Universität durch von den örtlichen Behörden erhobene Gebühren und durch Zuweisungen der örtlichen Unternehmen sowie der nationalen Regierung.

Weiterführende Studiengänge gab es kaum. Die Ausbildung an einer Universität diente nur der Qualifizierung für den ersten akademischen Grad (*Bacherlor of Arts* oder *Bachelor of Science*). Zwar wurde in den frühen 1920er Jahren in Cambridge die Doktorwürde eingeführt, aber erst in den späten 1970er Jahren setzte sich die Erwartung durch, dass neue Universitätslehrer entweder einen PhD-Abschluss besitzen oder aber eine Zeit lang unabhängige eigene Forschung betrieben haben sollten. Im Fach Volkswirtschaftslehre wurde der *Masters of Arts* als Lehrprogramm erstmals an der Universität Essex in deren Gründungsjahr 1964 eingeführt,[20] und diese Praxis

---

19 Eine englische Universität kann definiert werden als unabhängige Einrichtung, die eigene akademische Grade vergibt. Ein »Universitätskolleg« oder College ist historisch betrachtet eine Einrichtung, die akademische Grade einer anderen Universität vergab, für gewöhnlich solche der Universität London.

20 Richard Lipsey gab seinen Lehrstuhl an der LSE auf und ging nach Essex, um dort die Fakultät für Volkswirtschaftslehre zu gründen, denn er wollte den MA-Studiengang (*taught Masters*) in Volkswirtschaftslehre fördern, während seine Professorenkollegen an der LSE von dieser Idee nicht begeistert waren. Vgl. *Economic Careers,* S. 217–218. Als ich 1971 meinen Abschluss machte, war es für einen angehenden Hochschullehrer üblich, sich nach dem Erwerb des Bachelor-Abschlusses um eine Stelle als Forschungsassistent zu bewerben, die in der Regel mit der Verpflichtung verbunden war, eine Masterarbeit zu schreiben; lediglich während meiner Zeit als frischgebackener Absolvent und junger Forscher von 1972 bis 1975 wurde ein PhD die Eintrittskarte in die akademische Welt im Allgemeinen. In Oxbridge begann die Hochschullaufbahn mit einer College-Forschungsassistenz und setzte sich mit einer Dozentur fort, wobei es nicht erforderlich war, überhaupt irgendeinen *graduate degree* vorzuweisen (der Oxbridge-MA wurde ehrenhalber verliehen). Folglich hatten viele meiner akademischen Kollegen, die ich nach meinem Eintritt in die Universität Keele 1976 antraf, bestenfalls einen MA-Abschluss.

wurde schnell auf andere Hochschulen ausgedehnt, da seinerzeit staatliche Vollzeitstipendien vergeben wurden. Letzteres ließ sich natürlich nach 1973, dem Jahr, in dem die britische Krise der Staatsfinanzen einsetzte, nicht mehr aufrechterhalten, und die volkswirtschaftlichen Fakultäten außerhalb von Oxbridge und London taten sich schwer, *graduate programmes* zu entwickeln, hingen sie doch zunehmend von ausländischen Studenten ab, deren Studiengebühren die finanziellen Engpässe in den 1980er Jahren entschärften. Im Großbritannien der 1990er Jahre stammte die überwiegende Mehrheit der Graduate-Studenten im Fach Volkswirtschaftslehre aus dem Ausland. Teilweise war dies ein Reflex des britischen Arbeitsmarkts, auf dem ein MA in Volkswirtschaftslehre als Ausweis einer sehr speziellen Qualifikation galt, ein Doktorgrad als Ausweis für Überqualifikation, die dem Betreffenden Berufe außerhalb der akademischen Welt verschloss.

Mitte des 20. Jahrhunderts zeichnete sich das englische Hochschulsystem durch eine dreigliedrige Struktur aus. In Oxford und Cambridge war die Lehre bis zum späten 19. Jahrhundert hauptsächlich auf die Ausbildung von Geistlichen und Lehrern ausgerichtet gewesen, doch diese beiden Universitäten hatten sich ihre Vorzugsstellung bewahrt, indem sie den Wandel in der Gesellschaft und im Bildungswesen des reifen 19. Jahrhunderts mit vollzogen – einen Wandel, im Zuge dessen in den größeren Städten eine Reihe von neuen bürgerlichen Institutionen gegründet wurde. Zu Beginn des 20. Jahrhunderts waren diese neuen Institutionen zu den sogenannten Backstein-Universitäten geworden. Neben ihnen gab es eine Reihe von Colleges wie in Nottingham, Reading, Bristol und Southampton, die nach 1945 ihre Stellung als unabhängige Universitäten erlangten. In den Jahren nach dem Zweiten Weltkrieg wurde eine Reihe neuer Universitäten gegründet, zunächst im Jahr 1950 in Keele, in den frühen 1960er Jahren dann in Sussex, Warwick, York, Kent und Ostanglien. Diese Einrichtungen verfolgten einen experimentellen Ansatz, wollten neue Wege in der Lehre einschlagen; Kapazitätsüberlegungen spielten bei ihrer Gründung keine Rolle. Im Jahr 1963 empfahl der Robbins-Report zur Hochschulausbildung die fortgesetzte Öffnung des Zugangs zu akademischen Ausbildungsgängen, und zu dieser Zeit hatten alle *plateglass universities* die Lehre aufgenommen oder waren formal begründet worden. In den frühen 1970er Jahren fand diese Entwicklungsphase aufgrund von Mittelkürzungen vonseiten der nationalen Regierung an allen Universitäten ihr Ende. Im Lauf des darauf folgenden Jahrzehnts wurden die Studentenzahlen strikten Obergrenzen unterworfen.

In den 1960er Jahren entstanden dennoch neue Institutionen der Hochschulbildung. Die Fachhochschulen unterstanden den örtlichen Behörden und boten eine Reihe von berufspraktischen und akademischen Studiengängen an, darunter auch Abschlüsse, die vom *Council for National Academic Awards* geregelt wurden.[21] Sie waren ausschließlich Lehranstalten; im Gegensatz zu den Universitäten waren die Lehrkräfte nicht vertraglich verpflichtet, sich in der wissenschaftlichen Forschung zu engagieren. Während die Zulassung zum Studium an einer Universität gewöhnlich drei gute A-Levels voraussetzte (wobei Niveau und Themen von jeder Einrichtung Kurs für Kurs bestimmt wurden),[22] waren im Fall der Fachhochschule im Allgemeinen nur zwei erforderlich; außerdem kamen die Studierenden meist aus dem Umkreis, während der Einzugsbereich der Universitäten sich auf das ganze Land erstreckte.[23] Auf diese Weise vollzogen die Fachhochschulen in den 1960er und -70er Jahren in vielerlei Hinsicht die Frühzeit der größeren bürgerlichen Universitäten nach und spielten somit in der Öffnung des Zugangs zur Hochschulausbildung eine wichtige Rolle.

An dieser Stelle möchte ich eine weitere Entwicklung erwähnen. Sie betrifft die Akademisierung der beruflichen Aus- und Weiterbildung. Bis in die späten 1970er Jahre war es üblich, von einem Bewerber auf eine Position oder einen Ausbildungsplatz, die oder der eine fachliche Qualifikation erforderte, fünf mittlere Leistungsnachweise (*Ordinary Level Certificates*) zu verlangen, die die Fächer Englisch und Mathematik umfassen mussten.[24] Diese Bedingungen berechtigten einen Kandidaten zum Eintritt in ein College zur Lehrerausbildung oder in eine Ausbildung in der Krankenpflege. Bis 1972 war der *Bachelor-of-Arts*-Abschluss ausreichend, um als Lehrer in der Sekundarstufe unterrichten zu können. Im Lauf der 1970er Jahre wurden alle Einrichtungen zur Ausbildung von Lehrern entweder geschlossen oder in dem

---

21 Dieser nationale Rat wurde im Jahr 1964 durch eine Königliche Satzung gegründet und 1992 im Zug der Neuorganisation aller Hochschulen in Form von »Universitäten« abgeschafft.

22 In Großbritannien bewerben sich Schüler gewöhnlich im Abschlussjahr um einen Studienplatz. Die Universitäten bieten den Bewerbern Plätze unter dem Vorbehalt bestimmter Leistungsnachweise an. Aufgrund einer Inflationierung der Noten (die vor allem aus einer Straffung der Kursinhalte in Verbindung mit einer Schwerpunktsetzung auf prüfungsorientierten Unterricht und Modularisierung folgt) verlangen die besten Universitäten routinemäßig drei A-Noten; für die nahe Zukunft absehbar ist eine Note A*.

23 Die Universität Keele, die 1950 eröffnet wurde, war als »regionale« Universität vorgesehen, jedoch waren Mitte der 1950er Jahre ihre Studenten aus dem Umkreis in der Minderheit.

24 An den Oberschulen war es üblich, die Schüler im Alter von 16 Jahren in sieben Themen zu prüfen, im Alter von 18 dann in drei.

Hochschulsektor zugehörige Colleges umgewandelt, und die Zulassung zum Lehramt wurde vom Erwerb nicht mehr nur des BA-Abschlusses, sondern auch von einem anschließenden, erfolgreich absolvierten berufspraktischen Jahr (Referendariat) abhängig gemacht. Mit der Zeit wurde der Beruf des Lehrers zu einem akademischen Beruf.[25] Sodann folgten die ursprünglichen Einrichtungen demselben Pfad: Viele Colleges stuften sich seit den späten 1990er Jahren zu »Universitäten« um. In der Krankenpflege-Ausbildung ist ein ähnliches Muster zu beobachten; zuerst wurde die geforderte Qualifikation auf A-Level angehoben und dann, im Jahr 2000, wurde die Ausbildung in akademische Einrichtungen verlagert und somit auch den dort geltenden Zugangsvoraussetzungen unterworfen.

Ich habe die komplexen Zusammenhänge hier lediglich kurz angerissen, aber es gilt, eine Reihe von Merkmalen hervorzuheben, um zu verstehen, was »akademische Ausbildung« heute in Großbritannien bedeutet und was davon ausgehend das »englische Modell« der Ausbildung im Vorfeld des ersten akademischen Grades darstellt.[26]

Zunächst müssen wir festhalten, dass die offensichtliche Erweiterung des Zugangs zu Hochschulbildung seit den 1990er Jahren großenteils eine Konsequenz von Neueinstufungen ist: Alle jungen Lehrer und Krankenpflegekräfte im berufspraktischen Jahr werden *undergraduates*. Zweitens gab es bis zu den Reformen von 1992, im Zuge deren alle Bildungseinrichtungen in ein

25 In den 1970er und 1980er Jahren spielte im Prozess der Höherqualifizierung des Bestands an Lehrern (ohne akademischen Grad) die Offene Universität eine wesentliche Rolle.

26 Im Oktober 2010 erschien ein wichtiger Report von Lord Browne u.a. *(Securing a Sustainable Future for Higher Education)*. Er enthielt unter anderem die Empfehlung, den Höchstbetrag der jährlichen Studiengebühren von 3.000 auf 9.000 britische Pfund zu erhöhen und den Tilgungsplan für studentische Darlehen neu zu fassen. Künftig könnte also ein Undergraduate bis zum Ende seines Studiums Rückzahlungsverpflichtungen von insgesamt 40.000 bis 50.000 britischen Pfund zuzüglich Zinsen nach Maßgabe eines marktorientierten variablen Zinssatzes angesammelt haben. Diese Empfehlung führte im Dezember 2010 in Westminster zu Demonstrationen. Allerdings enthält der Report auch den Vorschlag, dass die Regierung künftig nur noch die Lehre in den »prioritären« Studienfächern (Medizin, Biologie, Naturwissenschaften und Ingenieurwesen) subventionieren sollte – was bedeuten würde, dass die Fachbereiche für *arts and humanities* künftig zur Gänze auf Einnahmen in Form von Studiengebühren angewiesen wären. Die Universitäten müssten dann entscheiden, ob sie weiterhin das Studium von Fächern wie Geschichte oder Philosophie anbieten wollen. Eine ausführliche, kommentierte Übersicht über die Empfehlungen des Reports bietet Collini, »Browne's Gamble«. In einem Online-Kommentar zu diesem Artikel wird die Situation auf Schönste zusammengefasst: »Allem Anschein nach haben wir zuerst die technischen Hochschulen in Universitäten umgewandelt, und nun setzen wir dazu an, unsere Universitäten nach dem alten Muster der technischen Hochschulen zu reformieren.« (John A. Davis, Cambridge.)

Universitätsmodell eingepasst wurden, etwa 45 nominell gleichwertige Universitäten; ein guter BA- oder BSc-Abschluss in Volkswirtschaftslehre schuf die Voraussetzung für die Zulassung des Studierenden zu MA- oder PhD-Programm. Das gilt heute nicht mehr; das System ist hochgradig differenziert, und derzeit gibt es nur noch weniger als 45 gute Universitäten mit dem zuvor geltenden Standard in Lehre und Forschung. Heute ist es für die angehenden Studenten weitaus wichtiger, ihre bevorzugte Universität mit Bedacht auszuwählen, als noch vor 20 Jahren. Weiterhin gilt, dass private Schulen in Großbritannien einen quantitativ geringen, aber nichtsdestoweniger bedeutenden Anteil an der gymnasialen Schulbildung haben (6 Prozent aller Schüler), während 18 Prozent der Oberstufenschüler ihren Weg zum A-Level im Privatsektor zurücklegen. Das wiederum bedeutet, dass der Zugang zu den Spitzenuniversitäten tendenziell von den privaten Schulen dominiert wird, denn die besagten 18 Prozent der Oberstufenschüler stellen einen signifikanten Anteil an den Studenten, die sich üblicherweise an der Universität einschreiben, um einen akademischen Abschluss zu erwerben. So ist es nicht verwunderlich, dass die gegenwärtige Regierung dominiert wird von Oxbridge-Absolventen, die vor ihrem Studium Privatschulen besucht haben.

Des Weiteren gilt, dass die 1992 erfolgte Zusammenfassung aller Hochschulbildungsgänge in einem einzigen universitären Sektor in den meisten Einrichtungen begleitet war von einer Modularisierung und Reorganisation des Studiums im Semesterrhythmus. Damit wurden die zentral verordneten Regelungen der Lehre, die bald darauf folgten, vorweggenommen. Fairerweise muss man sagen, dass die Hochschulbildung im Vereinigten Königreich in den frühen 1990er Jahren ihren eigenen »Bologna-Schock« durchlitt.[27] Nicht nur galt es, die Fachhochschulen von Lehranstalten in dem Namen nach forschungsorientierte Universitäten umzuwandeln; daneben herrschte auch ein Imperativ zur systemweiten Standardisierung von Kursen und Anspruchsgraden, die es den Studierenden ermöglichen sollte, in der ersten Phase des Studiums nach Bedarf die Universität zu wechseln.[28] Man konstruierte eine Reihe von aufeinander bezogenen Modulen mit Eingangs-

27 Oxford und Cambridge haben ihr Trimestersystem mit jeweils acht Wochen beibehalten, sodass das Universitätsjahr weiterhin Lehrveranstaltungen über insgesamt 20 Wochen und Prüfungen über insgesamt vier Wochen von Mai bis Anfang Juni umfasst.

28 Was allerdings nie passierte; ebenso wenig hatte die Bologna-Reform mit ihrer Neufassung der europäischen Bildungslandschaft und dem dahinter stehenden Versuch, den Studierenden einen reibungslosen Wechsel zwischen den nationalen Systemen zu ermöglichen, die erwartete Wirkung; anscheinend haben nur wenige Studierende einen solchen Wunsch.

voraussetzungen und expliziten Lernzielen, die zudem die Schöpfung fachbereichsübergreifender »Lernpfade« in Einrichtungen erleichterte, die lediglich bruchstückhaft überblickten, was die Studierenden tatsächlich lernten. Zuvor hatte ein Hochschullehrer eine klare Vorstellung davon, wie sich eine bestimmte Lehrveranstaltung zu einem Studiengang eines Fachbereichs verhielt, weshalb die Studierenden sie besuchten und welches Hintergrundwissen er voraussetzen konnte. Demgegenüber ergab sich aus der Modularisierung, dass jeweils für die Dauer eines Moduls eine Zufallsauswahl von Studierenden zusammentraf, die dann nach Abschluss des Moduls jeder auf seinem eigenen »Pfad« ihr Studium fortsetzten.

Die Umstellung auf Semester wurde fast überall dem bestehenden 30-Wochen-Trimester übergestülpt. Das hatte zur Folge, dass beispielsweise in Keele das erste Semester zu Beginn der Weihnachtsferien endet und die Studenten im Januar zurückkehren, um ihre Prüfungen auf der Basis der vorhergehenden Module abzulegen; das zweite Semester beginnt sogleich nach der Prüfungsphase und wird sodann durch eine lange Osterpause unterbrochen. Zur Anpassung an diesen neuen Rhythmus wurde der Beginn des Universitätsjahres von Mitte Oktober auf den späten September vorgezogen, sodass bis Weihnachten zwölf Vorlesungswochen eingepasst werden können. Da dieser Zeitplan aus pädagogischer Sicht recht unhandlich ist, hat man »Lesewochen« eingefügt, mit dem Ergebnis, dass die jährliche Vorlesungszeit nun kürzer ist als vor 1992.

Die Modularisierung bestehender Lehrveranstaltungen hat den Gang des Unterrichts sehr ähnlichen Belastungen ausgesetzt wie die Verkürzung der Dauer bis zum ersten Studienabschluss in Deutschland von vier auf drei Jahre. In Verbindung mit steigenden Studentenzahlen pro Hochschullehrer – von den 1960er bis in die 1990er Jahre hatte die in den wirtschaftswissenschaftlichen Fachbereichen der Universitäten übliche Quote bei 15 zu 1 gelegen – wurden Kursinhalte gestrichen, und »kleine Gruppen« umfassen gewöhnlich 25 oder mehr Studenten anstelle von sieben oder acht.[29] Die

---

29 Als ich in den frühen 1980er Jahren die Lehre am Fachbereich Volkswirtschaftslehre in Keele aufnahm, bestanden meine jährlichen Unterrichtspflichten fast zur Hälfte gegenüber einer Gruppe von 24 Studenten, die einen zweistündigen Workshop zur Problemlösung und eines von drei Tutorien mit jeweils acht Teilnehmern besuchten, neben drei wöchentlichen Vorlesungen (damals belegten aufgrund einer in Keele eingeführten Neuerung alle Studenten zwei Hauptfächer). Als ich im Jahr 2000 zum letzten Mal Studenten im ersten Jahr unterrichtete, war ich Class Teacher für alle Studenten. Ich unterrichtete Gruppen von 25 Studenten jeweils eine Wochenstunde. Die Größe der Gruppen hatte sich verdreifacht und die Semesterwochenstunden waren auf ein Drittel reduziert.

gängige Reaktion auf die gestiegene Unterrichts-, Korrektur- und Prüfungs-
last bestand darin, die Semesterwochenstunden zu verringern und die Lehre
durch den verstärkten Gebrauch von Lehrbüchern zu vereinfachen. Die steigende Tendenz in den Schulen, im Unterricht die Schüler vor allem »fit zu
machen für die Prüfung«, fand auch in die Universitäten Eingang; zur
Hauptsorge der Studierenden wurde es, möglichst gute Noten zu erzielen,
während sie sich mehr und mehr vom eigentlichen Gegenstand des Studiums lösten.

In Deutschland hat der jüngste Bedeutungswandel der akademischen
Ausbildung in der Studentenschaft Proteste hervorgerufen. Außerdem hat er
in den Reihen derjenigen Hochschullehrer, die ihre Lehrveranstaltungen anpassen mussten, Diskussionen über die Lehrinhalte ausgelöst. In Großbritannien, dem Ursprungsland des neuen Modells, wurde das Bildungssystem
stückweise von Politikern und Hochschulverwaltern zu Änderungen gezwungen.[30] Dies hatte zur Folge, dass der akademische Lehrkörper in der
Hauptsache um Anpassung bemüht war, während die Studierenden selber
keine Vorstellung davon besaßen, wie das System vor ihrem Eintritt beschaffen gewesen war. Die Bilanz der Neuorganisation des britischen Hochschulsystems seit den frühen 1990er Jahren ist dennoch für den derzeitigen Wandel in Deutschland relevant, denn aus ihr lässt sich ersehen, wie sehr der
pädagogische Erfolg des eingeführten Dreijahreszyklus von verschiedenen
Bedingungen abhing: den spezifischen Zulassungsbedingungen, dem Verzicht der Studenten auf zeitweilige bezahlte Beschäftigungen, der Intensität
der Lehre des in Vollzeit beschäftigten Lehrpersonals eines Fachbereichs. An
den deutschen Universitäten ist keine dieser Voraussetzungen gegeben; selbst
die zurückgebildete Form, die heute für die meisten britischen Universitäten
gilt, steht stellvertretend für einen Zeit- und Mitteleinsatz, der jenseits der
Kapazitäten einer jeden deutschen staatlichen Universität angesiedelt ist.
Und dabei haben wir noch gar nicht berücksichtigt, was das amerikanische
System im besten Fall zu bieten hat.

---

30 Das dritte Paket von Änderungen in den frühen 1990er Jahren – also das, was zu der Neu-
einstufung der Ausbildungsstätten und der Neuorganisation der Lehrpläne hinzutrat –
bestand in der Schaffung einer neuen Verwaltungsstruktur für die Universitäten, in der die
Ordinarien nunmehr als Linienmanager untergeordnete Positionen einnehmen.

## 3. Das englische Curriculum für das volkswirtschaftliche Undergraduate-Studium

In den späten 1960er Jahren praktizierten die meisten englischen Universitäten (mit Ausnahme von Oxford und Cambridge) im Rahmen einer Studiendauer von drei Jahren den Trimesterrhythmus. Die Vorlesungszeit im Rahmen des im Oktober beginnenden und gegen Ende Juni endenden Universitätsjahres umfasste 30 Wochen einschließlich jeweils vier Wochen Pause an Weihnachten und Ostern. Der Unterricht erfolgte in Form von Vorlesungen vor Klassen, die jeweils maximal zwölf Studenten umfassten. In den späten 1960er Jahren etablierte sich Essex als die führende sozialwissenschaftliche Hochschule,[31] teils bedingt dadurch, dass man viele Lehrkräfte von der LSE rekrutierte und nach einem Studienplan lehrte, der auf dem Londoner *Bachelor-of-Science*-Studium in Volkswirtschaftslehre basierte.[32] Im ersten Jahr besuchten die Studierenden einführende Kurse in Volkswirtschaftslehre, Soziologie und Staatslehre, in den beiden darauffolgenden Jahren spezialisierten sie sich auf einen der drei genannten Schwerpunkte. Auf diese Weise entfielen etwa 75 Prozent der dem Studium gewidmeten Zeit auf ein Schwerpunktfach. Das war nicht ungewöhnlich; an allen Universitäten verbrachten die auf Volkswirtschaftslehre spezialisierten Studenten einen Teil der Zeit mit mehr oder weniger verwandten Fächern. In Oxford wurde Volkswirtschaftslehre nur in Kombination mit Philosophie und Politologie angeboten; in Cambridge konnte man das erste Jahr des Studiums auf Fachgebiete verwenden, die keinerlei Bezug zur Volkswirtschaftslehre hatten.

Oxbridge und die LSE sind nach wie vor die führenden Einrichtungen für das Studium der Volkswirtschaftslehre in Großbritannien, und dank ihrer hervorgehobenen Stellung konnten sich diese drei Institutionen einer Reihe von nachteiligen Einflüssen der organisatorischen Neuordnung in den 1990er Jahren und in den ersten Jahren nach der Jahrtausendwende entziehen. Die Organisation der Studiengänge in Oxford und Cambridge im Zusammenspiel zwischen College und Universität ist zu komplex, um sie hier in aller Kürze vorzustellen. Deshalb werde ich meine Anmerkungen zur der-

---

31 Die rasche Entwicklung der Universität Essex in der Anfangszeit wurde durch Kürzungen der planmäßigen Finanzmittel gedämpft; siehe dazu Richard Lipseys Anmerkungen in *Economic Careers,* S. 222–223, sowie ebendort das sich anschließende Interview mit dem Gründungsmitglied und Vizekanzler Sir Albert Sloman.

32 Der akademische Grad des *Bachelor of Science* wurde früher in diversen sozialwissenschaftlichen Disziplinen vergeben, nicht nur in Volkswirtschaftslehre.

zeitigen Lehre ausschließlich auf das Beispiel der LSE als Institution zum Erwerb des ersten Abschlusses in Volkswirtschaftslehre beziehen.

Zunächst ist festzuhalten, dass das Studium an der LSE nach wie vor nach Trimestern organisiert ist, die jeweils zehn Wochen umfassen. Prüfungen werden am Ende des Sommertrimesters abgenommen.[33] Es gibt zwei verschiedene Kurse im ersten Jahr, Volkswirtschaftslehre A und Volkswirtschaftslehre B. Im Kern wird der Stoff im Rahmen von zwei Vorlesungen und einem Seminar pro Woche über zwei Trimester vermittelt, wobei die Seminare von Hochschulassistenten abgehalten werden. Volkswirtschaftslehre A richtet sich an diejenigen Studenten, die nur eine vorläufige Einführung in Mikro- und Makroökonomik möchten und im Wesentlichen kein einschlägiges Vorwissen mitbringen. Trotzdem erfordert die Teilnahme an Volkswirtschaftslehre B, das sich ausdrücklich an Studierende der Volkswirtschaftslehre richtet, keine speziellen Voraussetzungen mit Bezug zu A-Levels in Volkswirtschaftslehre und Mathematik. Die Angaben des Fachbereichs zur Zulassung im Jahr 2010 deuten darauf hin, dass die Studenten in drei Fächern A-Noten vorweisen sollten und dass ein A* in Mathematik wünschenswert ist. Zwar gilt es als gesichert, dass Schulabsolventen, die über zwei Jahre eine A-Note in Volkswirtschaftslehre erzielt haben, anfänglich einen Vorsprung haben, doch es wird angenommen, dass dieser Vorsprung nicht viel länger als ein Trimester anhält. Studenten, die schon in der Schule einen Schwerpunkt auf Volkswirtschaftslehre gelegt haben, unterstellt man also, dass sie an dem Fach interessiert sind, doch man geht nicht davon aus, dass sie in zwei Jahren Kenntnisse erworben haben, die ihnen auch über ein paar wenige einführende Wochen des Studiums hinaus noch nützlich sind. Studenten, die – aus welchem Grund auch immer – keine angemessenen mathematischen Kenntnisse besitzen, müssen einen Einführungskurs in Mathematik belegen. Die Lehrbücher, die für diesen Kurs empfohlen werden, sind sämtlich amerikanisch: Mankiws *Principles of Economics* oder *Economics* von Krugman, Wells und Graddy für Studierende ohne volkswirtschaftliche Kenntnisse sowie generell als Grundlagenwerke *Microeconomics and Behaviour* von Frank und *Macroeconomics. European Edition* von Mankiw und Taylor.

Neben den genannten Kernfächern besuchen die Studenten im ersten Jahr drei weitere Kurse: einen in mathematischen Methoden, einen in elementarer Statistik und einen aus dem fachbereichsexternen Angebot. Im zweiten Jahr wiederholt sich das Muster: drei Kurse mit Vorlesungen zwei-

---

33 Die folgende Darstellung beruht auf den Angaben in der Website der LSE bezüglich des Lehrangebots im akademischen Jahr 2009/2010.

mal wöchentlich und Seminaren einmal wöchentlich – meist über das Michaelis- und das Trimester der Fastenzeit – in Mikroökonomik, Makroökonomik und Ökonometrie; hinzu kommt wiederum ein Kurs aus dem fachbereichsexternen Angebot. In den ersten beiden Jahren des Studiums sind also drei Viertel der Kurse Pflichtveranstaltungen und direkt auf die Ausbildung von Ökonomen ausgerichtet. Im dritten Jahr herrscht ein anderes Muster: Aus einer Folge von zwölf Themen des Fachbereichs, die von »EC301 Advanced Economic Analysis« bis »EC307 Development Economics« reicht, sind drei Kurse auszuwählen; ein weiterer ist aus dem externen Kursangebot zu belegen: Rechnungswesen, Wirtschaftsgeschichte, Staatslehre, Internationale Beziehungen, Geographie, Recht, Mathematik oder Unternehmensforschung (*Operations Research*). Im Ergebnis beträgt der Anteil an strikt volkswirtschaftlichen Inhalten, der die Zeit eines Studenten der Volkswirtschaftslehre in Anspruch nimmt, in jedem Jahr mindestens 75 Prozent. Zudem kann die vierte Option im dritten Jahr ebenfalls einen engen Bezug zur Volkswirtschaftslehre aufweisen – etwa Spieltheorie, Modellbildung in Operations Research oder Kurse in Analysis (Differential- und Integralrechnung) oder linearer Algebra.

Der erste akademische Abschluss in Volkswirtschaftslehre setzt einen Studiengang voraus, der mit dem geschilderten Programm kompatibel ist; zuweilen ist die Ausgangsbasis des Studenten breiter angelegt, aber im Kern vollzieht sich das Studium im Rahmen von Lehrveranstaltungen zur Makro- und Mikroökonomik über mindestens zwei Jahre, ergänzt durch Kurse in Ökonometrie, Statistik und Mathematik. Die wöchentliche Teilnahme erstreckt sich an den höher rangierenden Universitäten auf zehn bis zwölf Stunden, wobei drei oder vier davon auf Seminare mit weniger als 20 Teilnehmern entfallen. An weniger angesehenen Universitäten dürfte die Unterrichtszeit geringer ausfallen und gegen acht Wochenstunden tendieren. Durch Zulassungsbeschränkungen lässt sich der Lehrbetrieb aufrechterhalten. Wir können indes unsere Aufmerksamkeit auf einen anderen Punkt richten: den mangelnden Bezug dessen, was die angehenden Studenten in der Schule gelernt haben, zu den Kenntnissen, die die Hochschule von ihnen erwartet. Die frühe Spezialisierung im Oberstufen-Curriculum, der Umstand, dass im Abschlussjahr nur drei Fächer unterrichtet werden, wird von den Hochschullehrern nicht berücksichtigt. Da hilft es wenig, dass diese drei Fächer nach den Maßstäben des universitären Curriculums erweitert wurden und nun auch betriebswirtschaftliche Fallstudien, Psychologie, Soziologie, Tanz, Sport- und Theaterwissenschaften umfassen. Die führenden Universitäten weisen heutzutage die Bewerber um einen Studienplatz regelmäßig darauf hin, dass gute Noten in Fächern wie diesen nicht dasselbe hohe Gewicht besitzen wie in den Kernfächern. Andererseits werden kaum Anstrengungen unternommen, um an den Vorkenntnissen der Studienanfänger anzuknüpfen oder aber – als Alternative dazu – den Lehrern und Schülern im Schulsystem begreiflich zu machen, welche Arten von Fähigkeiten und Kenntnissen in bestimmten Studiengängen wünschenswert sind. Die Konsequenz dessen ist, dass die Hochschullehrer an den volkswirtschaftlichen Fakultäten zwar Kompetenzen in Mathematik fordern, im Übrigen aber ihre Veranstaltungen ausgehend von der Annahme konzipieren, dass die Studienanfänger nur wenig wissen, was von Belang wäre.

Wenden wir uns nun der Betrachtung der Verhältnisse an den amerikanischen Hochschulen zu. Diese unterscheiden sich sehr stark von den englischen, sind aber ebenfalls weit entfernt von den Überlegungen, die dem Bologna-Prozess Pate standen.

## 4. Das amerikanische System

Beginnen wir mit zwei Definitionen: eine amerikanische Universität ist eine Institution, die die akademischen Grade PhD *(philosophiae doctor)* und MA *(Master of Arts)* vergibt; sie könnte auch den Grad BA *(Bachelor of Arts)* vergeben. Ein *Liberal Arts College* ist eine Institution, die nur den Grad BA vergibt, und dies im Allgemeinen nach dem erfolgreichen Abschluss eines vierjährigen Studiums. Für die gegenwärtige Diskussion in Deutschland bedeutsam sind deshalb die *Liberal Arts Colleges*. Allerdings spielt im gesamten Bildungssektor für die Frage, was als volkswirtschaftliches Wissen zählt, die *Graduate School* eine überwältigend große Rolle. Es wäre deshalb schwierig, die Dynamik der Lehre der Wirtschaftswissenschaften an den *Liberal Arts Colleges* zu diskutieren, ohne sich zunächst ein Grundverständnis dieses Zusammenhangs zu verschaffen. Schon im Jahr 1997 wurde in einer Studie zur akademischen Grundausbildung vermerkt, dass die Lehre an den Colleges massiv dazu gedrängt werde, sich an den Lehrplänen der wirtschaftswissenschaftlichen Fakultäten der Universitäten zu orientieren; überdies stünden die Lehrkräfte unter dem Druck, ihre Qualifikation zunehmend anhand der Zahl und Platzierung eigener Veröffentlichungen in Fachzeitschriften belegen zu müssen anstatt in Form ihrer Ergebnisse in der Lehre.[34] Weiterhin gründete die American Economic Association im Jahr 1988 eine Kommission zur akademischen Ausbildung in Volkswirtschaftslehre (Commisson in Graduate Education in Economics, COGEE), die 1991 einen Bericht vorlegte. Ihre hochkarätige Besetzung[35] und die Empfehlungen, die die Kommission aussprach, setzten die Maßstäbe für die Debatte – obgleich seinerzeit Bedenken im Hinblick auf eine möglicherweise wachsende Kluft zwischen der an den *Liberal Arts Colleges* einerseits und in den Universitätsstudiengängen andererseits vermittelten Volkswirtschaftslehre herrschten.[36] Erst mit der Veröffentlichung der komplementären Studie zum *Liberal-Arts-Curriculum* Ende 2009 gelang es, die Gewichte in der Diskussion neu auszubalancieren.[37]

Die Gründung der COGEE war eine Reaktion auf die Klage im Rahmen eines nationalen Symposiums darüber, dass der Lehrstoff an den Universitäten »kaum in Bezug zu Fragen der Lebenswirklichkeit steht«.[38] Zunächst wurde in dem Bericht das Einkommen akademischer Ökonomen mit einem PhD-Abschluss im Vergleich mit Absolventen anderer Disziplinen betrachtet; außerdem widmete man sich der Frage, ob die Zahl der vergebenen PhD-Abschlüsse in der untersuchten Zeit stabil war. Die Ergebnisse fielen in beiderlei Hinsicht positiv aus, doch zugleich wurde festgestellt, dass die Zahl der frisch promovierten Volkswirte, die ihre erste Beschäftigung in der akademischen Welt aufnehmen, rückläufig sei.[39] Das bedeutete, dass eine wachsende Quote der 800 bis 850 frisch Promovierten Stellen außerhalb der akademischen Welt fanden; die Arbeitgeber waren jedoch im Allgemeinen mit den Kompetenzen der Angeworbenen sehr unzufrieden. Der stetige Anstieg der Zahl der Promovierten von den *Business*

---

34 Vgl. Becker: »Teaching Economics to Undergraduates«, S. 1350.

35 Die Mitglieder der Kommission waren Anne O. Krueger (Vorsitz), Kenneth J. Arrow, Olivier Blanchard, Aland Blinder, Claudia Goldin, Edwar E. Leamer, Robert Lucas, John Panzar, Rudolph Penner, T. Paul Schulz, Joseph Stiglitz und Lawrence Summers. Weitere Einzelheiten zu der Erhebung findet der Leser in Hansen, »The Education and Training of Economics Doctorates«.

36 Siehe die ausführliche Diskussion des Verhältnisses der führenden Colleges zum Graduiertenstudium der Volkswirtschaftslehre in Kasper, »The Education of Economists«.

37 Das College-Studium mit Schwerpunkt Volkswirtschaftslehre war auch Gegenstand einer Erhebung, die die Association of American Colleges zusammen mit der American Economic Association in Auftrag gab. Der Bericht war jedoch kurz. Er findet sich in Siegfried u.a., »The Economics Major«.

38 Vgl. Krueger u.a., »Report of the Commission on Graduate Education in Economics«.

39 Vgl. Ebd., S. 1038.

*Schools* bedeutete eine ernsthafte Konkurrenz; während im Jahr 1986 die Zahl der BA-Absolventen in Volkswirtschaftslehre 21.602 betrug, tummelten sich in den *Business Schools* fast zehnmal so viele Studenten. Deshalb ließ die Kommission ihre ursprüngliche Frage nach der Wirklichkeitsnähe des Studiums der Volkswirtschaftslehre fallen und stellte sich eine neue Aufgabe: Wie war es um den Wettbewerb um Studenten und Lehrstühle zwischen den volks- und den betriebswirtschaftlichen Abteilungen bestellt? Letztlich ging es um einen Test der Beschäftigungsaussichten promovierter Volkswirte.

Der Report enthält einen eigenartigen Befund, der die weiter oben für Großbritannien getroffene Feststellung zu den Zulassungsvoraussetzungen zu den *Undergraduate*-Studiengängen in Volkswirtschaftslehre widerspiegelt. Aufgrund der Überprüfung der Zulassungsvoraussetzungen sowie der Tatsache, dass der Anteil der Studierenden mit anderen Muttersprachen als Englisch zunahm, wird ein möglicher Zusammenhang mit dem verstärkten Einsatz mathematischer Methoden erwogen. Verknüpft damit ist wiederum die Aufnahme von Studenten ohne volkswirtschaftliche Grundkenntnisse. Ebenfalls eigenartig ist, dass dieser Befund nicht als ernsthaftes Problem gewertet wird, was wiederum die Vermutung nahelegt, dass strengere Zulassungsvoraussetzungen in Bezug auf volkswirtschaftliche Kenntnisse eine Eintrittsbarriere schaffen würden.[40]

Sodann wendet sich der Report der Verteilung der Gewichte zwischen formalmathematischen Fähigkeiten und ökonomischem Verständnis im Aufnahmeverfahren zu. Man stellt fest, dass die technischen Anforderungen in den Lehrveranstaltungen für fortgeschrittene Studenten im Fach Volkswirtschaftslehre oftmals ebenso hoch sind wie in den Ingenieurwissenschaften. Demgegenüber erzielten die Studienplatzbewerber im Bereich Volkswirtschaftslehre im Aufnahmetest (der standardisierten *Graduate Record Examination*) schlechtere Ergebnisse als im Bereich Ingenieurwissenschaften, und zwar sowohl auf der quantitativen Ebene als auch auf der Ebene der verbalen Argumentation.[41] Daraus wird der Schluss gezogen, dass die Kandidaten sich dessen gewahr werden sollten, dass die Kenntnisse, die sie sich in den ersten Jahren ihres Studiums angeeignet haben, nicht hinreichen; sie sollten sich stärker auf die Entwicklung ihrer technischen Fertigkeiten konzentrieren, denn wenn sie ihre Lücken in Mathematik und Statistik erst in

---

40 Vgl. Ebd., S. 1043.
41 Vgl. Ebd., S. 1042, Fußnote 19.

einer späteren Phase ausgleichen wollten, dann würden sie zu sehr vom ökonomischen Gehalt des Studiums abgelenkt.

Diese ziemlich verwickelte Logik übersieht anscheinend zwei überaus wichtige Punkte: Die amerikanischen Studenten der fortgeschrittenen Volkswirtschaftslehre[42] blieben im Aufnahmeverfahren in technischer *und* in verbal-argumentativer Hinsicht hinter ihrer Vergleichsgruppe zurück; hingegen zeigten sich die Kommissionsmitglieder lediglich über die mathematischen Fähigkeiten der Kandidaten besorgt. Sie vernachlässigten anscheinend die Möglichkeit, dass eine verquere Rückkoppelungsschleife am Werk sein könnte, die folgendermaßen aussieht: Die Universität richtet ihre Lehre nach einer technischen Ebene aus, die jenseits der technischen und inhaltlichen Kenntnisse ihrer Studenten angesiedelt ist. Folglich sind ihre Absolventen mit einem unzureichenden Verständnis mathematischer Ökonomik ausgestattet, mit dem sie selbst die nächste Generation von Studienanfängern in Verwirrung versetzen. Oder andersherum betrachtet: Die Ergebnisse des oben erwähnten Aufnahmetests legen den Schluss nahe, dass die Kandidaten ohne volkswirtschaftliche Grundkenntnisse, dafür aber mit guten Grundkenntnissen in Technik oder Physik, geringere technische Fähigkeiten besitzen als die Median-Kandidaten für ein Aufbaustudium in Ingenieurwissenschaften oder Physik. Wenn also ein Bewerber den Einstieg in ein ingenieurwissenschaftliches Graduiertenprogramm nicht schafft, so bleibt immer noch die Option auf ein volkswirtschaftliches.

Als Nächstes beschäftigt sich der Bericht mit Aspekten des Kerncurriculums und gibt eine Reihe von Patentlösungen zur Breite und Tiefe zum Besten. Er betont die Notwendigkeit von Vielfalt, stellt aber fest, dass die Beispiele für Vielfalt, die man in der Praxis angetroffen habe, »eher damit zu tun haben, dass Fakultätsmitglieder in ihren eigenen Lieblingsthemen schwelgen, als mit bewussten und sorgsam abgewogenen Entscheidungen der Fachbereiche«.[43] Es folgen Anmerkungen zu mangelnder Kreativität und zu den überwiegend dürftigen Fähigkeiten im schriftlichen und mündlichen Ausdruck, und die Darstellung endet mit der Angabe, dass im Mittel die

---

42 In den Graduiertenprogrammen waren ausländische Studenten bereits in der Mehrheit. Das Problem könnte also auch darin bestehen, dass die mathematischen Fähigkeiten der amerikanischen Bewerber geringer sind als die der ausländischen. Das ist ein wichtiger Punkt, denn viele der amerikanischen Studenten dürften später Kommilitonen der nachfolgenden Jahrgänge unterrichten.

43 Vgl. Krueger u.a., »Report of the Commission on Graduate Education in Economics«, S. 1045.

Dauer bis zum Abschluss eines Promotionsstudiengangs 6,4 Jahre beträgt.[44] Die Kommission zieht den generellen Schluss, dass man der Anwendung von Techniken auf ökonomische Probleme mehr Aufmerksamkeit schenken sollte und dass die Graduiertenprogramme einander so sehr ähnelten, dass eine gewisse Differenzierung lohnend wäre. Demgegenüber äußerte sie sich weder zu der Frage, weshalb es an Vielfalt mangelt, noch dazu, wie wirksame Anreize für die Fachbereiche zum Angebot stärker spezialisierter Programme beschaffen sein könnten.

David Colander schätzte rund sieben Jahre später den Effekt des CO-GEE-Reports, indem er zehn Spitzenuniversitäten erneut unter die Lupe nahm. Er konnte keine Veränderungen feststellen, die mit den Empfehlungen der Kommission im Einklang standen. Die mathematischen Anforderungen waren noch immer dieselben, wenn sie nicht sogar hochgeschraubt worden waren, und auch in der Anwendung von Techniken auf ökonomische Probleme machte er nur kaum merkliche Änderungen aus. Ein wichtiger Befund erschien sogar geeignet, die von der Kommission monierten Mängel zu verschärfen: Die Kerninhalte wurden zunehmend von Teams unterrichtet und in eine Reihe kleinerer Module unterteilt, was zur Folge hatte, dass es für die Studenten schwerer wurde, einen ganzheitlichen Ansatz zur Herangehensweise an Probleme zu entwickeln.[45] Colander schreibt auch, dass die Universitäten, die um die Verbesserung der Kommunikationsfähigkeiten der Studierenden bemüht waren, nicht zum Kreis der Spitzenuniversitäten zählten. Da letztere in der Regel ihre Lehrkräfte untereinander rekrutieren, bedeutete dies, dass diese positive Veränderung auf sie keine Auswirkungen hatte. Sein abschließender Vorschlag, wonach die Spitzenuniversitäten einen generalistischen Zug in die Lehre einbringen sollten, setzt an seinen schon erwähnten Beobachtungen an: dass Anstöße zu Innovationen nicht von den Spitzenuniversitäten ausgehen; dass die Spitzenuniversitäten ihre Positionen festigen, indem sie ihr Personal untereinander rekrutieren; und dass Innovationen, die jenseits der Spitzenuniversitäten ersonnen werden, ohne Instrumente zu ihrer Weiterverbreitung früher oder später schlicht verkümmern. Becker betont in seiner ausführlichen Darstellung des Unterrichts in Volkswirtschaftslehre an den Colleges diesen Punkt ebenfalls, indem er feststellt, dass die COGEE die Vorlesung als Standardlehrmethode unterstellte – eine von den Colleges imitierte Methode, die nur wenig Raum für Diskussionen und Problemlösungen bietet und eine passi-

---

44 Vgl. Ebd., S. 1049.
45 Vgl. Colander, »The Sounds of Silence«, S. 602.

ve Lernumgebung repräsentiert, die im Gegensatz zu den Merkmalen aktiven Lernens in der übrigen Hochschulausbildung steht.[46] Dieser Befund bietet eine weitreichende Erklärung der im COGEE-Report genannten Defizite in der schriftlichen und mündlichen Kommunikation. Er legt aber auch nahe, dass die starke Betonung einwandfreier technischer Analyse und deren didaktische Vermittlung an den führenden Universitäten die Probleme verewigen wird, die die Arbeitgeber inner- wie außerhalb der akademischen Welt beklagen: mangelnde Fähigkeiten zur Anwendung von Techniken auf reale Fragestellungen, mangelnde Fähigkeiten der Präsentation von Arbeitsergebnissen, dürftiges schriftliches Ausdrucksvermögen.

Im Jahr 2005 brachte Colander im Rahmen einer Untersuchung der Graduiertenprogramme der Universitäten Chicago, Columbia, Harvard, Stanford, Yale und Princeton sowie des Massachusetts Institute of Technology frühere Befunde zur Ausbildung amerikanischer Ökonomen auf einen neuen Stand. Seinerzeit stammten 70 Prozent der Absolventen der volkswirtschaftlichen Studiengänge dieser Hochschulen aus dem Ausland. Die Studenten, die an der Umfrage teilnahmen, bekräftigten die Auffassung, wonach die volkswirtschaftlichen Fakultäten ihre Aufgabe darin sehen, Forschungsnachwuchs für die wichtigsten Universitäten auszubilden, nicht aber Hochschullehrer für die Colleges. Letzteres kam nur für 9 Prozent der Studierenden infrage.[47]

51 Prozent der Studenten meinten, dass es sehr wichtig sei, »schlau zu sein in dem Sinne, gut zu sein in der Problemlösung«. Ebenfalls 51 Prozent waren der Ansicht, dass es unwichtig sei, »gründliche Kenntnisse von der Wirtschaft zu besitzen«.[48]

Diese und weitere Befunde vertragen sich schlecht mit den Zielen der amerikanischen Ausbildung im Grundstudium. Ist doch deren »Liberalität« mit der Entwicklung breit angelegter Kenntnisse verknüpft, die allerdings im Wertekanon der Graduiertenausbildung in auffälliger Weise ausgespart wird. Bevor wir uns mit der jüngsten Diskussion der Tendenzen in der amerikanischen Grundausbildung von Volkswirten befassen, sollten wir uns eine klarere Vorstellung davon verschaffen, wofür der entsprechende Abschluss eigentlich steht.

---

46 Vgl. Becker, »Teaching Economics«, S. 1359 u. 1354.
47 Vgl. Colander, »The Making of an Economist, Redux«, S. 179.
48 Vgl. Ebd., Tabelle 1, S. 181. Positiv ist hier lediglich, dass laut der Studie aus den 1980er Jahren die entsprechenden Sätze früher bei 65% und 68% lagen.

Zwar gibt es zwischen den Bundesstaaten mehr oder weniger feine Unterschiede, aber generell kann man sagen, dass die höhere Schulbildung in den Vereinigten Staaten in erster Linie in der High School stattfindet, in die die Schüler im Alter von 14 oder 15 Jahren eintreten und in der sie bis zum Abschluss vier Jahre verweilen. Die High Schools haben also mit dem Grundstudium die vierjährige Dauer der Ausbildung gemein. Anders als in Großbritannien wird in den amerikanischen High Schools die Fächerzahl in den beiden letzten Schuljahren nicht drastisch reduziert, und der Unterricht wird auch nicht so stark durch die fachspezifischen Prüfungen bestimmt. Die Nahtstelle zwischen Schule und Universität ist in den USA gänzlich anders beschaffen als in Großbritannien. Auf der Insel hat es wiederholte Versuche gegeben, die schmalspurige Oberschulausbildung dadurch auszugleichen, dass man die Universitätsausbildung im ersten Jahr auf eine breitere inhaltliche Basis stellt. Wie ich weiter oben schon bemerkt habe, stehen diese Ansätze den diversen innovativen Unterrichtsexperimenten Pate, die in den *plateglass universities* durchgeführt wurden. All diese Bemühungen verliefen irgendwann im Sand – unsere Skizze des Studiengangs an der LSE, der in den beiden ersten Jahren jeweils nur einen von vier Kursen außerhalb des Schwerpunkts Volkswirtschaftslehre vorsieht, ist in dieser Hinsicht durchaus repräsentativ. Im Gegensatz dazu beschwert sich in den Vereinigten Staaten niemand darüber, dass die Lehrpläne an den High Schools zu eng gefasst seien, wobei allerdings die Zusammensetzung der Inhalte im Grundstudium gleichermaßen breit angelegt ist. Das vierjährige Studium bis zum Erwerb des akademischen Abschlusses (*degree*)[49] umfasst überall einen einführenden Pflichtteil, eine Reihe von Wahlfächern und einen Schwerpunkt, sodass ein Student der Volkswirtschaftslehre seine Lernzeit auf eine Reihe von Themen zu verteilen hat. Obwohl ein amerikanischer BA-Absolvent mit dem Schwerpunkt Volkswirtschaftslehre vier Jahre studiert hat, fällt sein gesamtes der Volkswirtschaftslehre gewidmetes Zeitbudget geringer aus als das eines Absolventen der LSE, der nur drei Jahre studiert hat.

Wie in den Vereinigten Staaten ein BA-Studium der Volkswirtschaftslehre konkret aussieht, lässt sich am Beispiel des Middlebury College veranschaulichen, an dem David Colander unterrichtet. Zunächst sei gesagt, dass es sich um ein Campus-College mit 2.350 Studierenden handelt, das im Jahr 1800 gegründet wurde. Für ein *Liberal Arts College* ist diese Studentenzahl

---

49 Wobei gegebenenfalls zwei auf *Community Colleges* entfallen, die teilweise als Brutstätten für künftige BA-Studenten der staatlichen Universitäten fungieren.

durchaus typisch. Das Lehrangebot umfasst 44 Schwerpunkte, die Schüler-Lehrer-Relation beträgt 9 zu 1, die durchschnittliche Klassenstärke 16.[50] Alle Kurse werden von Fakultätsmitgliedern gegeben, unter ihnen keine Hochschulassistenten. Im ersten Studienjahr stehen zwei volkswirtschaftliche Kurse zur Wahl, einer in Mikro- und einer in Makroökonomik. In den beiden Hauptsemestern belegen die Studenten insgesamt acht Kurse, und bis zum dritten Studienjahr bleibt die Zahl der angebotenen Kurse in Volkswirtschaftslehre beschränkt. Dieses Muster entspricht dem Standard der wichtigsten *Liberal Art Colleges*, ebenso wie die Betonung eines breit angelegten Unterrichts im ersten Jahr und der ausgeprägte Einsatz von Gruppendiskussionen. Am College der Universität Columbia gibt es im ersten Jahr nach wie vor einen Schwerpunktkurs »Zeitgenössische Kultur« sowie einen Kurs zu Ethik und Politik von Plato bis zur Gegenwart über zwei Semester mit einer langen Liste von Titeln zur Pflichtlektüre. Im dritten Jahr wird der Schwerpunkt auf das Fach Volkswirtschaftslehre gelegt, und auch hier können wir wieder sehen, dass in den USA ein vierjähriges Studium der Volkswirtschaftslehre in geringerem Umfang rein volkswirtschaftliche Inhalte umfasst als das typische dreijährige Lehrprogramm in Großbritannien. Das Columbia-College nimmt in gewisser Weise eine Sonderstellung im Kreis der besten *Liberal Arts Colleges* ein, und natürlich sind die Mittel, die privaten Colleges in den Vereinigten Staaten zur Verfügung stehen, nach europäischen Maßstäben beträchtlich. Die Prinzipien der amerikanischen College-Unterrichtsprogramme sind indes eindeutig: vierjährige Studiendauer, Verwendung von höchstens der Hälfte der Studienzeit auf das Hauptfach, Betonung eines breit angelegten Curriculums, geringe Studentenzahlen, kleine Klassenstärken und eine Studenten-Lehrkräfte-Relation, die in Deutschland letztmals zu Hegels Zeiten bestanden haben dürfte.

Dies ist im Kontext dessen zu sehen, dass die allgemeine Inanspruchnahme von Hochschulbildungsangeboten sehr hoch ist: Im Jahr 2007 besuchten 66,5 Prozent der 18- bis 19-Jährigen ein College, 48,4 Prozent der 20- bis 21-Jährigen, 27,3 Prozent der 22- bis 24-Jährigen und 12,4 Prozent der 25- bis 29-Jährigen. Wenn wir uns vor Augen führen, dass eine der primären Aufgaben des Bologna-Prozesses darin besteht, die jungen Erwachsenen schnellstmöglich durch die Hochschulausbildung und auf den Arbeitsmarkt zu schleusen und somit den Übergang in eine berufliche Vollzeitbeschäftigung radikal zu verkürzen, dann entsprechen die amerikanischen Zahlen direkter als alles andere einem Modell, das mit dem europäischen Bachelor-

---

50 Vgl. http://www.middlebury.edu/about/facts.

Studium außer Kraft gesetzt wurde. In der gesamten amerikanischen Debatte über das Curriculum der *Liberal Arts Colleges* und die Probleme der volkswirtschaftlichen Graduiertenstudiengänge taucht die Verweildauer der jungen Erwachsenen im Bildungssystem an keiner Stelle auf, abgesehen von der Dauer bis zum Abschluss der Promotion, die selbst in den 1980er Jahren den deutschen Durchschnitt übertraf.[51]

An dieser Stelle ein Überblick über die aktuellen Inhalte des Hauptfachs Volkswirtschaftslehre:

»[…] the undergraduate economics major almost always includes one or two introductory courses …[…] intermediate theory courses in both microeconomics and macroeconomics, one or two quantitative methods courses covering basic statistics, regression models and estimation techniques, a few elective upper-level ›field‹ courses, and ideally a senior seminar or capstone course that includes an extensive research and writing component. […]… This coverage is quite different than what is covered in graduate schools, where the presentation is much more technical, concentrating on set theory and game theory in microeconomics, and dynamic stochastic optimal control theory in macro. Little of the training in the core micro courses in graduate school relates to what is taught in undergraduate school.«[52]

Wie Colander und McGoldrick feststellen, geht der Anstoß für Veränderungen von den Universitäten aus, in denen der technische Gehalt des Stoffs stetig vergrößert wird, entsprechend der Art von Volkswirtschaftslehre, wie sie den neuen Hochschullehrern von den Universitäten vermittelt wurde. Und das, was an den Universitäten gelehrt wird, spiegelt nur das wider, was die Hochschullehrer selbst einst gelernt haben. Der inhärente Selbstbezug einer wirtschaftswissenschaftlichen Ausbildung, die im universitären Bereich ihre primäre Aufgabe darin sieht, Studenten zu Professoren für den Einsatz an anderen führenden Universitäten heranzuziehen, hat sich als nachteilig erwiesen, und die negativen Effekte betreffen inzwischen weite Teile der gesamten Gesellschaft.

---

51 Das mittlere Alter der Erwerber eines Doktorgrads betrug 1985 in den USA 33,5 Jahre. Am niedrigsten lag es in der Physik mit 29,9 Jahren. Vgl. National Center for Education Statistics: *Digest of Education Statistics 1988,* US Department of Education, Washington DC 1988, Tabelle 208, S. 243.

52 Colander/Marie McGoldrick, »The Teagle Foundation Report«, S. 29–30.

## 5. Abschließende Bemerkungen

Über die Effektivität des deutschen Universitätssystems und seine Rolle in einem nationalen Bildungssystem wird seit Jahrzehnten diskutiert. Die Bologna-Erklärung von 1999 hat lediglich vollendete Tatsachen geschaffen. Sie war ein bequemes Instrument, das sich auf deutsche Universitäten anwenden ließ, wobei behauptet wurde, dies sei Teil eines europäischen Projekts und habe folglich mit Bestrebungen der Regierungen des Bundes und der Länder faktisch nichts zu tun. Und nunmehr ist sie ein bequemes Mittel zur Vermeidung einer ernsthaften Debatte über den Sinn und Zweck universitärer Bildung, über die Mittel, die ihr gewidmet werden sollten, und über die angemessene Aufteilung dieser Mittel auf das Spektrum der Fachgebiete und Bildungsstufen.

Das Bologna-Modell ist eine Reaktion auf etwas Bestehendes, das aber ohne Bedeutung ist – auf das Faktum national unterschiedlicher Verhältnisse im Bildungssektor. Ohne Zweifel sind nationale Bildungssysteme in sich nie ganz schlüssig, doch dadurch gewinnen sie per saldo an Robustheit und Effektivität. Die 1999 vorgeschlagene Lösung beruft sich auf ein britisches Modell für die Ausbildung an Hochschulen, das im Lauf der vorausgegangenen zehn Jahre von einer Regierung umgestaltet wurde, die ihr Verständnis der Zwecke universitärer Bildung kaum erkennen ließ. Weshalb das britische System im Jahr 1999 als musterhafte Vorlage angesehen wurde, die für irgendjemanden von Belang sein sollte, der ernsthaft an der Effektivität von Ausbildung interessiert war, ist und bleibt ein Rätsel. Dessen Lösung versteckt sich hinter den Intrigen des Zusammenspiels europäischer und nationaler Politik.

Es gibt kein angelsächsisches Modell. Eher können wir von einem zum Scheitern verurteilten britischen Modell einerseits[53] und einem prosperierenden amerikanischen System andererseits sprechen. Auf letzteres sollten wir unsere Aufmerksamkeit konzentrieren. Die kulturellen und pädagogischen Imperative der amerikanischen *Liberal Arts Colleges* schaffen den besten Ausgangspunkt für Politiker, die Anregungen für Bildungsreformen suchen. Wie ich oben angedeutet habe, gibt es in den USA eine weit gespannte Debatte[54] über das Verhältnis zwischen der Grundausbildung und

---

53 Eine Beurteilung des britischen Modells aus amerikanischer Sicht liefert Grafton, »Britain. The Disgrace of the Universities«.

54 Siehe dazu den ausgezeichneten Beitrag von Bateman, »The Role of Incentives (and Culture) in Rebalancing the Economics Major«, in: Colander/McGoldrick, *Educating Economists*.

dem weiterführenden Studium der Volkswirtschaftslehre. Diese Debatte bietet vielleicht den besten Nährboden für die Diskussion andernorts.

*Aus dem Englischen von Ute Gräber-Seißinger*

## Literatur

Bateman, Brad, »The Role of Incentives (and Culture) in Rebalancing the Economics Major«, in: Colander, David/McGoldrick, Kim Marie (Hg.), *Educating Economists. The Teagle Discussion on Re-evaluating the Undergraduate Economics Major,* Cheltenham 2009, S. 182–188.

Becker, William E., »Teaching Economics to Undergraduates«, in: *Journal of Economic Literature,* Vol. 35 (1997), S. 1347–1373.

Browne, Edmund J. u.a., *Securing a Sustainable Future for Higher Education: An Independent Review of Higher Education Funding & Student Finance,* London 2010.

Colander, David, »The Sounds of Silence. The Profession's Response to the COGEE Report«, in: *American Journal of Agricultural Economics,* Vol. 80 (1997), S. 600–607.

Colander, David, »The Making of an Economist, Redux«, Journal of Economic Perspectives Vol. 19 (2005), S. 175–198.

Colander, David/McGoldrick, Kim Marie, »The Teagle Foundation Report. The Economics Major as Part of Liberal Education«, in: dies. (Hg.), *Educating Economists. The Teagle Discussion on Re-evaluating the Undergraduate Economics Major,* Cheltenham 2009.

Stefan Collini, »Browne's Gamble«, in: *London Review of Books,* 4. November 2010, S. 23–25.

Grafton, Anthony, »Britain. The Disgrace of the Universities«, in: *New York Review of Books,* 8. April 2010.

Hansen, W. Lee, »The Education and Training of Economics Doctorates. Major Findings of the Executive Secretary of the American Economic Association's Commission on Graduate Education in Economics«, in: *Journal of Economic Literature,* Vol. 29 (1991), S. 1054–1087.

Hotelling, Harold, »Stability in Competition«, in: *Economic Journal,* Vol. 39 (1929), S. 41–57.

Judt, Tony, »Meritocrats«, in: ders., *The Memory Chalet,* London 2010, Kapitel XVI.

Kadish, Alon /Tribe, Keith, *The Market for Political Economy,* London 1993.

Kasper, Hirschel, »The Education of Economists. From Undergraduate to Graduate Study«, in: *Journal of Economic Literature,* Vol. 29 (1991), S. 1088–1109.

Krueger, Anne O. u.a., »Report of the Commission on Graduate Education in Economics«, in: *Journal of Economic Literature*, Vol. 29 (1991), S. 1035-1053.

Nussbaum, Martha C., *Not for Profit. Why Democracy Needs the Humanities*, Princeton, NJ, 2010.

Siegfried, John J. u.a., »The Economics Major. Can and Should We Do Better than a B-?«, in: *American Economic Review*, Vol. 81 (1991), S. 20-25.

Stevens, Robert, *From University to Uni. The Politics of Higher Education in England since 1944*, London 2004.

Tribe, Keith, *Governing Economy. The Reformation of German Economic Discourse, 1750–1840*, Cambridge 1988.

Tribe, Keith, »Educational Economies«, in: *Economy and Society*, Vol. 33 (2004), S. 605–620.

Tribe, Keith, »British Economics in the 20th Century«, in: Durlauf, Stephen/Blume Lawrence (Hg.), *The New Palgrave Dictionary of Economics*, 2. Aufl., Basingstoke 2008.

Tribe, Keith, *Economic Careers. Economics and Economists in Britain 1930-1970*, London 1997.

Tribe, Keith, »The Faculty of Commerce and Manchester Economics, 1903-44« in: *Manchester School*, Vol. 71 (2003), S. 680-710.

Wolf, Alison, *Does Education Matter? Myths about Education and Economic Growth*, London 2002.

# IV. Methodenpluralismus und Exemplarische Anwendungen

# Vom Glück und von Gärten –
# Moderne Ordnungsökonomik und die
# normativen Grundlagen der Gesellschaft

*Nils Goldschmidt*

> »God Almighty first planted a garden, and, indeed,
> it is the purest of human pleasures; it is the greatest
> refreshment to the spirit of man.«
> *Francis Bacon*[1]

> »Der wirkliche Lebensraum der Familie wird erst
> geschaffen, das wirkliche Vitalbedürfnis der
> Familie wird erst erfüllt, wenn sie in einem
> Eigenheim mit Garten leben kann.«
> *Alexander Rüstow*[2]

## 1. Vom Nutzen und von den Grenzen der Glücksforschung

In der wirtschaftswissenschaftlichen Diskussion ist die Glücksforschung mittlerweile eine feste Größe[3] und sie gewinnt auch bei einem breiteren Publikum mehr und mehr an Aufmerksamkeit.[4] Die Grundaussage der Glücksforschung ist dabei so eindeutig wie sie für die klassische Ökonomik beunruhigend ist: Mehr Einkommen bedeutet auf Dauer nicht mehr Glück. Oder anders formuliert: Das subjektive Wohlergehen der Menschen wächst im Zeitverlauf nicht in dem Maße wie der materielle Reichtum eines Landes zunimmt und folglich kann wirtschaftliches Wachstum das Glück der Menschen nicht garantieren.[5] Die empirischen Untersuchungen hierzu, wie sie

---

1 Bacon, *Essays*, S. 147. Siehe hierzu auch Röpke, *Civitas humana*, S. 284.

2 Rüstow, »Garten und Familie«, S. 287.

3 Zum Überblick über den wissenschaftlichen Forschungsstand siehe z.B. Frey/Stutzer, »What Can Economists Learn« und Clar/Frijters/Shields, »Relative Income« sowie Hirata, »Glücksforschung«.

4 Entsprechend erfolgreich können sich populär gehaltene Schriften am Markt platzieren, so z.B. Layard, *Glückliche Gesellschaft*, Frey/Frey Marti, *Glück* und Wilkinson/Pickett, *Gleichheit ist Glück*.

5 Zwischen Glück, Zufriedenheit und subjektivem Wohlbefinden wird im Folgenden nicht weiter unterschieden, zumal diese sprachlichen Nuancen empirisch kaum Effekte zeigen; siehe Hirata, »Glücksforschung«, S. 129f.

zu Beginn der 1970er Jahre durch Richard A. Easterlin angestoßen[6] und von
ihm kürzlich in einer umfassenden Studie erneut bestätigt und erweitert
wurden, sind in ihrer Tendenz eindeutig. Easterlin et al. können in ihrem
neuesten Artikel resümieren: »The article contributes the broadest range of
evidence yet assembled, demonstrating that over time a higher rate of economic growth does not result in a greater increase of happiness. [...] Thus, in
the short term, happiness and SWB [subjective well-being] are positively
related, but over the long term – here usually a minimum period of 10 y[ears]
– the relationship is nil. The happiness-income paradox now holds for coun-
tries ranging from poor to rich.«[7] Nun ließe sich trefflich über die Ursachen
dieser empirischen Beobachtungen streiten[8] wie auch darüber, was denn
dann die eigentlichen Glücksfaktoren sind.[9] Unabhängig von der wissenschaftlichen Diskussion hierzu ist für die folgenden Überlegungen die Konsequenz entscheidend, die aus der untersuchten Relation von Einkommen
respektive materiellen Wohlstand und Glück üblicherweise gezogen wird:
Wenn materieller Wohlstand zum Glück des Menschen nur wenig beitragen
kann, aber wirtschaftliches Handeln dem Menschen (weiterhin) nützlich
sein soll, muss der neue Maßstab wirtschaftlicher Entwicklung die individuelle Lebenszufriedenheit sein.[10] Folglich ist es auch die Aufgabe des Wirt-

---

6 Easterlin, »Money« und Easterlin, »Economic Growth«.

7 Easterlin et al., »Happiness-income paradox revisited«, S. 3f. Andere, frühere Studien
kommen zu gegenteiligen Ergebnissen, siehe insbesondere Hagerty/Veenhoven, »Wealth«,
und Hagerty/Veenhoven, »Rising happiness« sowie Stevenson/Wolfers, »Economic
Growth« sowie die Kritik an diesen Studien von Easterlin »Feeding«.

8 Eine wesentliche Rolle spielt hierbei sicherlich der Tatbestand, dass steigende Erwartungen
an den materiellen Wohlstand im Zeitablauf die Zufriedenheit mit dem jeweils tatsächlich
erreichten Ergebnis sozusagen »aufsaugen« (*aspiration theory*) und dass umgekehrt eine
Gewöhnung an ein bestimmtes Maß von Wohlstand die Effekte der Zufriedenheit mit
einem gegebenen Einkommensniveau verringern (*adaption theory*). Damit einher geht die
Überlegung, dass die Zufriedenheit mit dem individuellen Einkommen nicht vordringlich
an der absoluten Einkommenshöhe, sondern an der relativen Einkommensposition hängt,
was bekanntlich bereits Thorstein Veblen und James Duesenberry herausgearbeitet haben.
Zur Bedeutung relativer Einkommenspositionen aus Sicht der Glücksforschung siehe ausführlich Frey, *Happiness*, S. 30ff.

9 Richard Layard benennt sieben solcher Faktoren, die unser individuelles Glücksempfin-
den bestimmen: Familiäre Beziehungen, finanzielle Lage, Arbeit/Arbeitslosigkeit, soziales
Umfeld, Gesundheit, persönliche Freiheit und Lebensphilosophie/Religion; vgl. Layard,
*Glückliche Gesellschaft*, S. 77ff.

10 Hierin besteht auch Einigkeit zwischen den Vertretern der Glücksforschung und den Vor-
denkern neuer volkswirtschaftlicher Messgrößen jenseits des Bruttoinlandsprodukts, wie
sich beispielsweise anhand des so genannten Sarkozy-Reports von Joseph Stiglitz, Amartya
Sen und Jean-Paul Fitoussi (*Report by the Commission*) zeigen lässt.

schaftswissenschaftlers wirtschaftliche Prozesse nicht nur aus dem Blickwinkel der Effizienz zu beurteilen, sondern diese Prozesse auch daran zu spiegeln, ob sie dem einzelnen nützlich, d.h. ob sie seinem Lebensglück dienlich sind. Zugleich ist es ein Verdienst der Glücksforschung darauf hingewiesen zu haben, dass die jeweilige Lebenszufriedenheit von einer Vielzahl von Faktoren abhängig ist, die für eine Gesellschaft zwar kostspielig sein können, aber einem glücklichen Leben äußerst förderlich sind, wie z.B. Gesundheit, niedrige Verbrechensraten, ein familienfreundliches Arbeitsumfeld usw. Aus dieser – auch normativ – gut begründbaren Forderung nach einem glücklichen Leben (wer würde schon ein unglückliches Leben für eine Vielzahl der Mitglieder einer Gesellschaft als Ziel anstreben?) wird im Rahmen der Glücksforschung nun aber eine problematische Konsequenz gezogen: Kann man die Faktoren, die neben dem materiellen Wohlstand und mehr als dieser das Glück der Menschen ausmachen, empirisch bestimmen, dann müsse es folglich das Ziel sein, diese jeweiligen Glücksfaktoren weiter zu stärken. Der kritische Punkt liegt nun nicht darin, dass viele der in der Glücksforschung bestimmten Ziele nicht erstrebenswert wären – nichts spricht gegen bessere Gesundheit, bessere Kriminalitätsbekämpfung oder bessere Kinderbetreuungsmöglichkeiten –, das Problem ist die Bestimmung der Glücksfaktoren in bloß technischer, aber nicht in inhaltlicher Hinsicht, die in einem hohen Niveau von Glücksfaktoren *per se* den Maßstab der Zielerreichung sieht. Der US-Notenbankchef Ben Bernanke hat es im Mai 2010 folgendermaßen zum Ausdruck gebracht: »The idea is that by measuring the self-reported happiness of people around the world, and then correlating those results with economic, social, and personal characteristics and behavior, we can learn directly what factors contribute to happiness.«[11]

Glück ist also – so die Hoffnung der Glücksforschung – herstellbar, wenn wir die Faktoren, die wir empirisch als glückstreibende Potenzen benennen können, erhöhen. Eine schöne Hoffnung! Politische Entscheidungsprozesse wären dann – so der glückstheoretische Idealfall – Prozesse auf der Grundlage von erwartbaren Glücksmessungen: »Bis vor kurzem war diese Diskussion [wie das Glück Einzelner gewichtet werden soll, N.G.] theoretisch, da Glück nicht messbar war. Allmählich ändert sich dies, und wir können ernsthaft darüber diskutieren, inwieweit sich politische Entscheidungen auf das Glück

---

11 Bernanke, *Economics of happiness*, S. 4. Kritisch anzumerken ist zudem, dass die Frage der Kausalität zwischen subjektivem Wohlbefinden und einzelnen Faktoren nicht immer hinreichend geklärt ist; siehe Hirata, »Glücksforschung«, S. 137f.

unterschiedlicher Gruppen in der Gesellschaft auswirken.«[12] Glück wäre damit kalkulierbar und verwertbar: »Mitarbeiterinnen und Mitarbeiter, die mit ihrem Leben generell und ihrem Job im Speziellen zufrieden sind, sind produktiver. Als Folge davon sind ebenfalls die Kunden glücklich und entwickeln eine Firmentreue. Und wenn Mitarbeitende und Kunden zufrieden sind, dann rechnet sich das auch für die Unternehmen.«[13] Gegen eine simple Glücksmessung spricht aber auch die Tatsache, dass die individuelle Angabe subjektiven Wohlbefindens möglicherweise durch gesellschaftliche Umstände massiv beeinflusst wird. Entsprechend hat Sen auf die schwierige Messung von Lebenszufriedenheit dauerhaft benachteiligter Personengruppen hingewiesen: »The utilitarian calculus based on happiness or desire-fulfillment can be deeply unfair to those who are persistently deprived, since our mental make-up and desires tend to adjust to circumstances, particularly to making life bearable in adverse situations.«[14]

Hinzu kommt ein zweites Problem: Glück wird als Setzkasten oder Puzzlespiel einzelner Faktoren wahrgenommen, ohne dass eine diesen Elementen zugrunde liegende gesellschaftliche Leitidee herauskristallisiert wird. Folglich sind die verschiedensten Faktoren relevant, ohne dass daraus eine klare politische Agenda abgeleitet werden könnte: »Grundsätzlich sind alle Faktoren, die die Lebenszufriedenheit systematisch beeinflussen, ›Kandidaten‹ für politische Interventionen, insbesondere sozio-demografische, wirtschaftliche, kulturelle und politische Faktoren.«[15] Neben der damit einhergehenden möglichen Beliebigkeit einzelner Ziele, bleibt auch unentschieden, inwieweit Elemente subjektiven Wohlbefindens Berücksichtigung finden sollten, die sehr spezifisch sind und möglicherweise nur in bestimmten Lebenspha-

---

12 Layard, *Glückliche Gesellschaft*, S. 139.
13 Frey/Frey Marti, *Glück*, S. 164. Freilich predigen Frey/Frey Marti keinen Determinismus, sondern betonen, dass die mündigen Bürger » selbst entscheiden [sollen], wie sie ihr Leben gestalten und auf welchem Weg sie ihr persönliches Wohlbefinden steigern wollen« (ebd., S. 165). Jedoch – so heißt es an gleicher Stelle – sollten die »Resultate der empirischen Glücksforschung … im Diskurs unter den Bürgern sowie zwischen den Bürgern und den Politikern *bestätigt* werden« [meine Hervorhebung].
14 Sen, *Justice*, S. 282. Umgekehrt muss wachsende Unzufriedenheit nicht *per se* als gesellschaftlich nachteilhaft bewertet werden. So lässt sich zeigen, dass die Lebenszufriedenheit von Frauen mit der zunehmenden Wahrnehmung ihrer Benachteiligung (d.h. der wahrgenommenen Diskrepanz zwischen gut begründbaren Ansprüchen und der tatsächlichen Einlösung dieser Ansprüche) sinkt. Hieraus ließe sich aber wohl kaum ein Zurückdrängen emanzipatorischer Prozesse ableiten lassen, nur um das Glücksniveau von Frauen nicht zu beeinträchtigen; siehe Hirata, »Glücksforschung«, S. 144.
15 Frey/Frey Marti, *Glück*, S. 165.

sen eine wichtige Rolle spielen. Anschaulich, wenn vielleicht auch nicht ganz ernsthaft, mag das die folgende Episode illustrieren, die der Redakteur des *Süddeutsche Zeitung Magazins*, Alex Rühle, kürzlich mit Blick auf die rosaroten Traumwelten der Lillifee-Produkte beschrieben hat: »Lillifee ist ein anorektisches Wesen mit Glitzerflügeln, Kussmündchen und blonden Wuschelhaaren, das in einem ›Blütenschloss im Zaubergarten des Zauberlandes Pinkoviana‹ lebt, einem Paradies ohne Konflikte. […] [Kürzlich las] ich unseren Kindern … ein polnisches Märchen [vor], in dem die drei Söhne ausziehen, um das Glück zu suchen. Danach fragte ich: ›Was ist denn für euch beide Glück?‹ Unser Sohn sagte: ›Meine Hasen und die Marionetten.‹ Unsere Tochter sagte: ›Rosa mit so ein bisschen Glitzer drin.‹ Wow, dachte ich, ihr schäbigen Industriemogule, da habt ihr ganze Arbeit geleistet, wenn eine Fünfjährige das Glück mit der Lillifee-Ästhetik gleichsetzt.«[16]

Die Glücksforschung steht so in der Gefahr, einem naturalistischen Fehlschluss zu unterliegen. Aus dem Ist-Zustand des empirischen Wissens über einzelne Faktoren, die dem Wohlbefinden Einzelner zuträglich sind, wird gefolgert, dass diese Faktoren auch befördert werden sollten. Eine adäquate normative Fundierung politischer und gesellschaftlicher Gestaltungsprozesse, die über einen diffusen Utilitarismus hinausgeht, fehlt der Glücksforschung jedoch.[17] So schließt beispielsweise Richard Layard aus den positiven und unbestreitbaren Wirkungen von Psychopharmaka bei psychischen Erkrankungen, »dass mit den Fortschritten der Pharmazie immer mehr Menschen zu Medikamenten greifen werden«[18] und resümiert sein Kapitel mit der Überschrift »Drogen, Medikamente und Glück« mit der folgenden Überlegung: »Wenn es uns irgendwann gelingt, mit Suchtdrogen wie Heroin oder Kokain aufzuräumen, dann ironischerweise mithilfe von neuen und wirkungsvolleren medizinischen Drogen.«[19]

In ihren Schlussfolgerungen klingen so nicht wenige Autoren der Glücksforschung recht utopisch (»Wir wissen, dass ein Mehr an Gleichheit uns er-

---

16 Rühle, *Lillifee-Komplex*, S. 24 u. 26.

17 So auch Hirata: »In Bezug auf die Zielsetzung der Glücksforscher lässt sich feststellen, dass ein normatives Interesse regelmäßig eine bedeutsame Rolle zu spielen scheint, dieses jedoch selten thematisiert, geschweige denn reflektiert oder begründet wird.« Hirata, »Glücksforschung«, S. 128.

18 Layard, *Glückliche Gesellschaft*, S. 235.

19 Ebd., S. 237. Die Absurdität dieser Position wird auch an der Überlegung deutlich, dass wir kaum den Verlust einer geliebten Person dadurch mildern wollen, dass wir uns einer »Glückspille« bedienen. Zu diesem Argument und seinem Ort in der Diskussion siehe Hirata, »Glücksforschung«, S. 130.

möglichen wird, den Konsumismus zu zügeln, und es uns erleichtern wird, Maßnahmen gegen die Erderwärmung auf den Weg zu bringen.«[20]) und fordern politische Agenden, die zwar in ihrer Allgemeinheit gesellschaftlich konsensfähig sind, aber kaum handlungsleitend sein können. Nochmals Layard: »Wir benötigen daher dringend eine Vorstellung vom Gemeinwohl. Ich kann mir kein besseres Ziel vorstellen als das größtmögliche Glück für alle und jeden Einzelnen. Dieses Ideal bringt uns unseren Mitmenschen wieder näher. Aber auch unser Eigeninteresse erhält ausreichend Gewicht, denn schließlich wissen wir selbst am besten, was uns gut tut.«[21]

Im Folgenden wird es darum gehen, die Frage nach dem Glück einer ordnungsökonomischen Reflexion zu unterziehen. Es wird grundsätzlich zu fragen sein, welche normative Leitidee für moderne Gesellschaften tragfähig ist, die sich – wie von der Glücksforschung eingefordert – von einer lediglich materiellen Wachstumsideologie verabschiedet, die aber zugleich mehr zu bieten hat als die Aufsummierung einzelner Glücksfaktoren. Zugleich mag diese Perspektive auch dabei helfen, moderne Ordnungsökonomik selbst klarer zu fassen. Die prekäre Stellung die ihr an den wirtschaftswissenschaftlichen Fakultäten momentan zuteil wird, liegt nicht zuletzt daran, dass auch innerhalb der Ordnungsökonomik sich erst langsam eine notwendige Debatte über die eigenen Grundlagen entwickelt, die aufzuzeigen vermag, dass die Wirtschaftswissenschaften auch heute noch von der Ordnungsökonomik profitieren können.

## 2. Vitalpolitik und Gärten

Unter dem bezeichnenden Titel »Hat der Westen eine Idee?« umschreibt Alexander Rüstow schon 1957 den kritischen Punkt, an dem sich auch die spätere Glücksforschung abarbeiten wird: Es geht um eine »Vitalpolitik, d.h. einer Wirtschafts- und Sozialpolitik, die bewusst nicht nach irgendwelchen Rekorden und Höchstleistungen strebt, nicht danach strebt, dass irgendwelche Kurven der Lohnentwicklung oder von sonst etwas möglichst steil aufwärts gehen, denn von aufwärtsgehenden Kurven kann man schließlich nicht leben und glücklich werden, sondern die bewusst die Frage stellt, was getan werden kann, um den einzelnen Menschen glücklich und zufrieden zu

---

20 Wilkinson/Pickett, *Gleichheit ist Glück*, S. 304.
21 Layard, *Glückliche Gesellschaft*, S. 251.

machen.«[22] Wovon nun ist – folgt man Rüstow – das Glück des Einzelnen abhängig? Er schreibt: »Die Zufriedenheit, das Sich-Wohlfühlen des Menschen hängt ohne Zweifel wesentlich von dem ab, was Gerhard Weisser [...] seine ›Lebenslage‹ genannt hat und was ich als seine ›Vitalsituation‹ bezeichne [...]. Durch die Forderung nach Vitalpolitik soll betont werden, dass, wie Weisser richtig feststellt, jede Sozialpolitik letzten Endes Lebenslagen verteilt, die keineswegs nur von der Einkommenshöhe und anderen messbaren Größen, sondern sehr wesentlich auch von qualitativen, strukturellen, morphologischen und unwägbaren Umständen abhängen.«[23] Steht der Gedanke der Vitalpolitik, wie er von Alexander Rüstow ausformuliert wurde, zwar dergestalt in klarer Analogie zur Glücksforschung, dass das »Sichfühlen des Menschen in seiner Lebenslage [...] von ökonomischen Dingen ab[hängt], aber in weit höherem Maße von überökonomischen Dingen«[24], schafft er in politischer Hinsicht jedoch ein anderes, tiefer liegendes Fundament. Vitalpolitik ist eine *gesellschaftspolitische Aufgabe*, es ist eine Frage nach den Umständen, die es dem Einzelnen ermöglichen soll, ein sinnerfülltes (d.h. glückliches) Leben zu führen: »Vital ist dasjenige, was die ›vita humana‹, was das menschliche Leben, das menschenwürdige Leben fördert.«[25] Es geht also zunächst nicht um einzelne Faktoren, die messbar das Glück beeinflussen, sondern um die bewusste politische und qualitative Förderung von Lebensumständen, die dem Einzelnen Lebensperspektiven eröffnen.[26] Dergestalt handelt es sich um ein klar ordoliberales Konzept im Sinne der Freiburger Tradition.[27] Gefordert ist der Aufbau einer solchen gesellschaftlichen Ordnung, die jedem Mitglied der Gesellschaft die Möglichkeit gibt, frei und einen nach den jeweiligen Fähigkeiten und Zielsetzungen bestimmten Lebens-

---

22 Rüstow, »Westen«, S. 182f.

23 Rüstow, »Garten und Familie«, S. 275. Zur Nähe zwischen dem Lebenslagenkonzept von Weisser und ordoliberalen Positionen siehe auch Weisser, »Marktwirtschaft«, S. 667f., Engelhardt, »Lebenswerk«, S. 47f., Goldschmidt, »Sozialpolitik«, S. 84–86 und Maier-Rigaud/Maier-Rigaud, »Rüstows Konzept«, S. 72–74.

24 Rüstow, »Wirtschaft«, S. 82.

25 Rüstow, »Paläoliberalismus«, S. 68.

26 Entsprechend formuliert Franz-Xaver Kaufmann mit Blick auf das Lebenslagenkonzept von Weisser: »[Der Begriff der Lebenslage] beinhaltet nach unserem Verständnis grundsätzlich alle Elemente und Bedingungen menschlicher Existenz, die als durch politische Maßnahmen beeinflussbar gelten. Der Begriff ›Lebenslage‹ wird also in seinem empirischen Gehalt erst durch eine Analyse politischer Intentionen und Maßnahmen bestimmt.« Kaufmann, *Sozialpolitik*, S. 62.

27 Zur Freiburger Tradition siehe Goldschmidt/Wohlgemuth, »Entstehung und Vermächtnis«.

weg zu wählen. Es geht also nicht so sehr um die Herstellung von (Glücks-) Zuständen, sondern um die Ermöglichung von Bedingungen eines sinnerfüllten Lebens – ob das Leben dann tatsächlich sinnerfüllt ist, ist durchaus der Verantwortung des Einzelnen zu überlassen.

Hierin liegt auch die Lösung der vordergründigen Spannung zwischen der Forderung nach einer umfassenden Vitalpolitik und der von Rüstow immer wieder eingeklagten engen Begrenzung konkreter sozialpolitischer Maßnahmen. Denn: Gelingt Vitalpolitik und die damit einhergehende Möglichkeit, ein selbstverantwortliches Leben zu führen, dann gibt es einen klaren Primat der Selbstfürsorge vor der Sozialvorsorge.[28] Dies kann aber nur dann glücken, wenn Ordnungspolitik zunächst für die Herstellung von Start- respektive Chancengerechtigkeit sorgt: »Die Gesetzgebung, die Wirtschaftsgesetzgebung muss in der Richtung tendieren, einen Ausgleich der Chancen zu geben, eine Gleichheit der Chancen so herzustellen, dass endlich jeder wirklich seines Glückes Schmied ist.«[29] Eine solche Chancengerechtigkeit zielt dabei auf die konkreten Teilhabemöglichkeiten des Menschen an sozialen Prozessen. Der Mensch muss nicht nur formal, sondern er muss auch faktisch Teil der Gesellschaft sein. Ihm bzw. ihr müssen die Chancen gegeben sein, sich auch verwirklichen zu *können*: »Zu diesen Dingen, die für das Sichfühlen, sagen wir ruhig, so sehr man bisher auch in Gefahr war, sich damit lächerlich zu machen: für das Glück des Menschen entscheidend sind, gehört nicht zuletzt seine soziale Einbettung.«[30]

Mit diesen Überlegungen bewegt sich Rüstow – dies sei jedoch nur kurz angedeutet – auf Denkwegen, wie sie in der aktuellen Diskussion um das Konzept der Verwirklichungschancen (»capabilities«) von Amartya Sen und die Idee der Inklusion erörtert werden. Sen hat bekanntlich darauf hingewiesen, dass das Gelingen menschlichen Lebens wesentlich von den faktischen Chancen zu einem selbstbestimmten Leben abhängen.[31] Verwirklichungschancen sollen dem Menschen ermöglichen, »genau das Leben führen zu

---

28 Siehe z.B. Rüstow, »Sicherung«, S. 198. In diesem Sinne ist Eigentumspolitik ebenfalls ein zentrales Element der Vitalpolitik; siehe unten. Als Beispiel für einen scheinbaren inhärenten Widerspruch im Verständnis von Sozialpolitik bei den Ordoliberalen siehe z.B. die Fehlinterpretation bei Ptak, *Ordoliberalismus*, S. 196–200.

29 Rüstow, »Wirtschaftsordnung«, S. 246. Zur aktuellen Debatte um Chancengerechtigkeit in Bezug auch auf Rüstow siehe Goldschmidt, »Chancengleichheit«.

30 Rüstow, »Westen«, S. 183.

31 Die Glücksforschung sieht in den von Sen formulierten Voraussetzungen für ein gelingendes Leben enge Parallelen zu den empirisch ermittelten Glücksvoraussetzungen, so z.B. Layard, *Glückliche Gesellschaft*, S. 129.

können, das sie schätzen, und zwar mit guten Gründen«.[32] In diesem Sinne ist der Sen'sche Ansatz zwar streng individualistisch, da es ihm als liberalen Ansatz um die je individuelle Selbstbestimmung und die Verwirklichung von Chancen hierzu geht, jedoch ist der Einzelne als Sozialwesen[33] dabei einerseits abhängig von den gegebenen politischen und gesellschaftlichen Bedingungen und andererseits aufgefordert, gegebene Chancen auch im Sinne der persönlichen Verantwortung zu nutzen und im Rahmen politischer Partizipation einzubringen.[34]

Vitalpolitik – modern verstanden als die Einräumung von Verwirklichungschancen und die Einbindung in die Gesellschaft – findet ein Pendant auch im Konzept der Inklusion. Inklusion in die Gesellschaft bedeutet dabei nicht nur die »soziologische« Tatsache (immer schon) Mitglied einer Gesellschaft zu sein, sondern beinhaltet darüber hinaus die Forderung, umfassend an den Errungenschaften der Gesellschaft teilhaben zu können. Es ist die Forderung nach der Möglichkeit eines »gelingenden Lebens«. Offensichtlich wird dies an der notwendigen Einbindung in die Gesellschaft durch das ökonomische System. Das ökonomische System erbringt in modernen Gesellschaften die Leistung, die Menschen über den Markt miteinander zu vernetzen – allerdings nur unter dem strengen Vorbehalt der ökonomischen Rentabilität. Dies bedeutet zugleich, dass diese Inklusionsleistung nicht notwendig zu Bedingungen geschieht, die am jeweiligen Wohl der Marktteilnehmer orientiert sind. Hierfür bedarf es der politischen Rahmensetzung und der sozialpolitischen Ergänzung. Denjenigen, denen es nicht gelingt, selbst Einkommen zu generieren bzw. die aus Gründen der natürlichen Lebensphasen aus dem ökonomischen Erwerbsprozess herausfallen (insb. Kinder, Alte und Kranke), bedürfen spezifischer Maßnahmen, um gleichwohl ein Dasein führen zu können, das dem jeweiligen Standard der Gesellschaft zumindest annäherungsweise angemessen ist.[35] In der Verknüpfung dieser Überlegungen mit den eben skizzierten Gedanken der Verwirklichungschancen wird nochmals deutlich, wie die von Rüstow ein-

---

32 Sen, *Ökonomie*, S. 29.

33 »Sen argues that the notion of basic capabilities should not be understood purely in term of functionings linked to biological survival. Human beeings are social creatures who have needs *as members of a society*.« White, »Ethics«, S. 20.

34 »Freedom to choose gives us the opportunity to decide what we should do, but with that opportunity comes the responsibility for what we do – to the extend that they are choosen actions.« Sen, *Justice*, S. 19. Zum Verständnis der Verwirklichungschancen bei Sen siehe Scholtes, »Verwirklichungschancen«.

35 Siehe hierzu ausführlich Fuchs-Goldschmidt/Goldschmidt, »Inklusion«.

geforderte »soziale Einbettung« modern interpretiert werden kann: Es geht um die Schaffung von Voraussetzungen, die den Einzelnen tatsächlich befähigen, ein selbstbestimmtes und gelingendes Leben zu führen. Vor diesem Hintergrund müssen insbesondere die aktuell verhandelten sozialpolitischen Konzepte wie frühe Förderung, die Verbesserung und die Wahrnehmung von Bildungschancen wie auch die Frage nach der Gestaltung benachteiligter, prekärer Stadtquartiere mit dem Ziel fehlende Teilhabechancen durch einen Abbau von städtischen Segregationsräumen diskutiert werden.[36]

Gerade an den letzten Aspekt – die Gestaltung städtischer Räume – knüpft ein Gedanke von Rüstow an, der aus heutiger Sicht auf den ersten Blick naiv und romantisch wirkt und doch für die aktuelle Diskussion bedeutsam sein könnte. An verschiedenen Stellen – am prominentesten sicherlich in seinem Aufsatz »Garten und Familie« – spricht sich Rüstow für eine Gestaltung von Lebens- und Naturräumen aus, die es dem Einzelnen ermöglicht, aufgrund seiner Einbindung in eine lebenswerte Umgebung soziale Einbettung und Glück zu erfahren: »Die dienende, nur dienende Funktion der Wirtschaft ist zwar wichtig und grundlegend, aber anderen Dingen untergeordnet, und über ihr erheben sich nun die eigentlich menschlichen Dinge, auf die es ankommt, und für die die Wirtschaft nur Mittel zum Zweck ist. Und diesen überwirtschaftlichen Bedürfnissen, diesen weit wichtigeren Bedürfnissen in allererster Linie, dient ja nun heute auch der Garten.«[37] Rüstow geht es darum, die Lebenswelt der Menschen so zu gestalten, dass sie innerhalb ihrer Umgebung ihr Leben als sinnerfüllt erleben können: »Wenn eine Familie selbst einen ausreichenden Wohnraum im 5. Stock des Hinterhauses mit Aussicht auf die Mülltonnen usw. hat, dann kann sie da zwar leben, aber menschlich lebenswertes Leben ist das nicht.«[38] Der Garten ist für Alexander Rüstow das Symbol einer bleibenden Eigenständigkeit von Mensch und Familie in Zeiten industrieller Angleichung der Lebensprozesse[39] und das Zeichen für eine Fundierung der Gesellschaft, die außerhalb des Ökonomischen zu verorten ist: »Gegen die Siedlungspolitik,

---

36 Zum Verhältnis von Inklusion und aktueller Sozial- und Gesellschaftspolitik siehe Goldschmidt/Fuchs-Goldschmidt, »Built-in inclusion«; zum Problem der städtischen Segregation vgl. z.B. Güles/Wagener/Wagner, »Bildung«.

37 Rüstow, »Garten und Familie«, S. 287.

38 Ebd. Zur Rolle des Gartens bei Rüstow, auch in seiner Rückbindung an die bäuerliche Lebensweise, siehe auch Hegner, *Rüstow*, S. 63–65.

39 Für Wilhelm Röpke ist so die Vorstellung eines blühenden Gartens auch das Gegenstück der für die Neuzeit konstatierten Vermassung: »Diese Masse steht im Begriff, den Garten

die auf das familiengerechte Einfamilienheim mit entsprechendem Garten gerichtet ist, wird häufig der Einwand erhoben, das sei unwirtschaftlich, das sei teurer als Etagenwohnungen und beeinträchtige außerdem die marktwirtschaftliche Beweglichkeit der Arbeitskräfte. Das mag sein. Aber wir sind der Meinung, dass der wirtschaftliche Mehraufwand, den eine familiengerechte Wohnstätte gegenüber einer Mietskaserne erfordert, bei weitem lohnt und dass auch die verminderte Beweglichkeit ohne weiteres in Kauf genommen werden muss im Dienste überwirtschaftlicher Werte, die unvergleichlich viel wichtiger und höher sind. Auch das ist eine Forderung der Vitalpolitik.«[40]

Freilich, dies klingt zunächst äußerst unzeitgemäß und verzopft, gewinnt aber vor dem Hintergrund der benannten städtischen Segregationsprobleme eine ungeahnte Aktualität. Wie vor kurzem Robert Castel in seiner beeindruckenden Studie zu den Jugendrevolten in den Pariser Banlieues deutlich gemacht hat, liegt das Problem der jugendlichen Perspektivlosigkeit in den Pariser Vorstädten darin, dass sie zu »Orten sozialen Abstiegs« geworden sind: »In diesen ZUS (*zones urbaines sensibles*) oder ›städtischen Problemgebieten‹, wie man sie bald nennt, ist die Prekaritäts- und Arbeitslosenquote, aber auch der Anteil der Empfänger von Sozialhilfe und Sozialleistungen (besonders für Alleinerziehende – ein Zeichen des familiären Zerfalls) im Durchschnitt dreimal so hoch wie in der französischen Gesellschaft insgesamt. Das Einkommen liegt bei jedem fünften (in ganz Frankreich bei jedem zehnten) Haushalt unter der Armutsgrenze. Der Migrantenanteil wirkt sich als zusätzliche Benachteiligung aus, die das Wohnen in diesen Bezirken abwertet und diese Abwertung gleichzeitig überdeterminiert.«[41] Aus Sicht der Inklusionsforschung ist das vordringliche Problem, dass Menschen in prekären Quartieren faktisch nicht innerhalb der Gesellschaft leben, da sie, gerade auch aufgrund ihres Wohnortes, in der Gesellschaft keine anerkannte Stellung haben. Sie sind, um mit Auguste Comte zu sprechen, »inmitten der Gesellschaft, ohne in ihr zu leben«.[42]

Es geht nicht um eine Rückkehr zu den Gärten, es geht darum, Lebensbedingungen zu schaffen, die es ermöglichen, in gesellschaftlichen Kontexten aufzuwachsen, die die Chance auf ein selbstbestimmtes und gelingendes

---

der europäischen Kultur zu zertrampeln, skrupellos, verständnislos.« Röpke, »Epochenwende?«, S. 124.

40 Rüstow, »Wirtschaft«, S. 86.

41 Castel, *Diskriminierung*, S. 23. Zur deutschen Situation siehe Luft, »Sozialpolitik«. Siehe hierzu auch bereits die Argumentation bei Röpke, *Civitas humana*, S. 288f.

42 Zit. nach Castel, *Stärkung*, S. 75f.

Leben schaffen, es geht um die Möglichkeiten zur »Glücksproduktion«[43]. Eine solche Aufgabe ist aber nicht ökonomisch, sondern außerökonomisch zu bestimmen. Hierin liegt nun auch das normative Anliegen moderner Ordnungsökonomik, wie es bereits im frühen Ordoliberalismus vorgezeichnet wurde: »[Es kann] kein Vorwurf gegen uns neoliberale Vertreter der Sozialen Marktwirtschaft ungerechter sein [...] als der, dass wir das Wirtschaftliche überschätzen. Wir sind im Gegenteil der Meinung, dass die Wirtschaft in allen Punkten und durchweg in den Dienst überwirtschaftlicher Werte gestellt werden muss, und dass im Konfliktsfalle diese überwirtschaftlichen Werte den Vorrang verdienen.«[44]

## 3. Moderne Ordnungsökonomik

Zentrales Argument der ordnungspolitischen Tradition seit ihren Ursprüngen ist der Gedanke, dass ein erfolgreicher Umgang mit sozialen und ökonomischen Problemstellungen in der Moderne letztlich nur mittels gesellschaftlicher Übereinkunft und politisch-institutioneller Gestaltung möglich ist. Entsprechend ist die Integration aller Teile der Wirtschafts- und Sozialpolitik im Sinne einer umfassenden Gesellschaftspolitik das Kernelement ordnungspolitischen Denkens. Die Abstimmung der einzelnen politischen Maßnahmen auf der Ebene der gesellschaftlichen »Spielregeln« steht als die entscheidende Ordnungsaufgabe im Vordergrund. Schon Ludwig Erhard wusste zu formulieren: »Eines ist bei einem guten Fußballspiel als wesentliches Merkmal zu erkennen: Das Fußballspiel folgt bestimmten Regeln, und diese stehen von vornherein fest. Was ich mit einer marktwirtschaftlichen Politik anstrebe, das ist – um im genannten Beispiel zu bleiben – die Ordnung des Spiels und die für dieses Spiel geltenden Regeln aufzustellen.«[45] Grundlage hierfür ist die Einsicht in die »Interdependenz der Ordnungen«,

---

43 Sehr schön illustriert dies die von Rüstow geschilderte folgende Anekdote: »Mein Freund Wilhelm Röpke ging einmal in Holland mit einem Kollegen, durch eine solche Schrebersiedlung, ich kann den Namen des Kollegen, den er verschwiegen hat, ruhig verraten, es war der bekannte und verdienstvolle paläoliberale Nationalökonom Ludwig von Mises, und Herr von Mises sagte: ›Unproduktive Art von Gemüseproduktion!‹ – Röpke erwiderte: ›Höchst produktive Art von Glücksproduktion!‹«; Rüstow, »Garten und Familie«, S. 286. Auch Röpke schildert diese Anekdote, siehe hierzu: Hennecke, *Röpke*, S. 3.

44 Rüstow, »Wirtschaft«, S. 87.

45 Erhard, »Wirtschaftsminister«, S. 507.

die auf der parallelen Realisierung und fortlaufenden Abstimmung von poli-
tischer und wirtschaftlicher Ordnung basiert: »Die Interdependenz von
Staatsordnung und Wirtschaftsordnung zwingt dazu, den Ordnungsaufbau
von beiden in einem Zuge in Angriff zu nehmen. Dies ist das Entscheidende.«[46]
Nur so ist auch eine Lösung der sozialen Frage zu erwarten: »[D]ie soziale
Frage [kann] nur durch eine zureichende Gesamtordnung gelöst werden.«[47]
Im Mittelpunkt stehen damit anstelle punktueller Ansätze und interventio-
nistischer Eingriffe (oder im Sinne der Glücksforschung: der Ermittlung und
Umsetzung einzelner Glücksfaktoren) die Suche nach allgemeinen Regeln
im Rahmen einer gesellschaftlichen Gesamtordnung. Hieraus ergibt sich
eine doppelte Charakterisierung von Ordnungsökonomik. Erstens: Ordnungsökonomik ergänzt den klassischen wirtschaftswissenschaftlichen Kanon um die Einsicht, dass eine Ökonomik, die gesellschaftspolitische Relevanz entfalten will, sich kontextual verstehen muss. In diesem Sinne ist
Ordnungsökonomik »Schnittstellen-Ökonomik«. Es geht um das Zusammenspiel wirtschaftlicher Prozesse mit den Prozessen anderer gesellschaftlicher Teilordnungen wie der Politik, dem Rechtssystem usw.[48] Zweitens –
und im vorliegenden Zusammenhang wichtiger: Ordnungsökonomik ist
immer auch eine normative Disziplin, da die Frage nach der Gestaltung der
»Spielregeln« vor dem Hintergrund der Interdependenz gesellschaftlicher
Ordnungen nicht allein nach ökonomischen Kriterien zu beantworten ist.
Vielmehr bedeutet Ordnungsökonomik, soziale Arrangements nicht lediglich nach ihrer Funktionsfähigkeit im Sinne der wirtschaftlichen Effizienz zu
beurteilen, sondern zu überlegen, inwieweit die institutionelle Ausgestaltung, d.h. die Regeln der Gesellschaft, im Interesse aller von diesen Regelungen betroffenen Individuen ist und nicht nur dem Vorteil Einzelner dient:
»Was eine marktliche Wettbewerbsordnung […] legitimiert, sind nicht die
von ihren Befürwortern zu Recht betonten positiven Funktionseigenschaf-
ten, sondern die freiwillige Zustimmung, die sie von den unter ihr lebenden
Menschen erfährt.«[49] Anders als in der klassischen Wohlfahrtsökonomik
geht es in der modernen Ordnungsökonomik nicht um eine (arithmetische)
Nutzenkalkulation, sondern um die normative Legitimation gesellschaftlicher Arrangements aus den Interessen *aller* Mitglieder einer Gesellschaft he-

46 Eucken, *Grundsätze*, S. 338.
47 Eucken, »Soziale Frage«, S. 131.
48 Siehe hierzu ausführlich: Goldschmidt/Wegner/Wohlgemuth/Zweynert, »Ordnungsöko-
    nomik«.
49 Vanberg, »Überlegungen«, S. 726.

raus.[50] »Prüfstein« für vorteilhafte soziale Arrangements ist dabei das Kriterium der Zustimmungsfähigkeit. Nur wenn die Regeln der Wirtschafts- und Sozialpolitik dem Interesse der Betroffenen entsprechen, und diese ihnen zustimmen könnten, sind sie aus Sicht der modernen Ordnungsökonomik legitimierbar und haben Aussicht, auch tatsächlich realisiert zu werden.[51]

Die normative Begründung für eine im Sinne von Inklusion und Verwirklichungschancen modern interpretierte Vitalpolitik liegt aus ordnungsökonomischer Sicht also in der Einsicht begründet, dass Teil der Gesellschaft zu sein – als die basale Grundvoraussetzung für ein gelingendes Leben – sich als das grundlegende Leitmotiv gesellschaftlicher Übereinkunft interpretieren lässt. Oder anders gesagt: Es wird kaum im zustimmungsfähigen Interesse der Mitglieder einer Gesellschaft sein, wenn Einzelne dauerhaft von der Möglichkeit ausgeschlossen werden, ein selbstbestimmtes Leben innerhalb der Gesellschaft zu führen. Die ordnungsökonomische Reinterpretation des Lebensglücks, verstanden als die Schaffung von Voraussetzungen, Lebenschancen faktisch zu haben und sie tatsächlich auch wahrnehmen zu können, ergibt sich aus der Überlegung, dass eine Gesellschaft, die sich einer vitalpolitischen, d.h. lebensdienlichen Perspektive verweigert, schwerlich legitimierbar ist. Allgemeiner formuliert: Verspricht eine neuzeitliche, liberale Gesellschaftsordnung (jedem Einzelnen) ein Leben, das den Sinnanforderungen der Moderne gerecht werden kann, ist es die notwendige Aufgabe des politischen Systems, neben der Gewährleistung des Funktionserhalts des ökonomischen Systems selbst (durch Setzung einer Rahmenordnung) auch die vitalpolitischen Voraussetzungen für eine Inklusion in die Gesellschaft zu leisten und damit ein gelingendes Leben zu ermöglichen. Dies ist die normative Voraussetzung einer modernen Ordnungstheorie und -politik und mithin der Forschungsgegenstand einer umfassenden Ordnungsethik.

---

50 Siehe hierzu ausführlich: Vanberg, »konsensorientierte Ansatz«.

51 Der schwierigen Frage, wie das Kriterium der Zustimmungsfähigkeit wissenschaftstheoretisch so operationalisiert werden kann, dass es tatsächlich auch praktisch-politische Implikationen zeitigt, kann hier nicht im Detail nachgegangen werden. Gegenüber den üblichen vertragstheoretischen Konstruktionen einer konsensorientierten Ordnungsökonomik in der Tradition der constitutional economics erscheint es jedoch erfolgversprechender, das Zustimmungskriterium eher als »Heuristik« zu verstehen, sozial- und wirtschaftspolitische Vorschläge dahin gehend zu prüfen, ob sie im faktischen gesellschaftlichen und politischen Umfeld Zustimmung finden könnten. Mit dem Kriterium der Zustimmungsfähigkeit geht es also vor alle um eine andere Perspektive in der Erarbeitung sozialwissenschaftlicher Lösungsvorschläge. Siehe hierzu: Eith/Goldschmidt, »Zustimmungsfähigkeit«.

Nun könnte man in dieser explizit normativen Verortung moderner Ordnungsökonomik einen Schwachpunkt dieses Ansatzes ausmachen. Freilich geht es aber der modernen Ordnungsökonomik nicht um »bloße« Werturteile, sondern um sozialphilosophisch und soziologisch nachvollziehbare Begründungsdiskurse unter der Annahme, dass das Kriterium »Zustimmung« eine tragfähige Heuristik darstellt, im Spektrum möglicher Debatten sinnvolle und gesellschaftlich wünschenswerte Vorschläge zu machen.[52] Eine Ökonomik, die nicht nur empirische Evidenzen aufweisen, sondern tatsächlich anschlussfähig an moderne Gerechtigkeitsdiskurse sein will, wird nicht umhin kommen, über gesellschaftliche Begründungszusammenhänge nachzudenken. Moderne Ordnungsökonomik, die sich an der Trias von Vitalpolitik, Inklusion und Verwirklichungschancen orientiert, scheint mir hierfür die besten Voraussetzungen zu bieten.

Bekanntlich wurzelt bereits der frühe Ordoliberalismus auf klaren ethischen Prinzipien und Vorstellungen.[53] Walter Euckens Suche nach einer »funktionsfähigen und menschenwürdigen Ordnung der Wirtschaft, der Gesellschaft, des Rechtes und des Staates«[54] ist hierbei das leitende Credo. Viele Überlegungen der Ordoliberalen der ersten Stunde kreisen dabei um die Stärkung individueller Sittlichkeit und Religiosität,[55] jedoch weisen ihre Überlegungen auch darüber hinaus. Bezeichnend dafür ist insbesondere der Stilgedanke bei Müller-Armack, wie vor kurzem Daniel Dietzfelbinger nochmals treffend umschrieben hat: »Hat die Wirtschaftsordnung Marktwirtschaft als Funktionssystem instrumentalen Charakter, der sich nach der ökonomischen Rationalität richtet, öffnet sich die Soziale Marktwirtschaft als Wirtschaftsstil anderen, außerökonomischen Interessen und dem Anliegen der Ethik; somit integriert der Wirtschaftsstil der Sozialen Marktwirtschaft verschiedene Anforderungen und Rationalitäten. Damit wird sie dialogfähig für das interdisziplinäre Gespräch, zugleich auch offen für ethische

---

52 Siehe zur Debatte auch Vanberg, »konsensorientierte Ansatz«, S. 23–26. Ob man hier von einer »sozialtechnologischen Interpretation« (Albert, »Vanberg«, S. 18) sprechen sollte, bliebe zu diskutieren. Klar ist jedoch, dass eine so verstandene Ordnungsethik weit über das Programm einer lediglichen Anreizethik hinausgeht, wie sie von Karl Homann und seinen Schülern favorisiert wird.

53 Zum Überblick: Goldschmidt, »Trouvaillen« und Goldschmidt, »Geburt«.

54 Eucken, *Grundlagen*, S. 239.

55 So z.B. bei Eucken: »Die geschichtliche Entwicklung wird nach Scheitern aller anderen Versuche mit Notwendigkeit zu dem Ergebnis führen müssen, dass der umfassende Sinnzusammenhang den Tätigkeiten des einzelnen Menschen nur von der Religion, vom Glauben an Gott wieder verliehen werden kann. Erst dann wird auch auf sozialem und politischem Gebiet wieder eine gewisse Beruhigung eintreten.« Eucken, »Religion«, S. 87.

Argumente.«[56] Oder, um es mit Müller-Armack selbst zu sagen, es geht um »[d]ie Entdeckung der geistigen Landschaften«[57] einer Gesellschaft. Nur vor dem Hintergrund und mit dem Verständnis von gesamtgesellschaftlichen Prozessen (und ihren jeweiligen historischen und kulturellen Bedingungen) werden die institutionellen Voraussetzungen benennbar, die dem Einzelnen Perspektiven auf ein gelingendes Leben eröffnen. Ordnungsökonomik ist so notwendigerweise immer auch normative Gesellschaftstheorie: »Moralisches und Institutionelles stehen nicht in einem Verhältnis der Unterordnung, sondern in einem solchen der gleichgeordneten Wechselwirkung zueinander.«[58]

## 4. Zurück zum Glück

Die Rückbindung gesellschaftlicher Prozesse an das subjektive Wohlbefinden respektive den individuellen Lebensmöglichkeiten jenseits allein ökonomischer Erwägungen ist der gemeinsame Ansatzpunkt von Glücksforschung und Ordnungsökonomik. Diesem von beiden Theorielinien formulierten Anspruch muss sich eine moderne Wirtschaftswissenschaft insgesamt stellen, sofern sie weiterhin gesellschaftliche Relevanz entfalten will: Der Verweis auf die (langfristige) Effizienz von Wettbewerbsprozessen ist mit Blick auf eine tragfähige, am Lebensglück der einzelnen Menschen orientierte Vorstellung von Gesellschaft sozial unterkomplex und gerechtigkeitstheoretisch unzureichend. Es ist das Verdienst der Glücksforschung anhand zahlreicher empirischer Untersuchungen die Perspektive individueller Lebensmöglichkeiten und individueller Lebenszufriedenheit wieder in das Zentrum auch ökonomischer Diskussionen gerückt und durchaus auch als Frage nach gesellschaftlicher Gerechtigkeit formuliert zu haben. So facettenreich sich die Suche nach Glücksfaktoren aber auch darstellt, so wenig gelingt es der Glücksforschung, eine sozialphilosophisch und soziologisch befriedigende Perspektive aufzuweisen, die zur *Begründung* gesellschaftlicher Prozesse und politischer Empfehlungen taugt.[59]

---

56 Dietzfelbinger, »Soziale Marktwirtschaft«, S. 111.
57 Müller-Armack, »Macht«, S. 537.
58 Röpke, *Civitas humana*, S. 28.
59 »Das den meisten Glücks-Forschungsprogrammen augenscheinlich zugrunde liegende normative Interesse, Ansätze für die Verbesserung individueller oder gesellschaftlicher Ent-

Vor diesem Hintergrund könnte eine aktuelle Beschäftigung mit der Ordnungsökonomik auch für die Glücksforschung (und für die Wirtschaftswissenschaften allgemein) fruchtbar sein. Die klare Ausrichtung am Einzelnen und seinen individuellen Lebenschancen innerhalb der Gesellschaft (und hierin in Analogie zur Glücksforschung) ist in der Ordnungsökonomik verknüpft mit einem tragfähigen normativen Argument, das auf die Teilhabe an gesellschaftlichen Prozessen zielt. Auf diese Weise erhält das Bündel möglicher Glücksfaktoren einen klaren Bezugspunkt, der sich in vitalpolitischer Hinsicht konkretisieren lässt: Lebensglück meint die Möglichkeit sowie die Fähigkeit, ein gelingendes Leben zu führen. Hieraus leitet sich dann auch eine spezifische gesellschaftspolitische Aufgabe ab. Es geht weniger um die Bestimmung einzelner Zusammenhänge zwischen Glücksniveau und gesellschaftlichen wie individuellen Faktoren, sondern um die Notwendigkeit, gesellschaftliche und insbesondere wirtschaftliche Prozesse so zu gestalten, dass jeder und jede Einzelne die Möglichkeit hat, einen Lebensweg in eigener Verantwortung zu beschreiten. Sozialpolitik jenseits einer allein sozialversicherungstechnischen Zuschreibung[60], sondern verstanden als politische Aufforderung, Verwirklichungschancen durch Inklusion zu befördern, würde dann zugleich wieder in das Zentrum ökonomischen Denkens rücken.

Noch in einer weiteren Hinsicht könnte eine ordnungspolitische Renaissance für die aktuelle Diskussion hilfreich sein. Ordnungsökonomik, verstanden als Schnittstellen-Ökonomik, sucht den Dialog mit den Teilsystemen (und deren jeweiligen wissenschaftlichen Disziplinen), die neben dem System der Ökonomie für die gesellschaftlichen Gestaltung von besonderer Bedeutung sind, allen voran dem politischen und rechtlichen System. Für eine erfolgreiche Implementierung lebensdienlicher gesellschaftlicher Rahmenbedingungen ist dies eine unerlässliche Aufgabe. Der disziplinintern häufige konstatierte Schwachpunkt der ordnungsökonomischen Vorgehensweise, ihre wenig formalisierte, sondern vor allem verbale Argumentation, kann sich hier als Vorteil erweisen. Gegenüber anderen sozialwissenschaftlichen Disziplinen und vor allem auch gegenüber Politik und Öffentlichkeit

---

wicklung zu finden oder zumindest differenziertere Kriterien zur Beurteilung von Lebensqualität zu gewinnen, erfordert jedoch eine bewusste, ethische Auseinandersetzung mit Wertfragen, insbesondere natürlich, wenn explizit Politikempfehlungen ausgesprochen werden.« Hirata, »Glücksforschung«, S. 145.

60 Gleichwohl sozialen Sicherungssystemen auch weiterhin eine wesentliche Bedeutung in der Stabilisierung moderner Gesellschaften zukommen wird; siehe Goldschmidt/Fuchs-Goldschmidt »Built-in inclusion«. Zum Verhältnis von sozialer Sicherheit und Lebenszufriedenheit siehe Uhde, »Soziale Sicherheit« und die dort angegebene Literatur.

ist die ordnungsökonomische »Sprachfähigkeit« Anknüpfungspunkt gemeinsamer und kooperativer Kommunikation. Denn: Wirtschaftliche und gesellschaftliche Gestaltungsvorschläge müssen letztlich vermittelbar sein, um öffentliche Akzeptanz finden zu können. Gesellschaftliche Strukturen bedürfen der politischen und folglich einer umfassenden Gestaltung. Ihre jeweilige Legitimation findet jedoch im Kleinen statt: Es ist die Frage nach dem gelingenden Leben eines jeden Menschen. Das Plädoyer der frühen Ordoliberalen für einen eigenen Garten kann uns heute als Chiffre dafür dienen, dass gesellschaftliche Prozesse dem Einzelnen einen vitalpolitischen Lebens-Raum lassen, in dem er oder sie sein oder ihr Lebensglück entfalten kann. Bis heute gilt – wenn auch im übertragenen Sinne – das Wort von Wilhelm Röpke, »dass der größte öffentliche Park nicht den kleinsten Garten ersetzen kann.«[61]

## Literatur

Albert, Hans, »Viktor Vanberg und das sozialwissenschaftliche Erkenntnisprogramm«, in: Vanberg, Viktor J., *Regelordnung und Wettbewerb*, Tübingen 2008, S. 1–20.

Bacon, Francis, *Essays or Counsels, Civil and Moral*, Kila 1992.

Bernanke, Ben, *Commencement Address: The Economics of Happiness*, University of South Carolina, Columbia, South Carolina, May 2010, http://www.federalreserve.gov/newsevents/speech/bernanke20100508a.pdf (abgerufen am 4.1.2011).

Castel, Robert, *Die Stärkung des Sozialen. Leben im neuen Wohlfahrtsstaat*, Hamburg 2005.

Castel, Robert, *Negative Diskriminierung. Jugendrevolten in den Pariser Banlieues*, Hamburg 2009.

Clar, Andrew/Frijters, Paul/Shields, Michael, »Relative Income, Happiness, and Utility«, in: *Journal of Economic Literature* 46 (2008), S. 95–144.

Dietzfelbinger, Daniel, »Soziale Marktwirtschaft als Imperativ. Alfred Müller-Armacks Stiltheorie«, in: Aßländer, Michael S./Ulrich, Peter (Hg.), *60 Jahre Soziale Marktwirtschaft. Illusionen und Reinterpretationen einer ordnungspolitischen Integrationsformel*, Bern, Stuttgart, Wien 2009, S. 95–117.

Easterlin, Richard A., »Does money buy happiness?«, in: *Public Interest* 30 (1973), S. 3–10.

---

61 Röpke, *Civitas humana*, S. 267.

Easterlin, Richard A., »Does Economic Growth Improve the Human Lot?«, in: David, Paul A./Reder, Melvin W. (Hg.), *Nations and Households in Economic Growth: Essays in Honor of Moses Abramovitz*, New York 1974, S. 89–125.

Easterlin, Richard A., »Feeding the illusion of growth and happiness: A reply to Hagerty and Veenhoven«, in: *Social Indicators Research* 74 (2005), S. 429–443.

Easterlin, Richard A. et al., »The happiness-income paradox revisited«, in: *Proceedings of the National Academy of Sciences (PNAS)*, 107 (52) (2010), http://www.pnas.org/cgi/content/full/107/52/22463 (abgerufen am 4.1.2011).

Eith, Ulrich/Goldschmidt, Nils, »Zwischen Zustimmungsfähigkeit und tatsächlicher Zustimmung. Kriterien für Reformpolitik aus ordnungsökonomischer und politikwissenschaftlicher Perspektive«, in: Haubner, Dominik/Mezger, Erika/Schwengel, Hermann (Hg.), *Agendasetting und Reformpolitik. Strategische Kommunikation zwischen verschiedenen Welten*, Marburg 2005, S. 51–70.

Engelhardt, Werner W., »Zum Lebenswerk des Sozialwissenschaftlers, Politikers und Pädagogen Professor Dr. Dr. h.c. Gerhard Weisser (1898–1989)«, in: Henkel, Heinrich H./Neumann, Lothar F./Romahn, Hajo (Hg.), *Gegen den gesellschaftspolitischen Imperialismus der reinen Ökonomie. Gedächtnisschrift für Gerhard Weisser*, Marburg 1998, S. 15–50.

Erhard, Ludwig, »Wirtschaftsminister, nicht Interessenvertreter«, wieder abgedruckt in: Goldschmidt, Nils/Wohlgemuth, Michael (Hg.), *Grundtexte zur Freiburger Tradition der Ordnungsökonomik*, Tübingen 1957/2008, S. 505–522.

Eucken, Walter, »Religion – Wirtschaft – Staat. Zur Problematik des Gegenwartsmenschen«, in: *Die Tatwelt* 8 (1932), S. 82–89.

Eucken, Walter, *Die Grundlagen der Nationalökonomie*, 9. Aufl., Berlin u.a. 1940/1989.

Eucken, Walter, »Die soziale Frage«, in: Salin, Edgar (Hg.), *Synopsis. Festgabe für Alfred Weber*, Heidelberg 1948, S. 113–131.

Eucken, Walter, *Grundsätze der Wirtschaftspolitik*, 7. Aufl., Tübingen 1952/2004.

Frey, Bruno S., *Happiness. A revolution in science*, Cambridge u.a. 2008.

Frey, Bruno S./Frey Marti, Claudia, *Glück – die Sicht der Ökonomie*, Zürich 2010.

Frey, Bruno S./Stutzer, Alois, »What Can Economists Learn from Happiness Research?«, in: *Journal of Economic Literature* 40 (2002), S. 402–435.

Fuchs-Goldschmidt, Inga/Goldschmidt, Nils, » Inklusion als Zielpunkt moderner Sozialpolitik«, in: *Zeitschrift für Wirtschaftspolitik* 59 (2010), S. 62–76.

Goldschmidt, Nils, »Zur Theorie der Sozialpolitik. Implikationen aus ordnungsökonomischer Perspektive«, in: Goldschmidt, Nils/Wohlgemuth, Michael (Hg.), *Die Zukunft der Sozialen Marktwirtschaft. Sozialethische und ordnungsökonomische Grundlagen*, Tübingen 2004, S. 63–95.

Goldschmidt, Nils, »Die Geburt der Sozialen Marktwirtschaft aus dem Geiste der Religion – Walter Eucken und das soziale Anliegen des Neoliberalismus«, in: Aßländer, Michael S./Ulrich, Peter (Hg.), *60 Jahre Soziale Marktwirtschaft. Illusionen und Reinterpretationen einer ordnungspolitischen Integrationsformel*, Bern, Stuttgart, Wien 2009, S. 27–44.

Goldschmidt, Nils, »Chancengleichheit oder Chancengerechtigkeit?«, in: Vodafone Stiftung Deutschland (Hg.), *Transmission 02. Aufstieg, Gerechtigkeit, Zusammenhalt: zu den Herausforderungen moderner Staatlichkeit*, Düsseldorf 2010, S. 40–54.

Goldschmidt, Nils, »Ideengeschichtliche Trouvaillen: Protestantische Wurzeln und katholische Zweige der Sozialen Marktwirtschaft«, in: Wirz, Stephan/Hildmann, Philipp W. (Hg.), *Soziale Marktwirtschaft: Zukunfts- oder Auslaufmodell? Ein ökonomischer, soziologischer, politischer und ethischer Diskurs*, Zürich 2010, S. 15–31.

Goldschmidt, Nils/Fuchs-Goldschmidt, Inga, »Von der built-in flexibility zur built-in inclusion: Zum systemischen Verständnis automatischer Stabilisatoren in der Sozialpolitik«, in: Held, Martin/Kubon-Gilke, Gisela/Sturn, Richard (Hg.), *Ökonomik in der Krise. Herausforderungen für die Theoriebildung und Politikberatung* (= Normative und institutionelle Grundfragen der Ökonomik, Jahrbuch 10), Marburg 2011, S. 149–172.

Goldschmidt, Nils/Wegner, Gerhard/Wohlgemuth, Michael/Zweynert, Joachim, »Was ist und was kann Ordnungsökonomik?« In: *Frankfurter Allgemeine Zeitung*, 19. Juni 2009, S. 12.

Goldschmidt, Nils/Wohlgemuth, Michael, »Entstehung und Vermächtnis der Freiburger Tradition der Ordnungsökonomik«, in: dies. (Hg.), *Grundtexte zur Freiburger Tradition der Ordnungsökonomik*, Tübingen 2008, S. 1–16.

Güles, Orhan/Wagener, Thorsten/Wagner, Regine, »Bildung, Arbeit und Sozialraum. Zum besonderen Handlungsbedarf in benachteiligten Quartieren«, in: *Informationen zur Raumentwicklung*, Heft 2/3 (2010), S. 111–127.

Hagerty, Michael R./Veenhoven, Ruut, »Wealth and happiness revisited: Growing national income does go with greater happiness«, in: *Social Indicators Research* 64 (2003), S. 1–27.

Hagerty, Michael R./Veenhoven, Ruut, »Rising happiness«, in: *Social Indicators Research* 79 (2006), S. 421–436.

Hegner, Jan, *Alexander Rüstow. Ordnungspolitische Konzeption und Einfluß auf das wirtschaftspolitische Leitbild der Nachkriegszeit in der Bundesrepublik Deutschland*, Stuttgart 2000.

Hennecke, Hans Jörg, *Wilhelm Röpke. Ein Leben in der Brandung*, Stuttgart 2005.

Hirata, Johannes, »Glücksforschung: Stand der Dinge und Bedeutung für die Ökonomik«, in: *Ordo* 61 (2010), S. 127–149.

Layard, Richard, *Die glückliche Gesellschaft. Was wir aus der Glücksforschung lernen können*, 2. Aufl., Frankfurt, New York 2009.

Luft, Stefan, »Kommunale Sozialpolitik und die Integration von Zuwanderern«, in: *Zeitschrift für Wirtschaftspolitik* 59 (2010), S. 77–89.

Kaufmann, Franz X., *Sozialpolitik und Sozialstaat: Soziologische Analysen*, 3. Aufl., Wiesbaden 2009.

Maier-Rigaud, Frank P./Maier-Rigaud, Remi, »Rüstows Konzept der Sozialen Marktwirtschaft. Sozial- und wettbewerbspolitische Dimensionen einer überwirtschaftlichen Ordnung«, in: Aßländer, Michael S./Ulrich, Peter (Hg.), *60 Jahre Soziale Marktwirtschaft. Illusionen und Reinterpretationen einer ordnungspolitischen Integrationsformel*, Bern, Stuttgart, Wien 2009, S. 69–94.

Müller-Armack, Alfred, »Über die Macht des Glaubens in der Geschichte. Stufen religionssoziologischer Forschung«, in: ders., *Religion und Wirtschaft. Geistesgeschichtliche Hintergründe unserer europäischen Lebensform*, 3. Aufl., Bern, Stuttgart 1949/1981, S. 532–558.

Ptak, Ralf, *Vom Ordoliberalismus zur Sozialen Marktwirtschaft. Stationen des Neoliberalismus in Deutschland*, Opladen 2004.

Röpke, Wilhelm, »Epochenwende?«, in: ders., *Wirrnis und Wahrheit. Aufsätze*, Erlenbach-Zürich, Stuttgart 1933/1962, S. 105–124.

Röpke, Wilhelm, *Civitas humana. Grundfragen der Gesellschafts- und Wirtschaftsreform*, 4. Aufl., Bern, Stuttgart 1944/1979.

Rühle, Alex, »Der Lillifee-Komplex. Glück ist für fünfjährige Mädchen heute Rosa mit etwas Glitzer drin. Schuld daran ist eine ziemlich charakterlose Prinzessin«, in: *Süddeutsche Zeitung Magazin*, Nr. 11, 19. März 2010, S. 22–27.

Rüstow, Alexander, »Sicherung in einer freien Gesellschaft«, in: ders., *Rede und Antwort*, Ludwigsburg 1956/1963, S. 190–204.

Rüstow, Alexander, »Hat der Westen eine Idee?«, in: ders., *Rede und Antwort*, Ludwigsburg 1957/1963, S. 165–189.

Rüstow, Alexander, »Wirtschaft als Dienerin der Menschlichkeit«, in: ders., *Rede und Antwort*, Ludwigsburg 1960/1963, S. 76–91.

Rüstow, Alexander, »Paläoliberalismus, Kommunismus und Neoliberalismus«, in: Greiß, Franz (Hg.), *Wirtschaft, Gesellschaft und Kultur. Festgabe für Alfred Müller-Armack*, Berlin 1961, S. 61–70.

Rüstow, Alexander, »Garten und Familie«, in: ders., *Rede und Antwort*, Ludwigsburg 1963, S. 275–295.

Sen, Amartya, *Ökonomie für den Menschen*, München, Wien 2000.

Sen, Amartya, *The Idea of Justice*, London 2010.

Scholtes, Fabian (2005), »Warum es um Verwirklichungschancen gehen *soll*: Amartya Sen's Capability-Ansatz als normative Ethik des Wirtschaftens«, in: Volkert, Jürgen (Hg.), *Armut und Reichtum an Verwirklichungschancen*, Wiesbaden, S. 23–45.

Stevenson, Betsey/Wolfers, Justin, »Economic Growth and Subjective Well-Beeing: Reassessing the Easterlin Paradox«, in: *Brookings Papers on Economic Activity* (Spring 2008), S. 1–87.

Stiglitz, Joseph/Sen, Armarty/Fitoussi, Jean-Paul, *Report by the Commission on the Measurement of Economic Performance and Social Progress*, September 2009, http://www.stiglitz-sen-fitoussi.fr/documents/rapport_anglais.pdf (abgerufen am 4.1.2011).

Uhde, Nicole, »Soziale Sicherheit und Lebenszufriedenheit: Empirische Ergebnisse«, in: *Perspektiven der Wirtschaftspolitik* 11 (2010), S. 407–439.

Vanberg, Viktor J., »Der konsensorientierte Ansatz der konstitutionellen Ökonomik«, wieder abgedruckt in: ders., *Regelordnung und Wettbewerb*, Tübingen 2000/2008, S. 23–48.

Vanberg, Viktor J., »Konstitutionenökonomische Überlegungen zum Konzept der Wettbewerbsfreiheit«, wieder abgedruckt in: Goldschmidt, Nils/Wohlgemuth, Michael (Hg.), *Grundtexte zur Freiburger Tradition der Ordnungsökonomik*, Tübingen 2001/2008, S. 707–731.

Weisser, Gerhard, »Für oder gegen Marktwirtschaft – eine falsche Frage. Bemerkungen eines Sozialisten zu einem Artikel von Franz Böhm«, in: ders., *Beiträge zur Gesellschaftspolitik*, Göttingen 1963/1978, S. 654–672.

White, S., »Ethics«, in: Castles, Francis G. et al. (Hg.), *The Oxford Handbook of the Welfare State*, Oxford, New York 2010, S. 19–31.

Wilkinson, Richard/Pickett, Kate, *Gleichheit ist Glück. Warum gerechte Gesellschaften für alle besser sind*, 3. Aufl., Berlin 2010.

# Ordnungsökonomik und moderne Institutionenökonomik

*Manfred E. Streit*

## 1. Das Phänomen Ordnung

Diesen Vortrag könnte ich auch überschreiben mit »von der Ordnungs- zur Institutionenökonomik«; denn das entspräche im Wesentlichen dem Gang meiner Überlegungen am Anfang der 1990iger Jahre. Sie führten mich vom Ordnungsdenken der Freiburger Schule zur Institutionenökonomik von North und Williamson.

Unter Ordnung verstehe ich ein wahrgenommenes Handlungsmuster, das als Folge einer Koordination in einer angebbaren Gruppe individueller Akteure entsteht.[1]

## 2. Das kognitive Vorverständnis

Die Interpretation dieses Musters durch einen Beobachter wird durch ein verbreitetes kognitives Vorverständnis geprägt. Man kann es einer konstruktivistischen Prädisposition des Beobachters zuschreiben. Er neigt nämlich dazu, das wahrgenommene Muster als Entwurf eines ordnenden Verstandes zu rekonstruieren. Dieses kognitive Vorverständnis scheitert immer dann, wenn das Muster das Ergebnis der Interaktion einer Vielzahl von individuellen Akteuren ist. Dann ist das beobachtete Muster zwar Ergebnis menschlichen Handelns aber nicht eines ordnenden Verstandes.[2] Es liegt das vor, was Hayek als ungeplante oder spontane Ordnung bezeichnete. Unter geplanter Ordnung verstand er eine Organisation, wie sie z.B. durch ein Unternehmen verkörpert wird.

---

1 Vgl. Streit, »Ordnungsökonomik«.
2 Vgl. hierzu Hayek, »Arten der Ordnung«.

## 3. Der ökonomische Anwendungsfall

Ökonomisch gesehen steht das Ergebnis der zuvor beschriebenen Interaktion – nämlich die ungeplante Ordnung – für eine marktwirtschaftliche Ordnung. In Anlehnung an den schottischen Moralphilosophen Adam Ferguson ist diese Ordnung zwar das Ergebnis menschlichen Handelns aber nicht menschlichen Entwurfs.[3] Gerade das macht die marktwirtschaftliche Ordnung und den sie generierenden Prozess so schwer verständlich und erweckt verbreitetes Misstrauen. Z.B. Lenin interpretierte Marktprozesse misstrauisch als Chaos und forderte eine starke, ordnende Hand.

## 4. Die systemtheoretische Interpretation[4]

Ein weiterer Zugang zum Verständnis marktwirtschaftlicher Ordnung eröffnet sich, wenn sie systemtheoretisch interpretiert wird. Unter System wird »eine Anzahl von in Wechselwirkung stehenden Elementen« verstanden, wie es der Nestor der Allgemeinen Systemtheorie, Ludwig von Bertalanffy[5], definierte. Bemerkenswert ist dabei, dass die Systemtheorie als durch die Biologie geprägte Kritik an der analytischen Vorgehensweise der klassischen Physik angesehen wurde. Aus systemtheoretischer Sicht kann das marktwirtschaftliche Geschehen als interaktiv, komplex und offen verstanden werden. Die Wechselwirkung oder Interaktion beinhaltet die Tauschhandlungen der Akteure. Offenheit bedeutet, dass die Tauschobjekte kreativ und damit unvorhersehbar verändert werden können. Die analytische Folge von Komplexität und Offenheit ist, dass das System nicht vollständig in Form von Kausalitäten abgebildet werden kann.[6] Daraus lässt sich eine wirtschaftspolitisch relevante Vermutung ableiten. Soweit für ein marktwirtschaftliches System Ziel-Mittel-Beziehungen durch Aufspüren von Kausalitäten ermittelt werden, erweist sich die analytische Grundlage für eine Steuerung oder Lenkung des Systems in wirtschaftspolitischer Absicht als schwach. Wird ad hoc auf

---

3 So ein Aufsatz von Hayek (»Die Ergebnisse menschlichen Handelns, aber nicht menschlichen Entwurfs«), der ein entsprechendes Zitat von Adam Ferguson als Titel trägt.

4 Vgl. hierzu Streit, »Von der Ordnungsökonomik zur Systemtheorie«.

5 Bertalanffy, *Das biologische Weltbild : die Stellung des Lebens in Natur und Wissenschaft*, S. 115.

6 Streit, *Jenaer Beiträge zur Institutionenökonomik und Wirtschaftspolitik*, S. 141.

einfache, plausible Kausalitäten zurück gegriffen, ist wegen der Komplexität und Offenheit des Systems mit unerwarteten Neben- und Fernwirkungen zu rechnen. Sie geben zu korrigierenden Steuerungsversuchen Anlass und dürften damit eine Interventionsspirale in Gang setzen.

Wie angemerkt, sind Marktwirtschaften Systeme von interaktionaler Komplexität, d.h. eine beträchtliche Zahl von Elementen ist durch Interaktion in Form von Tauschhandlungen oder Transaktionen miteinander verknüpft. Soweit sich die Akteure in ihren Dispositionen durch Transaktionen koordinieren, bedeutet dies, dass sich das System selbst koordiniert. Zu dieser Selbstkoordination durch Transaktionen kommt die Selbstkontrolle durch Wettbewerbshandlungen hinzu. Die Handlungen resultieren aus Anreizen, Wissen aufzuspüren und das Entdeckte mit persönlichem Geschick zum eigenen Vorteil zu nutzen. Zugleich wird mit den damit verbundenen Transaktionen Wissen weiter gegeben und zwar in der »verschlüsselten Form«[7] von Preisen. Werden diese von anderen Akteuren im Lichte ihrer eigenen Umstände entschlüsselt und richtig interpretiert, können sie wiederum Anlass zu vorteilversprechenden Transaktionen geben. Der Vorteil kann durchaus auch auf Irrtümern anderer beruhen. Diese geraten dann durch die davon ausgelösten Transaktionen unter Druck, den Irrtum zu korrigieren. Damit werden nachteilige Folgen für den Ablauf des Systems begrenzt. Das System kontrolliert und korrigiert sich also selbst. Selbstkoordination durch Transaktionen und Selbstkontrolle durch Wettbewerbshandlungen sind somit die zentralen Funktionsmerkmale eines marktwirtschaftlichen Systems und seiner Ordnung.

## 5. Institutionen und Ordnung

Die nun folgenden Überlegungen hätte ich besser mit »Regeln und Ordnung« überschrieben; denn Regeln verweisen auf die Beobachtung, dass die Akteure in einem marktwirtschaftlichen System durch Regelmäßigkeiten in ihrem Verhalten gekennzeichnet sind. Dazu kann man fragen: Was prägt z.B. die Regelmäßigkeit im Verhalten der Akteure im Verlauf einer Transaktion als wiederkehrendem Vorgang? Die Antwort ist, dass sie sich dabei an bestimmte Regeln halten. Auf deren Befolgung können sie vertrauen, weil ein Regelverstoß Sanktionen gegen den Abweichler nach sich zieht. Konkret:

---

7 Hayek, *Recht, Gesetz und Freiheit*, S. 268.

Die für Transaktionen konstitutiven Verträge werden eingehalten, weil Vertragsverletzungen für den oder die Verursacher voraussehbare, nachteilige Folgen haben werden. Die beschriebenen Regeln, die Regelmäßigkeiten im Verhalten bewirken, sind nichts anderes als Institutionen, also durchsetzbare, sanktionsbewehrte Regeln. Im Hinblick auf die Ordnung bedeuten sie, dass sie das Umfeld und die Handlungsmöglichkeiten der Akteure beschränkend strukturieren und deshalb vorhersehbar machen, indem sie Komplexität reduzieren. Im Falle einer Transaktion kennen die Akteure die Handlungsmöglichkeiten anderer, mit denen sie, gestützt auf Institutionen, nicht rechnen müssen. Strategische Ungewissheit wird so für sie verringert, Komplexität wird reduziert. Das marktwirtschaftliche Geschehen und mit ihm die Ordnung gewinnen an Stabilität, weil letztere institutionengestützt ist.

# 6. Ordnungspolitische Aspekte von Institutionen und deren Nutzung

Ordnungspolitik ist darauf gerichtet, die Prozesse, welche eine marktwirtschaftliche Ordnung generieren, möglichst reibungsarm zu gestalten; denn Reibungsverluste dürften sich gesamtwirtschaftlich in Wachstums- und Beschäftigungseinbußen niederschlagen, also häufig erklärten politischen Zielen abträglich sein. Da die Ordnung institutionengestützt ist, sind die sie generierenden sogenannten externen Institutionen,[8] also das staatlich gesetzte Recht und die Regulierungen, Ansatzpunkte oder Mittel einer Ordnungspolitik. Das gilt auch für ordnungspolitisches Fehlverhalten. Politisch ökonomisch besteht es aus Versuchen der politischen Akteuren, der marktwirtschaftlichen Ordnung konkrete Ergebnisse abzugewinnen, welche Gruppeninteressen befriedigen sollen, die den politischen Akteuren von Verbandsfunktionären werbend nahegelegt werden mit der unausgesprochenen Vermutung, dass die Ergebnisse die Wahl bzw. Wiederwahlchancen der Akteure verbessern helfen. Dem geschilderten Vorgang liegt ein Tauschgeschäft zu Grunde. Getauscht werden politisch initiierte, wettbewerbshemmende Institutionen, die der Klientel der Funktionäre Einkommen verschaffen, die nicht auf Wettbewerbsleistungen beruhen. Solche ordnungs-

---

8 Zur Unterscheidung von externen und internen Institutionen. Vgl. Kiwit, Voigt, »Überlegungen zum institutionellen Wandel unter Berücksichtigung des Verhältnisses interner und externer Institutionen«.

widrige Renten sind der Preis für wahlwirksame Unterstützung durch die politisch begünstigten Gruppen und die sie vertretenden Funktionäre. Es handelt sich um eine Form subtiler politischer Korruption in der vorherrschenden Verfasstheit von Demokratie. Hayek[9] kritisierte sie als »Schacherdemokratie«. Ihre wettbewerbshemmende gesamtwirtschaftliche Wirkung führt zu der von Mancur Olson beschriebenen »institutionellen Sklerose«.[10] Das geschilderte Vorhaben der politischen Akteure ist aus zwei Gründen ordnungstheoretisch abwegig. Zum einen können einer ungeplanten Ordnung keine plangemäßen Ergebnisse abgewonnen werden. Zum anderen und aus dem gleichen Grund fehlt es an verlässlichen Kausalitäten, die sich als Ziel-Mittel-Beziehungen für politische Eingriffe in den Systemprozess nutzen lassen. Die Folgen solcher ergebnisorientierter Interventionen sind die bereits genannten Reibungsverluste.

Wirtschaftspolitisches Fehlverhalten in Form von ordnungswidrigen Veränderungen von Institutionen wird nicht nur durch die genannten Reibungsverluste als Symptome signalisiert, sondern durch als nachteilig beurteilte Folgen internationalen Wettbewerbs. Die fraglichen Institutionen sind nämlich dem sogenannten System- oder institutionellen Wettbewerb als einer Form des internationalen Standortwettbewerbs ausgesetzt. Ausgangsvermutung ist dabei, dass nationale Systeme externer Institutionen wie das Wirtschaftsrecht und die staatlichen Regulierungen die Qualität nationaler Standorte prägen und auch als solche von Eigentümern international mobiler Faktoren wahrgenommen und gewertet werden. Politisch ökonomisch kann der Prozess des Systemwettbewerbs wie folgt interpretiert werden: Ökonomisch negativ beurteilte nationale Institutionensysteme bewirken eine Abwanderung international mobiler Faktoren hin zu attraktiv beurteilten nationalen Standorten. Diese Abwanderung wird beobachtet und löst politischen Widerspruch in Form einer Standortdebatte aus. Soweit diese Debatte von den politisch Verantwortlichen als wahlwirksam angesehen wird, werden sie veranlasst, eine Reform des fraglichen Institutionensystems zumindest zu thematisieren.

Analytisch betrachtet stellt der Systemwettbewerb eine empirisch und theoretisch wenig zugängliche Verknüpfung von zwei Formen von Wettbewerb dar. Einmal die wettbewerbliche Suche nach attraktiven nationalen Standorten für mobile Faktoren. Zum anderen der politische Wettbewerb

---

9 Hayek, *Recht, Gesetz und Freiheit*, S. 405.
10 Olson, *Aufstieg und Niedergang von Nationen: Ökonomisches Wachstum, Stagflation und soziale Starrheit*, S. 103.

um Reformen des Institutionensystems als Antwort auf die Herausforderung durch nationale Jurisdiktionen, die um Faktoren konkurrieren. Die Verknüpfung beider Wettbewerbsformen lässt sich nur mit Hilfe extremer Annahmen über die Wahrnehmung, das Wissen und die Mobilität der relevanten Akteure modellieren. Was bleibt, ist die begründbare Vermutung, dass der Standortwettbewerb eine Ursache für den Wandel von Institutionen ist.

## 7. Perspektiven der Institutionenökonomik

Der Systemwettbewerb ist eine mögliche Antwort auf Fragen, deren Beantwortung helfen könnte, die Institutionenökonomik weiter zu entwickeln. Die Fragen sind:

1. Wie entstehen und entwickeln sich Institutionen? (Emergenz)
2. Wie wirken Institutionen und ihre Veränderung? (Inzidenz)
3. Welche Wertvorstellungen prägen sie? (Normativität)

Einige Antworten auf die Fragen wurden in meinen Ausführungen angesprochen. Sie sind bzw. waren das Ergebnis wissenschaftlicher Bemühungen von Nobelpreisträgern der Ökonomik wie Elinor Ostrom, Douglass C. North und Friedrich A. Hayek.

Die erste Frage nach der Entstehung und Entwicklung von Institutionen, der Emergenz, wurde von Elinor Ostrom[11] empirisch beantwortet. Sie konnte zeigen, dass bei der Bewirtschaftung von knappen Allmendegütern durch lokale, also kleine, Gruppen, Regeln entwickelt und durchgesetzt wurden, die einer Gruppe halfen, das Knappheitsproblem zu lösen, ohne Eigentumsrechte an den Gütern oder staatliche Regulierungen einzuführen, also eine privatautonome Lösung zu finden. Die Entstehung und Entwicklung von Institutionen kann ferner rechtstheoretisch mit Hilfe der sogenannten »lex mercatoria«[12] oder dem »law merchant«[13] belegt werden. Als privatautonomes Gewohnheits- und Handelsrecht (Berman, ebd.) ist es im späten 11. und 12. Jahrhundert in Europa entstanden und entwickelte sich als Lösung für Probleme grenzüberschreitender Transaktionen. Regelverstöße und Konflik-

---

11 Ostrom, *Die Verfassung der Allmende – Jenseits von Staat und Markt.*
12 Streit/Mangels, »Privatautonomes Recht und grenzüberschreitende Transaktionen«, S. 82.
13 Berman, *Recht und Revolution – Die Bildung der westlichen Rechtstradition,* S. 536.

te zwischen den Kaufleuten wurden vor Schiedsgerichten verhandelt, wobei das Gericht und der Schiedsrichter von den Parteien ad hoc festgelegt wurden. 1976 griff die United Nations Commission on International Trade Law (UNICATRAL) das Regelsystem dieses Handelsrechts und seiner Schiedsgerichtsbarkeit auf und stellte es den international Handeltreibenden bei Vereinbarungen zwischen ihnen zur Verfügung.[14]

Die ökonomische Wirkung von Institutionen und ihrer Veränderung – die Inzidenz – war Gegenstand einer Untersuchung von Douglass North.[15] North fragte:[16] Sind Institutionen wichtig?, was lässt Märkte arbeiten oder nicht? Antworten darauf habe ich zuvor mit dem Argument versucht, dass marktwirtschaftliche Ordnungen institutionengestützt sind. North betonte in Anlehnung an Ronald Coase, einem vorherigen Nobelpreisträger der Ökonomik, den Informationsgehalt von Institutionen, die ihre Nutzung beinhaltet und weist daraufhin, wie schwer es sich für die Ökonomen des Mainstream erwies, Institutionen modelltheoretisch zu behandeln.[17] Hinsichtlich der Information und dem Informationsgehalt von Regeln oder Institutionen trifft er sich wohl mit Hayek und dessen Betonung des Informations- oder Wissensproblems in der Ökonomik.[18]

Eine institutionenökonomische Herausforderung des ökonomischen Mainstream von historischem Rang war der staatlich initiierte Wandel ganzer Institutionensysteme in Form der Transformation der vormals sozialisti-

---

14 Streit/Mangels, »Privatautonomes Recht und grenzüberschreitende Transaktionen«, S. 86.

15 North, *Institutions, Institutional Change and Economic Performance*.

16 Ebd., S. 107.

17 So merkte er an: »the contrast between the logical implications of neoclassical theory and the performance of economies is startling« (North, S. VII) und an anderer Stelle (ebd., S.112): »Integrating institutional analysis into static neoclassical theory entails modifying the existing body of theory.« Richter und Furubotn (*Neue Institutionenökonomik – eine Einführung und kritische Würdigung*) stellten in ihrem Vorwort fest: »Die neoklassische Analyse dominiert zwar weiterhin den »mainstream« unserer Profession aber einige der heute tätigen Ökonomen drängen zunehmend darauf, die starren neoklassischen Annahmen neu auf ihre Brauchbarkeit zu prüfen und die Bedeutung von Institutionen für das wirtschaftliche Verhalten zu überdenken. Auch geht es darum, dass die Verwendung »friktionsloser« Modelle vollkommener Konkurrenz, die von individueller Rationalität und einer exogen vorgegebenen Institutionenstruktur ausgehen, nicht mehr zu rechtfertigen ist.« Kasper und Streit (*Institutional Economics – Social Order and Public Policy*, S. X) konnten feststellen: »Institutional economics differs greatly from modern neoclassical economics, which is based on narrow assumptions about rationality and knowledge and which implicitly assumes the institutions as given.«

18 Streit, »Das Wissensproblem der Ökonomik aus Hayekscher Sicht«.

schen Volkswirtschaften nach deren Zusammenbruch um 1989. Zu Beginn der Transformation in Osteuropa fehlte es an spezifischen Erkenntnissen und daraus ableitbaren transformationspolitischen Strategieempfehlungen. Daher wurde von westlichen Beratern auf ein Konzept zurück gegriffen, den sogenannten »Washington Consensus«. Das Konzept war zuvor von Ökonomen entwickelt worden, die der Weltbankgruppe und dem Internationalen Währungsfond nahe standen. Die abgeleitete transformationsspezifische Empfehlung lautete: (1) makroökonomische Stabilisierung, (2) Strukturanpassung und (3) Liberalisierung. Konkret beinhaltete das eine restriktive Geldmengen- und Haushaltspolitik, Maßnahmen zur Strukturanpassung und den Abbau von Handels- und Devisenbeschränkungen sowie eine allgemeine Deregulierung und die Herstellung von Privateigentum. Im Grunde für entwicklungspolitische Problemfälle entwickelt, setzte diese Transformationsstrategie das Transformationsziel voraus: nämlich die Existenz eines ökonomischen und politischen Institutionensystems, wie es in westlichen Industrieländern vorherrschte. Derartige institutionelle Arrangements waren bei der tradierten Vorgehensweise aus dem Blickfeld geraten. Jedenfalls ist mir kein Fall bekannt, in dem eine auf dem »Consensus« basierende Transformationsstrategie erfolgreich war. Vielmehr musste eine »Transformationskrise« konstatiert werden. Ursächlich war ein »institutionelles Vakuum«.[19] Es war entstanden, weil die bisherigen planwirtschaftlichen Institutionen noch nicht durch marktwirtschaftliche Institutionen ersetzt worden waren. Dazu hätte es aber eines komplementären politischen Prozesses bedurft.

Verglichen mit diesem Problem erwies sich die Transformationsaufgabe im Falle der vormaligen DDR grundsätzlich als lösbar. De facto wurde das praktiziert, was in der Transformationsdiskussion als Schocktherapie oder Big Bang angesehen wird. Das Transformationsinstrument war sogar vertraglich fixiert. Mit Inkrafttreten des Staatsvertrages zwischen der Bundesrepublik und der DDR über die Währungs-, Wirtschafts- und Sozialunion zum 1. Juli 1990 wurde das System externer Institutionen Westdeutschlands von der vormaligen DDR nahezu vollständig übernommen und damit schockartig der ostdeutschen Wirtschaft und Gesellschaft übergestülpt. Anpassungsschwierigkeiten waren die notwendige Folge. Im Unterschied zu anderen Transformationsländern konnten sie jedoch finanziell abgefedert werden, und zwar durch Kostenübernahme von Westdeutschland. Diese Kosten der deutschen Einheit wurden vermutlich aus politischen Gründen nicht offen

---

19 Vgl. Streit/Mummert, »Grundprobleme der Systemtransformation aus institutionenökonomischer Perspektive«, S. 237.

im Bundeshaushalt ausgewiesen. Vielmehr wurden sie einem kaum durchschaubaren Finanzierungssystem angelastet, bestehend aus Sondervermögen des Bundes, einem dafür geschaffenen Staatsunternehmen, westdeutschen Großbanken sowie Stiftungen des Bundes. Dieses Finanzierungssystem und das Transferprogramm »Aufbau Ost« stehen für die Kosten der Transformation des Wirtschaftssystems der vormaligen DDR im Verlauf der deutschen Vereinigung.

Manche Kostenverursachungen waren politisch ökonomisch erklärbar, andere beruhten institutionenökonomisch auf Fehleinschätzungen, wenn nicht auf Unkenntnis des planwirtschaftlichen Systems der DDR. Politisch ökonomisch relevant waren vermutlich die anstehenden Wahlen in einem westdeutschen Bundesland (Hessen) sowie in Gesamtdeutschland. Sie ließen die Angleichung der Lebensverhältnisse in Ostdeutschland an das westdeutsche Niveau in den Vordergrund rücken. Das berührte einmal den festzulegenden Umtauschkurs der Mark der DDR in die D-Mark sowie die Ansprüche von Versicherten Ostdeutschlands auf Leistungen des westdeutschen Sozialversicherungssystems. Vor allem aber erschwerte dies den Widerstand gegen Vereinbarungen der Tarifvertragsparteien in Ostdeutschland, die ebenfalls auf Angleichung gerichtet waren, nämlich des Lohnniveaus in Ost und West., eine Angleichung, welche entgegen allen Warnungen von Experten die realwirtschaftlichen Möglichkeiten Ostdeutschlands vernachlässigte. Zusammen mit dem automatisch wirksamen Wechselkurs der D-Mark war damit die internationale Wettbewerbsfähigkeit der ostdeutschen Wirtschaft entscheidend geschwächt, zumal die traditionellen Absatzmöglichkeiten in das frühere COMECON (RGW) wegen dessen Transformationsproblemen beschnitten waren. Für die ostdeutschen Unternehmen war somit eine subventionsträchtige Sanierung vorprogrammiert.

Institutionenökonomisch ergaben sich Kosten aus einer Fehleinschätzung der privaten Schulden und Spareinlagen, die im planwirtschaftlichen System der DDR entstanden waren.[20] Dabei wurde nicht beachtet, dass die Verbindlichkeiten von Unternehmen und landwirtschaftlichen Betrieben (LPGs) nicht das Ergebnis privatautonomer Entscheidungen waren, sondern Folgen des staatlichen Versuchs, nach dem sogenannten Prinzip der »Einheit von materieller und finanzieller Planung« die materielle Planung mit Kreditzuweisungen durchzusetzen.[21] Die bilanzierten betrieblichen Schulden wa-

---

20 Vgl. Streit »Die deutsche Währungsunion«, S. 685f.
21 Ebd., S. 684.

ren also willkürlich entstanden Vermögenswerte standen ihnen nicht gegenüber, sondern nur schädliche Spuren planwirtschaftlicher Entscheidungen.

Nach diesem Exkurs in die jüngere deutsche Wirtschaftsgeschichte möchte ich mich der dritten meiner programmatischen Fragen, nach der Normativität oder Werthaltigkeit von Institutionen, zuwenden. Sie dominierte die wissenschaftlichen Bemühungen von Friedrich A. Hayek. Als Kulminationspunkte können dabei seine »Verfassung der Freiheit«[22] sowie, dem vorangegangen, »Das politische Ideal der Herrschaft des Gesetzes«[23] angesehen werden. Es ging ihm um nichts Geringeres als um eine »umfassende Darstellung des Freiheitsideals, das die moderne westliche Zivilisation durchdrungen hat und dessen teilweise Verwirklichung die Errungenschaften dieser Zivilisation ermöglicht hat«.[24] Die institutionenökonomische Frage, die er zu beantworten suchte, war darauf gerichtet, wie die Institutionen einer Gesellschaft beschaffen sein sollten, um die individuelle Freiheit zu fördern und vor Übergriffen zu schützen. Dabei stellte er wiederholt die weltanschauliche Nähe zu den schottischen Moralphilosophen Adam Ferguson, David Hume und Adam Smith heraus.

## 8. Schlussbemerkungen

Meine Ausführungen dürften verdeutlicht haben, wie sehr sich die Volkswirtschaftslehre oder Ökonomik theoretisch in die Tiefe und institutionenökonomisch sowie politisch ökonomisch in die Breite entwickelt hat. Die Institutionenökonomik und die ihr verwandte Ordnungsökonomik lassen ferner die analytische Nähe zur Rechtswissenschaft, insbesondere zur Rechtstheorie und Rechtsgeschichte erkennen. Ferner wurde mit der politischen Ökonomik oder dem Public Choice (wiederum vertreten durch den Nobelpreisträger James M. Buchanan) eine Teildisziplin aufgezeigt, die eine Affinität zur Wirtschaftspolitik als einem traditionellen Lehrfach der Ökonomik hat. Aus diesen aufgezeigten Verbindungen kann durchaus ein Studienprogramm erwachsen, das die wissenschaftliche Tragfähigkeit der Ökonomik verstärkt.

---

22 Hayek, *Die Verfassung der Freiheit*.
23 Hayek, »Das politische Ideal der Herrschaft des Gesetzes«.
24 Hayek, *Die Verfassung der Freiheit*, S. 2.

# Literatur

Berman, Harold J., *Recht und Revolution – Die Bildung der westlichen Rechtstradition*, übers. Vetter, .v. H., Frankfurt/Main: Suhrkamp 1991.

Bertalanffy, Ludwig von, *Das biologische Weltbild : die Stellung des Lebens in Natur und Wissenschaft*, Bern: Francke 1949.

Hayek, Friedrich A., »Das politische Ideal der Herrschaft des Gesetzes«, übersetzt und hg. von Streit, Manfred E., *Jenaer Beiträge zur Ökonomik*, Bd. 12, Baden-Baden: Nomos 1955/2010.

Hayek, Friedrich A., »Arten der Ordnung«, in: ders., *Rechtsordnung und Handelsordnung, Gesammelte Schriften in deutscher Sprache*, Bd. A 4, hg. von Manfred E. Streit, Tübingen: Mohr Siebeck 1963/2003, S. 15 -29.

Hayek, Friedrich A., »Die Ergebnisse menschlichen Handelns, aber nicht menschlichen Entwurfs«, in: ders., *Rechtsordnung und Handelnsordnung, Gesammelte Schriften in deutscher Sprache*, Bd. A 4, hg. von Manfred. E. Streit, Tübingen: Mohr Siebeck 1967/2003, S. 178 -189.

Hayek, Friedrich A., *Die Verfassung der Freiheit*, hg. von Alfred Bosch, Tübingen: Mohr Siebeck 1971/2005.

Hayek, Friedrich A., *Recht, Gesetz und Freiheit*, Tübingen: Mohr Siebeck 1973/2003.

Kasper, Wolfgang/Streit, Manfred E., *Institutional Economics – Social Order and Public Policy*, Cheltenham, UK, Northhampton, US: Edward Elgar 1998.

Kiwit, Daniel/Voigt, Stefan: »Überlegungen zum institutionellen Wandel unter Berücksichtigung des Verhältnisses interner und externer Institutionen«, *ORDO*, Bd. 46 (1995), S. 117–147.

North, Douglas C., *Institutions, Institutional Change and Economic Performance*, Cambridge: Cambridge University Press 1990.

Olson, Mancur, *Aufstieg und Niedergang von Nationen: Ökonomisches Wachstum, Stagflation und soziale Starrheit*, Tübingen: Mohr Siebeck 1985.

Ostrom, Elinor, *Die Verfassung der Allmende – Jenseits von Staat und Markt*, Tübingen: Mohr Siebeck 1999.

Richter, Rudolf/Furubotn, Erik G., *Neue Institutionenökonomik – eine Einführung und kritische Würdigung*, 2. durchges. und ergänzte Aufl., Tübingen: Mohr Siebeck 1996.

Streit, Manfred E., »Ordnungsökonomik«, in: ders. (Hg.), *Jenaer Beiträge zur Ökonomik*, Bd. 8, Baden-Baden: Nomos 1996/2001, S. 11–60.

Streit, Manfred E./Mangels, Antje, »Privatautonomes Recht und grenzüberschreitende Transaktionen«; in: *ORDO* 47 (1996), S. 73–100.

Streit, Manfred E./Mummert, Uwe, »Grundprobleme der Systemtransformation aus institutionenökonomischer Perspektive«, in: Streit, Manfred E. (Hg.), *Jenaer Beiträge zur Institutionenökonomik und Wirtschaftspolitik*, Baden-Baden: Nomos 1998/2001, S. 231–261.

Streit, Manfred E., »Die deutsche Währungsunion«, in: Deutsche Bundesbank (Hg.), *50 Jahre Deutsche Mark – Notenbank und Währung seit 1948*, München: C. H. Beck 1998, S. 675–722.

Streit, Manfred E., »Von der Ordnungsökonomik zur Systemtheorie«, in: ders. (Hg.), *Jenaer Beiträge zur Ökonomik*, Bd. 9, Baden-Baden: Nomos 2003/2004, S. 31–38.

Streit, Manfred E., »Das Wissensproblem der Ökonomik aus Hayekscher Sicht«, *ORDO* 58 (2007), S. 149–156.

# Zur (unberechtigten) Kritik an der ökonomischen Prognostik*

*Volker Caspari*

In der Ausgabe vom 17.12.09 schreibt Petra Pinzler in der Wochenzeitung *Die ZEIT* im Artikel »Augen zu, Ohren zu und durch!«: »In der Wirtschaftskrise haben viele Ökonomen ihren Ruf ruiniert. Zu oft lagen sie falsch. Kann die Regierung auf ihre Ratschläge verzichten?«[1]

Und mit dem Blick auf die harsche Kritik des SVR an der Wirtschaftspolitik der schwarz-gelben Koalition finden wir im gleichen Artikel die folgende Passage: »Selten haben sie [der SVR] die deutsche Wirtschaftspolitik so vernichtend beurteilt. Selten schien das so egal.«

Der Hannoveraner VWL-Professor Stefan Homburg wird mit der Forderung zitiert, das komplette Prognosegeschäft einzustellen, weil es nur Geld für beteiligte Institute, aber kaum seriöse Erkenntnisse bringen würde.

Schließlich kommt der Wirtschaftspsychologe Detlef Fetchenhauer von der Universität zu Köln auf der Grundlage von bevölkerungsrepräsentativen Umfragen zu dem Ergebnis, dass nur 15 Prozent der Befragten Ökonomen für glaubwürdig halten – nur noch »übertroffen« von Astrologen, die nur 3 Prozent für glaubwürdig halten.[2]

Neben dem offensichtlichen Versagen der Ökonomen in der Prognostik trägt die Kakophonie der Ratschläge von Ökonomen unterschiedlichster Couleur zur Unglaubwürdigkeit der VWL bei. Den akademischen Volkswirten gelingt es nicht mehr, der Öffentlichkeit zu vermitteln, welche Erkenntnisse sicher, welche umstritten und welche unseriös sind. Der öffentliche Diskurs über ökonomische Probleme und Grundsachverhalte ist schwierig, weil die eigentlich stillschweigenden Voraussetzungen eines vernünftigen Diskurses nicht gegeben sind. Für die »Laien«, einschließlich der gebildeten Laien, steht jedes ökonomische Argument unter dem Generalverdacht der

---

* Ich danke Frau Dipl. Math. S. Eschenhof, MSc (Econ), für die Datensammlung und Aufbereitung.
1 Pinzler, »Augen zu, Ohren zu und durch!«.
2 Frankfurter Allgemeine Zeitung, 04.01.2010.

Ideologie, d.h. es wird als an Einzelinteressen gebunden wahrgenommen. Die »wahren« Argumente werden in den individuellen Macht- oder Bereicherungszielen Einzelner (der Staat, die hohen Herren, der Herr Ackermann, die Banken, usw.) vermutet. Für diese Seite der Diskursteilnehmer ist die Volkswirtschaftslehre bestenfalls »die Metaphysik des Pokerspielers« (Tucholsky), aber mit Sicherheit keine Wissenschaft. Die ökonomisch ausgebildeten Teilnehmer am öffentlichen Diskurs wurden im Studium in mathematischen, statistischen und ökonometrischen Verfahren geschult, so dass der Gedanke, bei der Volkswirtschaftslehre könne es sich um rein ideologische Denkweisen oder gar metaphysische Konzepte handeln, schwerlich aufkommt. Wenn also Volkswirte öffentlich kontrovers z.B. über die kurz- und langfristigen Wirkungen der Fiskal- und Geldpolitik debattieren, wird das von der anderen Seite offensichtlich anders wahrgenommen als der Streit von Orthopäden über die geeignete Operationsmethode von Kreuzbandrissen im Knie. Aus der Debatte unter Volkswirten schließt man, dass sie – die Volkswirte – sich ganz uneinig seien und damit die ganze Volkswirtschaftslehre auf tönernen Füßen stehe. Schließt man aus dem Streit der Orthopäden ähnlich radikal auf das Wissen der Ärzte über Krankheiten im Allgemeinen? Steht gleich die gesamte Medizin »zur Debatte«? Die Antwort kann sich jeder selbst geben, spätestens wenn ihn oder sie die nächste fiebrige Erkältung oder eine Fraktur plagt.

Es gibt auch in der Volkswirtschaftslehre einen gewissen Kanon, d.h. einen Wissensbestand, der als vorläufig gesichert angesehen werden kann. Daneben gibt es Bereiche, in denen geforscht, debattiert und auch heftig gestritten wird. Und – es gibt auch Unseriöses, das dem Unkraut nicht unähnlich, sich schneller verbreitet als man es beseitigen kann. Ein meines Erachtens herausragendes Beispiel hierfür ist die Unart, gesamtwirtschaftliche Problemlagen mittels einzelwirtschaftlicher Instrumente analysieren zu wollen. Ginge das, wäre die Arbeitsteilung zwischen Mikro- und Makroökonomie aber auch die zwischen Volkswirtschaftslehre und Betriebswirtschaftslehre hinfällig.

Während die Öffentlichkeit einerseits Volkswirtschaftslehre mit neoliberaler Ideologie gleich setzt, stellt sie und die Geschäftswelt immer höhere Erwartungen an die Prognosefähigkeiten der VWL. Damit einher geht auch ein sich wandelndes Bild vom Volkswirt. Während in den 50er Jahren das Bild vom Gestalter einer Wirtschaftsordnung vorherrschte (dem »Ordungspolitiker«), entwickelte sich in den 60er und 70er Jahren die Vorstellung, der Volkswirt sei ein Planer und Steuermann des Wirtschaftsprozesses. Schrittweise nahm die Kraft dieser Bilder ab und ein drittes trat hervor: Der Volkswirt als Wetterfrosch, der, zu jeder Tages- und Nachtzeit, die Ölpreisentwicklung, das BIP-Wachstum, die Inflationsentwicklung und die des DAX, am besten für die nächsten 2 Jahre und zwei Stellen genau hinter dem Komma vorhersagen kann.

Statt der Hybris des Wahrsagens entgegen zu treten, hat auch die akademische VWL sich ihr hingegeben. Bedingt durch die Entwicklung der quantitativen Methoden einerseits und die exponentiell gewachsenen Computer-Leistungen andererseits, waren natürlich die arbeitstechnischen Voraussetzungen geschaffen worden, den Prognostikern ihre Arbeit deutlich zu erleichtern. Ich erinnere mich an ein Sonderheft des *Economic Journal* anlässlich des Jahrtausendwechsels, in dem einige damalige Koryphäen des Fachs das Zeitalter der Simulation ausgerufen hatten. Nun stimmt es zweifellos, dass sich durch diese Veränderungen das empirische Arbeiten und damit auch die Prognostik erleichterten. Trotzdem bleiben die grundlegenden Probleme der Prognostik davon unberührt. Bevor ich diese beleuchten möchte, will ich zunächst noch kurz die Frage beantworten, wozu man die Prognostik eigentlich braucht.

## Wozu Prognostik?

Auch wenn die Informationsfunktion der Prognostik durch die Medien in den Vordergrund gerückt wird, liegt ihre eigentliche Aufgabe in der Wirtschaftspolitik. Es geht dabei nicht nur um die Entscheidung über den richtigen Zeitpunkt einer Maßnahme, sondern vor allem um die Abschätzung der quantitativen Effekte. Meistens bestehen wirtschaftspolitische Eingriffe aus einem ganzen Bündel von Einzelmaßnahmen, oft mit auch gegenläufigen Effekten. So führen Lohnerhöhungen tendenziell zu einem Anstieg der Konsumausgaben. Wie aber reagiert die Investitionsnachfrage, wie die Exporte? Wie verändern sich durch den Anstieg der Lohnkosten die Angebotsbedingungen? Wandern Unternehmen ab und wenn ja wie viele? Wird Arbeitslosigkeit entstehen? Wie wird der Gesamteffekt dieser Lohnanhebung innerhalb eines Zeitraum von ein bis zwei Jahren aussehen? Das sind typische Fragen. Für ihre Beantwortung hilft neben ordentlicher makroökonomischer Theorie nur quantitative Simulation und damit Prognostik.

## Wie funktioniert Prognostik?

Die Verfahren zur quantitativen Abschätzung wirtschaftspolitischer Maßnahmen sind die gleichen, die auch in der Konjunktur-Prognostik eingesetzt werden. Sie beruhen auf Statistik und Ökonometrie (meist der Zeitreihenanalyse). Die Daten entstammen der amtlichen Statistik, d.h. der Volkswirtschaftlichen Gesamtrechnung und den Statistiken der Zentralbanken. Während die in der VWL verwendeten theoretischen Verfahren denen der Klima- und Wettermodelle ähneln, unterscheiden sich die Eigenschaften der wirtschaftlichen Daten deutlich von denen der Klima- und Wetteranalyse. Auch wenn gerade Klimadaten, vor allem historische Datenreihen, ähnlich den wirtschaftshistorischen Daten, nicht den heutigen Messanforderungen genügen, sind es doch Daten, die sich rückwirkend nicht verändern, wie das z.B. am aktuellen Rand im Falle der Quartalsdaten der VGR nahezu immer der Fall ist. So kann die Korrektur der Quartaldaten von Quartal zu Quartal sechs bis zehn zurückliegende Datenpunkte umfassen. Konkret heißt das: Ende August liegen die Daten des 2. Quartals, d.h. des Zeitraums April bis Juni eines Jahres vor. Prognostiziert werden soll der Zeitraum von Oktober bis Dezember (4. Quartal) und damit die Gesamtentwicklung eines Jahres und das kommende natürlich. Datengrundlage sind z.B. die letzten 20 Jahre. Ein Prognostiker wird dann im November die Daten des 3. Quartals erhalten. Damit verbunden erhält er aber auch revidierte Werte der vorhergehenden Quartale. Dies führt in aller Regel dazu, dass die November-Prognose von der im August abweicht.[3]

Also: Selbst wenn die verwendeten Prognosemodelle im Sinne der ex-post Prognose extrem gut wären, käme es aufgrund der Zeitverzögerung des Dateneingangs und der sich in die Vergangenheit gerichteten Korrekturen immer zu – teils erheblichen – Prognoseabweichungen im Zeitverlauf. Das irritiert die Öffentlichkeit, liegt aber an der unabänderlichen Zeitverzögerung der Datengenerierung.

---

3 Vgl. Deutsche Bundesbank, *Monatsbericht Juni 2010*, S. 29–47, insb. S. 44 (Der Einfluss von Quartalsdaten). Das iterative Prognoseverfahren des Sachverständigenrates wird im Jahresgutachten 2004 dargestellt. Vgl. Sachverständigenrat zur Begutachtung der gesamtwirtschaftlichen Entwicklung, *Jahresgutachten 2004/05*, S. 337- 339.

# Grundlegende Probleme der Prognostik
# in der Volkswirtschaftslehre

Aber: Neben »banalen« Messproblemen gibt es grundlegende Probleme der Prognose volkswirtschaftlicher Entwicklungen. Diese liegen auf verschiedenen Ebenen:

1. Stochastische Einflüsse und »Nicht-Wissen«
2. Rückkoppelungseffekte durch Lernen und durch Prognosen
3. Defizite im wirtschaftstheoretischen Modell
4. Defizite im ökonometrischen Modell

Zu (1): Es gibt zahlreiche zufällige Einflüsse, die wir in der Theorie der stochastischen Prozesse auch als Schocks bezeichnen. Sie treten idealiter mit dem Erwartungswert von Null und mit einer bekannten Varianz (Streuung) auf. Hierzu zählen Naturereignisse, wie z.B. ein Tsunami oder ein extrem kalter Winter oder heißer Sommer. Aber auch bewaffnete Konflikte und Terroranschläge haben einen ähnlichen Charakter. Daneben gibt es Vorgänge, die in der ökonomischen Sphäre selbst geschehen, aber nicht bekannt sind oder gar gezielt verheimlicht werden. Auch wenn ökonomisch relevantes Handeln nicht zu Markttransaktionen führt und damit keine Marktbewertung vorliegt, ergeben sich (bislang) keine statistische Daten. Ohne Daten kann keine wissenschaftliche Prognose erstellt werden.

Ein Beispiel hierzu: Als die Chicago Mercantile Exchange im Jahre 2007 einen öffentlich regulierten, börsennotierten Markt für den Credit Default Swap-Handel einrichtete, wurde er von den Banken nicht angenommen, weil sie ihre Geschäfte lieber privat abwickeln wollten. Die Wochenzeitschrift *Wirtschaftswoche* berichtete in ihrer Ausgabe vom 17.08.09, dass nur ein kleiner Teil des CDS-Handels über die neuen Clearing-Stellen laufe.[4] Ohne Markttransaktionen fehlten Marktdaten. Natürlich konnte man über die Bilanzen einzelner Banken gewisse Rückschlüsse ziehen. Aber Bilanzdaten gelten nur für das jeweilige Unternehmen.

Zu (2): Nicht erst seit der in der Volkswirtschaftslehre äußerst einflussreichen Lucas-Kritik ist bekannt, dass Prognosen (oder angekündigte wirtschaftspolitische Maßnahmen) das Verhalten der Menschen beeinflussen. Durch die Information kommt es zu Lerneffekten und/oder Erwartungsänderungen der handelnden Subjekte. Ein Vorgang, der in der unbelebten Na-

---

4 Wirtschaftswoche, 17.08.2009.

tur gar nicht vorkommen kann.[5] Keynes hat auf diesen Aspekt ebenfalls deutlich hingewiesen:

»I also want to emphasise strongly the point about economics being a moral science. [...] One has to be constantly on guard against treating the material as constant and homogeneous. It is as though the fall of the apple to the ground depended on the apple's motives, on whether it is worth while falling to the ground, and whether the ground wanted the apple to fall, and on mistaken calculations on the part of the apple as to how far it was from the centre of the earth.«[6]

Sowohl die Lerneffekte als auch die Erwartungsbildung können das tatsächliche Handeln der Marktakteure so beeinflussen, dass durch die Veröffentlichung der Prognose, die Prognose nicht eintrifft. Robert Lucas hat diesen Zusammenhang aufgegriffen und ihn zusammen mit der rationalen Erwartungsbildung auf die Wirtschaftspolitik angewandt. Kündigt der Staat z.B. Ausgaben im Wohnungsbau an, sehen die privaten Wohnungsinvestoren die künftige Angebotsausweitung voraus, erwarten dadurch Mietrückgänge und reduzieren ihre eigenen Bauaktivitäten. Insgesamt kommt es zu keinem belebenden Effekt, weil die öffentliche Angebotsausweitung durch einen Rückgang des privaten Angebots konterkariert wird. Sicherlich ist das ein extremer Fall, aber er weist auf das Kernproblem deutlich hin.

Zu (3): Prognoseprobleme treten auch auf, wenn die ökonomische Theorie relevante Kausalmechanismen nicht oder ungenügend aufnimmt. So hat der in der Makroökonomie dominante »Mainstream« Konjunkturen (und Krisen) immer als durch »exogene« Schocks ausgelöst modelliert. Endogene Konjunkturerklärungen galten und gelten als theoretisch »vorsintflutlich« und inferior. So hat man letztendlich die früher vor allem in der Keynesschen Theorie betonte fundamentale Instabilität des privaten Sektors (basierend auf den volatilen Investitionen) aus den Augen verloren.

Zu (4): Ökonometrische Modelle bauen zum einen auf den theoretischen Modellen auf und hängen damit von den gleichen »Schwächen« und »Stärken« der Theorie ab. Hinzu kommt, dass die geschätzten Parameter der Struktur – und Verhaltengleichungen über die Zeit nicht stabil sind. Ein Aspekt, auf den bereits Keynes in seiner Auseinandersetzung mit Jan Tinbergen hingewiesen hat.[7]

---

5 Wenn man dem Apfel die Gravitationsgesetze erklärt und ihm seinen Abstand zum Erdmittelpunkt mitteilt, wird das seine Fallgeschwindigkeit nicht beeinflussen.

6 Keynes, *The Collected Writings of John Maynard Keynes*, S. 299–300.

7 Keynes, »Professor Tinbergen's Method«; Tinbergen, »Reply«.

## Aber: Prognostik in anderen Disziplinen ist auch nicht (viel) besser

Alle wissenschaftlichen Disziplinen tun sich mit Prognosen schwer. In den ingenieurwissenschaftlichen Disziplinen fällt das oft nicht auf, weil ein Teil der Ingenieurkunst darin besteht, kontrollierte Rahmenbedingungen herzustellen (z.b. den Motor eines Autos durch das Blech der Karosserie zu schützen) und mit hohen Sicherheitszuschlägen zu arbeiten (Brücken sind zum Beispiel viel stabiler als sie es aller Wahrscheinlichkeit nach sein müssten um – gerade so – nicht einzustürzen.

In den Naturwissenschaften ist es mit der Prognostik oft auch nicht weit her. Etwa: Die Geophysiker kennen die den tektonischen Beben zugrunde liegenden Mechanismen recht gut. Gleichwohl fehlen ihnen die Daten, die ihnen erlaubt, den Zeitpunkt und den Ort solcher tektonischer Beben vorherzusagen. Hätten sie es gekonnt, wäre den Menschen in Aquila und in Haiti manches, wenn auch nicht alles erspart geblieben.

Die Vulkanologen sind etwas besser dran: Sie haben Daten der seismischen Aktivität, Beobachtungsdaten der Satelliten, und im wahrsten Sinne des Wortes »Rauchzeichen« (d.h. Giftgas Messungen), die sie interpretieren können. Aussagekräftige Prognosen, d.h. Menschenleben rettende Vorhersagen eines Ausbruchs (bzw. eines Nichtausbruchs), sind heute bereits möglich. Wie lange solche Ausbrüche dauern, kann aber meistens nicht sehr genau vorher gesagt werden.

Beispiele für Fehlprognosen aus der Medizin kennt nahezu jeder aus seinem Verwandten- und Bekanntenkreis.

Hingegen sind die Prognosen der Verkehrsforscher wesentlich erfolgreicher. Ihre Stauprognosen stimmen nahezu immer. Hier sieht man aber auch, dass die Treffsicherheit solcher Prognosen es nicht verhindert, dass sie eintreten. Wer glaubt eigentlich jetzt noch, der Zusammenbruch des Finanzsystems wäre nicht geschehen, wenn er prognostiziert worden wäre??

## Wie groß ist das Prognoseversagen?

Bedenkt man all die vorgetragenen Argumente, hat man wenig Zutrauen zur prognostischen Kraft der Volkswirtschaftslehre. Das scheint auch die »Hit-Liste« des Prognoseversagens der *Financial Times Deutschland* vom 15.12.09

zu signalisieren.[8] Vom Statistischen Bundesamt wurde kürzlich der Rückgang des BIP der BRD von 2008 auf 2009 mit -4,8 Prozent angegeben. Die beste Prognose im Jahr 2008 war -3,0 Prozent (PNB Paribas), die schlechtesten Prognosen lieferten der SVR und die EU-Kommission mit 0 Prozent. In der Gemeinschaftsprognose der vom Wirtschaftsministerium beauftragten Wirtschaftsforschungsinstitute wurde sogar ein Wachstum von 0,2 Prozent prognostiziert. Hier stimmte also noch nicht einmal die Richtung!

Rechnet man das in absolute Werte des BIP um, liegt die beste Prognose 1,9 Prozent unter dem tatsächlich eingetretenen Wert, der Mrd. Euro 2.376,0016 beträgt. Die schlechteste Prognose liegt 5,25 Prozent darunter. Bezieht man den Fehler auf die Wachstumsraten liegt der Fehler im günstigsten Fall bei 37,5 Prozent und im schlechtesten Fall bei rund 104 Prozent.

Tabelle 1: Prognosewerte und Abweichungen von dem tatsächlichen Wert

| Platz | Bank / Institution | Prognostizierte BIP-Wachstumsrate in % | Prognostizierte Absolutwerte des BIP | Abweichung vom IST-Wert (absolut) in % |
|---|---|---|---|---|
| 1 | BNP Paribas | -3,0 | 2.420,926　Mrd € | 1,89 |
| 2 | Institut für Weltwirtschaft | -2,7 | 2.428,4134　Mrd € | 2,21 |
| 3 | Commerzbank | -2,5 | 2.433,405　Mrd € | 2,42 |
| 4 | Bank of America | -2,5 | 2.433,405　Mrd € | 2,42 |
| 5 | DB Global Markets | -2,5 | 2.433,405　Mrd € | 2,42 |

8 Fricke/Bartels, »Die Prognostikerin des Jahres«.

| 6 | BHF-Bank | -3,0 | 2.420,926 Mrd € | 1,89 |
|---|---|---|---|---|
| 7 | Bundesregierung | -2,3 | 2.438,3966 Mrd € | 2,63 |
| 8 | M.M. Warburg | -2,3 | 2.438,3966 Mrd € | 2,63 |
| 9 | Dekabank | -2,2 | 2.440,8924 Mrd € | 2,73 |
| 10 | Ifo-Institut München | -2,2 | 2.440,8924 Mrd € | 2,73 |
| 11 | RWI-Institut Essen | -2,0 | 2.445,884 Mrd € | 2,94 |
| 12 | IW-Institut Köln | -2,0 | 2.445,884 Mrd € | 2,94 |
| 13 | Deutsche Bank Research | -2,0 | 2.445,884 Mrd € | 2,94 |
| 14 | JP Morgan | -2,1 | 2.443,3882 Mrd € | 2,84 |
| ..... | ..... | .... | .... .... | |
| 49 | Sachverständigenrat | 0,0 | 2.495,8 Mrd € | 5,04 |
| 50 | EU-Kommission | 0,0 | 2.495,8 Mrd € | 5,04 |
| 51 | Gemeinschaftsprognose der beauftragten Wirtschaftsfor-schungsinstitute | 0,2 | 2.500,7916 Mrd € | 5,25 |

*Quelle: Financial Times Deutschland vom 15.12.2009.*

Freilich: Schauen wir uns z.B. die Temperaturprognosen der Wetter.com AG für den 17.02.10, für Frankfurt/Main an.[9] Es handelt sich um die Werte der 16 Tage Prognose, d.h. am 02.02.10 lag die erste Prognose für den 17.02.10 vor.

---

9 Wetter.com, »Wetter in Frankfurt, Hessen«.

Tabelle 2: Temperaturprognose für den 17.2.2010

| Prognosezeitpunkt | 02.02. | 03.02. | 04.02. | 05.02. | 06.02. | 07.02. | 08.02. | 09.02. |
|---|---|---|---|---|---|---|---|---|
| °C_min | -2 | -4 | -9 | -6 | -8 | -5 | -12 | -2 |
| °C_max | 7 | 0 | -4 | 0 | -4 | -3 | -1 | 1 |

| Prognosezeitpunkt | 10.02. | 11.02. | 12.02. | 13.02. | 14.02. | 15.02. | 16.02. | 17.02. |
|---|---|---|---|---|---|---|---|---|
| °C_min | -5 | -3 | -6 | -7 | -7 | -7 | -6 | -6 |
| °C_max | 1 | 4 | 3 | 2 | 2 | 3 | 4 | 2 |

Quelle: Wetter.com, »Wetter in Frankfurt, Hessen«.

Die Abweichungen der prognostizierten Werte von den am 17.02. gemessenen tatsächlichen Maximal- bzw. Minimalwerten sind ziemlich groß. Wie zu erwarten, wird die Prognose desto besser, je kürzer der Prognosezeitraum wird. Am 17.02. wurden 2°C als Maximalwert gemessen. Am 02.02.10 wurde 7°C als Maximalwert prognostiziert und am 04.02 und am 06.02. war die Prognose des Maximalwertes jeweils –4°C. Das sind Abweichungen von 250 Prozent bzw. 300 Prozent.

Wechselt man die Skala von Celsius nach Fahrenheit, ändern sich die prozentualen Abweichungen, d.h. sie nehmen ab. Die Prognose scheint besser zu werden. Das ist aber ein reiner Skalierungseffekt. Naturwissenschaftlich korrekt sind beide Berechnungsmethoden nicht, denn sowohl die Celsius als auch die Fahrenheitskala haben keinen natürlichen Nullpunkt und sind damit keine Ratioskalen, sondern Intervallskalen. Nur bei einer Ratioskala kann die Bildung eines Quotienten (prozentuale Abweichung) interpretiert werden, bei einer Intervallskala ist das sinnlos.[10] Insofern ist die Maßzahl der Prognosegüte für Temperaturprognosen in Celsius oder Fahrenheit »wissenschaftlicher Quatsch«. Korrekt ist hingegen die Verwendung der Kelvinskala, da diese einen natürlichen Nullpunkt besitzt. Berechnet man obige Abweichungen der Prognosewerte von den gemessenen Werten in Grad Kelvin, liegen die Abweichungen bei ca. 2 Prozent. Dies würde auf eine exzellente Qualität der Temperaturprognose hindeuten.

---

10 Vgl. Schnell/Hill/Esser, *Methoden der empirischen Sozialforschung*, S. 142 ff.

Abbildung 1: Temperaturprognose für den 17.02.2010

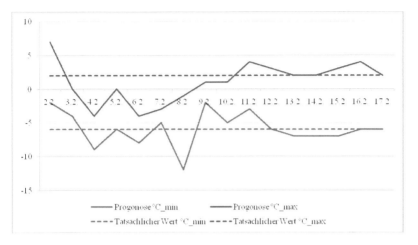

*Datenquelle: Wetter.com, »Wetter in Frankfurt, Hessen«, eigene Darstellung.*

Um das kurz zu verdeutlichen: Nehmen wir an, es werden 0°C prognostiziert und dann 20°C gemessen. Das sind 20°K Differenz. Jeder Mensch würde 20°C als warm und 0°C als recht kühl einordnen, und jeder würde sagen, dass die Prognose ziemlich »daneben« lag. Bezieht man diese Differenz auf die tatsächlich gemessenen Grad Kelvin, so sind 20°C = 293,15°K. Rechnet man in °C (was man eigentlich nicht darf), ergäbe sich eine empfundene prozentuale Abweichung von 100 Prozent, denn die Prognose lag »100 Prozent daneben«. In °K ergibt sich 20/293,15=0,0682, d.h. 6,8 Prozent Abweichung des prognostizierten vom gemessenen Wert. Eigentlich nicht schlecht, oder? Hier deckt sich die naturwissenschaftliche Meßmethode nicht mit dem Alltagsverständnis des Menschen.

## Fazit

Die Prognosegüte wird maßgeblich von der Messskala beeinflusst. Misst man in der ökonomischen Analyse in Wachstumsraten des Bruttoinlandsproduktes, sind die prozentualen Abweichungen groß und die Prognosegüte wirkt schlecht. Nimmt man die prognostizierten und tatsächlich errechneten Absolutwerte des Bruttoinlandsproduktes als Maßgrößen, sind die prozentualen Abweichungen gering und die Prognosegüte scheint gut zu sein. Bei den Abweichungen der gemessenen von den prognostizierten Temperaturen ergibt sich in Abhängigkeit von der gewählten Skala ein ähnlicher Effekt.

## Literatur

Deutsche Bundesbank, »Monatsbericht Juni 2010«, S. 29–47.

Fricke, Thomas/Charlotte Bartels, »Die Prognostikerin des Jahres«, in: *Financial Times Deutschland*, 15.12. 2009.

Keynes, John Maynard, »Professor Tinbergen's Method«, in: *The Economic Journal*, 49 (1939), S. 558–568.

Keynes, John Maynard, *The Collected Writings of John Maynard Keynes* XIV, hg. v. Donald Moggridge, London 1973.

Pinzler, Petra, »Augen zu, Ohren zu und durch!«, in: *Die Zeit*, 17.12.09.

Sachverständigenrat zur Begutachtung der gesamtwirtschaftlichen Entwicklung, *Jahresgutachten 2004/05: Erfolge im Ausland – Herausforderungen im Inland*, Wiesbaden 2004.

Schnell, Rainer/Hill, Paul B./Esser, Elke, *Methoden der empirischen Sozialforschung*, 8. Auflage München et. al. 2008.

Tinbergen, »Reply«, in: *The Economic Journal*, 50 (1940), S. 141–156.

Wetter.com, »Wetter in Frankfurt, Hessen«, http://www.wetter.com/wetter_aktuell/wettervorhersage/16_tagesvorhersage/?id=DE0002989 (abgerufen am: 02.02.2010).

# Zur Bildung von Blasen im Fach und was man dagegen tun kann: Plädoyer für eine solide Ausbildung in Theorie- und Wirtschaftsgeschichte

*Heinz D. Kurz*

## 1. Einleitung

Die jüngste Wirtschafts- und Finanzgeschichte zeigt neuerlich eindrucksvoll, dass gewisse Märkte zur Bildung von Blasen neigen. Üblicherweise sind Ökonomen geneigt anzunehmen, dass Abweichungen von einem theoretisch gefassten Gleichgewicht geschwind zentripetale Kräfte aktivieren, die über negative Rückkopplungen eine relativ schnell sich bemerkbar machende Tendenz zurück in Richtung des Gleichgewichts bewirken. Kommt es auf einem derartigen Markt durch irgendwelche Gründe zu einer plötzlichen Verringerung der angebotenen Menge und damit zu einem Ungleichgewicht, dann steigt der Marktpreis. Dies aber, so die Vorstellung, ist den Produzenten ein Anreiz, die angebotene Menge zu erhöhen, und den Verbrauchern ein Anreiz, die nachgefragte Menge zu verringern. Die Marktkräfte tendieren so dazu, das Ungleichgewicht wieder zu beseitigen. Wegen der unterstellten homöostatischen Verhältnisse geht man häufig der Einfachheit halber von ständig realisierten Gleichgewichtspreisen und -mengen aus und kümmert sich nicht sonderlich um die Gravitation der aktuellen Preise hin zu den Gleichgewichtspreisen bzw. deren Oszillation um diese.

Dieses einfache Bild, so sehr es auch die Verhältnisse auf einigen Märkten unter normalen Umständen annäherungsweise zu beschreiben imstande ist, trifft jedoch nicht auf alle Märkte zu. Es gibt Märke, in denen offenbar zentrifugale Kräfte am Werk sind und wo bei Abweichungen vom theoretisch gefassten Gleichgewicht die Gefahr besteht, dass diese im Lauf der Zeit immer größer werden. Über schnell wirkende positive Rückkopplungen kommt es über längere Zeit hinweg zu einem wachsenden Ungleichgewicht, bis sich die darin aufstauenden Kräfte plötzlich in einem großen Knall entladen. Dass die immer größer werdende Blase irgendwann einmal platzen wird, liegt für aufmerksame Beobachter auf der Hand, wann das aber der Fall sein wird, ist ungewiss. Steigt zum Beispiel in Erwartung steigender Börsenkurse die Nachfrage nach Wertpapieren, dann treibt dies die Kurse in die Höhe, was die Erwartung bestätigt, in der Folge zusätzliches Geldkapital anlockt, was die Kurse weiter treibt, was noch mehr Kapital anlockt, usw. Ansteckung und Herdenverhalten nehmen ihren Lauf. Während viele Gütermärkte eher zum ersten Markt-Typus zählen, sind viele Finanzmärkte eher dem zweiten zuzurechnen.

Was nun aber lässt sich über den »Markt für ökonomische Ideen« sagen: Handelt es sich um einen solchen, der eher dem ersten oder dem zweiten Typ ähnelt? Erfasst die ökonomische Theorie die »fundamentalen Kräfte«, die das Wirtschaftsgeschehen bestimmen, und begreift deren Wechselwirkung, so gut es eben geht – oder verstellt sie gegebenenfalls den Blick auf die Wirklichkeit? Perpetuieren und verstärken sich solche Vorstellungen über positive Rückkopplungen innerhalb des Wissenschaftsbetriebs durch Berufungen auf Lehrstühle, Rankings von Zeitschriften und Personen, Vergabe von Forschungsmitteln, durch Belobigungen und Preise wie dem sogenannten Nobelpreis usw.? Geht es in der Ökonomik als Ganzer oder in einigen ihrer Teilgebiete mitunter ähnlich zu wie auf Finanzmärkten mit steil aufschießenden Kurswerten für gewisse Theorien und deren Vertretern, irgendwann gefolgt von nicht weniger eindrucksvollen Abstürzen?

In dieser Arbeit wird die Auffassung vertreten, dass der Markt für ökonomische Ideen tatsächlich durch Blasenbildung gekennzeichnet ist.[1] Damit sind nicht nur die wiederholt beschriebenen Wellen von *fads and fashions* gemeint, d.h. die Befassung großer Teile der Zunft mit modischen Themen und ihre Behandlung mittels Ansätzen, die gerade *en vogue* sind. Diese Wellen können relativ harmlos sein. Gefährlich werden sie, wenn ihre Repräsentanten der Gefahr der Wissensanmaßung unterliegen und erfolgreich verhindern, dass andere Ansätze, Theorien und Deutungsmuster der wirtschaftlichen Welt zu Gehör gebracht werden können und in Lehre und For-

---

1 Nachdem diese Arbeit fertig gestellt worden war, ist mir der Evaluierungsbericht des Independent Evaluation Office of the International Monetary Fund (IEO) zur Tätigkeit des IMF in der Zeit von 2004–2007, d.h. vor Ausbruch der Finanz- und Wirtschaftskrise, zur Kenntnis gelangt. Dort wird die Auffassung vertreten: »The IMF's ability to correctly identify the mounting risk was hindered by a high degree of *groupthink, intellectual capture, a general mindset* that a major financial crisis in large advanced economies was unlikely, and *inadequate analytical approaches*« (Independent Evaluation Office of the International Monetary Fund, *IMF Performance in the Run-Up to the financial and Economic Crises*, S. 20; Hervorhebungen hinzugefügt). *Groupthink* ist ein bedeutendes Element der Blasenbildung.

schung vertreten sind. Diese Gefahr besteht latent immer, ist aber nach meiner Überzeugung seit einiger Zeit wieder besonders virulent. Institutionelle Rahmenbedingungen, zumal der »Bolognaprozess« in Europa, schaffen günstige Voraussetzungen für eine Homogenisierung der Studien in Europa in Richtung des jeweils aktuellen Mainstream. Auf der Strecke bleiben alternative Erklärungsansätze und damit die Vielfalt des Angebots als Voraussetzung für Wahlmöglichkeiten und Fortschritt. Die Globalisierung der Ausbildung in der Wirtschaftswissenschaft im genannten Sinn erleichtert die Möglichkeiten der Bildung großer intellektueller Blasen. Das Ausbildungssystem, so ist zu befürchten, wird *penny-wise* im Sinne des jeweils dominierenden Mainstream, aber *pound-foolish* in einem weiteren Sinn.

Sowohl Real- als auch Fachgeschichte liefern zahlreiche Beispiele für Blasen. Die bislang wohl größte und wirkungsmächtigste bestand in einer besonderen Art und Weise der Rezeption der Marxschen Kapitalismusanalyse und deren Missverständnis als Gebrauchsanweisung für die Etablierung, Festigung und Lenkung sozialistischer Ökonomien (oder was dafür gehalten wurde). Ein nicht unbeträchtlicher Teil der Menschheit stand über mehrere Jahrzehnte hinweg im Banne dieser Blase und ein kleiner Teil tut es noch immer. Zahlreiche weitere wirtschaftstheoretische und -politische Blasen mit mehr oder weniger großen Auswirkungen ließen sich anführen, und viele stehen in mehr oder weniger engem Zusammenhang mit real- oder finanzwirtschaftlichen Spekulationswellen.[2]

Letztlich, so die hier vertretene Überzeugung, ist kein Kraut gewachsen, das die Blasenbildung in der Ökonomik ein für allemal verhindern würde. Die Spezies Mensch wird sich weiterhin bei der Deutung der jeweils existierenden wirtschaftlichen und sonstigen Verhältnisse und deren weiterer Entwicklung mehr oder weniger täuschen, und Ökonomen sind Teil dieser Spezies. Es sprechen jedoch gute Gründe dafür, dass eine solide Ausbildung in Theorie- und Wirtschaftsgeschichte und ein Bemühen um Offenheit und Pluralismus im Fach die Wahrscheinlichkeit für das Auftreten von fachinternen Blasen merklich zu verringern und ihr Ausmaß zu beschränken imstande sind. Insofern ist es höchst bedauerlich und in letzter Instanz ökonomisch schädlich, dass die genannten Wissensgebiete in der jüngeren Vergangenheit immer stärker aus den wirtschaftswissenschaftlichen Studienplänen in der deutschsprachigen Welt (aber nicht nur dort) verdrängt worden sind.

Im Folgenden liegt das Hauptaugenmerk auf der ökonomischen Theoriegeschichte nicht zuletzt deshalb, weil eine Befassung mit der Wirtschaftsge-

---

2 Vgl. Kindleberger, *Manias, Panics, and Crashes. A History of Financial Crises.*

schichte – der Lieferantin der Erkenntnisobjekte der Wirtschaftswissen-schaftler – an sich selbstverständlich sein sollte und keiner gesonderten Begründung bedarf. Dass es sich mittlerweile anders verhält, spricht nicht gegen die Wirtschaftsgeschichte, sondern gegen den aktuellen Trend in der wirtschaftswissenschaftlichen Ausbildung.

Wir können die in dieser Arbeit vertretene Auffassung mit einem Wort Voltaires paraphrasieren: In einem so schwierigen Fach wie der Ökonomik ist ein Zustand des Zweifels und der Ungewissheit nicht sehr angenehm, aber ein Zustand der Sicherheit ist lächerlich.

Die Arbeit ist wie folgt gegliedert. Abschnitt 2 befasst sich mit dem Bei-trag Paul Samuelsons, der auf die Entwicklung der Wirtschaftswissenschaft im vergangenen halben Jahrhundert vielleicht den größten Einfluss genom-men hat. Während Samuelson jedoch noch einer Art panoptischen Sicht der privat-dezentralen Ökonomie das Wort redete und sowohl Gründe für deren Koordinationsleistungen als auch deren -versagen untersuchte, vertritt die *New Classical Economics* (*NCE*), wie sie besonders prominent von Robert Lucas jr. repräsentiert wird, einen monomanischen Blick. Letzterem wenden wir uns in Abschnitt 3 zu. Der Aufstieg der *NCE*, so die These, stellt eine der Blasen im Fach in dessen jüngerer Geschichte dar, die überdies über ihren Einfluss auf die Wirtschaftspolitik auch mitverantwortlich ist für die Blase im Finanzsektor und dessen Folgen. Abschnitt 4 befasst sich kurz mit der Rolle von Ideen, Glauben und Ideologien im Fach und stimmt Joseph Schumpeter zu, der eine Ausbildung in Theorie- und Wirtschaftsgeschichte als Palliativ gegen eine allzu große Anfälligkeit gegenüber Ideologien emp-fohlen hat. Die folgenden drei Abschnitte liefern Beispiele dafür, wie eine Kenntnis des Alten das Neue besser einzuschätzen erlaubt bzw. wie die Ver-nachlässigung von vor langer Zeit gewonnenen Erkenntnissen dramatische Fehleinschätzungen zur Folge hat. Die Beispiele betreffen die Glücksfor-schung (Abschnitt 5), die Theorie des endogenen Wachstums (Abschnitt 6) und die Finanzmarkttheorie (Abschnitt 7). Abschnitt 8 enthält einige Schlussbemerkungen.

## 2. Samuelson und die moderne Ökonomik

In der erweiterten Ausgabe seiner *Foundations of Economic Analysis* gibt Paul A. Samuelson folgenden Grund dafür an, warum sich Wissenschaftler im Allgemeinen und Wirtschaftswissenschaftler im Besonderen nicht ernsthaft mit der Geschichte ihres Faches abgeben können: Es fehle ihnen die Zeit dafür. »Working scientists,« schreibt er, »to tell the simple truth, have neither the time nor the patience to bother with the history of their subject: they want to get on with making that history«.[3] Tatsächlich gibt es im Wesentlichen nur zwei Wege, um in der Geschichte eines Faches wahrgenommen und in Erinnerung behalten zu werden: Man liefert den Stoff für die Geschichte oder man hält die Akte bedeutender Lieferungen fest. Interessanterweise gibt Samuelson bereits wenige Seiten nach der zitierten Stelle einen überzeugenden Grund dafür an, warum selbst der »working scientist«, der an der jeweiligen Forschungsfront Arbeitende, nicht umhin kann, sich mit wichtigen Kapiteln der Geschichte seines Faches auseinander zu setzen:

Admittedly, it is easier on the ego to develop what is already in the air while nurturing the self-deception of subjective originality. But early on I decided that the *higher prize* was to get on with the subject's advancement by utilizing and acknowledging whatever was already to be found in the literature, eschewing what Gunnar Myrdal acidly called »unnecessary Anglo-Saxon ›originality‹.« Then, if one could leap a cubit from those ethereal heights the fulfillment was the greater.[4]

Fortschritt im Fach setzt eine Kenntnis des jeweils erreichten Standes voraus, und der jeweils erreichte aktuelle Stand ist häufig nicht auf der Höhe des potentiell erreichbaren Standes, wie ihn die im Lauf der Geschichte eines Faches vorgestellten Ideen ermöglichen würden. Oder wie es ein Historiker anlässlich des Besuches des deutschen Kaisers an der Humboldt Universität gelegentlich der Eröffnung eines neuen Gebäudes ausgedrückt hat: Die joviale Frage seines Dienstgebers: »Was gibt es Neues, mein Guter?«, soll der Historiker mit der Gegenfrage beantwortet haben: »Kennen Eure Majestät denn schon das Alte?«

Samuelson war sich wohl bewusst, dass er mit seinen Arbeiten auf der Schulter von »Giganten« stand. Deren Werke zu kennen, war eine unabdingbare Forderung, um sich nicht dem Vorwurf »unnötiger Originalität« auszusetzen. Es kann daher auch nicht überraschen, dass Samuelson zeit seines akademischen Lebens ein lebhaftes Interesse an theoriegeschichtlichen Fra-

---

3 Samuelson, *Foundations of Economic Analysis*, xvi.
4 Ebd., xxv, Hervorhebung hinzugefügt.

gen hegte. Dieses Interesse findet seinen Niederschlag nicht nur in zahlreichen Veröffentlichungen, die unmittelbar Fragen der ökonomischen Theoriegeschichte gewidmet sind,[5] sondern auch in zahlreichen Hinweisen auf Vorgänger in seinen wirtschaftstheoretischen Schriften.[6] Als Student zweier der bedeutendsten ökonomischen Theoriegeschichtler, Jacob Viner und Joseph A. Schumpeter, dürfte Samuelson gleich zu Beginn seiner akademischen Karriere ein Interesse an der Geschichte des Faches eingeflößt worden sein. Als er im Jahr 1961 die Präsidentschaft der *American Economic Association* antrat, widmete er seine *Presidential Address* ganz im Sinne des Gesagten dem Thema »Economists and the history of ideas«.[7] Er verband seine Überlegungen mit dem Hinweis darauf, dass es sich bei der Mathematik zwar um ein höchst bedeutendes Werkzeug in der Ökonomik handele, dass aber alles darauf ankomme, die dem jeweils behandelten ökonomischen Problem angemessene Art der Mathematik anzuwenden oder, soweit noch nicht vorhanden, erst zu entwickeln. Tatsächlich, so Samuelson, gebe es viel Missbrauch des Werkzeugs – eine Situationsbeschreibung, die auf die heutigen Verhältnisse gewiss nicht weniger zutrifft als auf die damaligen.

Zwar war Samuelson einerseits Vertreter einer »Whig History of Economics«, wonach die Versuche früherer Ökonomen vom höheren Standpunkt und mittels der analytischen Instrumente der modernen ökonomischen Analyse aus zu beurteilen seien. Andererseits aber war er keineswegs der Auffassung, dass das Neue immer besser war als das Alte. Wie ich u.a. aus Gesprächen mit ihm weiß, stand er den Ansichten mehrerer Chicagoer Ökonomen, darunter Robert Lucas jr. und Eugene Fama, äußerst kritisch gegenüber und betrachtete die Entwicklung, die das Fach genommen hatte, mit großer Besorgnis. Die Idee, dass Märkte, zumal Finanzmärkte, effizient funktionierten, lehnte nicht nur er, sondern interessanterweise auch Robert C. Merton ab, ehemaliger Assistent von Samuelson am MIT. Für Samuelson war die Idee nicht nur falsch, sondern gefährlich, weil sie die Möglichkeit krisenhafter Entwicklungen kategorisch ausschloss und damit auch die Diskussion darüber, wie man ihnen effektiv begegnen könne.

Samuelson war von der Richtigkeit des von ihm eingeschlagenen Weges in der Ökonomik, welcher der Weg des größten Teils der gesamten Disziplin werden sollte, überzeugt. In den *Foundations* charakterisiert er diesen Weg

---

5 Vgl. Kurz, »Aiming for a ›Higher Prize‹. Paul Anthony Samuelson (1915–2009)«.

6 Vgl. die bislang fünf Bände von *The Collected Scientific Papers of Paul Samuelson* (*CSPPAS* 1968 ff.).

7 Samuelson, »Economists and the history of ideas«.

wie folgt. Seiner selbstbewussten Auffassung zufolge bestand die Errungenschaft in der Formulierung einer »general theory of economic theories«, d.h. in einer Art Metatheorie.[8] Die *Foundations*, schreibt er, »finally achieved for economics a synthesis of Cournot's Newtonian calculus method of maximizing with Walras's equations of general equilibrium« und »began the systematic use of *finite inequalities* in modern economics«;[9] sie befreiten die »classical mathematical analysis from its calculus corsets«.[10] Die faktisch aus drei Büchern in einem bestehenden *Foundations*, so Samuelson, basierten im grundlegenden ersten Buch, bestehend aus den Kapiteln I-VII, auf der Hypothese »that individuals or firms act to maximize specifiable functions«.[11] Diese Hypothese änderte den Stil der theoretischen Ökonomik in tiefgreifender Weise, indem sie grundsätzlich alle ökonomischen Probleme als Probleme der Optimierung unter Nebenbedingungen begriff bzw. in solche umzudeuten versuchte.[12] Wenn Samuelson daher die Auffassungen von Ökonomen wie Lucas oder Fama kritisiert, so kann man sich nicht ganz des Eindrucks erwehren, dass es ihm wie dem Meister ergeht, der die Geister, die er gerufen hatte, nicht mehr loswurde.[13] Samuelson hat die Entwicklung der modernen Ökonomik wie kaum ein anderer beeinflusst, aber er hat sie so nicht gewollt. Er war dem neoklassischen Paradigma verpflichtet, aber er wusste um die Möglichkeit des Versagens der Selbststeuerungskräfte der privat-dezentralen Ökonomie und vertrat deshalb auch keynesianische wirtschaftstheoretische und -politische Ideen. Marktwirtschaften, so seine Überzeugung, »can be kept breathing healthily by the Keynesian palliatives of fiscal and monetary policy«.[14] In seiner Nobel-Autobiographie bekannte er: »My Chicago-trained mind resisted tenaciously the Keynesian revolution; but reason won out over tradition and dogma«.[15]

---

8 Samuelson, *Foundations of Economic Analysis*, xxvi.

9 Ebd., xvii.

10 Ebd., xviii.

11 Ebd., xix.

12 Es verdient erwähnt zu werden, dass bereits Hermann Heinrich Gossen 1854 die Auffassung vertrat, die *condition humaine* laufe auf ein Optimierungsproblem unter Nebenbedingungen hinaus und »wahre Nationalökonomie« sei deshalb nur mittels der entsprechenden mathematischen Hilfsmittel zu entwickeln; vgl. Kurz, »Wer war Hermann Heinrich Gossen (1810–1858)«.

13 Die nichtintendierten Konsequenzen zweckgerichteten menschlichen Tuns – das große Thema der klassischen politischen Ökonomie – zeigen sich auch hier.

14 *CSPPAS* 1, S. 1512

15 Samuelson, »How I became an economist, 1970 laureate in economics biography«.

Samuelson hat sich, wie bekannt, wiederholt kritisch mit Piero Sraffas Neuformulierung des klassischen Ansatzes in der Theorie des Werts und der Verteilung auseinander gesetzt. Tatsächlich hat er hierüber zahlreiche Aufsätze verfasst und auch mit Anhängern Sraffas wiederholt die Klingen gekreuzt. Bereits diese Tatsache belegt, dass er Sraffa und dessen Leistung allem gegenteiligen Anschein zum Trotz außerordentlich schätzte.[16] Dies ist nicht verwunderlich. Wie Samuelson bei Bekanntwerden einiger Dokumente aus dem literarischen Nachlass Sraffas feststellen musste, hatte dieser bereits Anfang 1946 in einer kritischen Auseinandersetzung mit dem Konzept der Grenzproduktivität des Kapitals die Unhaltbarkeit des Samuelsonschen Konzepts einer »surrogaten Produktionsfunktion« aus dem Jahr 1960 antizipiert.[17] Samuelson hat Sraffas Leistung anerkannt, aber zugleich ihre Bedeutung herunterzuspielen versucht. Dass ein offenbar nur über elementare Mathematikkenntnisse verfügender Bibliothekar der Marshall Library in Cambridge etwas herausgefunden hatte, was ihm, Samuelson, dem Wunderkind und *high powered mathematician* verborgen geblieben war und weswegen er eine herbe intellektuelle Niederlage in der sogenannten Cambridge-Kontroverse in der Kapitaltheorie hatte einstecken müssen, war gewiss schwer verwindbar. Umso mehr gereicht es Samuelson zur Ehre, dass er mit zahlreichen Kollegen, die in der Tradition Sraffas stehen, sehr gute persönliche und fachliche Beziehungen unterhielt, deren Arbeiten kommentierte und sie in verschiedenerlei Hinsicht unterstützte.[18] Besonders bemerkenswert ist der Umstand, dass er, eingeladen, einen Beitrag zur Festschrift für Ian Steedman zu schreiben, die Herausgeber des Bandes ersuchte, ihn nicht nur als Beitragenden, sondern auch als Mitherausgeber als sichtbares Zeichen seiner Hochachtung gegenüber dem Manchester Ökonomen aufzunehmen.[19]

Trotz seiner Überzeugung, der Ökonomik eine neue Richtung gewiesen zu haben, hat Samuelson andere Richtungen respektiert, sofern sie gewisse Anforderungen wie Kohärenz und Widerspruchsfreiheit der Argumentation, Bedeutung der behandelten Probleme usw. erfüllten. Samuelson war mit

---

16 Der bislang unveröffentlichte Briefwechsel Samuelsons mit Sraffa im Besitz des Trinity College, Cambridge (U.K.), untermauert diese Behauptung.

17 Vgl. hierzu Kurz, »Against the current: Sraffa's unpublished manuscripts and the history of economic thought«.

18 Siehe hierzu die persönlichen Reminiszenzen einer Zahl von Ökonomen im Nachruf auf Samuelson in Heft 2 von Band 61 der Zeitschrift *Metroeconomica*.

19 Vgl. Vint, John/Metcalfe, J. Stanley/Kurz, Heinz D./Salvadori, Neri/Samuelson, Paul A., *Economic Theory and Economic Thought*.

evolutorischem Gedankengut wohl vertraut. Wiederholt hat er seiner Überzeugung Ausdruck verliehen, dass Fortschritt in der Wissenschaft Wettbewerb zwischen verschiedenen Ansätzen und damit deren Vielfalt voraussetzt. Dies widerspricht nicht dem Umstand, dass er selbst sehr darum bemüht war, andere von der Überlegenheit seines Standpunktes zu überzeugen und damit auf eine *unité de doctrine* hinarbeitete.

Aber nicht alle der Samuelson nachfolgenden Ökonomen von Bedeutung sind aus gleichem Holz geschnitzt wie er. Nicht allen darunter scheint bewusst zu sein, dass Offenheit gegenüber anderen Ansätzen und das Eintreten für Pluralismus dem Fach zum Vorteil gereicht. Im Folgenden wird ein Beispiel für das Dominanzstreben einer Richtung innerhalb eines Teilgebietes – der Makroökonomik – kurz erörtert. Es handelt sich um die *NCE*. Deren monomanischer Blick sieht im Wesentlichen nur Effizienz auf Märkten und keine Dysfunktionen. Mit Samuelson gesagt: »dogma won out over reason.«

## 3. Komplexität, Wissensanmaßung und Blasenbildung: Die NCE

Von Max Planck wird die Bemerkung kolportiert, die Ökonomie als Untersuchungsobjekt sei (ihm) zu schwierig; er habe sich deshalb dazu entschieden, Physik zu studieren. Tatsächlich ist das Erkenntnisobjekt der Wirtschaftswissenschaft überaus komplex, eine Komplexität, die nicht zuletzt darauf zurückzuführen ist, dass die Wirtschaftssubjekte von- und übereinander lernen, einander nachahmen, ihre Entscheidungen und Handlungen auf Überzeugungen und Glaubensinhalte stützen, wovon einige schnellem Wandel unterliegen usw. Dessen ungeachtet basiert ein beträchtlicher Teil der modernen Ökonomik auf der Kunstfigur des repräsentativen Akteurs, der über einen unendlichen Zeithorizont hinweg und in Beachtung seiner intertemporalen Budgetbeschränkung seinen Nutzen maximiert. Der Theorie der rationalen Erwartungen gemäß hat er die Funktionsweise des Systems durchschaut und passt sich optimal an die gegebenen Verhältnisse an bzw. macht sie sich zunutze. Gäbe es ihn wirklich, dann könnte die Wirtschaftswissenschaft von ihm lernen, wie das ökonomische System funktioniert. Aber es gibt ihn nicht und kann ihn nicht geben, denn in ihm sind alle Konflikte, die wirkliche Menschen erfahren und die einen nicht unwesentlichen Teil der Wirtschaft ausmachen und diese treiben, aufgehoben.

Gegen Gedankenexperimente, die sich der fraglichen Kunstfigur bedienen, ist nichts einzuwenden: Sie könnten Teil einer umfänglichen Heuristik sein, die sich dem komplexen Erkenntnisobjekt unter Verwendung verschiedenartiger Mengen mehr oder weniger kühner Prämissen und der sich jeweils ergebenden Implikationen zu nähern versucht. Problematisch wird es dann, wenn, wie in jüngerer Zeit geschehen, ein höchst spezieller Ansatz drauf und dran ist, allmählich zum einzig zulässigen zu mutieren – zum tonangebenden *Stil* wirtschaftswissenschaftlichen Räsonierens schlechthin, dem sich keiner entziehen kann, sofern ihm an der Anerkennung durch den ökonomischen Mainstream gelegen ist.[20] Die Durchsetzung eines bestimmten Denk- und Argumentationsstils bis hin zu dessen Vorherrschaft im Fach lässt sich über eine Reihe von Indikatoren nachzeichnen und ist Gegenstand einer fachspezifischen Wissens- bzw. Wissenschaftssoziologie. Diese ist Teil der Theoriegeschichte des Faches, welche den Gang der Dinge im Fach und dessen Gründe reflektiert.

Das Hauptargument zugunsten eines neuen Ansatzes im Fach ist die Behauptung seiner Überlegenheit gegenüber dem bisher herrschenden. Das Beispiel der Makroökonomik in den vergangenen Jahrzehnten drängt sich auf, denn in ihr kam es zu einem besonders radikalen Regimewechsel. So schrieb im Jahr 1992 Gregory Mankiw, nach »fifty years of additional progress in economic science, [Keynes'] *The General Theory* is an outdated book. […] We are in a much better position than Keynes was to figure out how the economy works.« Und in seiner Presidential Address anlässlich der 115. Jahrestagung der American Economic Association am 4. Januar 2003 in Washington, DC, vertrat Robert Lucas jr. die Auffassung:»the central problem of depression prevention has been solved, for all practical purposes, and has been solved for many decades.« Er schloss mit einer Bemerkung über den Fortschritt in der Makroökonomik:»we are able to form a much sharper quantitative view of the potential of changes in policy to improve peoples‹ lives than was possible a generation ago.«[21]

Der behauptete Fortschritt verführte so manchen Autor zu Hochmut, so auch Lucas. Keynes und dessen Analyse seien irreführend und völlig un-

---

20 Die Anerkennung erfolgt u.a. durch Veröffentlichungen in »core journals«. Ein einfacher und schneller Lackmustest, der den gegenwärtigen Stil widerspiegelt, besteht darin zu überprüfen, ob eine Arbeit mit Nutzenfunktionen operiert oder nicht. Tut sie es nicht, kann das bereits ein Grund für ihre Ablehnung sein.

21 Lucas, »Macroeconomic priorities«, S. 1/12.

brauchbar, ließ er seine Leser wissen. An einer Stelle heißt es gar, Keynes sei nichts weiter als ein »politischer Aktivist« und Ideologe gewesen, dessen wirtschaftstheoretischer Beitrag in nichts als »hot air« bestanden habe. Was sei schon von einem Autor zu erwarten, empört sich Lucas, der in seinem *magnum opus* niemanden zitiere »but crazies like Hobson«?[22] Lucas muss sich zum Zeitpunkt, zu dem er dies geschrieben hat, sehr sicher gefühlt haben. Keynes war tot und begraben, und niemand würde angesichts der Errungenschaften der modernen Makroökonomik Grund dazu haben, seine Schriften jemals wieder zur Hand zu nehmen.

Hochmut kommt vor dem Fall. Lucas hat sich geirrt. Theoriegeschichtler sind berufsnotorisch u.a. damit befasst, Behauptungen über bedeutende Autoren in der Ökonomik auf ihren Wahrheitsgehalt hin zu überprüfen. Eine solche Überprüfung zeigt im vorliegenden Fall, dass Lucas ganz offenbar eine unbekannte und unauffindbare Ausgabe der *General Theory* gelesen haben muss. In der bekannten und allgemein zugänglichen Ausgabe nämlich zitiert Keynes (neben Hobson) u.a. Bentham, Böhm-Bawerk, Cassel, Edgeworth, Irving Fisher, A. Hansen, Harrod, Hawtrey, Hayek, Jevons, Kahn, Kuznets, Marshall, Marx, J. S. Mill, Pigou, D. H. Robertson, Sraffa, Walras und Wicksell. Lucas und seine Anhänger, so darf vermutet werden, betrachten das Treiben von Theoriegeschichtlern zu Recht mit Argwohn und würden es wohl am liebsten unterbinden, denn Theoriegeschichtler decken Fehlmeinungen auf. Darüber hinaus weisen sie, wie wir sehen werden, so manche neue Entdeckung der Sache (wenn schon nicht der Form) nach als altbekannt aus.

Aber was Theoriegeschichtlern nicht gelingen wollte, hat die jüngste Finanz- und Wirtschaftskrise besorgt: Sie hat der *NCE* einen schweren Schlag versetzt. Selbst ehedem glühende Vertreter der Position der Chicagoer Schule in der Makroökonomik und Finanzmarkttheorie haben umzudenken begonnen. Richard Posner von der *University of Chicago Law School* widersprach vehement Mankiws obigem Urteil: »We have learned since September [2008] that the present generation of economists has not figured out how the economy works.«[23] Posner zufolge bestand der gegenüber der *General Theory* behauptete Fortschritt in der Makroökonomik tatsächlich in einem Rückschritt. Ähnliche Auffassungen waren von Ökonomen wie Jeffrey Sachs und Edmund Phelps zu vernehmen. Und lange vor der Krise hatte Alan S. Blinder die Lucassche Anmaßung gegeißelt. Auf die Frage, »whether the

---

22 Lucas, »My Keynesian education«, S. 23f.
23 Posner, »How I became a Keynesian. Second thoughts in the middle of a crisis«.

Keynesian or new classical answers have greater claim to being ›scientific‹«, antwortete er: »when Lucas changed the answers given by Keynes, he was mostly turning better answers into worse ones«.[24]

Aus der Sicht der Kritiker, so können wir sagen, handelt es sich beim Erfolg der von Lucas, Sargent und anderen vertretenen Theorie der rationalen Erwartungen um eine Blase. Es war Lucas selbst, der stolz auf den rasanten Erfolg der Theorie – die Bildung der Blase – aufmerksam gemacht hat: Das Potential der fraglichen Theorie, schrieb er vor einigen Jahren, »is getting realized. It has completely succeeded in taking over growth theory, most of public finance, financial economics. Now it's coming in use in macroeconomics with real business cycle theory«.[25] Positive Rückkopplungsmechanismen im Fach sorgten für die Ausbreitung der *NCE* und deren Aufstieg zu einem dominierenden Paradigma in der Makroökonomik.

Zwei typische Momente bei der Einführung eines neuen (oder für neu gehaltenen) Ansatzes verdienen es besonders erwähnt zu werden, um anschließend am Beispiel der von Lucas geprägten modernen Makroökonomik illustriert zu werden. Das erste Moment besteht in der Benennung der Art des Fortschritts gegenüber früheren Ansätzen. Das zweite befasst sich damit, den neuen Ansatz als in der Tradition bedeutender Vorfahren stehend auszugeben, d.h. einen Stammbaum zu konstruieren, der dem Neuen die höheren Weihen des in Ehren gehaltenen Alten verschaffen soll.

Im Falle von Lucas sind beide Momente auf das engste miteinander verwoben. Er schreibt in Bezug auf den Fortschritt im Fach: »*I see the progressive* […] *element in economics as entirely technical*: better mathematics, better mathematical formulation, better data, better data-processing methods, better statistical methods, better computational methods.« Und unmittelbar darauf nennt er jene Ökonomen, in deren Tradition er sein eigenes Werk sieht: »I think of all progress in economic thinking, in the kind of basic core of economic theory, as developing entirely as learning how *to do what Hume and Smith and Ricardo wanted to do, only better.*«[26]

Drei Dinge verdienen es festgehalten zu werden. Erstens und vielleicht am wichtigsten, auch Lucas ist der Ansicht, dass das Fach über lange Zeiträume hinweg Irrwege einschlagen kann. Die Lehre von Keynes begründete seiner Überzeugung nach einen solchen Irrweg. Lucas vertritt daher nicht die Auffassung eines effizient funktionierenden Marktes für ökonomische

---

24 Blinder, »Keynes, Lucas, and Scientific Progress«, S. 130.
25 Lucas, »My Keynesian education«, S. 23.
26 Ebd., S. 22, Hervorhebungen hinzugefügt.

Ideen. Für ihn induzierte Keynes eine Blase, die erst durch realwirtschaftliche Vorgänge wie das Phänomen der Stagflation und innertheoretische Entwicklungen zum Platzen gebracht worden ist und einer neuen und besseren Theorie, eben der *NCM*, Platz gemacht hat. Fortschritt in einem weiteren Sinn, so seine Botschaft, besteht in der Überwindung von für irreführend gehaltenen Ansätzen und in der Entwicklung des für richtig erachteten.

Zweitens, und im Widerspruch zum gerade Gesagten vertritt Lucas die Ansicht, Fortschritt in der Wirtschaftswissenschaft sei »entirely technical«, d.h. weder konzeptionell noch substantiell. Wer auch nur ein wenig mit der Wirtschafts- und Sozialgeschichte sowie der Theoriegeschichte vertraut ist, wird von der Naivität dieser Sicht überrascht sein. Gab es keine tiefgreifenden strukturellen und institutionellen Veränderungen im Laufe der Wirtschafts- und Sozialgeschichte, die die Entwicklung neuer Konzepte und Theorien nötig gemacht haben? Waren die Hinweise auf im Lauf der Zeit erfolgende tiefgreifende sozio-ökonomische Transformationen und Brüche, wie man ihnen z.B. im Werke Adam Smiths oder der deutschen Historischen Schule begegnet, pure Einbildung? Und haben Ökonomen auf markante Veränderungen ihres Erkenntnisobjektes nicht (mehr oder weniger schnell) mit Änderungen ihres Weltbildes und der zum Einsatz kommenden analytischen Instrumente reagiert? Die Behauptung, Fortschritt in der Wirtschaftswissenschaft sei nur technischer Art, lässt sich nicht halten.

Wie aber steht es, drittens, um die Vereinnahmung eines Hume, Smith und Ricardo als geistige Vorläufer der von Lucas vertretenen Theorie? Bei letzterer handelt es sich um eine makroökonomische Version der intertemporalen allgemeinen Gleichgewichtstheorie von Arrow und Debreu, die für Lucas das »Herzstück der Wirtschaftstheorie« ausmacht. Atmen die Beiträge von Hume, Smith und Ricardo bereits den Geist dieser Theorie? Dieser Eindruck mag sich bei oberflächlicher Betrachtung ergeben, wer jedoch nur ein wenig tiefer in die Werke der Genannten eindringt weiß, dass sich die darin zum Ausdruck kommenden Vorstellungen in mehrfacher Hinsicht und in unterschiedlicher Weise deutlich von der Lucasschen Theorie unterscheiden. So basieren die Ansätze der Genannten nicht auf der Annahme »that we have a cleared labor market at every point in time«.[27] Für Hume bis Ricardo war Arbeitslosigkeit ein normales Phänomen in der sich entwickelnden kapitalistischen Ökonomie; arbeitsparender technischer Fortschritt geht einher mit der Freisetzung von Arbeitskräften, wie sie z.B. Ricardo im berühmten Ma-

---

27 Lucas, »My Keynesian education«, S. 16, Hervorhebungen hinzugefügt.

schineriekapitel seiner *Principles* erörtert.[28] Frühe Formen des »Sayschen Gesetzes« bezogen sich nur auf die Märkte von Waren, die mit einem Gewinnziel (d.h. kapitalistisch) erzeugt wurden, nicht aber auf die Arbeitskraft, für die dies nicht gilt. Erst später (mit der Lohnfondstheorie als Vorläufer) kam es zur Entwicklung des Konzepts des »Arbeitsmarktes« und dessen Subsumtion unter das Saysche Gesetz. In den klassischen Ökonomen trifft man nicht auf die marginalistischen Konzepte der Angebots- und Nachfragefunktionen. Und gewiss sucht man in diesen Autoren vergebens den repräsentativen Akteur. Mit ihm wird dem Blick entrückt, was diese als von zentraler Bedeutung für die privat-dezentrale Wirtschaft ansahen: das prozessierende Moment der Interessensgegensätze und Verteilungskonflikte.[29]

Lucas glaubt auf den Schultern der klassischen Ökonomen zu stehen und die von diesen begründete Tradition des ökonomischen Denkens fortzuführen. Der Schein trügt.

# 4. Ideen, Glauben, Ideologien

Lucas bestätigt mit seinen Ausführungen zum angeblichen »Tod des Keynesianismus« die hier vertretene Auffassung, dass der Markt für ökonomische Ideen kein perfekt funktionierender Selektionsmechanismus ist, der alles Gute und Brauchbare bewahrt und alles Schlechte und Irreführende zügig und verlässlich ausmustert, – ähnlich Aschenputtel, die mit Hilfe von Tauben Linsen aus der Asche liest: »Die Guten ins Töpfchen, die Schlechten ins Kröpfchen«.[30] Nicht nur Laien, sondern auch Vertreter des Faches Wirtschaftswissenschaft vertreten nicht eben selten Auffassungen, die bereits vor langer Zeit als unhaltbar nachgewiesen worden sind. Das unbeirrte Festhalten an derartigen Auffassungen verweist auf eine Kraft, die häufig stärker ist als Kritik: Die »Vision« oder der »Glaube« an die grundsätzliche Richtigkeit einer gewissen Deutung der Dinge, einer bestimmten Weltsicht. Diese ist nur schwer erschütterbar. Da der Erkenntnis des Menschen Grenzen gesetzt

---

28 Zur Humeschen ökonomischen Theorie vgl. Kurz, »David Hume. Von der ›Natur des Menschen‹ und der ›kommerziellen Gesellschaft‹. Oder: Über ›Nebenwirkungen‹ und ›wirkliche Ursachen‹«.

29 Nicht ohne Grund spricht z.B. Ricardo von Maschinen als den »mute agents of production«: im Unterschied zu den Arbeitern verlangen sie keine höheren Löhne oder bessere Arbeitsbedingungen.

30 Vgl. Kurz, »Die Ökonomik ist doch kein Aschenputtel«.

sind und er niemals in den Besitz der »ganzen Wahrheit« über komplexe ökonomische Zusammenhänge gelangen wird, wird ihn die erwiesene Unhaltbarkeit eines Teils seiner Vision kaum dazu bewegen, die Vision insgesamt aufzugeben.[31]

Auf die bedeutende Rolle von irreführenden Ideen und die Unsterblichkeit einiger darunter hatte Keynes aufmerksam gemacht:

»The ideas of economists and political philosophers, both when they are right and when they are wrong, are more powerful than is commonly understood. Indeed the world is ruled by little else. Practical men, who believe themselves to be quite exempt from any intellectual influences, are usually the slaves of some defunct economist. Madmen in authority, who hear voices in the air, are distilling their frenzy from some academic scribbler of a few years back.«

Keynes fuhr fort:

»I am sure that the power of vested interests is vastly exaggerated compared with the gradual encroachment of ideas. Not, indeed, immediately, but after a certain interval; for in the field of economic and political philosophy there are not many who are influenced by new theories after they are twenty-five or thirty years of age, so that the ideas which civil servants and politicians and even agitators apply to current events are not likely to be the newest. But, soon or late, it is ideas, not vested interest, which are dangerous for good or evil.«[32]

Man kann sich natürlich fragen, ob die Macht etablierter ökonomischer Interessen derart gering ist, wie es Keynes anzunehmen scheint, und ob man Ideen und Interessen so ohne weiteres einander entgegensetzen kann. Etablierte Interessen bedienen sich vielfach des Instruments von Ideen zur Betonung ihrer Legitimität. Interessen und Ideen stehen daher häufig in symbiotischer Beziehung zueinander. Man dürfe nicht, betont Samuelson in einem Plädoyer zugunsten einer »Whig History of Economics«, den Fehler machen, von den angetroffenen Ideen und Konzepten zu verlangen, sie müssten »wahr« sein. Der Slogan der Ideengeschichte müsse vielmehr lauten:

---

31 So wird das Festhalten an für unhaltbar nachgewiesenen Konzepten, wie z.B. der aggregierten Produktionsfunktion, mit der verfochtenen instrumentalistischen Methodologie gerechtfertigt, die im Interesse einer guten Prognoseleistung des Modells bereit ist, kühne und auch klar falsche Annahmen zu akzeptieren. Um die Prognoseleistung der hier zur Diskussion stehenden Modelle ist es indes nicht sehr gut bestellt, womit die Legitimation der instrumentalistischen Position in Frage steht. Nebenbei gesagt ist der Name »aggregierte Produktionsfunktion« irreführend, weil das Konstrukt nicht über ein Verfahren konsistenter Aggregation zustande gekommen ist, sondern ohne jegliche Prüfung der Aggregationsbedingungen einfach postuliert wird.

32 Keynes, *The General Theory of Employment, Interest and Money*, S. 383.

»The customer is always right.« Its objects are what men have *believed*; and if truth has been left out, so much the worse for truth, except for the curiously-undifficult task of explaining why truth does not sell more successfully than anything else.«[33]

Es braucht kaum betont zu werden, dass es nicht das Privileg der früheren Autoren war, sich zu irren, während es das Privileg der zeitgenössischen Autoren ist, immer richtig zu liegen. Die von Samuelson geforderte kritische Sicht darf sich nicht auf vergangene Autoren beschränken und gegenwärtige aussparen. Das umgekehrte Unterfangen – der Blick auf das Neue von der Warte des Alten aus – verspricht gleichfalls interessante Einsichten. Er deckt insbesondere auf, welche Probleme im Lauf der Zeit aus dem Blickfeld der Ökonomen verschwunden sind – nicht weil sie gelöst worden wären, sondern weil sie im Rahmen eines gegebenen Ansatzes und gegebener Werkzeuge nicht gelöst werden konnten. Gewisse Stile des ökonomischen Denkens eignen sich zur Behandlung einiger Probleme, nicht aber zur Behandlung anderer. Und wenn ein Stil mit hohen Eintrittskosten wie z.B. der Erlernung eines schwierigen und umfänglichen mathematischen Apparats verbunden ist, dann ist die Bereitschaft, sich neu zu orientieren, gedämpft. Bestrebt, ein Werkzeug, eine Technik zu meistern, birgt die Gefahr, dass das eigene Denken schließlich vom Werkzeug, der Technik gemeistert wird. Wer einen Hammer besitzt, heißt ein Sprichwort, sieht in Allem einen Nagel. Wenn der repräsentative Akteur erfolgreich intertemporal optimiert, tun es alle von ihm repräsentierten Lebewesen. Diese leben in der besten aller möglichen Welten, der Welt des Dr. Pangloss, wie ihn Voltaire in *Candide ou l'optimisne* nennt.[34]

Von Schumpeter stammt die Aussage, wer Theoriegeschichte studiert, werde mit »neuen Ideen« und »Einsichten in die Wege des menschlichen Geistes« konfrontiert.[35] Eine Idee ist immer für gewisse Personen neu. Vor langer Zeit erstmals geäußert, kann sie den heutigen Betrachter gleichermaßen überraschen und faszinieren. Und: Wer den Fortschritt einer Wissenschaft befördern will, sollte ihre bisherigen Leistungen kennen. Wer möchte schon, wie Samuelson anmerkte, falsche Originalitätsansprüche erheben? Ökonomen loben im Allgemeinen die Vorzüge des Wettbewerbs. Die weitgehende Abschaffung der Theoriegeschichte in den Lehrplänen bedeutet jedoch eine Verarmung – und den Schutz zeitgenössischer Ökonomen gegen-

---

33 Samuelson, »Economists and the history of ideas«, S. 14 f.
34 Voltaire, *Candide oder Der Optimismus.*
35 Schumpeter, *History of Economic Analysis*, S. 4.

über der Konkurrenz durch einen Smith, Ricardo usw. Bedarf das Neue des Schutzes vor dem Alten?

Die Gefahr der Bildung von Blasen im Raum der Ideen und Vorstellungen von der Welt ist in Jonathan Swifts *Gullivers Reisen* eindrucksvoll mittels der Geschichte von den Schneidern von Laputa beschrieben worden. Diese türmen eine unhaltbare Annahme auf die andere und enden schließlich im Narrenhaus. Keine der Annahmen muss dabei grotesk falsch sein, aber die Kumulierung von Annahmen, von denen jede ein wenig falsch ist, und die sich nicht wechselseitig neutralisieren, kann ausreichen, um zu einem die Welt stark verzerrenden Bild zu gelangen. Dieser Überlegung können wir diejenige Joseph Schumpeters zugesellen, welcher der Auffassung war, dass in der Wirtschaftswissenschaft das ideologische Moment von beträchtlicher Bedeutung sei. Ideologien seien nicht einfach Lügen, sondern sagten aus, was Menschen zu sehen glauben. Aussagen, die sich der Mathematik und Statistik bedienen, seien nicht schon deshalb ideologiefrei. Gewisse Ideologien seien über lange Zeit hinweg imstande, das ganze Fach oder größere Teile desselben zu beherrschen.

Schumpeters Feststellung ist im hier interessierenden Kontext von besonderer Bedeutung, denn er leitet aus ihr eine weitreichende Forderung ab: Um sich gegenüber Ideologien so gut es geht zu wappnen, sei es von allergrößter Bedeutung, sowohl Kenntnisse in Wirtschafts- als auch in Theoriegeschichte zu erwerben. Während die Wirtschaftsgeschichte empirisches Material bereit hält, das gewisse Vorstellungen widerlegt oder relativiert, hält die Theoriegeschichte Überlegungen bereit, die sich kritisch mit Ideologien und ihren philosophischen Fundamenten auseinandersetzen. Eine Konfrontation mit der Wirtschaftsgeschichte und alternativen Deutungen derselben, so können wir sagen, stärkt die Immunkraft gegenüber Wissensanmaßungen, verringert die Ansteckungsgefahr und beschränkt das Herdenverhalten. Schumpeter ging soweit die ketzerische Auffassung zu vertreten, eine Ausbildung in Wirtschaftstheorie, die nicht von einer solchen in Wirtschafts- und Theoriegeschichte begleitet wird, sei schlechter als überhaupt keine Theorie.

Wir kommen nun zur knappen Erörterung dreier Beispiele dafür, wie Kenntnisse des Alten das Neue besser einzuschätzen erlauben und ggf. seine Hohlheit aufdecken. Das im Verlauf der Geschichte des Faches entstandene, aber nur teilweise absorbierte ökonomische Wissen verdient eine bessere Behandlung als es derzeit der Fall ist.

## 5. Glück vs. Nutzen

Im ersten Beispiel geht es um die an sich selbstverständliche Tatsache, dass alles ökonomische Tun – Produktion wie Konsum – Zeit beansprucht. Allerdings tut sich die Ökonomik seit alters her schwer mit der Berücksichtigung des Zeitaspekts.

Der Ausgangspunkt der gegenwärtig blühenden sogenannten »Glücksforschung« war das »Easterlin Paradoxon« (1974). Quer-, aber auch Längsschnittstudien über zahlreiche Länder hinweg zeigen, dass ab einem gewissen Einkommensniveau je Kopf das subjektive Wohlbefinden der Bevölkerung nicht mehr nennenswert mit dem Einkommen wächst. Ab einem gewissen Realeinkommen will unser irdisches Glücksempfinden nicht mehr steigen. Dies widerspricht dem Bild des von der konventionellen neoklassischen Theorie gezeichneten *homo oeconomicus*. Dessen Nutzenniveau steigt mit steigendem Realeinkommen, unterproportional zwar, aber es steigt; er kennt keine Sättigung.

Paradox mutet der empirische Befund nur vor dem Hintergrund der konventionellen Mikrotheorie an. Hätte der Befund einen Adam Smith oder den Mitbegründer der Grenznutzentheorie, Hermann Heinrich Gossen, überrascht? Wohl kaum. Zwei Aspekte der *condition humaine* lassen nichts anderes erwarten. In der *Theory of Moral Sentiments* (1758) bedient sich Smith der häufig missverstandenen Metapher von der »Unsichtbaren Hand«. Beträchtliche Unterschiede in Vermögen und Einkommen der Menschen, so Smith, seien nicht gleichbedeutend mit solchen in deren Wohlbefinden und Lebenslust. Denn egal ob reich oder arm, dem Wunsch zu konsumieren und zu genießen stehe eine begrenzte Kapazität des Magens gegenüber, der nicht beliebig viel Essen fassen kann. Die »Gier« und »Raffsucht« der Reichen laufe daher dank einer gütigen »Vorsehung« ins Leere.[36]

Knapp einhundert Jahre später ergänzt Gossen in seiner Abhandlung *Entwickelung der Gesetze des menschlichen Verkehrs, und der daraus fließenden Regeln für menschliches Handeln* (1854) das Smithsche Argument mit dem Hinweis auf den zeitraubenden Charakter des Konsums. Das Hauptproblem des Menschen sei die Allokation knapper Zeit auf alternative Tätigkeiten. Selbst wer sich keiner finanziellen Beschränkung seines Konsums durch ein geringes Einkommen gegenübersieht, Gossens Beispiel ist Ludwig XVI von

---

36 Smith, Adam, *The Theory of Moral Sentiments*.

Frankreich, unterliegt der Zeitbeschränkung.[37] Er kann pro Tag nur eine begrenzte Menge an Gütern und Dienstleistungen konsumieren. Der Verzehr einer Portion Spaghetti, das Betrachten eines Films – alle konsumtiven Aktivitäten »kosten« Zeit. Selbst der Mensch im Schlaraffenland hätte ein ökonomisches Problem zu lösen. Das knappe Gut in reichen Gesellschaften ist nicht das Einkommen, sondern die Zeit, es zu verbrauchen.

Wenn Menschen in reichen Gesellschaften gleichwohl danach streben, ihr Einkommen zu steigern, davon war Smith überzeugt, dann tun sie es in erster Linie nicht, um mehr zu konsumieren, sondern um anderen zu imponieren, ein Verlangen das der einfache *homo oeconomicus* nicht kennt. Aber können alle allen anderen gleichzeitig immer mehr imponieren? Wer glaubt, sein Glück über die Jagd nach Reichtum verfolgen zu sollen, der unterliege einer Täuschung, lässt uns der schottische Moralphilosoph und Ökonom wissen.

# 6. Produktdiversität des Kapitals vs. »durchschnittliche Produktionsperiode«

Das zweite Beispiel bezieht sich auf einen berühmten Aufsatz Paul Romers zur Theorie des endogenen wirtschaftlichen Wachstums.[38] Die einschlägige Literatur ist überwiegend makroökonomisch und kennt nur ein Gut als Zielgröße, das Sozialprodukt, obgleich seit Smith, Gossen und dem Wachstumsforscher Simon Kuznets bekannt ist, dass aufgrund existierender Sättigungsgrenzen in Bezug auf jedes einzelne Gut nur über eine ständige Ausdehnung der Gütervielfalt Wachstum überhaupt möglich ist. Die ständige Ausdehnung der Warenwelt geht einher mit einer immer tieferen gesellschaftlichen Arbeitsteilung, einer immer größeren Vielfalt an produzierten Produktionsmitteln und steigender Arbeitsproduktivität. Den letztgenannten Aspekt versucht Romer mittels einer »Produktdiversitäts«-Spezifikation des physischen Kapitals einzufangen. Er formalisiert diesen Aspekt unter Rückgriff auf ein Modell monopolistischen Wettbewerbs in Bezug auf Konsumgüter von Dixit und Stiglitz.

---

37 Gossen, Hermann H., *Entwickelung der Gesetze des menschlichen Verkehrs, und der daraus fließenden Regeln für menschliches Handeln.*
38 Romer, »Endogenous technological change«.

Romer zufolge wird ständig neues Wissen entwickelt und in Gestalt neuer Typen von Kapitalgütern bzw. »industrial designs« zum Einsatz gebracht. Diese treten zu den existierenden hinzu und steigern die Ergiebigkeit der Produktion.

The unusual feature of the production technology assumed here is that it disaggregates capital into an infinite number of distinct types of producer durables. [...] Only a finite number of these potential inputs, the ones that have already been invented and designed, are available for use at any time.[39]

Das Endprodukt wird annahmegemäß entsprechend der folgenden Erweiterung einer Cobb-Douglas-Funktion produziert

$$Y(H_Y, L, x) = H_Y^{\alpha} L^{\beta} \sum_{l=1}^{\infty} x_l^{1-\alpha-\beta}$$

mit $H_Y$ als dem in der betreffenden Industrie eingesetzten Humankapital, $L$ als der Zahl der dort beschäftigten Arbeitskräfte sowie

$$\sum_{l=1}^{\infty} x_l^{1-\alpha-\beta}$$

als dem Einsatz intermediärer Produkte, d.h. spezifischer Kapitalgüter (im Unterschied zum auch als Kapitalgut verwendbaren Endprodukt). Zu einem gegebenen Zeitpunkt gibt es nur eine endliche Zahl $A$ von Zwischenprodukten, so dass $x_i = 0$ ist für alle $i > A$. Der Endproduktoutput ist demnach eine additiv separierbare Funktion der verschiedenen Zwischenprodukte.

Wie heterogen ist das Wissen und sind seine Verkörperungen in Gestalt der ihrer Zahl nach unbegrenzt vielen Zwischenprodukte im Modell Romers wirklich? In der Beschreibung der produktionstechnischen Annahmen zeigt sich, dass von den Inputs her in keinem einzigen Fall eindeutig auf das erzeugte Produkt geschlossen werden kann, weil überall die gleichen Inputproportionen zum Einsatz kommen. Insbesondere gibt es die unterstellte Verschiedenheit produzierter Produktionsmittel nur dem Schein nach. Da ihre Erzeugung physisch nur Mengen des Endprodukts eingehen, die dem Konsum vorenthalten werden, verkörpern sie nur dieses Endprodukt, und da annahmegemäß keines der Zwischenprodukte je ökonomisch obsolet wird, verkörpern sie es genau proportional zum involvierten Konsumverzicht. Das bestehende Kapital ist daher gleich der kumulierten Konsumentsagung. Verschiedene Kapitalgüter – so Romers Annahme – können ohne

---

39 Ebd., S. 80.

weiteres, d.h. ohne Kenntnis der relativen Preise und damit der Höhe der Kapitalverzinsung, aggregiert werden.[40]

Romer ist sich der Problematik der von ihm aufgetürmten kühnen Annahmen bewusst. Er wischt sie jedoch mit der Bemerkung vom Tisch: »Nonetheless, the general results here should be robust to more careful modeling of the nature of the interaction between different specialized producer durables.«[41]

Idee und Formalisierung erinnern an das Konzept der »Mehrergiebigkeit längerer Produktionsumwege«, wie es von Vertretern der österreichischen Schule und insbesondere von Eugen von Böhm-Bawerk in Deutung des Smithschen Konzepts einer zunehmenden gesellschaftlichen Arbeitsteilung entwickelt worden ist.[42] Böhm-Bawerk versuchte das Problem der Heterogenität (und wachsender Heterogenität) des Kapitals mittels des Konzepts der »durchschnittlichen Produktionsperiode« zu lösen. Mit ihrer Hilfe sollten heterogene Kapitalgüter für einzelne Industrien bzw. für die Wirtschaft insgesamt unabhängig von ihren Preisen und damit vom Stand der Einkommensverteilung zu einer skalaren Größe – der »Kapitalmenge« – aggregiert werden können. Über die relative Knappheit dieser Kapitalmenge sollte dann – gewissermaßen als krönender Abschluss der Theorie – der Zinssatz (alias die allgemeine Profitrate) bestimmt werden. Böhm-Bawerks Versuch ist jedoch, wie bereits Wicksell festgestellt hat,[43] misslungen: Es gibt, von uninteressanten Spezialfällen abgesehen, keine Möglichkeit, die Kapitalmen-

---

40 Das Konsumgut geht annahmegemäß direkt in jedes der Zwischenprodukte ein. Würde es direkt und indirekt im Sinne einer zeitlich gestaffelten Sequenz von Inputs eingehen, so würden die bezüglich der verschiedenen Zwischenprodukte aufzustellenden Reduktionsreihen auf datierte Konsumgutmengen völlig identische Zeitprofile aufweisen müssen. Nur dann wären die Werte der Zwischenprodukte proportional den in ihrer Produktion bei positiver Kapitalertragsrate direkt und/oder indirekt eingehenden Mengen des Konsumgutes.

41 Romer, »Endogenous technological change«, S. 85.

42 Das Problem der österreichischen Deutung des Smithschen Konzepts besteht darin, dass ein genuin dynamisches Konzept spätestens bei Böhm-Bawerk zu einem statischen degeneriert. Während bei Smith die zu *verschiedenen* Zeitpunkten verfügbaren Techniken (als Resultat der sich bei ausweitenden Märkten ergebenden Lernprozesse sowie der technologischen Verbesserungen über die tiefere Arbeitsteilung) angesprochen werden, geht es bei Böhm-Bawerk um die Beschreibung alternativer technischer Möglichkeiten zu einem *gegebenen* Zeitpunkt.

43 Vgl. Kurz, »Wicksell and the problem of the ›missing equation‹«, *History of Political Economy.*

ge eines einzelnen Sektors oder der Ökonomie insgesamt auf diese Weise konsistent zu bestimmen.[44]

Wie geht nun aus dieser Perspektive betrachtet Romer mit dem Problem der Vielfalt und wachsenden Vielfalt von Kapitalgütern um? Er setzt, so könnte man mit einer gewissen Freizügigkeit sagen, an die Stelle der durchschnittlichen Produktionsperiode Böhm-Bawerks eine Art von »absoluter Produktionsperiode«, sein $A$. Wirtschaftliche Entwicklung bedeutet, dass diese absolute Produktionsperiode immer länger, d.h. $A$ immer größer wird. Da er jedoch annimmt, dass jedes der Zwischenprodukte ewiges ökonomisches Leben aufweist, müssen diese nicht ständig wiederersetzt werden: einmal erzeugt, sind sie wie unvergänglicher Grund und Boden. Dies ist der zweite und mit dem ersten eng verknüpfte Unterschied zum Konzept Böhm-Bawerks: Während dieser nur zirkulierendes Kapital berücksichtigt hatte, lässt Romer nur extrem fixes – ewigwährendes – zu. Romer lädt die Leser dazu ein, sich $A$ als die Zahl an »Designs« vorzustellen und den gesamtwirtschaftlichen Bestand an Zwischenprodukten als die »Summe dieser Designs«. Es bleibt jenseits der überaus kühnen Annahmen Romers – sie sind meiner Einschätzung nach kaum weniger kühn als diejenigen Böhm-Bawerks – jedoch unklar, was die Summe derartiger »Blaupausen« bedeuten soll. Es werden ganz augenscheinlich, wie man so sagt, Äpfel und Birnen (ohne Dazwischenschaltung von Preisen) addiert. Der Zweck des Unterfangens indes ist klar: Es schafft einem das leidige Problem der Heterogenität des Kapitals vom Hals, nicht jedoch, indem dieses in theoretisch befriedigender Weise gelöst werden würde, sondern indem es per Annahme als inexistent ausgewiesen wird.

Die Art und Weise, wie sich Romer die Verlängerung der Produktionsperiode vorstellt, ist merkwürdig. Da jedes der Zwischenprodukte, einmal erfunden und erzeugt, technisch und ökonomisch unsterblich ist, wird es niemals von einem besseren Produkt verdrängt werden. Ein Beispiel mag dies verdeutlichen. Im alten Ägypten wurde Weizen mittels des Grabstocks hergestellt. Heute, so die modelltheoretische Vorstellung, wird es mittels zahlreicher simultan eingesetzter Werkzeuge vom Grabstock über den Pflug, Ochsen, Traktor usw. bis hin zur Agromaschine hergestellt. Hierbei handelt es sich um eine extreme Sicht der Dinge. Den österreichischen Ökonomen

---

44 Vgl. auch Kurz/Salvadori, *Theory of Production. A Long-period Analysis*, Kap. 14. Böhm-Bawerk geht bei der Aggregation des in die Erzeugung der verschiedenen Kapitalgüter eingehenden Stroms an datierten Arbeitsmengen von einfachen Zinsen aus, obgleich seine Annahme freier Konkurrenz Zinseszins verlangen würde. Unterstellt man indes richtigerweise Zinseszins, dann sieht man sofort die Unhaltbarkeit seiner Konstruktion.

wäre sie wohl zu extrem gewesen, da neue Wissenspartikel häufig der Feind alter Partikel sind, neue Kapitalgüter alte aus dem Feld schlagen.

## 7. Finanzmärkte – effizient oder nicht?

Unser drittes Beispiel führt uns zur Theorie der Finanzmärkte. Die Hypothese vom effizienten Markt ist in neuerer Zeit insbesondere von Chicagoer Ökonomen vertreten worden und hat – zumindest bis zum Ausbruch der jüngsten Finanzmarktkrise – immer mehr Anhänger gefunden.[45] Die »Vision« der *Chicago School* lautet: Rationale Akteure bilden sich unter Verwendung aller ihnen zur Verfügung stehenden Informationen »rationale Erwartungen« über zukünftige Zustände der Welt. Sie interagieren auf interdependenten und perfekt funktionierenden Wettbewerbsmärkten mit profitabel arbeitenden Unternehmungen, geleitet von ebensolchen rationalen Akteuren. Diese Märkte, sich selbst überlassen, erzeugen effiziente Resultate in dem Sinn, dass alle verfügbaren produktiven Ressourcen (Arbeit, Kapitalgüter usw.) in optimaler Weise beschäftigt werden und ein größtmögliches Volumen sowie eine bestmögliche Zusammensetzung des erzeugten Sozialprodukts generieren.[46]

Der Chicagoer Ökonom Eugene Fama hat die »efficient market hypothesis« in Bezug auf Finanzmärkte entwickelt. Derartige Märkte, so die Auffassung, spiegeln adäquat die verfügbaren Informationen der auf ihnen tätigen Akteure wider. Unter der Annahme stochastischer Entwicklungen bedeutet dies eine allenfalls zufällige und vorübergehende Abweichung der Finanzmarktwerte von den die Fundamentaldaten der betreffenden Firmen, Fonds usw. wiedergebenden Werten. Individuen fällen Entscheidungen als ob sie den zugrundeliegenden stochastischen Prozess, der die Evolution der Preise regelt, kennten. So ist der Wert einer Aktie bestimmt durch die Summe der diskontierten zukünftigen Dividenden. Die Verfügbarkeit einer neuen Information hinsichtlich der Fundamentalvariablen ist offenbar nur dann mit der fraglichen Sicht zu vereinbaren, wenn die neue Information vollkommen

---

45 Die folgenden Ausführungen basieren zum Teil auf Kurz, »Unnütze Fragen und Randnotizen zum Problem der Unternehmensbewertung. Oder: Praxisorientierung verlangt rücksichtslose Abstraktion«.

46 Ein bedeutendes Moment der Chicagoer Sicht der Dinge ist die These von der Ineffizienz des Staates, auf die hier jedoch nicht näher eingegangen wird.

unvorhersehbar war. Denn andernfalls hätte sie einer der Akteure vorherge-
sehen und zu seinem Vorteil genutzt. Letztlich muss es sich um zufällige
Schocks handeln, die einen Mittelwert von Null aufweisen. Irreführungen
des Marktes wie z.b. anlässlich der Schlacht von Waterloo und generell Insi-
der Trading sind ausgeschlossen.[47] Die Standardauffassung in der Finanzmarkttheorie unterstellt, dass die Evolution der Preise von Finanzaktiva einem *Random Walk* bzw. einer Brownschen Bewegung folgt. Diese Vorstellung
liegt dem »Black-Scholes-Modell« zugrunde.[48]

Die Famasche Hypothese hat zweifellos das Vertrauen in die Funktions-
tüchtigkeit und Stabilität der Finanzmärkte erheblich gestärkt und der Deregulierung der Finanzmärkte den Weg geebnet.

Wie aber erklärt man sich dann plötzliche Kehrtwendungen des Marktes,
schnell aufschießende Kurse gefolgt von steilen Abstürzen, und umgekehrt,
wie sie wiederholt beobachtet werden können? Offenbar lässt das intellektuelle Korsett der Effizienzmarkthypothese nur eine Art der Erklärung zu: Bei
den großen Ausschlägen der einen oder anderen Art muss es sich um Reak-
tionen des Marktes auf große *exogene* Schocks handeln. Beim Versuch, die
fraglichen Schocks im Nachhinein zu identifizieren, hat sich jedoch gezeigt,
dass an entscheidenden Wendepunkten der Entwicklung an den Börsen keinerlei derartige Schocks ausgemacht werden konnten. Es sind keinerlei Informationen über Änderungen in den fundamentalen Variablen plötzlich in
Umlauf geraten, die die Ausschläge und Kehrtwendungen begründen könnten. Hinter der Entwicklung müssen offenbar andere Gründe stehen.

Angesichts des Unvermögens der Standardtheorie, plausible Erklärungen
für das Auf und Ab an den Börsen zu geben, ist es seit einiger Zeit zu Versuchen gekommen, Wendepunkte *endogen* zu erklären. Dies geschieht mittels
Modellen, die die Arbeitspferde der Standardtheorie – insbesondere den »re-

---

47 Anlässlich der Schlacht von Waterloo am 18. Juni 1815 streifte ein Bankhaus bekanntlich
saftige Gewinne am London Stock Exchange ein. Es war unter Verwendung von Brieftau-
ben vor allen anderen Anlegern darüber informiert worden, dass die Schlacht gegen Napo-
leon gewonnen worden war. Das Bankhaus verkaufte darauf hin englische Staatsanleihen.
Dieser Verkauf ist von anderen Händlern dahingehend gedeutet worden ist, dass die
Schlacht verloren worden war, und hat zu Panikverkäufen und einem merklichen Verfall
der Kurse der Staatsanleihen geführt. Rechtzeitig vor dem Eintreffen der wahren Information hat das Bankhaus dann Staatsanleihen in großer Menge aufgekauft und nach Bekanntwerden der Siegesmeldung von den sich schnell wieder erholenden Kursen profitiert.
Anlässlich der Schlacht von Waterloo hat bekanntlich auch David Ricardo ein beträchtli-
ches Vermögen gemacht (vgl. Kurz, »David Ricardo«).

48 Vgl. Kirman, Alan P., *Complex Economics. Individual and Collective Rationality. The Graz
Schumpeter Lectures*, Kapitel 4.

präsentativen Akteur« und rationale Erwartungen – entlassen und stattdessen die Entscheidungen und Handlungen multipler, d.h. verschiedenartiger Akteure, die voneinander lernen bzw. einander in gewissen Situationen imitieren, zu erfassen suchen. Diese Akteure besitzen nur beschränkte Kenntnis von der Funktionsweise des Systems und versuchen sich in einer bestenfalls stückweise verstandenen Welt zurechtzufinden. Zwischen ihnen kommt es zu einem ständigen Informations- und Deutungsaustausch bezüglich dessen, was an der Börse passiert. Der Handel ist sequentiell, und Beobachtungen von Käufen und Verkäufen anderer nehmen Einfluss auf das eigene Tun. In diesen Ansätzen spielen Ansteckung (*contagion*) und Herdenverhalten (*herding behaviour*) eine bedeutende Rolle und führen endogen, aus dem System heraus, zu Blasen und Zyklen.

Es gibt gute Gründe für die Annahme, dass kein Akteur an der Börse die »richtige« Sicht der fundamentalen Variablen besitzt. Und selbst wenn es ihn gäbe, nennen wir ihn den »Erleuchteten«, was hülfe es ihm, wenn das Gros der Unerleuchteten die Kurse bestimmt? Wichtiger noch als die Fundamentaldaten zu kennen wäre es, die »Verrücktheiten« der an der Börse Agierenden zu antizipieren.[49] Dabei gibt es keinen Grund zur Annahme, dass sich diese Verrücktheiten im Aggregat gerade kompensieren und die richtige Meinung, wie sie der Erleuchtete vertritt, ergeben. Ein Typus von Fehlmeinung mag in einer bestimmten Situation mehrheitsfähig werden, d.h. zahlreiche Akteure, die bislang andere Meinungen vertreten haben, zur Aufgabe dieser und zur Übernahme der erstgenannten Meinung bewegen. Imitation also auch hier. Eine für erfolgreich gehaltene Deutung (bzw. Erwartung bezüglich) der zukünftigen Kursentwicklung setzt sich durch und bewegt die Kurse in Richtung des von der Deutung angenommenen Verlaufs. Das Phänomen der sich selbst erfüllenden Erwartungen ist auf Finanzmärkten – sofern nur viele Akteure oder zumindest genügend potente darunter auf ähnliche Erwartungen einschwenken – von großer Bedeutung.

Wie war es möglich, dass die These von den effizienten Finanzmärkten derart große Bedeutung in Theorie und Politik erringen konnte? Eine Teilantwort, der wir uns jetzt zuwenden, besagt, dass eine sehr frühe Kritik daran im Fach weitgehend ignoriert worden ist. Erneut zeigt sich: Die Ökonomik ist kein reibungslos funktionierender Selektionsmechanismus, der alles,

---

49 Man erinnert sich des Seufzers Isaac Newtons Anfang des 18. Jahrhunderts nach beträchtlichen eigenen Spekulationsverlusten an der Royal Exchange: »I can calculate the movements of the heavenly bodies, but not the madness of people« (vgl. Kurz, »Einige Überlegungen zu Sir Isaac Newtons Ausspruch: I can calculate the movements of the heavenly bodies, but not the madness of people«).

was wahr und gut ist, bewahrt, und alles was falsch und schlecht ist, ausmustert.

Wir haben gerade die Vorstellung kennen gelernt, dass die Teilnehmer auf Finanzmärkten in ihrer Gesamtheit sich zwar irren können und Fehler machen in dem Sinne, dass die Marktwerte von den »wahren Werten« abweichen, aber dass positive und negative Fehler gleich häufig vorkommen (und durchschnittlich gleich groß sind). Auf die Dauer und im Durchschnitt irren sich demnach die Märkte nicht, sondern spiegeln auf adäquate Weise die fundamentalen Variablen wider. Das angenommene Gesetz für die Wahrscheinlichkeit der Fehler ist auch als *Gaußsches Gesetz* bekannt und kann durch die berühmte »Glockenkurve« dargestellt werden.

Diese Idee ist nicht neu, sondern findet sich bereits in der Dissertation des französischen Mathematikers Louis Bachelier, die im Jahr 1900 unter dem Titel *Théorie de la spéculation* veröffentlicht worden ist.[50] Bachelier gilt heute als Begründer der modernen Finanzmathematik und Finanzmarkttheorie.[51] Einer der Prüfer anlässlich von Bacheliers Defensio war der große Henri Poincaré. Dieser soll sich von der Arbeit als nur mäßig beeindruckt gezeigt haben. Soweit das Argument reiche, sei es in Ordnung, aber es reiche nicht weit genug. Zunächst müsse man zwischen systematischen und zufälligen Fehlern unterscheiden. Systematische Fehler widersprechen offenbar dem *Gaußschen Gesetz*. Das Gesetz kann sich, wenn überhaupt, nur auf zufällige Fehler beziehen. Aber weshalb kann angenommen werden, dass die zufälligen Fehler überhaupt einem und dann genau diesem Gesetz gehorchen? Die Annahme basiert auf folgenden impliziten Hypothesen. Der begangene (Gesamt-)Fehler ist das Ergebnis sehr vieler einzelner und voneinander unabhängiger Fehler. Jeder dieser einzelnen Fehler ist sehr klein und folgt unterstelltermaßen irgendeinem Wahrscheinlichkeitsgesetz. Wichtig ist nun, dass die Wahrscheinlichkeit eines Fehlers die gleiche sein muss wie die Wahrscheinlichkeit eines gleich großen Fehlers mit entgegengesetztem Vorzeichen. Diese Bedingung *kann* erfüllt sein, sie muss es aber nicht. Woher weiß man, dass und wann sie erfüllt ist? Man weiß es natürlich nicht, man nimmt es einfach an.[52]

Poincarés Haupteinwand ist indes ein anderer: Bachelier übersehe, dass der Mensch ein »mouton de Panurge« ist – ein Herdentier. Der Mensch folgt

50 Bachelier, »Théorie de la Spéculation«.

51 Interessanterweise ist Bachelier eine akademische Karriere wegen angeblich ungenügender Leistungen auf dem Gebiet der Mathematik versagt geblieben.

52 Vgl. Poincaré, *La Science et l'Hypothèse*.

unter gewissen Umständen anderer Menschen, und selbst wenn diese einzeln nur geringe Fehler machen sollten, von Bedeutung ist die Kumulierung gleicher Fehler durch eine große Zahl von Menschen. Dieses Herdenverhalten laufe der Anwendung des Gaußschen Gesetzes in der Finanzmarkttheorie zuwider. Da mit Herdenverhalten immer gerechnet werden müsse, haben wir es mit einem systematischen Fehler zu tun, der mit der These vom effizienten Markt nicht vereinbar ist.[53]

Herdenverhalten bei Mensch wie Tier! Kluge Leute, wie Odysseus und seine Kumpane, machen sich das Herdenverhalten anderer Lebewesen zum eigenen Vorteil zunutze, andere Menschen werden Teil einer Herde und richten sich zugrunde.

## 8. Schlussbemerkung

In gewisser Weise, so können wir abschließend sagen, bringt die moderne Ökonomik nicht nur genuin Neues und Besseres hervor, das freilich auch und in nicht geringem Umfang, sondern sie erfindet das sprichwörtliche Rad immer aufs Neue. Genauer: Es werden elegantere Räder erfunden, die heutigen ästhetischen Ansprüchen – dem heutigen Stil ökonomischen Räsonierens – genügen. Aber wie schon Joan Robinson anmerkte: Eleganz ist etwas für Schneider.

Nur was unmittelbar nützlich sei, so ein modernes Credo, verdiene es, an den Universitäten gelehrt zu werden. Dagegen ist schwerlich etwas einzu-

---

53 Der Begriff »mouton de Panurge« findet sich im Vierten Buch der von François Rabelais (1494–1553) in den Jahren von 1534 bis 1552 veröffentlichten vier Bücher des *Gargantua und Pantagruel*. Die Hauptperson der hier interessierenden Episode, Panurge, befindet sich auf einer Seereise. Das Schiff transportiert Hammelherden samt deren Besitzern. Vom grobschlächtigen Besitzer einer Herde wird Panurge übel beleidigt. Panurge sinnt auf intelligente Rache. Schließlich kauft er dem Besitzer für einen weit überhöhten Preis den Leithammel ab und wirft sein neu erworbenes Eigentum ohne Vorwarnung ins Meer, wo der Hammel jämmerlich ertrinkt. Alle anderen Hammel folgen dem Leithammel und springen gleichfalls ins Meer. Sie reissen ihre Besitzer, die sie aufhalten wollen, mit sich, so dass diese auch ertrinken. »Sie aufzuhalten war nicht möglich, [da] es der Schafe Natur ist, immer dem Leithammel nachzulaufen, wohin er auch gehen mag. Sagt drum auch Aristoteles, *lib. IX, de Histo. animal.*, das Schaf sei das dümmste und blödeste Vieh der Welt.« (Rabelais, François, *Gargantua und Pantagruel*, S. 854) Wenn das Schaf das dümmste und blödeste Vieh der Welt ist, dann steht ihm der Mensch diesbezüglich, wie die Geschichte, aber auch Vorgänge an der Börse immer wieder zeigen, offenbar in nicht viel nach.

wenden. Aber was bedeutet es? Das Studium der alten Meister bereitet erfahrungsgemäß vielen Studierenden und Lehrenden unmittelbar großes Vergnügen. Und es immunisiert über die Kenntnisnahme einer Vielfalt von Betrachtungsweisen und Aspekten bis zu einem gewissen Grad gegen Ideologien und beugt auf diese Weise der wirtschaftswissenschaftlichen Blasenbildung vor. Die Auseinandersetzung mit den großen Geistern der Ökonomik ist für viele eine Quelle direkten Vergnügens, geistiger Bereicherung und der Wappnung gegen Formen intellektueller »irrational exuberance«[54]. Eine Befassung mit Theoriegeschichte, so können wir im Jargon der Ökonomen schließen, ist sowohl direkt als auch indirekt wohlfahrtsteigernd.

## Literatur

Bachelier, Louis, »Théorie de la Spéculation«, *Annales Scientifiques de l'École Normale Supérieure*, 3ème série 17 (1900), Wiederabdruck 1995, S. 21–86.

Blinder, Alan S., »Keynes, Lucas, and Scientific Progress«, *American Economic Review*, 77(2) (1987), S. 130–136.

Easterlin, Richard, »Does economic growth improve the human lot? Some empirical evidence«, in David, Paul A./Reder, Melvin W. (Hg.), *Nations and Households in Economic Growth: Essays in Honor of Moses Abramovitz*, Palo Alto 1974, S. 98–125.

Gossen, Hermann H., *Entwickelung der Gesetze des menschlichen Verkehrs, und der daraus fließenden Regeln für menschliches Handeln*, Braunschweig 1854.

Independent Evaluation Office of the International Monetary Fund (IEO), *IMF Performance in the Run-Up to the financial and Economic Crises: IMF Surveillance in 2004–07*, 10. Januar 2011, Washington.

Keynes, John M., *The General Theory of Employment, Interest and Money*, London 1936.

Kindleberger, Charles, *Manias, Panics, and Crashes. A History of Financial Crises*, New York 1978.

Kirman, Alan P., *Complex Economics. Individual and Collective Rationality. The Graz Schumpeter Lectures*, London 2010.

Kurz, Heinz D., »Against the current: Sraffa's unpublished manuscripts and the history of economic thought«, in: *European Journal of the History of Economic Thought*, 5(3) (1998), S. 437–451.

Kurz, Heinz D., »Wicksell and the problem of the ›missing equation‹«, in: *History of Political Economy*, 32 (2000), S. 765–88.

---

54 Vgl. Shiller, *Irrational Exuberance*.

Kurz, Heinz D., »David Ricardo«, in: ders. (Hg.), *Klassiker des ökonomischen Denkens*, Bd. 1, München 2008, S. 120–139.

Kurz, Heinz D., »Wer war Hermann Heinrich Gossen (1810–1858)«, in: *Schmollers Jahrbuch*, 129(1) 2009, S. 1–28.

Kurz, Heinz D., »Die Ökonomik ist doch kein Aschenputtel«, in: *Frankfurter Allgemeine Zeitung*, 19. Juli 2010, S. 12.

Kurz, Heinz D., »Aiming for a ›Higher Prize‹. Paul Anthony Samuelson (1915–2009)«, in: *European Journal of the History of Economic Thought*, 17(3) 2010, S. 513–520.

Kurz, Heinz D., »Unnütze Fragen und Randnotizen zum Problem der Unternehmensbewertung. Oder: Praxisorientierung verlangt rücksichtslose Abstraktion«, in: Königsmaier, Heinz/Rabel, Klaus (Hg.), *Unternehmensbewertung: Theoretische Grundlagen – Praktische Anwendung. Festschrift für Gerwald Mandl zum 70. Geburtstag*, Wien 2010, S. 391–408.

Kurz, Heinz D., »Einige Überlegungen zu Sir Isaac Newtons Ausspruch: I can calculate the movements of the heavenly bodies, but not the madness of people«, in: Bohunovsky-Bärnthaler, Irmgard (Hg.), *Was ist die Wirklichkeit wirklich?*, Klagenfurt/Wien 2010, S. 236–266.

Kurz, Heinz D., »David Hume. Von der ›Natur des Menschen‹ und der ›kommerziellen Gesellschaft‹. Oder: Über ›Nebenwirkungen‹ und ›wirkliche Ursachen‹«, in: *Aufklärung und Kritik*, Heft 1 (2011), Schwerpunkt David Hume.

Kurz, Heinz D./Neri Salvadori, *Theory of Production. A Long-period Analysis*, Cambridge 1995.

Lucas, Robert E., »Macroeconomic priorities«, in: *American Economic Review*, 93(1) (2003), S. 1–14.

Lucas, Robert E., »My Keynesian education«, in: de Vroey, Michel/ Hoover, Kevin D. (Hg.), *The IS-LM Model: Its Rise, Fall and Strange Persistence*. Annual Supplement zu Bd. 36 von *History of Political Economy*, Durham, NC 2004.

Poincaré, Henri, *La Science et l'Hypothèse*, Paris 1902.

Posner, Richard, »How I became a Keynesian. Second thoughts in the middle of a crisis«, in: *The New Republic*, September 23 (2009).

Rabelais, François, *Gargantua und Pantagruel*, Bd. 2, München 1968.

Romer, Paul M., »Endogenous technological change«, in: *Journal of Political Economy*, 98 (1990), S. 71–102.

Samuelson, Paul A., »Economists and the history of ideas«, in: *American Economic Review*, 52 (1962), S. 1–18.

Samuelson, Paul A., *The Collected Scientific Papers of Paul A. Samuelson*, fünf Bände, verschiedene Herausgeber, Cambridge (MA)/London (1966 ff.). Im Text abgekürzt als *CSPPAS*.

Samuelson, Paul A., *Foundations of Economic Analysis. Enlarged Edition*. Cambridge (MA)/London 1983, 1. Aufl. 1947.

Samuelson, Paul A., »How I became an economist, 1970 laureate in economics biography«, 5. September 2003, http://Nobelprize.org.

Schumpeter, Joseph A., *History of Economic Analysis*, London 1954.

Shiller, Robert J., *Irrational Exuberance*, 2. Auflage, Princeton 2005.

Smith, Adam, *The Theory of Moral Sentiments* (1. Aufl. 1758), in: *The Glasgow Edition of the Works and Correspondence of Adam Smith*, Bd. I, Glasgow 1976.

Vint, John/Metcalfe, J. Stanley/Kurz, Heinz D./Salvadori, Neri/Samuelson, Paul A., *Economic Theory and Economic Thought. Essays in Honour of Ian Steedman*, London/New York 2010.

Voltaire, *Candide oder Der Optimismus*, Stuttgart 2007.

# Homo Oeconomicus Adaptivus – Die Logik des Handelns bei veränderlichen Präferenzen

*Carl Christian von Weizsäcker*

## I.

Der Homo Oeconomicus ist in Verruf geraten. Es gibt viele Stimmen in der öffentlichen Diskussion, die der ökonomischen Wissenschaft vorwerfen, angesichts der weltwirtschaftlichen Krise versagt zu haben. Und dieses Versagen wird darauf zurückgeführt, dass die ökonomische Wissenschaft mit einem falschen Menschenbild arbeitet. Und so ist dann der Homo Oeconomicus an der Krise schuld.

Aber auch innerhalb der Ökonomik ist insbesondere durch den Boom der experimentellen Ökonomik erhebliche Kritik an dem Modell des Homo Oeconomicus lautstark geworden. Die Experimente, so sagen viele Vertreter der Experimentalökonomik, zeigen, dass die Menschen sich anders verhalten, als es dem Lehrbuchmodell des Homo Oeconomicus entspricht.

Diese Tagung steht unter dem Generalthema »Normen in der Volkswirtschaftslehre«. Ich möchte in meinem Vortrag den Bogen spannen zwischen der Zähigkeit, mit der die herkömmliche Volkswirtschaftslehre das Modell des Homo Oeconomicus verteidigt, und der Tatsache, dass die Volkswirtschaftslehre immer schon auch eine normative Lehre gewesen ist – und dies ja wohl auch in der Zukunft bleiben wird. Das Homo Oeconomicus-Modell wird verbunden mit dem Begriff der Rationalität. Und so haben wir für das Thema dieses Vortrages die drei Schlüsselbe-griffe Normativität, Rationalität und tatsächliches Verhalten der Menschen. Dieses tatsächliche Verhalten der Menschen wird insbesondere studiert von einer der Nachbardisziplinen, nämlich der Psychologie.

# II.

Ich beginne mit einem kleinen Ausflug in die Dogmengeschichte. Nachdem ich Bertram Schefold den Titel meines Vortrags mitgeteilt hatte, machte er mich darauf aufmerksam, dass es in der deutschen Nationalökonomie eine mit den heutigen Diskussionen vergleichbare Diskussion über das Verhältnis zwischen Psychologie und ökonomischer Theorie schon einmal gegeben hat. Er verwies mich auf einen Aufsatz von Max Weber, der uns heute als großer Soziologe präsent ist, der aber immerhin einen Lehrstuhl für Nationalökonomie innehatte und auch volkswirtschaftliche Vorlesungen gehalten hat. In einem Aufsatz, der 1908 erschien, setzt sich Max Weber unter dem Titel »Die Grenznutzlehre und das psychophysische Grundgesetz« mit einer Arbeit von Lujo Brentano aus dem selben Jahr auseinander, in dem Brentano offenbar das Gesetz des abnehmenden Grenznutzens auf das Weber-Fechnersche »psycho-physische Grundgesetz« zurückführen wollte. Dieses Weber-Fechner-Gesetz war einer der ersten Triumphe der jungen quantifizierenden experimentellen Psychologie. Ich muss Ihnen wahrscheinlich dieses Gesetz hier nicht im Einzelnen darlegen, da es Ihnen wohl bekannt ist. Brentano plädierte dafür, diesen psychologischen Tatbestand einer umfassenden Gesetzmäßigkeit des Zusammenhangs zwischen Stimulus und Reaktion zu verwenden, um das Gesetz des abnehmenden Grenznutzens der Grenznutzen-Schule psychologisch abzusichern.

Gegen diesen Versuch einer Psychologisierung der nationalökonomischen Theorie nahm Max Weber Stellung. Er legte dar, dass eine derartige Psychologisierung ein Missverständnis dessen sei, was die ökonomische Theorie eigentlich bezwecke. Es lohnt sich, hier einige Sätze von Max Weber wörtlich zu zitieren.

»Die Grenznutzlehre behandelt, zu bestimmten Erkenntniszwecken, menschliches Handeln so als liefe es von A. bis Z unter der Kontrolle kaufmännischen Kalküls: eines auf die Kenntnis aller in Betracht kommenden Bedingungen aufgestellten Kalküls, ab.

Und die allgemeinen Lehrsätze, welche die ökonomische Theorie aufstellt, sind lediglich Konstruktionen, welche aussagen, welche Konsequenzen das Handeln des einzelnen Menschen in seiner Verschlingung mit dem aller anderen erzeugen *müsste*, *wenn* jeder einzelne sein Verhalten zur Umwelt ausschließlich nach den Grundsätzen kaufmännischer Buchführung, also in *diesem* Sinn »rational« gestalten *würde*. Dies ist bekanntlich keineswegs der Fall, und der empirische Ablauf derjenigen Vorgänge, zu deren Verständnis die Theorie geschaffen worden ist, zeigt daher nur eine, je nach dem konkreten Fall sehr verschieden große »Annäherung« an den theoretisch konstruierten Ablauf des strengen rationalen Handelns. Allein: Die historische Eigenart der kapitalistischen Epoche, und damit auch die Bedeutung der Grenznutzlehre (wie jeder ökonomischen Werttheorie) für das Verständnis dieser Epoche, beruht darauf, dass – während man nicht mit Unrecht die Wirtschaftsgeschichte mancher Epoche der Vergangenheit als »Geschichte der Unwirtschaftlichkeit« bezeichnet hat – unter den heutigen Lebensbedingungen jene Annäherung der Wirklichkeit an die theoretischen Sätze eine *stetig zunehmende*, das Schicksal immer breiterer Schichten der Menschheit in sich verstrickende, gewesen ist und, soweit abzusehen, noch immer weiter sein wird. Auf dieser *kulturhistorischen* Tatsache, nicht aber auf ihre angeblichen Begründung durch das Weber-Fechnersche Gesetz, beruht die heuristische Bedeutung der Grenznutzlehre.«[1] (Hervorhebungen im Original)

Max Weber entwickelte unter dem Einfluss des Neu-Kantianismus, insbesondere Rickerts in seiner Methodenlehre den Begriff des Ideal-Typus. Ich denke, dieser methodische Begriff ist bis heute eine sehr fruchtbare Heuristik. Hier nun wendet er diese Methode an, um den historischen Trend, die »Gerichtetheit« der sozialhistorischen Entwicklung zu akzentuieren. Wie Wolfgang Schluchter in seinem bedeutenden Max-Weber-Buch »Die Entstehung des okzidentalen Rationalismus« herausgearbeitet hat,[2] kann ein großer Teil der Max Weberschen Soziologie auf den Generalnenner gebracht werden, dass der Geschichte auf ihrem Weg zur Moderne hin eben die Tendenz eignet, dass rationales Handeln immer stärker in den Vordergrund rückt. Das Modell rationalen Handelns der klassischen Theorie ist dann der Idealtypus des Handelns des modernen Menschen, auch wenn das Handeln der meisten Individuen selbst in der Moderne nicht genau diesem Idealtypus entspricht. Die ökonomische Theorie neoklassischen Zuschnitts entwickelt praktisch eine Gesellschaftstheorie unter der Annahme der ausschließlichen Gültigkeit dieses Idealtypus. Dieses sieht Max Weber angesichts der historischen Tendenz zu steigender Rationalität als eine bedeutsame theoretische Aufgabe an. Diese aber hat nach Max Weber mit Psychologie gar nichts zu tun. Insofern plädierte er dagegen, die Erkenntnisse der Grenznutzenschule mit Psychologie zu begründen oder zu unterlegen.

In einem interessanten Artikel, der vor einiger Zeit im Economic Journal erschienen ist, untersuchen Luigino Bruni and Robert Sugden ebenfalls die Geschichte der ökonomischen Theorie unter dem Aspekt ihres Verhältnisses

---

1 Weber, »Die Grenznutzlehre und das ›psychophysische Grundgesetz‹«, S. 394.
2 Schluchter, *Die Entstehung des modernen Rationalismus. Eine Analyse von Max Webers Entwicklungsgeschichte des Okzidents.*

zur Psychologie.[3] Sie vertreten die Auffassung, dass die ursprünglichen Ansätze der Grenznutzenschule im 19. Jahrhundert durchaus psychologisch gemeint waren. Auch in der Literatur, die sie besprechen – insbesondere aus Großbritannien und aus Italien – wird das Weber-Fechnersche Gesetz offenbar zur Kenntnis genommen und als Beispiel für das allgemeingültige Gesetz des abnehmenden Grenznutzens aufgeführt. Die Wende weg von der Psychologie kam dann mit Vilfredo Pareto, der die Auffassung vertrat, es müsse nunmehr eine Theorie des rationalen Handelns entwickelt werden, auf deren Basis dann die Interdependenz des Handelns zwischen den Individuen in einer Gesellschaft zu entwickeln sei.

## III.

Die moderne Wendung zur »Behavioural Economics« scheint nun die Psychologie in die ökonomische Theorie zurückzubringen. Der große Boom der experimentellen Arbeit in der Ökonomik nähert die Methoden der Ökonomen und die der Psychologen einander an. Bruni und Sugden sind der Auffassung, dass dies der richtige Weg ist, um die ökonomische Theorie voranzubringen. Die Ergebnisse dieser Experimente zeigen, dass das Modell des Homo Oeconomicus, so wie es herkömmlicherweise gelehrt wurde, widerlegt zu sein scheint.[4] Es geht mir im Folgenden nicht um eine Verteidigung des herkömmlichen Homo Oeconomicus. Ich werde ihn vielmehr einordnen in einen größeren Zusammenhang, in dem die beiden zentralen Begriffe derjenige der Normativität und derjenige der Rationalität sein werden. Dies soll geschehen unter Einbeziehung der psychologischen Erkenntnisse der modernen experimentellen Wirtschaftsforschung.

Ich beginne mit der *demokratischen Norm*. Die Anhänger der Demokratie als Staatsform können nicht umhin, den Wählern, die letztlich die Entscheidungen in der Demokratie maßgebend beeinflussen, ein gewisses Mindestmaß an Rationalität zuzusprechen. Niemand wird behaupten wollen, dass eine Demokratie funktioniert, in der der durchschnittliche Wähler auf dem

---

3 Bruni/Sugden, »The Road Not Taken: How Psychology Was Removed From Economics, And How It Might Be Brought Back«.

4 Zusammenfassend mit wirtschaftspolitischen Schlussfolgerungen: Thaler/Sunstein, Nudge – *Improving Decisions about Health, Wealth, and Happiness, Revised and Expanded Edition*, insbesondere Part I: Humans and Econs.

Reflexionsniveau eines Säuglings stehen geblieben ist. Die demokratische Norm ist somit das Axiom eines Mindestmaßes an Rationalität des Bürgers, das erforderlich ist, um der Demokratie zum Erfolg zu verhelfen.

Zu unserem Verständnis der Demokratie gehört aber auch die *bürgerliche Freiheit*. Die normative Ökonomik als Theorie der Demokratie und der bürgerlichen Freiheit muss in ihren Modellen den Begriff der Freiheit unterbringen. Die herkömmliche Ökonomik beschreibt bürgerliche Freiheit durch den Dualismus zwischen individuellen Wahlmöglichkeiten und individuellen Präferenzen. Das Verhalten des Individuums wird modellhaft beschrieben, indem ihm im Modell ein bestimmter Bereich von Wahlmöglichkeiten zugeordnet wird, in dem es sich nun frei entscheiden kann. Um dieses Wahlverhalten mit seinen Konsequenzen für das Marktgeschehen modellieren zu können, unterstellt man dem Individuum, dass es Präferenzen derart hat, dass diese die Richtschnur des Handelns im Rahmen seiner Wahlmöglichkeiten darstellen. Somit ist das Handeln des Individuums determiniert, sofern seine Wahlmöglichkeiten feststehen und sofern seine Präferenzen feststehen.

Handlungsfreiheit ist damit in dem Modell enthalten. Die Beschränkungen der Wahlmöglichkeiten sind die *Beschränkungen* der Handlungsfreiheit des Individuums. Die Auswahl im Rahmen der Wahlmöglichkeiten gemäß den Präferenzen ist *Ausdruck* der Handlungsfreiheit. Will man normative Ökonomik unter der Bedingung betreiben, dass man Handlungsfreiheit des Individuums voraussetzt, dann bedarf es eines solchen Dualismus zwischen der Modellierung der Wahlmöglichkeiten und der Modellierung von Präferenzen. Damit sind Präferenzen in der normativen Ökonomik ein ganz zentraler Begriff.

## IV.

Dem steht das *Apparatemodell* des Menschen gegenüber. In diesem Forschungsprogramm geht es darum, das Verhalten des Menschen möglichst weitgehend mithilfe eines Kausalmodells zu erklären. Ein nunmehr schon mehr als drei Jahrzehnte alter Vorschlag dieser Art wurde niedergelegt von Becker und Stigler in ihrem bekannten Aufsatz »De gustibus non est disputandum«.[5] Hier vertreten die Autoren die Hypothese, dass alle Men-

---

5 Stigler/Becker, »De Gustibus Non Est Disputandum«.

schen dieselben Präferenzen haben und dass Verhaltensunterschiede zwischen verschiedenen Menschen allein zurückzuführen seien auf Unterschiede in den Wahlmöglichkeiten, die ihnen zur Verfügung stehen. Es ist nach Stigler und Becker unbefriedigend und im Grunde tautologisch, wenn man Verhaltensunterschiede durch Präferenzunterschiede erklärt. Damit sei gar nichts erklärt. Nach diesem Forschungsansatz ist der Verweis auf menschliche Präferenzen nur eine Verlegenheitsantwort des Ökonomen, wenn er die eigentliche Erklärung des Verhaltens noch nicht erforscht hat.

Diesem Apparatemodell des Menschen ist aber auch die psychologische Forschung verpflichtet. Sie geht im Gegensatz zu Becker und Stigler nicht vom Homo Oeconomicus aus. Aber auch ihr geht es darum, die Ursachen konkret vorgefundenen menschlichen Verhaltens zu ermitteln. Letztlich hat in diesem Ansatz die Entscheidungsfreiheit des Menschen keinen Platz. Die Erklärung von Verhaltensunterschieden durch die Entscheidungsfreiheit der Menschen gilt auch hier als ein Eingeständnis des Nichtwissens der wahren Ursachen des vorgefundenen Verhaltens. Das Kausalitätsprinzip ist die Grundlage wissenschaftlicher Fragestellung. Der Begriff der Präferenzen hat hier als Erklärungsursache nichts zu suchen. »L'Homme Machine«, um hier einen Repräsentanten der Aufklärung zu zitieren.[6]

# V.

Damit finden wir eine Dualität in der Behandlung des Begriffes der Präferenzen. Das Forschungsprogramm der modernen Verhaltensökonomik und der mit ihr verwandten Psychologie geht darauf aus, die Bedeutung der Präferenzen für eine kausale Erklärung des Handelns der Menschen zu *minimieren*. Präferenzen sind hier eine Erklärungs-Restgröße. Je bedeutsamer dieser Restgröße noch ist, desto weiter weg ist man vom Ziel dieses Forschungsprogramms: der vollständigen Erklärung. In der normativen Ökonomik mit der Dualität zwischen Wahlmöglichkeiten und Präferenzen ist die Bedeutung der Präferenzen in der Modellierung des Verhaltens ein Ausdruck für das Ausmaß der Freiheit des Individuums, für den Umfang der Wahlmöglichkeiten, die dem Individuum zur Verfügung stehen. Hier geht es keineswegs um die Minimierung der Präferenzen als Einflussgröße, sondern umgekehrt darum, dass man die Wirtschaftspolitik als umso er-

6 de La Mettrie *L'Homme machine*.

folgreicher ansieht, je größer die Wahlmöglichkeiten der Individuen sind, je bedeutsamer also ihre Präferenzen für die Bestimmung des Verhaltens der Menschen sind. Die *Maximierung* des Einflusses der Präferenzen ist quasi das Ziel einer normativen Institutionen-Ökonomik oder Ordnungstheorie.

# VI.

Bürgerliche Freiheit können wir verstehen als die Verfügbarkeit von Wahlmöglichkeiten, wobei die Wahlentscheidung des Bürgers gegenüber anderen Bürgern oder einer Obrigkeit nicht gerechtfertigt werden muss. Für die Legitimität der Wahlentscheidung spielen die psychischen, physischen oder sonstigen Gründe der Entscheidung keine Rolle. Ein Beispiel ist die Wahl von Personen in politische Ämter. Diese findet in einer modernen Demokratie als geheime und daher freie Wahl statt. Die Entscheidung für einen Kandidaten in der Wahlurne führt zu einer gültigen Stimme, gleichgültig, was die Ursachen dieser Entscheidung sind. Die demokratische Wahlverfassung setzt hier das Potenzial zur Lüge produktiv ein. Die Wahl ist frei, weil sie geheim ist. Der Wähler kann gegenüber Personen, die von ihm eine Rechtfertigung seiner Entscheidung verlangen, gefahrlos falsche Angaben machen – und gerade dadurch entfällt der Rechtfertigungszwang für die Entscheidung in der Wahlurne.

In einer Verfassung der Freiheit wird damit der Konnex zwischen einer Entscheidung im Rahmen der Wahlmöglichkeiten und ihren *Ursachen* normativ *gekappt*. Die Ursachen sind unerheblich dafür, dass die Wahlentscheidung des Bürgers und Marktteilnehmers von Seiten seiner sozialen Umwelt anerkannt wird und damit Legitimität besitzt. Andererseits ist es für das Zusammenleben in einer Gesellschaft freier Menschen unabdingbar, dass der einzelne Bürger zu einem großen Teil die *Folgen* seines Handelns selbst mit trägt, das heißt mit ausbadet. Die Gesellschaft kann nur gut funktionieren, wenn die Menschen die Folgen ihres Handelns in ihren Handlungskalkül bis zu einem gewissen Grade mit einbeziehen.

Wir stellen also fest, dass im Modell der normativen Ökonomik die Kausalkette an der Stelle direkt vor der Entscheidung des Bürgers gekappt wird. Dafür ist von Relevanz und Bedeutung die Kausalkette nach der Entscheidung des Bürgers, indem ihm zumindest zu einem erheblichen Teil die Konsequenzen seiner Entscheidung zugerechnet werden. Das erklärende

Apparatemodell des Menschen, so wie es in der Psychologie und in der Verhaltensökonomie Standard ist, rechnet die Entscheidung des Individuums ihren Ursachen zu. Dieses Modell konzentriert sich also gerade auf den Konnex zwischen Ursache und Wirkung, der in dem Modell der normativen Ökonomik gekappt wird.


# VII.

Nicht nur die Demokratie als moderne Staatsform, sondern auch die Entwicklung von Grundrechten und Menschenrechten als wesentliche Bestandteile einer demokratischen Staatsverfassung erheischen zu ihrer wissenschaftlichen Analyse einen individualistischen Ansatz. Denn eine politische Wahl gilt dann als legitim, wenn sie sich auf die freie Wahlentscheidung der *einzelnen* Bürger zurückführen lässt. Die *Menschenrechte* und Grundrechte haben als Rechtsträger immer das *Individuum*. Das gilt auch für solche Grundrechte, deren Wahrnehmung die Zusammenarbeit mehrerer Individuen voraussetzt, wie zum Beispiel die Versammlungsfreiheit oder die Koalitionsfreiheit. Das einzelne Individuum hat hier das Recht gemeinsam mit anderen Individuen, die dieses Recht auch haben, Handlungen durchzuführen wie zum Beispiel eine Versammlung im öffentlichen Raum abzuhalten. Das einzelne Element einer Analyse in der normativen Ökonomik ist damit immer das Individuum.

Das Individuum ist damit Quelle von Rechten und Quelle von Entscheidungen, die aufgrund dieser Quelle von der Gesellschaft automatisch legitimiert und respektiert werden. Die sozialen Bezüge, in denen das Individuum steht, sind für die Legitimität seines Handelns im Rahmen seiner Wahlmöglichkeiten unerheblich. Es spielt im Allgemeinen keine Rolle, ob das Individuum Teil einer Familie ist oder allein steht. Es spielt für die Legitimität des Handelns im Allgemeinen keine Rolle, ob das Individuum im Wirtschaftsprozess als Selbstständiger oder als abhängig Beschäftigter eingebunden ist. Philosophisch gesprochen ist in der normativen Ökonomik das Individuum damit eine *Monade*.

Diese Monade grenzt sich von anderen Monaden, die gemeinsam die Gesellschaft bilden, durch eine wohl-definierte Grenze ab. Diese Grenze sorgt für ein »Innen« und ein »Außen« aus der Sicht der jeweiligen Monade. Im Folgenden betrachte ich »Güter«, die dem einzelnen Individuum, also der einzelnen Monade zugeordnet werden können. Ich führe die Unterscheidung zwischen »Innengütern« und »Außengütern« ein. Vorab diskutiere ich die *Vereinbarkeit* der Freiheitsrechte der verschiedenen Mitglieder der Gesellschaft. Hierfür gibt es im Englischen den Ausdruck der »Compossibility«.[7] Eine der wichtigen Institutionen für die Durchsetzung von miteinander kompatiblen oder vereinbaren Freiheitsrechten ist das Eigentum. Ohne hier im Einzelnen auf diese Vereinbarkeit einzugehen, liegt die Aussage nahe, dass das individuelle Eigentum das Ziehen von praktikablen Grenzen für die Handlungsspielräume der verschiedenen Individuen wesentlich erleichtert. Aber es gibt natürlich auch andere Abgrenzungsformen. So sind beispielsweise Regeln, wie sie in der Straßenverkehrsordnung festgehalten werden, geeignet, durch klare Abgrenzungen der Rechte der einzelnen Autofahrer dafür zu sorgen, dass der Straßenverkehr im Interesse seiner Teilnehmer möglichst reibungslos funktioniert.

Die »Außengüter« in der Verfügung des Individuums dienen der Abgrenzung seines Freiheitsraums, also seines Wahlraums, in dem es sich frei für eine der verfügbaren Alternativen entscheiden kann. Es handelt sich hier insbesondere um die in der ökonomischen Theorie jeweils in einem n-dimensionalen euklidischen Raum dargestellten wirtschaftlichen Güter. Diese werden vielfach auf Märkten gehandelt. Märkte dienen also insbesondere dazu, die verschiedenen Wahlräume der einzelnen Individuen durch Tauschakte einvernehmlich zu verändern. Damit diese Abgrenzung der Rechte des Individuums von den Rechten seiner Mitbürger funktioniert, ist es erforderlich, dass diese Außengüter vermessen werden können, also in ihren Mengen bestimmt werden können. Die *Quantifizierung* ist damit ein wesentlicher Aspekt dieser Außengüter. Dazu kommt in einem Marktsystem, dass alle diejenigen Außengüter, die auf Märkten gehandelt werden, auch einer Bewertung in Geld unterliegen. Nicht nur ihre Menge, sondern auch ihr Wert unterliegt damit jeweils einer Quantifizierung.

Aber nicht alle Güter, die einem einzelnen Individuum zugeordnet werden können, dienen der Abgrenzung seiner Wahlmöglichkeiten von den Wahlmöglichkeiten anderer Bürger. Bei solchen Gütern, die für eine solche Abgrenzungsfunktion nicht erforderlich sind, spreche ich von Innengütern. Diese verbinden wir als Betrachter meist sehr viel stärker mit der Psyche des Individuums als dies bei den Außengütern der Fall ist. Ich nenne hier einzelne Beispiele: Freude, Lust, Wachheit, Stolz, Gesundheit, aber auch solche Güter, die sich auf Beziehungen zu anderen Personen beziehen, wie zum

---

7 Steiner, »The Structure of a Set of Compossible Rights«.

Beispiel Freundschaft, Liebe, Neid, Eifersucht, das Gefühl der Macht. Auch die in der heutigen Glücksforschung im Zentrum des Interesses stehenden Güter wie Wohlbefinden oder Glück gehören zu diesen Innengütern. Diese Innengüter werden von den Individuen selbst nicht genau quantifiziert. Zwar empfindet das Individuum im Vergleich verschiedener Situationen bezüglich der Verfügbarkeit dieser Güter oft ein mehr oder weniger. Wenn ein Mensch etwa von sich sagt: »Heute bin ich viel besserer Laune als ich es gestern war«, dann ist hier ein Mehr oder Weniger im Spiel. Aber es fehlt eine Skala, an der das »Wieviel« an guter Laune gemessen wird, so wie die Menge an Butter die täglich verzehrt wird, abgewogen wird oder zumindest abgewogen werden kann. Die Innengüter sind somit weitgehend für das Bewusstsein des Individuums selbst nicht quantifiziert. Ja, es gibt in vielen Fällen Quantifizierungsverbote oder *Quantifizierungs-Tabus*. Es gibt gute Gründe dafür, dass vielfach solche Quantifizierungs-Tabus anzutreffen sind.[8]

# VIII.

Anders sieht es natürlich aus, wenn die psychologische oder verhaltensökonomische Forschung versucht, Gesetzmäßigkeiten in den psychischen Prozessen zu entdecken, zum Beispiel in der Form von Analysen der Gehirnströme im Zusammenhang mit irgendwelchen Prozessen oder Stimuli. Hier geht es dann um eine Quantifizierung dieser Innengüter des untersuchten Individuums durch den Forscher zum Zwecke der Feststellung von Gesetzmäßigkeiten im Ablauf der psychischen Prozesse. Es handelt sich hier aber um Quantifizierungen, die externer Natur sind. Sie stehen nur in Verbindung mit dem Menschen als Objekt der Forschung. Sie sind nicht Bestandteil des Selbstbewusstseins des Menschen, d.h. des Menschen als Subjekt.

Das gilt auch für die Glücksforschung. Die befragten Personen sind zwar bereit, dem Forscher oder seinen Hilfskräften auf einer ihnen vorgelegten Skala ihr Wohlbefinden quasi kardinal zu quantifizieren. Dies aber ist in ihrer Lebenswelt nicht das übliche Vorgehen. Sofern sie nicht von der Glücksforschung in dieser Beziehung quasi »verdorben« wurden, haben sie spontan kein kardinales Maß für ihren Glückszustand. Auch das Innengut »Glück«

---

8 Vgl. hierzu Arrow, »Invaluable Goods«; von Weizsäcker, »Zeit und Geld«.

oder »Wohlbefinden« wird im täglichen Leben nicht eigentlich quantifiziert.

# IX.

Die von mir so genannten Innengüter waren traditionell in der neoklassischen Grenznutzentheorie zusammengefasst im Nutzen des Individuums. Die Argumente der Nutzenfunktion waren die von mir so genannten Außengüter. Dieses Verhältnis zwischen Input (Außengüter) und Ergebnis oder Output (»Nutzen« oder hier Innengüter) bleibt meines Erachtens bestehen. Man muss sich nur darüber klar sein, dass es auch andere Einflussgrößen auf die Innengüter gibt als die Außengüter.

So ist es zum Beispiel eine der wesentlichen Erkenntnisse der modernen Glücksforschung, dass die Verfügbarkeit von Außengütern nicht die ausschlaggebende Bestimmungsgröße für das subjektiv empfundene Wohlbefinden (»Glück«) der befragten Personen ist.

Den Menschen geht es somit eigentlich um die Innengüter. Die Außengüter sind Mittel zum Zweck. Andererseits bestimmen die Außengüter die Außengrenze der Monade »Individuum« gegenüber den anderen Monaden und gegenüber der nicht menschlichen Natur. Sie definieren als Außengrenze auch die bürgerliche Freiheit des Individuums. Freiheit als subjektive Empfindung ist andererseits natürlich auch ein Innengut, das sich neben die anderen Innengüter stellt. Es ist überhaupt nicht ausgemacht, dass das Freiheitsgefühl als Innengut eng korrespondiert mit dem Ausmaß an Freiheit, das dem Wahlraum des Individuums im Bereich der Außengüter entspricht.

Der normativen Ökonomik als einer Theorie der bürgerlichen Freiheit steht aber nicht der Weg offen, das subjektive Empfinden von Freiheit an die Stelle der durch die Außengüter definierten Freiheit als zentralem Begriff ihrer Theorie zu setzen. Denn der entscheidende Begriff einer Theorie der bürgerlichen Freiheit muss die Untersuchung darüber sein, welche Freiheit des Einen mit welcher Freiheit des Anderen kompatibel ist. Und es gehört zum Inbegriff eines so verstandenen Freiheitsbegriffes, dass die Innengüter, über die das Individuum verfügt, seine Privatsache sind. Insoweit sind sie gerade nicht hauptsächlicher Gegenstand einer Sozialtheorie bürgerlicher Freiheit.

# X.

Dieser Ansatz der normativen Ökonomik als einer Theorie der bürgerlichen Freiheit stand immer schon in der Kritik zahlreicher Sozialtheoretiker und Sozialphilosophen. Im Rahmen meiner oben eingeführten Begriffe kann man diese Kritik als die Kritik an dem Auseinanderreißen der Innengüter und der Außengüter verstehen. Es ist dieses die Kritik letztlich an einer Dominanz der Außengüter, die doch bestenfalls Mittel zum Zweck sein sollten, die jedoch in der individualpsychologischen und gesellschaftlichen Dynamik insbesondere in der Form des Geldes den Charakter eines Selbstzwecks annehmen. Ich verweise nur stichwortartig auf Platons Kritik an der Kommerzialisierung des öffentlichen Lebens in der athenischen Demokratie seiner Zeit, auf die Kritik seitens der Kirche und insbesondere des Mönchtums an dem Streben nach Reichtum und Macht, auf die sozialistischen Utopien mit weitgehender Abschaffung des Privateigentums, in der Neuzeit beginnend mit Thomas Morus aber weiter durchgeführt bis ins 20. Jahrhundert hinein, auf die philosophischen Schriften von Karl Marx und seinen Entfremdungsbegriff, seine Charakterisierung des Kapitalismus in seinem Hauptwerk unter dem Stichwort »Fetischcharakter der Ware«, auf die in seiner Nachfolge entwickelte Theorie von der Verdinglichung der sozialen Beziehungen als Warenbeziehungen, etwa bei Georg Lukacs, auf die »Dialektik der Aufklärung« von Adorno und Horkheimer als Reflexion über ihre Beobachtung der amerikanischen Gesellschaft, auf die Heideggersche Philosophie mit ihrer Kritik der »Seinsvergessenheit« der Moderne, überhaupt auf alle geistigen Bewegungen, die man unter dem Stichwort »Romantik« zusammenfassen kann, auf die von der Psychoanalyse inspirierte Gesellschaftskritik von Erich Fromm in seinem Buch »Haben oder Sein«, auf die Habermas-Formel von der »Kolonialisierung der Lebenswelt« durch das sich verselbstständigende Steuerungssystem »Geld«.

Der gemeinsame Nenner praktisch aller Kapitalismuskritik, sei sie nun rückwärtsgewandt- konservativ oder vorwärts gewandt-sozialistisch oder eine Mixtur von beidem, sei sie nun inspiriert durch ökologische oder religiöse Ideale, ist, dass im Kapitalismus die »eigentliche« Wohlfahrt des Menschen trotz allen materiellen Reichtums verfehlt wird. Ich habe in diesem Vortrag nicht vor, mich mit der Kapitalismuskritik eingehend auseinander zu setzen. Ich verweise hierauf nur, weil ich glaube, dass die Differenzierung zwischen Innengütern und Außengütern einen guten Ansatzpunkt liefert, um die normative Ökonomik gesprächsfähig mit dieser Kritik zu machen.

# XI.

Die Vorstellung eines rationalen Handelns setzt voraus, dass das Individuum Entscheidungen fällen kann, also signifikante Wahlfreiheit hat. Nur für ein Individuum mit einem Mindestmaß an Freiheit macht die Frage Sinn, ob es seine Freiheit in rationaler oder irrationaler Weise nutzt. Gerade wenn es aber über bürgerliche Freiheit verfügt, also zwischen Alternativen entscheiden kann, die sämtlich gegenüber Dritten schon dadurch legitimiert sind, dass sich das Individuum für sie entschieden hat, kann man am *Objekt* der Wahl selbst nicht ablesen, ob eine solche Wahl rational war. Rationalität im Zusammenhang mit freien Wahlentscheidungen kann somit nur in einer Weise festgestellt werden, die vom konkreten Inhalt der Entscheidung abstrahiert. Es bleibt damit nur das Kriterium der Verhaltenskonsistenz. Diese kann nur ermittelt werden, wenn das Individuum mehr als eine Entscheidung fällt.

Der moderne neoklassische Ansatz geht auf Samuelson zurück, der die *Revealed Preference* Idee entwickelt hat. Wie er und Houthakker gezeigt haben, bildet unter der Annahme des starken Axioms der *Revealed Preference* das Nachfrageverhalten des Konsumenten dessen ordinale Nutzenfunktion vollständig ab.[9] Das Verhalten ist dann in dem Sinne konsistent, dass es der Maximierung einer ordinalen Nutzenfunktion entspricht. Das starke Axiom der Revealed Preference ist in diesem Sinn eine Rationalitätshypothese. Es muss allerdings ergänzt werden durch die Annahme, dass das Individuum mit seiner eigenen Entscheidung zufrieden ist: Wird y statt dem ebenfalls praktikablen x gewählt, dann ist das Individuum mit y zufriedener als mit x. Hier klammere ich das Thema Risiko aus. Es wird in der orthodoxen Lehre also unterstellt, dass das gewählte y mehr zur Bereitstellung innerer Güter beiträgt als x, sofern auch x hätte gewählt werden können.

Das starke Axiom der *Revealed Preference* besagt bekanntlich: Eine Kette von Warenkörben *x(1), x(2), x(3), ..., x(m)* mit beliebigem m und derart, dass jeweils *x(i+1)* gegenüber *x(i)* »revealed preferred« ist, ist nicht zirkulär. Es gilt also *x(m)≠x(1)*.

---

9 Samuelson, »A Note on the Pure Theory of Consumers´ Behaviour«; Houthakker, »Revealed Preference and the Utiltiy Function«.

## XII.

Das Homo Oeconomicus-Modell erfüllt natürlich das starke Axiom der *Revealed Preference*. Es tut aber noch mehr. Es setzt voraus, dass die Präferenzen der Individuen ein für alle mal exogen vorgegeben sind. Diese erstaunliche Annahme – denn: Wer glaubt an ihren Realitätsgehalt? – hält sich in der Theorie seit langer Zeit. Der Grund liegt in der normativen Ökonomik als einer Theorie der bürgerlichen Freiheit, insbesondere als eine theoretische Grundlegung der Kriterien für eine gute Wirtschaftspolitik. Denn die Bedürfniserfüllung der Bürger gemäß ihren eigenen Präferenzen bezüglich der äußeren Güter ist in einer freiheitlichen Gesellschaft das Kriterium für die Qualität einer Wirtschaftspolitik. Damit werden die Präferenzen der Maßstab, das Metermaß für die Messung der Qualität der Wirtschaftspolitik. Wenn nun aber die Präferenzen selbst vom Wirtschaftsgeschehen beeinflusst werden, dann eignen sie sich nicht mehr – so will es scheinen – als Maßstab für die Beurteilung der Qualität der Wirtschaftspolitik. Dies wäre doch wie ein Metermaß, das seine Länge mit der Länge des zu vermessenden Objekts änderte.

Das ist das Dilemma der normativen Theorie. Man braucht die Annahme exogen vorgegebener Präferenzen als Grundlegung für einen wohlfahrtstheoretischen Maßstab. Andererseits ist diese Annahme nicht realistisch. Die herkömmliche Theorie hat sich hier über Jahrzehnte für diese Annahme entschieden, um Wohlfahrtsökonomik weiter treiben zu können – und hat auf entsprechende realistischere Annahmen verzichtet.

## XIII.

Die moderne Vorstellung von der Demokratie ist ebenso wie die ökonomische Wissenschaft ein Kind der Aufklärung. Dass Demokratie eine langlebige Staatsform sein kann, ist in den letzten beiden Jahrhunderten historisch bewiesen worden. Die Vereinigten Staaten von Amerika leben bis heute unter einer Verfassung, die derjenigen noch sehr ähnlich ist, die am Ende des 18. Jahrhunderts in Kraft gesetzt wurde. Der Demokratieoptimismus der Aufklärung hat sich bis heute in der westlichen Welt bewahrt. Er ist aufgrund der historischen Erfahrung sogar stärker geworden. Heute wird anerkannt, dass Wohlstand und Wohlbefinden eines Volkes am besten garantiert sind, wenn es sich eine demokratische Staatsform gibt.

Demokratie als Herrschaft des Volkes, sei sie nun direkte Demokratie oder repräsentative Demokratie, setzt voraus, dass der Wähler im Kern rational handelt. Ich habe oben das Demokratieaxiom schon eingeführt: Der Bürger ist im Kern ein rationaler Mensch. Wäre der Mensch durch und durch irrational, so könnte Demokratie nicht funktionieren.

Damit ist aber noch nicht geklärt, was »im Kern rational« genau heißt. Im Folgenden entwickle ich einen Vorschlag für ein Modell des menschlichen Handelns, welches als im Kern rational verstanden werden kann, welches aber zugleich Rücksicht nimmt auf die inzwischen relativ robust festgestellten Abweichungen des Verhaltens der Menschen vom Modell des Homo Oeconomicus. Der zentrale Begriff dieses Modells des menschlichen Handelns ist der Begriff der adaptiven Präferenzen.

# XIV.

Eine der bedeutsamen Abweichungen des menschlichen Verhaltens vom Modell des Homo Oeconomicus liegt darin, dass die Präferenzen nicht exogen vorgegeben sind. Die Präferenzen sind abhängig von einem Referenzpunkt.[10] Ein Beispiel hierfür ist der *Endowment Effekt*. Es ist eine empirisch stabile Beobachtung, dass die Vorliebe für einen Gegenstand davon abhängt, ob dieser Gegenstand dem Individuum gehört oder nicht. Geht es um die Frage, zu welchem Preis das Individuum bereit wäre, sich von dem Gegenstand zu trennen, so liegt regelmäßig der Preis, den das Individuum fordert, wesentlich höher, als der Preis, zu dem das Individuum bereit wäre, diesen Gegenstand zu erwerben, wenn er ihm nicht gehört.

Ein anderes Beispiel ist die starke Präferenz für die *Default Option*. Es ist ja in einer Entscheidungssituation häufig so, dass eine der Alternativen als gewählt gilt, wenn das Individuum sich nicht explizit entscheidet. Diese Alternative wird die *Default Option* genannt. Es stellt sich nun empirisch heraus, dass die Wahrscheinlichkeit der Wahl einer Alternative erheblich steigt, wenn sie in der Entscheidungssituation zur *Default Option* gemacht wird.

---

10 Vgl. hierzu und zum Folgenden dieses Abschnitts, Thaler/Sunstein, *Nudge – Improving Decisions about Health, Wealth, and Happiness, Revised and Expanded Edition.*

Empirisch ist auch ein Effekt klar erwiesen, den man unter dem Namen *Framing Effekt* kennt. Das bedeutet, die Wahl zwischen gleich bleibenden Alternativen hängt davon ab, in welcher Weise die Alternativen dem wählenden Individuum präsentiert werden. In gewisser Weise kann man sagen, dass die Vorliebe für die *Default Option* ein Spezialfall dieses so genannten *Framing Effektes* ist.

Bei Entscheidungen unter Risiko beobachtet man regelmäßig, dass sich die Menschen nicht nach den Axiomen der von Neumann-Morgensternschen Nutzenfunktion richten. Im Vergleich zu dem Kalkül der von Neumann-Morgensternschen Nutzenfunktion legt das Individuum einen gesteigerten Wert darauf, keine Verluste zu erleiden. Diese Verhaltensweise wird mit dem Namen *Loss Aversion* bezeichnet. Hier ist der Wohlstand vor der risiko-beladenen Entscheidung der Referenzpunkt, der die Präferenzen beeinflusst.

Auch die Theorie von Herbert Simon, die er selbst *Satisficing-Theorie* genannt hat, widerspricht dem Modell des nutzenmaximierenden Individuums. Nach der *Satisficing-Theorie* setzt sich das Individuum Ziele, die dann das Verhalten des Individuums steuern. Die gesetzten Ziele hängen stark von dem Status quo ab, in dem sich das Individuum befindet. Fällt es dem Individuum nicht schwer, diese Ziele zu erreichen, so revidiert das Individuum die Ziele, indem es quasi ehrgeiziger wird: Es setzt sich höhere Ziele. Kann das Individuum seine Ziele nicht erreichen, so schraubt es die Ziele selbst auf die Dauer zurück. Entscheidend ist, dass die Ziele nicht ein für alle Mal fest stehen, sondern sehr stark davon abhängen, was die Ausgangssituation, also der Status quo ist.

Schließlich gilt auch, dass die Menschen sich in ihrer Bereitschaft, Güter mit anderen zu teilen, sehr stark davon beeinflussen lassen, wie sich diese anderen Menschen verhalten. Auch die altruistischen Präferenzen sind damit nicht vorgegeben, sondern werden endogen bestimmt.


## XV.

Die moderne Glücksforschung[11] hat das Ergebnis, dass das Maß der Zufriedenheit der Menschen nicht sehr stark von der Höhe ihres monetären Ein-

---

11 Vgl. Frey/Stutzer, *Happiness and Economics – How the Economy and Institutions Affect Human Well-Being.*

kommens oder Vermögens abhängt. Andererseits ist auch relativ eindeutig festzustellen, dass die Intensität des Wunsches nach einem Gut sehr stark davon abhängt, ob andere Menschen in der Umgebung des Individuums über dieses Gut verfügen oder nicht. Die Bereitschaft, Freizeit zu opfern, um mithilfe eines höheren Einkommens ein Gut erwerben zu können, das der Nachbar besitzt, ist ungleich höher, als sie es wäre, wenn der Nachbar dieses Gut nicht besäße. Man kann hier von einem Neideffekt sprechen. Man kann dieses Phänomen aber auch so interpretieren, dass der Mensch eine starke Neigung zur Imitation hat. Diese Imitationsneigung ist aber ihrerseits im Widerspruch zu der Annahme, dass der Mensch ein für alle Mal festgelegte Präferenzen für Güter hat.

# XVI.

Meinen weiteren Überlegungen liegt folgende empirische Hypothese zugrunde: Alle »Abweichungen« vom Homo Oeconomicus Modell sind Status-Quo-orientiert. Diese Hypothese ist natürlich nur eindeutig definiert, wenn wir jeweils festlegen können, was der Status quo ist. Dies will ich hier in allgemeiner Form nicht tun. Bei den genannten Beispielen von Abweichungen vom Homo Oeconomicus Modell ist es aber relativ leicht, klarzumachen, was der Status quo ist.

*Endowment Effekt.* Hier gibt es zwei Alternativen: Der Gegenstand gehört dem Individuum oder der Gegenstand gehört dem Individuum nicht. Der Status quo ist im ersten Fall, dass dem Individuum der Gegenstand gehört. Der *Endowment Effekt* sagt uns nun, dass in diesem Fall der Gegenstand höher bewertet wird, als wenn der Status quo der gegenteilige Fall wäre, nämlich dass der Gegenstand dem Individuum nicht gehört. Die Präferenzen passen sich also an den Status quo in dem Sinne an, dass das Individuum eine Tendenz hat, den Status quo beizubehalten.

*Default Option.* Hier ist der Status quo die Alternative, die automatisch gewählt wird, wenn das Individuum keine explizite Entscheidung fällt. Dass die Default Option sehr häufig gewählt wird, bedeutet, dass die Präferenzen des Individuums eine starke Neigung zum Status quo aufweisen.

*Framing Effekt.* Ohne hier auf die Details einzugehen, kann festgestellt werden, das *Framing* die Wirkung hat, dass die Alternative gewählt wird, welche im Rahmen des *Framing* quasi am nächsten liegt. Das *Framing* definiert implizit einen Status quo; die Wahl wird sich jeweils in der Nähe des definierten Status quo befinden. Auch dies ist eine Status quo Orientierung der Präferenzen.

*Loss Aversion.* Der Status quo ist der jeweilige materielle Zustand des Individuums. Die beobachtete *Loss Aversion* kann dann ebenfalls mit einer Status quo Orientierung der Präferenzen erklärt werden.

*Satisficing.* Da gemäß der Theorie von Simon, für die es ebenfalls starke empirische Befunde gibt, die gewählten Ziele vom jeweiligen Status quo stark abhängen, ist auch diese Theorie kompatibel mit der Hypothese, dass die Abweichungen vom Homo Oeconomicus Modell einer Status quo Orientierung des Verhaltens entsprechen.

Auch die Abhängigkeit des Ausmaßes des Altruismus vom Verhalten des jeweils Anderen und zwar im Sinne einer Reziprozität entspricht der Status quo Orientierung der Präferenzen.

# XVII.

Die Hypothese der Status Quo Orientierung der Abweichungen vom Homo Oeconomicus Modell kann umformuliert werden als die *Hypothese der adaptiven Präferenzen*: Der jeweilige Status Quo wird im Vergleich zu Alternativen höher bewertet, als er bewertet würde, wenn er nicht der Status Quo wäre. Formal heißt dies folgendes: Es sei (>) das Zeichen für »präferiert«. Also $x$ (>) $y$ soll heißen: $x$ wird gegenüber $y$ präferiert. Dann bedeutet die Hypothese der adaptiven Präferenzen folgendes: Ist y der Fall und gilt: $x$ (>) $y$, dann folgt daraus: Ist x der Fall, dann gilt erst recht $x$ (>) $y$.

Die Bezeichnung »adaptive Präferenzen« bringt diese Status-Quo-Orientierung der Präferenzen zum Ausdruck. Die Präferenzen sind quasi an den jeweiligen Status Quo angepasst, solange dieser nur lang genug vorhält.

Aus dem täglichen politischen Leben bringe ich ein Beispiel. Wir nehmen an, die Bürger hätten die Wahl zwischen drei Gesundheitssystemen: dem britischen, dem deutschen, dem schweizerischen. Befragungen zeigen nun recht eindeutig, dass die britischen Bürger das britische System dem deutschen oder dem schweizerischen vorziehen. Sie zeigen weiter recht eindeutig, dass die deutschen Bürger das deutsche System dem britischen und dem schweizerischen System vorziehen. In der Schweiz hat es vor einigen Jahren eine Volksabstimmung gegeben, in der die Stimmbürger die Wahl zwischen dem schweizerischen und dem deutschen System hatten. Sie haben sich im Verhältnis drei zu eins für das schweizerische System entschieden. Es ist offensichtlich, dass die unterschiedlichen Präferenzen der Bürger in den verschiedenen Ländern nicht exogen vorgegeben sind. Man kann keinen Grund erkennen, weshalb vom Himmel gefallene Präferenzen bezüglich unterschiedlicher Gesundheitssysteme in den drei Ländern so unterschiedlich ausfallen sollten. Also sind diese Präferenzen nicht vom Himmel gefallen, sondern sie haben sich endogen in Abhängigkeit der tatsächlichen Verhältnisse entwickelt, und zwar so, dass das jeweils vorgefundene System im Vergleich zu den Alternativen höher geschätzt wird, als es geschätzt würde, wenn es nicht das vorgefundene System wäre. Genau das meine ich mit adaptiven Präferenzen.

Anhand dieses Beispiels zeigt sich nun auch, dass adaptive Präferenzen dasselbe sind wie ein gewisser Präferenzkonservativismus: Man schätzt, was man hat, höher ein, als man es einschätzen würde, wenn man es nicht hätte, sondern stattdessen etwas anderes hätte. In gewisser Weise sind adaptive Präferenzen oder Präferenzkonservativismus eine Art verallgemeinerter *Endowment Effekt*.

# XVIII.

Adaptive Präferenzen entsprechen einer Art »Metarationalität«. Zu diesem Zweck muss ich einen Begriff einführen, der meines Erachtens für die Sozialtheorie oder Sozialphilosophie von Bedeutung ist. Auch diese Bedeutung ist allerdings verankert in dem Denken der Aufklärung, im Glauben an die Möglichkeit des Fortschritts. Der Begriff ist der des »Fortschrittspfades«[12]. Es ist damit folgendes gemeint: Wir betrachten eine Reihe von Zuständen, die ein einzelnes Individuum betreffen, und die wir mit *a, b, c, d* etc. bezeichnen. Die Präferenzen des Individuums passen sich an den jeweiligen Zustand im Verlauf der Zeit an. Die Form der Anpassung ist aber vorerst offen. Es ist auch zugelassen, dass sich die Präferenzen überhaupt nicht ändern. Wir unterstellen nun, dass wir beginnen mit dem Zustand a, an den sich die Präferenzen angepasst haben. Jetzt bewegt sich das Individuum zum Zustand b, wobei diese Veränderung als eine Verbesserung angesehen wird. Nach einiger

---

12 Zur formalen Definition siehe von Weizsäcker, »The Welfare Economics of Adaptive Preferences«.

Zeit passen sich die Präferenzen des Individuums an den neuen Zustand b an. Nun bewegt sich das Individuum weiter zum Zustand c hin. Auch diese Veränderung wird vom Individuum wieder als Verbesserung angesehen, wobei der Beurteilungsmaßstab nun die Präferenzen sind, die sich an b angepasst haben. Nach einer Weile des Verharrens im Zustand c haben sich die Präferenzen an diesem Zustand c angepasst. Nun erfolgt eine weitere Veränderung von c nach d, die vom Individuum wiederum als Verbesserung angesehen wird, wobei der Vergleich zwischen c und d mit den Präferenzen vorgenommen wird, die sich an c angepasst haben. Und so weiter. Ein Pfad von Zuständen, der diese Eigenschaft ständiger Verbesserung, beurteilt gemäß den jeweils aktuellen Präferenzen, hat, der soll »Fortschrittspfad« heißen.

Die abendländische Sozialphilosophie hat in ihrem Kern den Gedanken, dass der jeweils erreichte Zustand noch nicht das Optimum ist, dass es vielmehr durch geeignete Gestaltung der Gesellschaft möglich ist, ihren Zustand weiter zu verbessern. Nimmt man den Gedanken der Demokratie hinzu, so muss es wohl als Axiom gelten, dass eine solche Verbesserung sich an den Wünschen und Präferenzen der Bürger misst. Nicht ein irgendwie exogen vorgegebener Maßstab bestimmt, wann eine Veränderung eine Verbesserung ist, sondern dieser Maßstab wird von den Bürgern selbst festgelegt.

Was auch immer das Verfahren ist, das die Sozialphilosophie für Veränderungen des Zustands der Gesellschaft vorschlägt, so muss sich dieses Verfahren daran messen lassen, ob es letztlich zu Fortschritt und Verbesserung des jeweiligen Status quo führt oder nicht. Von einer eigentlichen Verbesserung oder von einem eigentlichen Fortschritt kann aber nur dann die Rede sein, wenn die Summe der Veränderungen, von denen jede einzelne als Verbesserung angesehen wird, nicht dazu führt, dass man sich schlussendlich wieder im Ausgangspunkt befindet. Mit anderen Worten, die von der Sozialphilosophie vorgeschlagenen Verfahren zur Implementierung von Veränderungen können einer Kritik nur dann standhalten, wenn die aus ihnen resultierenden »Fortschrittspfade« nicht zirkulär sind.

Ich nenne zwei Beispiele für vorgeschlagene Verfahren: Das eine Beispiel ist das von Karl Popper in die Diskussion gebrachte Verfahren des *Piecemeal Engineering* im Rahmen seines Konzepts einer offenen Gesellschaft, das andere Beispiel ist die Idee von Jürgen Habermas des Konsensus auf der Basis eines herrschaftsfreien Diskurses.

Die Nicht-Zirkularität von Fortschrittspfaden erscheint mir als ein wichtiges Kriterium individueller und gesellschaftlicher Rationalität.

# XIX.

Für den n-dimensionalen Euklidischen Güterraum lässt sich nun mathematisch folgendes zeigen:

Theorem 1: Unter bestimmten als realistisch anzusehenden Bedingungen gilt: Sind die Präferenzen adaptiv, dann sind Fortschrittspfade nicht-zirkulär.[13]

Theorem 2: Unter bestimmten realistischen Bedingungen gilt: Sind Fortschrittspfade nicht-zirkulär, dann gibt es im Güterraum eine Quasi-Präferenz-Struktur, die dem Homo Oeconomicus Modell entspricht. Diese Quasi-Präferenz-Struktur ist ein Indikator dafür, welcher Güterkorb von welchem anderen Güterkorb mithilfe eines Fortschrittspfads erreicht werden kann. Ferner sind die Präferenzen dann adaptiv.[14]

Es besteht somit ein enger Zusammenhang zwischen der Adaptivität der Präferenzen und dem Rationalitätskriterium der Nicht-Zirkularität von Fortschrittspfaden.

Das erste Theorem kann mit einer Heuristik plausibel gemacht werden. Ich konzentriere mich hierzu auf das Beispiel des *Endowment-Effekts*: Menschen schätzen Sachen höher, die ihnen gehören, als sie sie schätzen würden, wenn sie ihnen nicht gehören würden. Als Gedankenexperiment nehmen wir einmal das Gegenteil an: Menschen schätzen Sachen niedriger, die ihnen gehören, als sie diese schätzen würden, wenn sie ihnen nicht gehören würden. Bei diesem *Anti-Endowment-Effekt* gäbe es einen zirkulären Fortschrittspfad. Der Mensch wäre bereit, das Klavier, das ihm gehört, für 500 Euro zu verkaufen und dafür verkauft er es. Jetzt ändern sich seine Präferenzen und wegen des *Anti-Endowment-Effektes* wäre er bereit, das Klavier für 700 Euro wieder zu kaufen. Er kauft es zu diesem Preis. Damit ist er trotz zweier Transaktionen, die ihn jeweils besser gestellt haben (sonst hätte er sie ja nicht gemacht), wieder bei seinem Klavier und mit 200 Euro weniger in seiner Brieftasche. Schenkt ihm nun jemand 200 Euro, dann ist er mittels eines drei-schrittigen Fortschrittspfades wieder bei seinem Ausgangspunkt. Das sind also Präferenzen, die das Gegenteil von adaptiv sind. Nach meinem

---

13 Zur exakten Formulierung und zum Beweis siehe von Weizsäcker, »Cost-Benefit Analysis with Adaptive Preferences«, insbesondere Abschnitt 6: Smoothly adaptive preferences imply non-circularity of balanced improvement paths.

14 Zur exakten Formulierung und zum Beweis siehe von Weizsäcker, »The Welfare Economics of Adaptive Preferences«, insbesondere Abschnitt B.

formalen Kriterium von Rationalität würde ich sie als nicht rational bezeichnen.

Zurück zum *Endowment-Effekt*. Aus einer bestimmten engen Perspektive könnte man ihn als irrational bezeichnen. Das tue ich nicht. Im Grunde macht die positive emotionale Beziehung zu Gegenständen, die einem gehören, guten Sinn auch im Sinne einer vielleicht »tieferen« Rationalität. Sie schützt den Menschen vor einer übereilten Tausch-Transaktion, quasi vor einer Falle, in die er mit anti-adaptiven Präferenzen hineintappen würde. Wenn der *Endowment-Effekt* wirksam ist, dann ist das Individuum nur zu einem Preis von 700 Euro bereit, das Klavier zu verkaufen. Hat es dieses zu einem Preis von mindestens 700 Euro verkauft, dann ändern sich seine Präferenzen, und es ist nur bereit, sich wieder ein Klavier zu kaufen, wenn der Preis nicht höher als 500 Euro liegt. Kann das Individuum ein Klavier zu einem Preis von höchstens 500 Euro kaufen, so hat es wieder ein Klavier, zugleich aber mindesten 200 Euro mehr in der Brieftasche. Der Fortschrittspfad ist damit nicht zirkulär. Der *Endowment-Effekt* führt somit dazu, dass das Individuum sich ungern von seinem jeweiligen Zustand hinwegbewegt – und diese Tatsache schützt es davor, mit einer Reihe von Verbesserungen an der Nase herumgeführt zu werden.

Der Präferenz-Konservativismus (also adaptive Präferenzen) ist damit so etwas wie ein Schutz vor Veränderungen, die je einzeln als Fortschritt angesehen werden, die aber in der Summe gar keine Veränderung oder gar eine Verschlechterung bedeuten.

Der Fall fest vorgegebener Präferenzen schließt ebenfalls zirkuläre Fortschrittspfade aus. Denn bei jedem Schritt auf diesem Pfad steigt das Nutzenniveau. Da aber jedem Warenkorb ein ein für allemal fest vorgegebenes Nutzenniveau zugeordnet ist, kann bei ständig steigendem Nutzen keine Rückkehr zum ursprünglichen Zustand stattfinden: Der Fortschrittspfad ist nicht-zirkulär. Damit ist der Homo Oeconomicus quasi ein Grenzfall der Klasse von Präferenzänderungen, die sich durch nicht-zirkuläre Fortschrittspfade auszeichnen.

Allerdings ist der Homo Oeconomicus auch »gefährlich« nah dem Fall des *Anti-Endowment-Effekts*, den ich oben beschrieben habe. Sind die Präferenzen fix, so bedarf es nur einer beliebig kleinen Verschiebung der Präferenzen weg vom *Endowment-Effekt*, und schon landet man im Gebiet des *Anti-Endowment-Effekts*. Unterstellt man einmal, dass es bei der Weitergabe von Präferenzstrukturen von Eltern auf Kinder zufällige Schwankungen gibt, so ist evolutionär zu erwarten, dass sich ein positiver *Endowment-Effekt* durchsetzt. Der positive *Endowment-Effekt* bildet quasi einen Sicherheitsabstand von Präferenzstrukturen, die wegen der Zirkularität von Fortschrittspfaden letztlich Überlebensrisiken mit sich bringen.

## XX.

Die Ableitung des zweiten Theorems ist mathematisch um einiges schwieriger als die des ersten Theorems. Insbesondere bedarf es für die Ableitung auch einer Annahme, die für den Beweis des ersten Theorems nicht nötig ist: die Annahme der beliebigen Teilbarkeit der Güter. Um aber ein gewisses zusätzliches Verständnis des zweiten Theorems zu ermöglichen, wende ich mich hier einer graphischen Darstellung zu. In der folgenden Graphik sind zwei Indifferenzkurvensysteme gezeichnet: Die durchgehend gezeichneten Indifferenzkurven entsprechen den Präferenzen, die an den Warenkorb b angepasst sind, die gestrichelten Indifferenzkurven entsprechen den Präferenzen, die an den Warenkorb a angepasst sind. So, wie die Indifferenzkurven gezeichnet sind, entscheidet sich das Individuum bei an a angepassten Präferenzen für a, wenn die Wahl zwischen a und b zu treffen ist. Es entscheidet sich für b, wenn die Präferenzen an b angepasst sind. Nun kann man aber die Frage stellen: Ist es möglich, von a nach b mittels eines mehrschrittigen Fortschrittspfades zu kommen? Oder ist es umgekehrt möglich, mittels eines mehrschrittigen Fortschrittspfades von b nach a zu kommen?

Abbildung 1: Zwei adaptive Indifferenzkurvensysteme

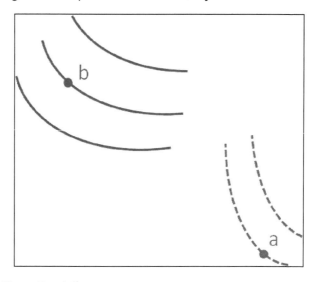

*Quelle: Eigene Darstellung.*

Nach Theorem 2 gibt es unter bestimmten Voraussetzungen eine Quasi-Präferenz-Struktur, die dem Homo Oeconomicus Modell entspricht und die relevant ist für die Frage nach der Existenz oder Nicht-Existenz von Fortschrittspfaden zwischen je zwei Warenkörben. In der folgenden Graphik ist diese Quasi-Präferenz-Struktur durch gestrichelte Indifferenzkurven angedeutet, während drei verschiedene Präferenzstrukturen mit jeweils einer durchgezeichneten Indifferenzkurve angedeutet sind, wobei jeweils die Indifferenzkurve gezeichnet ist, die durch den Warenkorb geht, an den die Präferenzen angepasst sind.

Abbildung 2: Indifferenzkurvensysteme mit Quasi-Indifferenzkurven

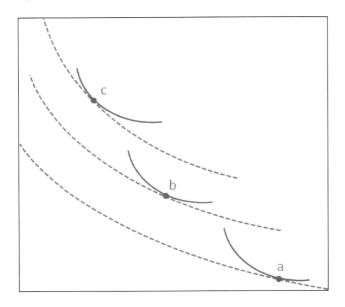

*Quelle: Eigene Darstellung.*

So, wie das Bild gezeichnet ist, entscheidet sich das Individuum für a, wenn die Präferenzen an a angepasst sind und die Auswahl zwischen a, b und c ist. Analoges gilt bei an b oder an c angepassten Präferenzen. Die gestrichelten Quasi-Indifferenzkurven geben nun an, ob es einen Fortschrittspfad zwischen je zwei Punkten gibt, der mit an den Startpunkt angepassten Präferenzen startet und in endlicher Zeit am Endpunkt ankommt. Da Warenkorb a auf einer niedrigeren Quasi-Indifferenz-Kurve liegt als b, gibt es nach Theorem 2 einen Fortschrittspfad, der mit an a angepassten Präferenzen bei a beginnt und in endlicher Zeit bei b endet. Das Faktum, dass zu Beginn dieses Pfades der Startpunkt a dem Endpunkt b

vorgezogen wird, zeigt uns, dass dieser Fortschrittspfad Zeit benötigt und aus kleineren Schritten bestehen muss. Er muss sich die allmähliche Anpassung der Präferenzen zunutze machen. Indem der Pfad allmählich mehr von dem auf der vertikalen Achse aufgetragenen Gut und allmählich weniger von dem auf der horizontalen Achse aufgetragenen Gut konsumiert, steigt die Vorliebe für das mehr konsumierte Gut, sodass a immer weniger attraktiv und b immer attraktiver wird. So kann auf Dauer mit ständigen kleinen Fortschritten der Warenkorb b erreicht werden.

Abbildung 3: Indifferenzkurvensysteme mit Quasi-Indifferenzkurven und Fortschrittspfad

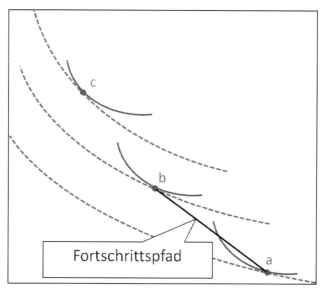

*Quelle: Eigene Darstellung.*

Da (bei Theorem 2) annahmegemäß Fortschrittspfade nicht zirkulär sind, bedeutet dies zugleich, dass es keinen Fortschrittspfad gibt, der mit an b angepassten Präferenzen bei b startet und bei a endet. In diesem Sinne besteht eine Asymmetrie zwischen je zwei Warenkörben. Diese aber, so sagt uns eben Theorem 2, entspricht einer Quasi-Präferenz-Ordnung, welche wie eine exogen vorgegebene »Homo Oeconomicus«-Präferenz-Ordnung aussieht.

Zumindest ein Beweis des Theorems 2 macht sich das Samuelson-Houthakker-Revealed-Preference-Theorem zunutze.[15] In gewisser Weise ist Theorem 2 eine »Verzeitlichung« des Revealed Preference Theorems. Letzteres ist ja ein a-temporales Theorem. Im Samuelson-Houthakker-Theorem wird das starke Axiom der Revealed Preferences vorausgesetzt: Eine Folge von Warenkörben a, b, c, … derart, dass der jeweils folgende dem vorangegangenen

---

15 Vgl. von Weizsäcker, »The Welfare Economics of Adaptive Preferences«.

»revealed preferred« ist, ist nicht zirkulär. In meinem Theorem 2 wird vorausgesetzt: Ein Fortschrittspfad ist nicht zirkulär. Die abgeleitete Folgerung ist im Samuelson-Houthakker-Theorem: Es gibt eine konsistente und insofern rationale Präferenzstruktur des Individuums (also eine »Homo Oeconomicus« Struktur), die das beobachtete Nachfrageverhalten des Individuums erklärt. Der Mensch ist somit ein Homo Oeconomicus, wann immer sein Verhalten dem starken Axiom der Revealed Preferences entspricht Im Theorem 2 ist die Folgerung: Es gibt eine konsistente und insofern rationale Präferenzstruktur (eine »Homo Oeconomicus« Struktur), die einem mitteilt, zwischen welchen Warenkörben eine Verbindung mittels eines Fortschrittspfads existiert. Der Mensch ist ein Homo Oeconomicus bezüglich der Struktur der für ihn möglichen Fortschrittspfade, wann immer diese als nichtzirkulär vorausgesetzt werden können.

# XXI.

In der wirtschaftstheoretischen Literatur gibt es den Begriff der Meta-Präferenzen. Er wird von so unterschiedlichen Ökonomen wie Gary Becker und Amartya Sen vertreten. Es wird von den Autoren hierbei zugegeben, dass die aktuellen Präferenzen der Individuen veränderlich sind und beeinflusst werden können. Sie arbeiten nun mit dem Konstrukt der Metapräferenzen, also mit Präferenzen für Präferenzen. Der Mensch hat nach dieser Idee Vorstellungen, wer er idealerweise sein möchte in Bezug auf sein jeweiliges Verhalten. Wird dieses Ideal als exogen vorgegeben angenommen, dann kann man stipulieren, dass diese Metapräferenzen exogen vorgegeben sind. In der Literatur der letzten 20 Jahre ist diese Denkfigur zum Beispiel konkretisiert worden durch eine intensive Diskussion des Phänomens der Willensschwäche (*hyperbolic discounting*).

Ohne die Verdienste dieses Ansatzes schmälern zu wollen, ist hierbei aber überhaupt nicht klar, weshalb man diese Metapräferenzen als exogen vorgeben ansehen kann. Letztlich bleiben solche Ansätze durch die Annahme exogen vorgegebener konsistenter Metapräferenzen dem traditionellen Homo Oeconomicus Modell verhaftet.

Mein Theorem 2 zeigt nun, dass man Metapräferenzen einer bestimmten Art aus wesentlich schwächeren Annahmen ableiten kann. Diese werden nicht mehr direkt als Präferenzen über Präferenzen definiert, sondern mithilfe des Begriffs des Fortschrittspfads. An die Stelle der Annahme exogen vorgegebener Metapräferenzen, die sich auf alle möglichen Präferenzen beziehen, treten zwei wesentlich schwächere Annahmen: 1. Das Verbesserungsaxiom: Der Mensch zieht einen Fortschrittspfad, der vom Warenkorb a aus startet, einem dauerhaften Verbleiben beim Warenkorb a vor – auch wenn er sich bewusst ist, dass sich seine Präferenzen für Warenkörbe im Verlauf dieses Fortschrittspfades ändern werden. 2. Nicht-Zirkularität: Fortschrittspfade sind nicht zirkulär. Das Verbesserungsaxiom scheint mir unmittelbar plausibel. Das Faktum, dass sich Präferenzen, wie es scheint, an die jeweilige aktuelle Situation anpassen, hindert den Menschen nicht daran, nach mehr zu streben als er hat, also Verbesserungen seiner Situation zu begrüßen, selbst wenn er sich dessen bewusst ist, dass Verbesserung Veränderung bedeutet und sich seine Wünsche mit der aktuellen Situation auch künftig verändern werden, mit anderen Worten, dass er selbst im Verlauf dieser Verbesserungsschritte »ein Anderer« wird. Die Nicht-Zirkularität von Fortschrittspfaden ist, wie Theorem 1 zeigt, Folge der Adaptivität von Präferenzen. Ich habe das Theorem 1 oben plausibel gemacht. Sie ist außerdem, wie oben diskutiert, eng verwoben mit der abendländischen, aufklärerischen Tradition in der Sozialphilosophie.

Es ergibt sich nach Theorem 2 somit, dass eine bestimmte Form von Metapräferenzen aus dem Verbesserungsaxiom und der Adaptivität von Präferenzen abgeleitet werden kann. Diese Form ist eine andere als die herkömmliche Form von Metapräferenzen. In der herkömmlichen Form wird der Begriff der Präferenz verlagert vom Güterraum auf den Raum möglicher Präferenzen über dem Güterraum. Beibehalten wird der Begriff der Präferenz. Verändert wird der Objektbereich, über den Präferenzen definiert sind. In meinem Ansatz bleibt der Güterraum der Objektbereich, über den Präferenzen definiert sind. Hier aber nimmt der Begriff der »Präferenzen« eine andere Gestalt an: Es geht nicht mehr um den Vergleich von Warenkörben mittels der unmittelbar gültigen Präferenzen, sondern um den Vergleich von Warenkörben mittels des Kriteriums der Erreichbarkeit des einen vom anderen auf einem Fortschrittspfad. Warenkorb b wird Warenkorb a »quasi-präferiert«, wenn b von a aus mittels eines Fortschrittspfads erreicht werden kann. Diese Quasi-Präferenzen sind nun aber ein für allemal fix, wie es die Präferenzen über Warenkörbe im herkömmlichen Homo Oeconomicus-Modell sind. In diesem Sinne kann die hier vorgestellte Theorie der adaptiven Präferenzen als eine Verallgemeinerung des herkömmlichen Homo Oeconomicus-Modells aufgefasst werden. Letzteres ist ja der Grenzfall des

Modells adaptiver Präferenzen, bei dem sich die Präferenzen überhaupt nicht verändern, bei dem aber natürlich das Verbesserungsaxiom und die Nicht-Zirkularität von Fortschrittspfaden ebenfalls gilt.

# XXII.

Ich komme damit zu einer Neu-Interpretation des Homo Oeconomicus-Modells. Es ist nicht buchstäblich realitätskonform, sondern es ist quasi ein »Extrakt« eines komplexeren Verhaltensmodells, das – im Rahmen der normativen Ökonomik – ebenfalls mit dem Begriff der Präferenzen arbeitet, das aber zugleich in der Lage ist, die von der modernen Forschung beobachteten Abweichungen von dem buchstäblich genommenen Homo Oeconomicus-Modell zu inkorporieren. Die formale Struktur des Homo Oeconomicus-Modells bleibt gemäß Theoremen 1 und 2 erhalten, wenn wir adaptive Präferenzen und das Verbesserungsaxiom voraussetzen. Aber sie bezieht sich jetzt nicht mehr auf Vergleiche von Warenkörben bezüglich der direkten Präferenzen für Warenkörbe, sondern auf Vergleiche von Warenkörben bezüglich der Erreichbarkeit des einen vom anderen vermittels eines Fortschrittspfades. Indem man den Begriff der Präferenz zwischen Warenkörben umdefiniert in eine Quasi-Präferenz, die eben diese Erreichbarkeit durch Fortschrittspfade zum Ausdruck bringt, erfasst man im Rahmen des so verstandenen Homo Oeconomicus-Modells das realistischere Modell der adaptiven Präferenzen, das die Abweichungen vom buchstäblich verstandenen Homo Oeconomicus-Modell als jeweilige Spezialfälle versteht. Der »Extrakt«, den das Homo Oeconomicus-Modell vom »eigentlichen« umfassenden Modell der adaptiven Präferenzen bildet, besteht nun darin, dass man den Unterschied zwischen unmittelbar gültigen Präferenzen zwischen Warenkörben und den Quasi-Präferenzen zwischen Warenkörben bezüglich der Fortschrittspfade vernachlässigt.

Diese Vernachlässigung ist, so denke ich, implizit oder unbewusst der »Trick« gewesen, mit dem man sich in der neoklassischen Orthodoxie den Glauben an das buchstäbliche Homo Oeconomicus-Modell so lange erhalten hat. Es ist ein unbewusster »Trick«, der auch deshalb nahe liegt, weil der vermittels Theorem 2 als exogen erkannten Quasi-Präferenz die langfristige

Nachfragefunktion des Individuums entspricht.[16] Dass dem so ist, kann man leicht plausibel machen. Unter der langfristigen Nachfragefunktion verstehen wir ja die Abbildung von der Menge der jeweils langfristig gültigen Budgetbeschränkungen auf die Menge der Konvergenzpunkte der Nachfrage. Es ist dies eine Abbildung vom Preisraum in den Güterraum, wobei nicht die unmittelbar erfolgende Nachfrage, sondern der Konvergenzpunkt der Nachfrage nach langer Frist gemeint ist. Betrachten wir nun eine Person, die seit langem einer konstanten Budgetbeschränkung $B_0$ ausgesetzt war und die sich deshalb hier mit ihren Präferenzen »eingerichtet« hat, d.h. die nun Präferenzen hat, die sich an diese Budgetbeschränkung adaptiert haben. Nun verändert sich plötzlich die Budgetbeschränkung zu $B_1$ – und zwar so, dass der bisher bei an $B_0$ angepassten Präferenzen gekaufte Warenkorb $x_0$ auch weiterhin gekauft werden kann. Die neue Budgetbeschränkung ist somit eindeutig eine Verbesserung. Sie soll nun erneut für lange Zeit konstant bleiben. Dann konvergiert die Nachfrage gegen einen neuen Warenkorb $x_1$. Nun beachte man, dass der Pfad der allmählichen Anpassung der Nachfrage an die neue Budgetbeschränkung ein Fortschrittspfad ist: Denn die Person wählt ja frei den Warenkorb im Rahmen der neuen Budgetbeschränkung, die es ihr auch ermöglicht hätte, am alten Warenkorb $x_0$ zu verharren. Jede Veränderung ihrer Nachfrage als Ausdruck der sich allmählich verändernden Präferenzen muss daher immer als Verbesserung verstanden werden. Denn sie ist ja nie gezwungen, diese Veränderung zu realisieren. Damit ist erwiesen, dass $x_1$ von $x_0$ aus mit einem Fortschrittspfad erreicht werden kann. Also hat nach Theorem 2 $x_1$ einen höheren »Quasi-Nutzen« als $x_0$. Insofern entspricht die langfristige Nachfrage der Quasi-Präferenz-Struktur der Fortschrittspfade, die gemäß Theorem 2 exogen vorgegeben ist.

Das Homo Oeconomicus-Modell repräsentiert somit das umfassendere Modell der adaptiven Präferenzen insofern, als es der langfristigen Nachfrage-Funktion unter der Annahme adaptiver Präferenzen entspricht. Diese Aussage gilt allerdings nur, wenn die langfristige Nachfrage nicht »pfadabhängig« ist, wenn sie also unabhängig von den anfänglich vorgefundenen Präferenzen ist. Im realen Leben wird es aus vielerlei Gründen »Pfadabhän-

---

16 Diese Korrespondenz zwischen der langfristigen Nachfragefunktion und den als exogen nachgewiesenen Quasi-Präferenzen war der Ausgangspunkt meiner Arbeit zu den adaptiven Präferenzen. Vgl. von Weizsäcker, »Notes on Endogenous Change of Tastes«. Damals war der Begriffsapparat allerdings noch nicht im Einzelnen entwickelt. Die »moderne« Fassung dieses Zusammenhangs zwischen fixen Quasi-Präferenzen und langfristiger Nachfragefunktion ist enthalten in von Weizsäcker, »The Welfare Economics of Adaptive Preferences«.

gigkeit« des Konvergenzprozesses von Präferenzen geben. Hier sind damit die Grenzen des »Extraktes« aufgezeigt, den das Homo Oeconomicus-Modell aus dem umfassenderen Modell der adaptiven Präferenzen bildet.

# XXIII.

Nach diesem Durchgang durch das Konzept adaptiver Präferenzen komme ich noch einmal auf den Begriff der Rationalität zurück. Damit verbinde ich eine substanzielle, statt einer rein formalen Interpretation des »Extrakt«-Gedankens des Rationalmodells des Homo Oeconomicus. Wie oben im Abschnitt III dargelegt, kommt ein die Demokratie unterstützendes Nachdenken über Staatsformen um ein Postulat einer gewissen Mindest-Rationalität des Staatsbürgers nicht herum. Der Staatsbürger ist aber zugleich Wirtschaftsbürger. Der *citoyen* ist zugleich *bourgeois*. Man kann dem Wirtschaftsbürger, der überwiegend in eigener Sache handelt, das Maß an Rationalität nicht absprechen, das man dem Staatsbürger unterstellt, der sich ja seiner beschränkten Einflussmöglichkeiten als ein Bürger unter sehr vielen Bürgern bewusst ist. Es liegt nahe, den Rationalitätsgrad des Wirtschaftsbürgers sogar höher anzusetzen als den des Staatsbürgers.

Wie dem auch im Einzelnen sei, so ist es sinnvoll, nach einem Modell zu suchen, das die unterstellte Mindestrationalität voraussetzt, das aber zugleich Grenzen der Rationalität anerkennt. Hierzu bietet sich die Theorie der adaptiven Präferenzen an. Die Situationsgebundenheit der Präferenzen zwischen verfügbaren Alternativen kommt in ihm zum Ausdruck. Diese aber ist kompatibel mit dem Gedanken, dass das Individuum bei seinen Entscheidungen routinemäßig nur einen engen Bereich von Abweichungen vom Gewohnten, vom Status Quo, überhaupt in Erwägung zieht. Wie Goethe in Wilhelm Meisters Lehrjahren schreibt: »Der Mensch ist zu einer beschränkten Lage geboren, einfache, nahe, bestimmte Zwecke vermag er einzusehen, und er gewöhnt sich die Mittel zu benutzen, die ihm gleich zur Hand sind; sobald er aber ins weite kommt, weiß er weder was er will, noch was er soll, und es ist ganz einerlei, ob er durch die Menge der Gegenstände zerstreut, oder ob er durch die Höhe und Würde derselben außer sich gesetzt werde. Es ist immer ein Unglück, wenn er veranlasst wird, nach etwas zu streben, mit dem er sich durch eine regelmäßige Selbsttätigkeit nicht verbinden kann.«[17]

---

17 Goethe, »Wilhelm Meisters Lehrjahre«, S. 406f.

Die Theorie adaptiver Präferenzen ist damit eine Theorie des eingeschränkt rationalen Individuums. Aber die Theoreme 1 und 2 zeigen den Zusammenhang zum Homo Oeconomicus-Modell voller Rationalität. Wenn dieses dann der »Rationalitätsextrakt« des eingeschränkt rationalen Verhaltens ist, dann legt der Gedanke des Fortschrittspfads als Bindeglied zwischen den adaptiven Präferenzen und diesem Extrakt nahe, dass sich die Rationalität in einem Zeit beanspruchenden Prozess entfaltet. Bei konstant bleibender Umwelt, zum Beispiel bei konstant bleibender Budgetbeschränkung »lernt« das Individuum. Es lernt vielleicht im engeren Sinne, indem es ihm vorher unbekannte oder unerreichbare Güter besser kennen lernt. Oder es »lernt« seine eigenen Präferenzen. Dass die sich entwickelnden Präferenzen, entlang einem Fortschrittspfad nicht wieder zurück zum Ausgangspunkt führen, ist dann ein Zeichen eines echten Lernens.

Aber der Gedanke der »Entfaltung« der Rationalität hat weitere Anwendungsmöglichkeiten, indem man interpersonelle Effekte auf die Präferenzen betrachtet. Man lernt dann von anderen. Die Imitation des Verhaltens von Mitmenschen ist ja einer der grundlegenden Lernvorgänge, vermutlich der wichtigste überhaupt. Hier hinein gehören dann auch Bildung und Erziehung, sei es im Elternhaus, sei es in eigens dafür eingerichteten Institutionen wie Schulen, sei es über verdinglichte Formen zwischenmenschlicher Beeinflussung, sprich, über Medien, sei es durch Freunde oder gar durch Gegner. Bildung als Übertragung nützlichen Wissens, intellektueller oder intuitiver Fähigkeiten. Erziehung als Formung des Charakters durch Eltern und Lehrer, als Prägung von Präferenzen, die auf diese Weise von der Umgebung übernommen werden. Diesem Entfaltungsprozess der Rationalität wird, so ist meine Vorstellung, der Gedanke der Adaptivität, der adaptiven Präferenzen gerecht.

In dem Gedanken der Rationalitätsentfaltung steckt einerseits der »Telos«, das »Ziel« der Rationalität, das diesem Entfaltungsprozess seine Verwandtschaft mit dem rationalen Handeln verleiht. Andererseits beginnt er mit einem Zustand, dem man möglicherweise noch wenig aktuelle Rationalität zuschreiben würde. Damit gibt es eben eine Verwandtschaft mit vorrationalem Verhalten. Auch dieses ist damit in dem Konzept der adaptiven Präferenzen enthalten.

Nun ist aber die Umwelt nicht konstant. Nun ändern sich die Budgetbeschränkungen ständig. Insofern wird der Entfaltungsprozess der Rationalität, der immer rationaler werdenden Anpassung an die Umwelt ständig »gestört« durch die Veränderung dieser Umwelt selbst. Daraus ist zu schließen, dass man in der Realität eine jeweils recht unvollkommene Anpassung an die Umwelt beobachtet, dass in der realen Welt die jeweils vorgefundenen Präferenzen weit entfernt sind von den Präferenzen, die schon optimal an die vorgefundene Umwelt angepasst sind. Die beobachtete starke Einschränkung der Rationalität muss in diesem Lichte gesehen werden als Korrelat zur gesellschaftlichen Dynamik, die die Umwelt des einzelnen Entscheidungsträgers darstellt. Sofern man in einem dafür geeigneten institutionellen Umfeld die Dynamik als »Fortschritt« charakterisieren kann, ist der Abstand tatsächlichen Verhaltens zum Homo Oeconomicus-Modell zu erklären als Korrelat dieses gesellschaftlichen Fortschrittsprozesses. Und dann kommen wir zu der Erkenntnis: Lieber ein gesellschaftlicher Prozess ständigen Fortschritts mit daraus resultierenden Mankos an individueller Rationalität als eine statische Welt mit voll angepassten, voll rational handelnden *homines oeconomici*.

Angesichts dieser Theorie oder Anthropologie zur normativen Ökonomik schlage ich vor, vom Modell des *Homo Oeconomicus Adaptivus* zu sprechen.

## XXIV.

Zum Abschluss sei aber noch auf einen entscheidenden Unterschied zwischen dem Modell der adaptiven Präferenzen und dem Homo Oeconomicus-Modell hingewiesen. Mit dem Homo Oeconomicus-Modell ist verbunden der Gedanke der gesellschaftlichen Optimierung im Sinne eines Pareto-Optimums. Das Walras-Gleichgewicht ist bekanntlich pareto-optimal. Indessen, wie im Abschnitt XX schon dargelegt, gilt die Identifikation der Quasi-Präferenz-Struktur mit der langfristigen Nachfragefunktion nur, sofern die langfristige Nachfrage von den anfänglichen Präferenzen unabhängig ist, also nicht »pfadabhängig« ist. Wenn eine solche Pfadabhängigkeit vorliegt, dann ist keine Garantie gegeben, dass die langfristige Nachfrage bei gegebener Budgetbeschränkung das höchste Quasi-Nutzenniveau erreicht. Es gibt dann möglicherweise innerhalb der Menge der mit dem Budget wählbaren Warenkörbe auch solche, die auf einem höheren Quasi-Nutzenniveau liegen als der Warenkorb der langfristigen Nachfrage. Das bedeutet: Es gibt andere wählbare Warenkörbe, die von dem langfristig gewählten Warenkorb aus mittels eines Fortschrittspfads erreicht werden könnten. In diesem Sinne versagt die globale Optimierung.

Intuitiv verständlich wird diese Einschränkung der Rationalität, wenn wir uns klar machen, dass die Adaptivität der Präferenzen letztlich bedeutet, dass nur lokal in der Umgebung des Status Quo nach besseren Möglichkeiten gesucht wird. So findet man bei konstant bleibender Umwelt nach einiger Zeit ein lokales Optimum, das der langfristigen Nachfrage entspricht. Dieses ist aber nur dann mit Sicherheit auch ein globales Optimum, wenn man weiß, dass es nur *ein* lokales Optimum gibt, wenn also die langfristige Nachfrage nicht von der Ausgangssituation abhängt.

Ein Beispiel mag das oben schon diskutierte Gesundheitssystem in Großbritannien, Deutschland und der Schweiz sein. Jedes dieser Systeme mag im Rahmen der verfügbaren Mittel lokal optimiert sein. Aber ein Weg von einem dieser lokalen Optima zu einem anderen mag nicht praktikabel sein, weil ein Fortschrittspfad zumindest vorübergehend mehr Mittel beanspruchen würde als die Gesellschaft bereit ist, aufzuwenden. Nichtsdestoweniger mag es rein theoretisch einen Fortschrittpfad geben, der vom britischen zum schweizerischen Gesundheitssystem führt.


## Literatur

Arrow, Kenneth J., »Invaluable Goods«, in: *Journal of Economic Literature*, 35 (1997), S. 757–765.

Bruni, Lugino/Sugden, Robert, »The Road Not Taken: How Psychology Was Removed From Economics, And How It Might Be Brought Back«, in: *Economic Journal*, 117 (2007), S. 146–173.

de La Mettrie, Julien Offray, *L'Homme machine*, 1748.

Frey, Bruno S./Stutzer, Alois, *Happiness and Economics – How the Economy and Institutions Affect Human Well-Being*, Princeton 2002.

Goethe, Johann Wolfgang von, »Wilhelm Meisters Lehrjahre«, in: ders., *Werke*, Band VII, Hamburg, 1968.

Houthakker, Hendrik S., »Revealed Preference and the Utiltiy Function«, in: *Economica*, 17 (1950), S. 159–174.

Samuelson, Paul A., »A Note on the Pure Theory of Consumers' Behaviour«, in: *Economica*, 5 (1938), S. 61–71 und 353–354.

Schluchter, Wolfgang, *Die Entstehung des modernen Rationalismus. Eine Analyse von Max Webers Entwicklungsgeschichte des Okzidents*, Frankfurt am Main 1998.

von Weizsäcker, Carl Christian, »Zeit und Geld«, *unveröffentlichtes Manuskript*, 1985.

von Weizsäcker, Carl Christian, »The Welfare Economics of Adaptive Preferences«, *Preprints of the Max Planck Institute for Research on collective Goods*, 11 (2005). Abrufbar über http://www.coll.mpg.de/pdf_dat/2005_11online.pdf, Abrufdatum: 01.04.2011.

von Weizsäcker, Carl Christian, »Cost-Benefit Analysis with Adaptive Preferences«, *Max Planck Institute for Research on collective Goods Discussion Paper*, 2010, abrufbar unter http://www.coll.mpg.de/download/Weizsaecker/Adaptive%20Preferences.pdf, Abrufdatum: 01.04.2011.

Stigler, George J./Becker, Gary, »De Gustibus Non Est Disputandum«, *American Economic Review*, 67 (1977), S. 76-90.

Thaler, Richard H./Sunstein, Cass R., *Nudge – Improving Decisions about Health, Wealth, and Happiness, Revised and Expanded Edition*, London 2009.

Weber, Max, »Die Grenznutzlehre und das ›psychophysische Grundgesetz‹«, in: *Archiv für Sozialwissenschaft und Sozialpolitik*, 27. Bd.,Tübingen 1908, S. 376-402. Auch enthalten in: Weber, Max, *Gesammelte Aufsätze zur Wissenschaftslehre*, Stuttgart 1988.

# V. Diskussionsbeiträge

# Zum Neueren Methodenstreit – Rückblick und Ausblick[1]

*Rüdiger Bachmann*

## Rückblick

Im Frühjahr 2009: Die deutsche VWL ist in Aufruhr. Alte Ordinarien und Jungspunt-Ökonomen liefern sich – vornehmlich über die Presse und später auch auf zahlreichen Podiumsdiskussionen – verbale Gefechte, die die sonst eher etwas behäbige deutsche Nationalökonomik wohl so schon lange nicht mehr erlebt hat. Thomas Fricke von der *Financial Times Deutschland* bezeichnete das Ganze gar als »Dschungelcamp«.[2] Etwas seriöser wird diese Diskussion seither oft unter dem Label »Neuerer Methodenstreit« zusammengefasst und damit – ob gerechtfertigt oder nicht – in eine Liga mit den Methodenstreiten Schmoller versus Menger/Weber und Adorno versus Popper gehoben. Dessen Auslöser war ein eigentlich völlig gewöhnlicher Vorgang – die Neubesetzung von VWL-Lehrstühlen an der Kölner wirtschafts- und sozialwissenschaftlichen Fakultät. Dieser wurde untermalt von einer ungewöhnlichen Begleitmusik: Die einstigen ordnungspolitischen Lehrstuhlinhaber mochten die Neuberufenen (völlige Offenheit: der Verfasser war einer davon) offenbar nicht. Von politisch desinteressierten Karrieristen war da gar die Rede. Dieser Streit wurde dann genüsslich von der einschlägigen Presse ausgeschlachtet.

Die nächste Runde wurde dann eingeleitet durch einen von Renate Ohr und Roland Vaubel initiierten Aufruf von 83 VWL-Professoren in der FAZ,

---

1 Dieser Essay kombiniert zwei Teile: Meinen in der Ökonomenstimme erschienen Text »Zum Neueren Methodenstreit – Ein Rückblick« in leicht geänderter Fassung und ein paar Bemerkungen zur aktuellen Kritik an sogenannten *Dynamic Stochastic General Equilibrium* (DSGE) Modellen.

2 Thomas Fricke, »Volkswirte im Dschungelcamp«.

der beklagt, dass »immer mehr Ökonomen die Realitätsnähe ihrer Analysen dem Ziel formal-logischer Stringenz« opferten. Dies wiederum führte dann dazu, dass 188 meist jüngere Ökonomen – viele davon aus dem Ausland – ein Gegenmanifest im Handelsblatt veröffentlichen: »Baut die deutsche VWL nach internationalen Standards um!«, hieß es da.[3] Danach folgten noch einige weitere Geplänkel, im Großen und Ganzen ging der deutsche Methodenstreit dann aber in einer einerseits engeren – Kritik an der Makroökonomik im Zuge der Finanzkrise – und andererseits breiteren – weil internationalere – Debatte auf.

Hat es sich gelohnt? War dieser Streit fruchtbar? Oder bloß ein albernes Junglecamp-Gezänk? Oder gar zynischer, der Kampf um Positionen und Töpfe? Viele haben damals argumentiert, dass Ökonomen angesichts der Finanzkrise besseres zu tun haben sollten als Methodenstreite zu führen. Andere haben strategisch argumentiert, dass man der Öffentlichkeit gerade in Krisenzeiten auch des Faches wegen kein zerstrittenes Bild darbieten dürfe. Und schließlich gab es einige Zyniker, die das »Problem« der Ordnungspolitik schlicht für ein demographisches hielten. Ich meine, der Methodenstreit war wichtig und richtig, und insofern hatte der »Kölner Emeriti-Aufstand« doch sein Gutes. Wissenschaft ist per Definition ein methodisches Unterfangen und bedarf deshalb auch der methodischen Reflexion. Und manchmal ist die Zeit einfach reif dafür, Finanzkrise hin oder her. Die Wissenschaften folgen da einfach einer eigenen, inneren Logik. Ich habe jedenfalls Einiges dabei gelernt:

– Vielleicht gibt es tatsächlich die Gefahr, dass die Wirtschaftspolitik an deutschen VWL-Fakultäten vernachlässigt wird. In den USA besteht diese Gefahr schon deshalb nicht, weil es eben neben den traditionellen *Economics Departments* auch *Public Policy Schools* und *Business Schools* gibt. Diese sind oft eng mit den ersteren vernetzt, sowohl personell als auch institutionell. In Deutschland gibt es das leider nicht. Auch verschwindet in den USA die Finanzwissenschaft nicht aus den Fakultäten, wie Hans-Werner Sinn fürchtet.[4] Das Gegenteil ist der Fall. Nur: Wirtschaftspolitik als akademisches Fach darf keine bloße Eucken-Exegese sein oder gar eine schlecht versteckte konservative Wirtschaftsideologie, sie muss sich vielmehr der besten empirischen Methoden, der besten Theorien und, hier ist Hans-Werner Sinn zuzustimmen, der besten Insti-

---

3 Die Aufrufe sind in diesem Band abgedruckt, siehe S. 275ff.
4 Hans Werner Sinn, »Der richtige Dreiklang der VWL«.

tutionenkenntnisse bedienen. Gerade bei letzteren bringt aber Internationalisierung erst die Variation, die es erlaubt, Kausalitätsaussagen von Institutionen auf ökonomische Ergebnisse zu treffen. Und am Allerwichtigsten: Wirtschaftspolitisch ausgerichtete Lehrstuhlinhaber müssen die grundlegende Sprache aller Ökonomen, das formale, mathematische Handwerkszeug, das man heute in den ersten zwei Jahren eines halbwegs vernünftigen VWL-Graduiertenprogramms erlernt, ebenso beherrschen. Nur so werden sie in der Lage sein, die neuesten theoretischen und methodischen Erkenntnisse für die Wirtschaftspolitik nutzbar zu machen.

– Die sogenannten jüngeren Ordos (allen voran Nils Goldschmidt und Joachim Zweynert) haben meiner Meinung nach einige sehr beachtenswerte Argumente vorgebracht.[5] Natürlich ist es notwendig, die außerwirtschaftlichen Bedingungen des Wirtschaftens, kulturelle Gegebenheiten und Rechtsinstitute in die wirtschaftliche Analyse mit einfließen zu lassen. Gleiches gilt für die Wirtschaftsgeschichte, die ich für noch wichtiger als Dogmengeschichte halte. Wer wollte das gerade im Nachfeld der Finanzkrise bestreiten? Aber diese Ideen sind doch in der sogenannten Neueren Institutionenökonomik erfolgreich und fruchtbar aufgegriffen worden. Und: der Einfluss dieser außerwirtschaftlichen Faktoren muss doch auch messbar und mit empirischen Methoden nachweisbar sein, will das ganze nicht reine Spekulation bleiben. Und noch eine Idee aus den USA: An den meisten *Law Schools* gibt es hier ausgebildete Ökonomen, die sich mit rechtlichen Fragen der Wirtschaft und wirtschaftlichen Fragen des Rechts beschäftigen. Schließlich – wer so sehr auf die extrasystemischen Zusammenhänge pocht, der sollte doch gerade die Makroökonomik als die Disziplin, die ihrem Wesen nach die intrasystemischen Zusammenhänge modelliert, hoch schätzen und nicht deren Ausbau in Deutschland, wo sie im internationalen Vergleich immer noch unterrepräsentiert ist, beklagen.

– Ich verstehe die Klage vom Vorsitzenden der Monopolkommission, Justus Haucap, vielleicht etwas besser, dass es schwierig sei, in Deutschland gute empirische Industrieökonomen zu finden, die sich mit deutschen Fragen beschäftigen, die deutsche Markt- und Institutionenkenntnis haben und somit die deutsche Wettbewerbspolitik empirisch untermauern

5 Nils Goldschmidt, Gerhard Wegner, Michael Wohlgemuth und Joachim Zweynert, »Was ist und was kann Ordnungsökonomik«.

können.[6] Die übermäßige Ausrichtung auf internationale Publikationen mag da in der Tat nicht hilfreich sein. Es gibt unbestreitbar oft Schwierigkeiten, nichtamerikanische Themen in internationalen Zeitschriften zu plazieren. Aber den Schluß, der darauf hinausläuft, die deutsche VWL solle auf Grundlagen- und Methodenausrichtung verzichten, den kann ich nicht nachvollziehen. Wäre es nicht besser, wenn die deutsche Wettbewerbspolitik mit den besten Modellen und den besten empirischen Methoden, die weltweit auf dem Markt sind, beraten würde als mit zweit- oder drittklassigen? Wegen der notwendigen Spezialisierungen, die die moderne Wirtschaftswissenschaft benötigt, wird das kaum in personeller Einheit zu leisten sein. Es muss allerdings in institutioneller Einheit realisiert werden, was wiederum bestimmte institutionelle Voraussetzungen an den Fakultäten erfordert.

– Der Diskurs der akademischen Ökonomen mit den Wirtschaftsjournalisten muss besser werden. Ordnungspolitiker nehmen sich oft Wirtschaftsthemen gut und griffig in Zeitungen an, aber die empirisch-mathematischen Ökonomen können oder wollen das scheinbar nicht. Und auch hier kann die USA als Beispiel dienen: Hier gehört es zum guten Ton, dass die Arrivierten wie Mankiw, Krugman, DeLong, Becker, Feldstein und andere einen Blog oder eine Kolumne haben, wo sie sich regelmäßig zu wirtschaftspolitischen Themen äußern.

Alles in allem sollten sich vernünftige Ökonomen doch auf einen Konsens verständigen können, der sich mit folgenden Punkten zusammenfassen lässt: 1. Die begonnene Internationalisierung muss weitergehen, deutsche Sonderwege sind zu vermeiden, denn Deutschland ist schlicht zu klein dafür, sich wie ein kleines gallisches Dorf aufzuführen. Deutschland muss wesentlich attraktiver werden für internationale Spitzenökonomen. 2. Internationalisierung bedeutet aber auch internationale Institutionenkenntnis und mehr personellen Austausch auf allen Ebenen, vom Diplomanden bis zum Ordinarius. 3. Eine anfänglich gleichgerichtete, auf Methoden fokussierte Doktorandenausbildung ist notwendig, damit alle Ökonomen, auch der Institutionalist, eine Sprache sprechen, und so fruchtbarer Austausch zwischen arbeitsteiligen Spezialisten erst möglich wird. 4. Deutschlandspezifische Forschungen sind nicht zu bestrafen, aber auch an sie muss der höchste methodische Standard angelegt werden. Hier wäre es gut, wenn an

---

6 Justus Haucap, »Methodenstreit in der Ökonomie: Was kann die Volkswirtschaftslehre für die Gesellschaft leisten?«.

Fakultäten die notwendige Expertise vorhanden wäre, um Papiere und Lebensläufe genau zu lesen, statt sich bei Berufungen sklavisch der Handelsblattliste auszuliefern. 5. Ökonomen als Gruppe haben eine besondere Verpflichtung, ihre Forschungsergebnisse auch an eine breitere Öffentlichkeit zu kommunizieren.

Und noch ein letztes Wort zu Professor Vaubel, der in diesem Band noch einmal seine Sicht der Dinge zusammenfasst und der nolens volens zum öffentlichen Sprecher der ordnungspolitischen Seite wurde, obwohl man ihm gewiss kein Unrecht tut, wenn man feststellt, dass er kein ordnungspolitischer Ökonom im engeren Sinne ist. Ich fand es immer etwas seltsam, dass die eigentlichen Hardliner sich nie selbst in die öffentliche Arena gewagt haben. Der Dissenz zwischen ihm und mir ist im wesentlichen ein institutionell-struktureller. Er glaubt, dass es zur Bewahrung wirtschaftspolitischer Forschung eigener Lehrstühle für Wirtschaftspolitik bedarf. Wenn ich mir auch in Deutschland so etwas wie *Public Policy Schools* wünschen würde, bestreite ich diese These jedoch, schon deshalb weil an erfolgreichen deutschen VWL-Fakultäten schon heute ein Departmentsystem vorherrscht oder gerade eingeführt wird und in Ländern mit Departmentsystem die Wirtschaftspolitik von nahezu allen Fachrichtungen abgedeckt werden muss und auch wird.

## Ausblick – Zur aktuellen Kritik an DSGE Modellen in der Makroökonomik

Zunächst einmal ist es hilfreich, sich klar zu machen, was das Akronym DSGE überhaupt bedeutet. *Dynamic*, also dynamisch, bedeutet doch nur, dass in der Modellierung die Intertemporalität ökonomischer Entscheidungen ausdrücklich abgebildet wird. Wer wollte ernsthaft bestreiten, dass viele ökonomische Entscheidungen wesentlich eine intertemporale Dimension haben, also in der und über die Zeit getroffen werden, vor allem auch zukunftszugewandt? Ich halte die Thematisierung von Intertemporalität für einen wesentlichen Fortschritt in der modernen Makroökonomik. Man kann natürlich wie manche sogenannten Heterodoxien bestreiten, dass das Entscheidungsparadigma überhaupt ein Bestandteil ökonomischen Modellierens sein sollte, aber das ist ein anderes Feld. *Stochastic*, also in Unsicherheit – auch das scheint mir ein wesentliches Merkmal der meisten ökonomischen Entscheidungssituationen zu sein, wenngleich vielleicht eher unter radikaler Unsicherheit und nicht wie im gegenwärtigen Standardmodell unter Risiko mit bekannten Wahrscheinlichkeiten. Zur Zeit gibt es Forschungsprogramme, die genau die Implikationen von radikaler Unsicherheit für die Makroökonomik ausleuchten und es kann durchaus sein, dass man diese Art der Modellierung in Zukunft häufiger sehen wird. Das ist aber im DSGE Rahmen ohne weiteres möglich. *General Equilibrium*, also allgemeines Gleichgewicht – da kaprizieren sich die Kritiker zu sehr auf den Begriff des Gleichgewichts. Für mich liegt die Betonung hier mehr auf dem *allgemein*, das ein Wesensmerkmal von Makroökonomik ausdrückt – nämlich die fundamentale Interdepenz der Teilmärkte einer Ökonomie und der angrenzenden Systeme, etwa der Politik, in den Blickpunkt zu stellen. Aber selbst beim Gleichgewichtsbegriff ist zu differenzieren – viele heute verwendeten DSGE Modelle nehmen zum Beispiel gerade nicht ein Gleichgewicht auf dem Arbeitsmarkt an.

Schließlich bedeutet DSGE gewissermaßen implizit – und das ist nicht im Begriff selber enthalten – Mikrofundierung. Das heißt, das makroökonomische Modell wird von Entscheidungen einzelner ökonomischer Agenten her und den Rahmenbedingungen, unter denen diese Entscheidungen getroffen werden, aufgebaut: Präferenzen, Erwartungen, Technologien, Restriktionen, Kontrakte, Eigentumsverhältnisse sowie Tausch- und Marktbeziehungen. DSGE bezeichnet also eher eine Modellierungsphilosophie als konkrete Modelle. Und diese Philosophie fordert einfach nur, dass der Modellierer bestimmte Modellelemente explizit zu spezifizieren, und dabei logisch konsistent vorzugehen hat. Resourcen können nicht einfach verschwinden oder auftauchen, die Nichtnutzung von Profitgelegenheiten ist genau zu erklären. Ich wage die Prognose, dass diese allgemeine Modellierungsphilosophie auch noch in zehn oder zwanzig Jahren das makroökonomische Forschen bestimmen wird.

Interessanterweise sind ja viele DSGE Elemente, wenn auch in unterschiedlichen Kombinationen und Schwerpunkten, auch in den sogenannten Heterodoxien vorhanden. Das Denken von mikroökonomischen Entscheidungen her findet sich etwa auch bei den Östereichern und in der Praxeologie als deren zugespitzter Ausdruck. Die Betonung von Dynamik gibt es auch in der evolutorischen Ökonomik oder der Ökonophysik. Agentenbasierte Ansätze behaupten, dass DSGE nicht genug mikrofundiert, was übrigens Teile der Ökonophysik genau anders herum sehen.

Natürlich wird der DSGE-Begriff und die Kritik daran oft enger gefasst und auf die heute in den meisten Zentralbanken verwendeten neokeynesianischen, log-linearisierten Modelle mit vielen Schocks und vielen Friktionen gemünzt. Es mag die externen Kritiker dieser Art von DSGE vielleicht überraschen, aber diese Modelle sind innerhalb des sogenannten Mainstreams mindestens genauso umstritten wie an dessen Rändern und außerhalb. Man muss sich nur einmal in ein makroökonomisches Forschungsseminar an einer guten Uni oder auf einer der führenden Konferenzen begeben, um zu erleben wie kritisch Makroökonomen miteinander umgehen im Allgemeinen, aber im Besonderen mit diesen Modellen. Ich vermute, dass die meisten Ökonomen eine recht pragmatische Einstellung gegenüber dieser speziellen Art von DSGE haben: sie funktionieren leidlich, aber sie sind sicherlich nicht das wissenschaftliche Nonplusultra.

Die Stärken von DSGE als Modellierungsphilosophie sind zwei wesentliche, die sie nach meinem Dafürhalten den sogenannten Heterodoxien überlegen machen (aber ich warte da gerne die Ergebnisse des wissenschaftlichen Wettbewerbs ab): DSGE ist sehr flexibel und offen für Erweiterungen, Präzisierungen und auch fundamentalere Veränderungen. DSGE als Modellierungsphilosophie ist eigentlich nur ein Minimalkonsens, *was* der Modellbauer zu spezifizieren hat, nicht *wie*. Nichts in der DSGE Philosophie schreibt vor, dass alle Märkte immer geräumt sein müssen, aber es schreibt dem Modellbauer vor zu spezifizieren, wie auf einem Markt Preise zustandekommen, unter welchen Bedingungen Transaktionen stattfinden. DSGE Modelle sind sehr offen für Kritik und entsprechen gerade deshalb einem gemischt kritisch-rationalistischen und pragmatistischen Wissenschaftsideal. Und wie gesagt: Makroökonomen sind ein kritischer Menschenschlag, vielleicht mögen sie DSGE auch deshalb so sehr. Im Übrigen zeigt sich die Flexibilität des DSGE Paradigmas auch in seiner sozialphilosophischen und wirtschaftspolitischen Offenheit: Man kann DSGE genauso dafür verwenden, die verrücktesten Staatseingriffe zu rechtfertigen, wie einen eiskalten Nachtwächterstaat. Keynesianer wie Chicago Boys verwenden heute DSGE!

Der zweite Vorteil des DSGE Paradigmas ist, dass es diszipliniert, dass es bestimmte Minimalregeln setzt, was der Modellbauer zu spezifizieren hat und dass er das in logisch konsistenter Weise tut. Diese Regeln sind oft implizit – diese zu explizieren wäre ein interessantes Projekt für einen Wissenschaftstheoretiker –, aber wer selber schon mal ein makroökonomisches Modell gebaut hat, der weiß wovon ich spreche. Es muss am Ende alles sitzen, wie bei einem guten Anzug, und das ist schwieriger als es sich anhört. Es ist dieses Spannungsverhältnis zwischen Flexibilität und Disziplin, das das DSGE Paradigma so unvergleichlich produktiv macht.

Zu diesem Spannungsverhältnis gehört aber auch eine intertemporale Dimension, nämlich das Bewußtsein, dass DSGE Modelle niemals fertig sind, niemals abgeschlossen. Ich vermute, dass dieses Bewußtsein den meisten DSGE Modellierern eigen ist, auch etwas, das den makroökonomischen sogenannten Mainstream von den vielen sogenannten Heterodoxien unterscheidet. Insofern ist der Eindruck von der Makroökonomik als einer hermetisch-verschworenen, quasi-religiösen und monolithischen Gemeinschaft, der jetzt oft von den Außenkritikern vermittelt wird, schlicht falsch. Kritik ist dann unberechtigt, wenn sie auf Unkenntnis oder einer veralteten Kenntnis des Faches beruht. Dass die akademische Makroökonomik längst weiter ist als die Karrikatur eines den in friktionslosen, perfekt kompetitiven Märkten agierenden, voll informierten repräsentativen Agenten anbetenden Vereins nahelegt, erschliesst sich jedem, der auch nur die Abstracts in den führenden Zeitschriften liest und einermaßen regelmäßig auf den einschlägigen Konferenzen erscheint: Anpassungsfriktionen bei jeder nur denkbaren ökonomischen Entscheidungsvariable, Marktunvollkommenheiten, Heterogeneitäten, Informationsprobleme, etc., all das sind Themen, mit denen viele Makroökonomen in den letzten Jahren Tenure bekommen haben.

Kritik ist sicherlich berechtigt: Erstens daran, dass diese Vielfalt in der Makroökonomik vielleicht nicht genügend nach außen kommuniziert worden und auch nicht so stark in die Politikberatung miteingeflossen ist. Das mag daran liegen, dass diese Ansätze noch relativ neu sind und vielleicht noch kein Konsens darüber gefunden wurde, welche dieser »neuen« Aspekte in welchem Maß politikrelevant sind, was nur dafür spricht, makroökonomische Forschung auszubauen statt sie, wie zumindest in Deutschland, einzumotten. Zweitens, ganz konkret, wird sich die Makroökonomik in Zukunft stärker mit Finanzfragen und auch wieder mit Fiskalpolitik auseinandersetzen müssen, die sie möglicherweise in der Vergangenheit vernachlässigt hat. Ein anderes Feld, das sicherlich in Zukunft eine größere Rolle spielen wird, ist die Frage der tatsächlichen Erwartungsbildung bei ökonomischen Agenten, die wir uns wahrscheinlich mit Hilfe von Experimenten und Surveydaten besser erschließen werden. Auch hier schreibt das DSGE Paradigma nicht vor, dass Erwartungen rational zu sein haben, sondern nur, dass der DSGE Modellierer Erwartungen zu modellieren hat. Rationale Erwartungen werden sicherlich immer ein wichtiges Benchmark bleiben. Aber die Annahme rationaler Erwartungen gekoppelt mit vollständiger und symmetrischer Information und unbeschränkter Rechen- und Informationsverarbeitungskapazität wird wohl an Bedeutung verlieren. Mit anderen Worten, es werden Aspekte wie Informationsverteilungen in der Wirtschaft eine größere Rolle spielen.

Ich prophezeie, dass trotz aller gegenwärtigen Kritik DSGE als Modellierungsparadigma überleben und gestärkt aus der Krise hervorgehen wird, gerade weil es die Herausforderungen durch seine Offenheit am schnellsten anpacken und lösen helfen wird. DSGE können eigentlich nur zwei Dinge stoppen bzw. begrenzen: zu wenig Daten, vor allem (vertrauliche und dennoch zugängliche) Mikrodaten über alle möglichen ökonomischen Agenten, Haushalten, Firmen, Banken, Quasi-Banken, etc., von denen wir wesentlich mehr brauchen, und das über lange Zeiträume hinweg. Nur mit solchen Daten kann doch eine ausdifferenzierte Mikrofundierung überhaupt erst empirisch untermauert werden, so dass diese nicht im Phantasialand lebt. Zum zweiten: mangelnde Rechnerkapazität. Hier ist die Wissenschaftspolitik gefragt.

## Literatur

Fricke, Thomas, »Volkswirte im Dschungelcamp«, Kolumne in: *Financial Times Deutschland*, 18.06.2009, URL: http://www.ftd.de/meinung/leitartikel/:kolumne-fricke-volkswirte-im-dschungelcamp/529013.html.

Goldschmidt, Nils/Wegner, Gerhard/Wohlgemuth, Michael/Zweynert, Joachim, »Was ist uns was kann Ordnungsökonomik«, in: *Frankfurter Allgemeine Zeitung*, 19.06.2009, URL: http://www.fazfinance.net/Aktuell/Wirtschaft-und-Konjunktur/Was-ist-und-was-kann-Ordnungsoekonomik-5093.html.

Haucap, Justus, »Methodenstreit in der Ökonomie: Was kann die Volkswirtschaftslehre für die Gesellschaft leisten?«, in: *CARTA*, 22.06.2009, URL: http://carta.info/10511/methodenstreit-in-der-oekonomie-was-kann-die-volkswirtschaftslehre-fuer-die-gesellschaft-leisten/.

Sinn, Hans Werner, »Der richtige Dreiklang der VWL«, in: *Frankfurter Allgemeine Zeitung*, 22.06.2009, URL: http://www.faz.net/s/RubB8DFB31915A443D98590B0D538FC0BEC/Doc~ECAA9E11E0B134CC7B8C2665284A52367~ATpl~Ecommon~Sspezial.html.

# Rettet die Volkswirtschaftslehre an den Universitäten: Zum Aufruf der 83 VWL-Professoren

*Roland Vaubel*

> »Economists exert a minor and scarcely detectable influence on the societies in which they live«
> *George Stigler, 1982, S. 2*

> »The average article in economic journals these days has very little prospect of contributing to the well-being of the world«
> *Gordon Tullock, 1984, S. 229*

> »Modern economics is sick; economics has increasingly become an intellectual game played for its own sake and not for its practical consequences«
> *Mark Blaug, 1997, S. 2*

> »For over 50 years …, economics has been in the grip of a disease that I call ›formalism‹ by which I mean giving absolute priority to the form of economic theories rather than their content … Economics as a discipline has become increasingly directed towards solving intellectual puzzles that economists themselves invented instead of addressing problems encountered in the real world«
> *Mark Blaug, 2002, S. 34f.*

Nach meinem Verständnis enthält der Aufruf vier zentrale Hypothesen, die auseinander gehalten werden sollten.

### Hypothese I:

Die Bürger finanzieren die volkswirtschaftliche Forschung und Lehre, weil sie sich davon wissenschaftliche Erkenntnisse darüber erhoffen, wie die Wirtschaftsordnung und der Einsatz der wirtschaftspolitischen Instrumente bestmöglich gestaltet werden kann.

*Kommentar:* Diese Hypothese betrifft den Forschungsgegenstand, nicht die Methode. Die Kontroverse ist nicht primär ein »Methodenstreit«, sondern ein Streit um den Forschungsgegenstand, der im Vordergrund stehen sollte.

*Hypothese II:*

Wirtschaftspolitische Fehler beruhen in der Regel nicht auf logischen Fehlern, sondern darauf, dass die Entscheidungsträger die Wirkungen ihrer Instrumente falsch einschätzen oder dass von den wirtschaftspolitischen Institutionen falsche Anreize ausgehen.

*Kommentar:* Diese Hypothese enthält zwar eine Aussage zur Methode der wirtschaftspolitischen Analyse, sie ist aber für unsere Schlussfolgerung (Hypothese 4) nicht notwendig.

*Hypothese III:*

Die Anreize der Wirtschaftswissenschaftler an den Universitäten sind verzerrt. Kunstvolle logische Ableitungen mit ihren sicheren Ergebnissen sind für viele von ihnen attraktiver, als in mühsamer Kleinarbeit empirische Kausalhypothesen zu überprüfen oder die Rechtfertigung kontroverser wirtschaftspolitischer Ziele zu analysieren. Es besteht daher ein Principal-Agent-Problem.

*Kommentar:* Die Ursachen der Anreizverzerrung sind aus der ökonomischen Theorie der Bürokratie bekannt.[1] Da Staatsbedienstete – anders als die Akteure am Markt – nur geringe Möglichkeiten haben, ihre Einkommen durch eigene Anstrengungen zu erhöhen, legen sie entsprechend mehr Gewicht auf andere Ziele wie Ansehen, Muße und Sicherheit. An den Universitäten kommt hinzu, dass die Professoren ein für Staatsbedienstete ungewöhnliches Maß an Unabhängigkeit genießen.[2] Sie sind daher versucht, sich eher ihrer intellektuellen Eitelkeit hinzugeben, als für die Wirtschaftspolitik brauchbare Ergebnisse zu produzieren. Logische Kunststücke werden wegen ihrer technischen Schwierigkeit bewundert, und sie bieten Sicherheit: Die Ergeb-

---

1 Vgl. z.B. Niskanen, *An Economic Theory of Bureaucracy.*
2 Das gilt genauso für Professoren an privaten Stiftungsuniversitäten, wie sie in den USA weit verbreitet sind.

nisse folgen eindeutig und zwangsläufig aus den selbst gewählten Annahmen
– sie sind ja bereits darin enthalten.

*Hypothese IV:*

Die Abschaffung der wirtschaftspolitischen und finanzwissenschaftlichen
Lehrstühle hat zur Folge, dass sich die Wirtschaftswissenschaftler an den
Universitäten noch weniger mit empirischen und insbesondere mit wirt-
schaftspolitischen Fragen beschäftigen.

*Kommentar:* Wir gehen davon aus, dass die Widmung des Lehrstuhls und
der Inhalt der Berufungsvereinbarung Einfluss auf den Gegenstand der Lehre und Forschung des Berufenen haben – auch wenn dieser Einfluss begrenzt
sein mag.

*Missverständnisse:*

Leider hat der Aufruf zu erstaunlichen Missverständnissen geführt, obwohl
wir glauben, uns klar ausgedrückt zu haben.

1.  Wir beziehen uns nicht auf die Ordnungspolitik. Der Begriff »Ordnungs-
    politik« kommt in dem Aufruf nicht vor. Es geht uns um die gesamte
    Lehre von der Wirtschaftspolitik. Die Ordnungspolitik ist nur ein klei-
    ner, wenn auch wichtiger Teil der Wirtschaftspolitik. Die Ordnungspoli-
    tik ist auch keine deutsche Marotte. Im Ausland wird sie unter dem Titel
    »comparative economic systems« abgehandelt.

2.  Unter »Wirtschaftspolitik« verstehen wir nicht nur – und auch nicht in
    erster Linie – »allgemeine Wirtschaftspolitik«. Es ist selbstverständlich,
    dass sich ein Professor für Wirtschaftspolitik auf einzelne Bereiche der
    Wirtschaftspolitik spezialisiert.

3.  Es geht nicht um die Nützlichkeit der Mathematik. Das Wort Mathema-
    tik kommt in dem Aufruf nicht vor. Die Mathematik spielt in der empi-
    rischen wirtschaftspolitischen Forschung als Ökonometrie eine äußerst
    wichtige Rolle. Wir sind auch nicht gegen »die Wirtschaftstheorie«. Wir
    wenden uns gegen eine Wirtschaftstheorie, die sich in logischen Übun-
    gen erschöpft.

4. Wir sind nicht gegen das Wertfreiheitspostulat. Wir wollen Wertungen nicht als Hypotheseninhalt, sondern als Untersuchungsgegenstand.

5. Der Aufruf bezog sich nicht speziell auf die Umwidmung der wirtschafts-politischen Lehrstühle an der Universität Köln. Die Universität Köln wird in dem Aufruf nicht erwähnt. Es geht auch nicht darum, dass die Kölner Lehrstühle für Wirtschaftspolitik der Makroökonomik zugeschla-gen wurden. Wir haben nichts gegen die Makroökonomik. Ich selbst unterrichte Geldpolitik und International Financial Policy und damit auch monetäre Makroökonomik. Wirtschafts- und finanzwissenschaftli-che Lehrstühle sind schon vorher an verschiedenen deutschen Universi-täten umgewidmet worden. Wir wenden uns gegen diese weit verbreitete Tendenz. Die Vorgänge an der Universität Köln haben das Fass nur zum Überlaufen gebracht.

6. Es geht nicht um die Internationalisierung der Volkswirtschaftslehre. Viele deutsche Institutionenökonomen – und gerade die Jüngeren – sind auf internationalen Konferenzen und in den internationalen Zeitschrif-ten voll präsent. Die Tatsache, dass Lehrstühle für Wirtschaftspolitik im Ausland – besonders in den USA – eher eine Seltenheit sind, ist kein hinreichender Grund, sie auch in Deutschland abzuschaffen. Fragen der Wirtschaftspolitik haben an amerikanischen Universitäten einen erschre-ckend geringen Stellenwert. Ich weiß es aus eigener Erfahrung – ich habe dort studiert und gelehrt. Die Zitate am Anfang dieses Aufsatzes zeigen, dass mein Eindruck von anderen Ökonomen – auch Amerikanern – ge-teilt wird. Es ist ein Irrtum zu glauben, dass in Amerika alles besser ist. Die Betonung des Forschungsgegenstandes Wirtschaftspolitik ist eine deutsche Errungenschaft, die nicht aufgegeben werden sollte.

7. Wir sind nicht gegen die Integration von Theorie und Politik. Wer wirt-schaftspolitisch forscht und lehrt, hat einen starken und meist hinrei-chenden Anreiz, auch seine Kenntnisse der theoretischen Grundlagen zu demonstrieren und logische Fehler zu vermeiden. Es gibt jedoch viel zu viele Ökonomen, die sich nur mit abstrakter Theorie beschäftigen. Man-che dieser Lehrstühle könnten umgewidmet werden.

8. Wir sind keine Protektionisten, die das Fach Wirtschaftspolitik vor Wett-bewerb schützen wollen. Wir wollen einer Verzerrung der Anreize entge-gen wirken, d.h. die Wissenschaftler dazu bringen, den Auftrag ernst zu

nehmen, den sie von den Bürgern erhalten haben. Es geht um ein Principal-Agent-Problem.

Die spätere Gegenerklärung, deren Unterzeichnerkreis erstaunlicherweise ganz anders abgegrenzt ist (was schon für sich genommen irreführend ist), liest in unseren Aufruf Dinge hinein, die dort nicht stehen. Anstatt aufzuklären, wird wider besseres Wissen Verwirrung gestiftet, und Vorurteile werden wieder belebt. Ein gravierender Dissens besteht jedoch tatsächlich: ob es richtig ist, die Lehrstühle für Wirtschaftspolitik (und Finanzwissenschaft) abzuschaffen.

Nicht die Abwendung von der wirtschaftspolitischen Forschung und Lehre, sondern ihre Modernisierung erscheint notwendig: bessere Kenntnisse der ökonometrischen Methoden und eine stärkere Berücksichtigung der modernen Institutionenökonomik. Diese Entwicklung ist bereits in vollem Gange.

## Literatur

Blaug, Mark, »Competition as an End-State and Competition as a Process«, in: Eaton, Curtis B./Harris, Richard G. (Hg.), *Trade, Technology and Economics: Essays in Honour of Richard G. Lipsey*, Cheltenham 1997.

Blaug, Mark »Is there really progress in economics?«, in: Boehm, Stephan et al. (Hg.), *Is there progress in economics? Knowledge, truth and the history of economic thought*, Cheltenham 2002.

Niskanen, William A., *An Economic Theory of Bureaucracy*, Chicago 1980.

Stigler, George, *The Economist as Preacher and Other Essays*, Chicago 1982.

Tullock, Gordon, »How to do well while doing good«, in: Colander, David (Hg.), *Neoclassical Political Economy*, Boston 1984.

Anhang

# Rettet die Wirtschaftspolitik an den Universitäten!

83 Professoren der Volkswirtschaftslehre verfolgen mit Sorge die zunehmenden Bestrebungen, die Lehre von der Wirtschaftspolitik an den Universitäten zurückzudrängen. Ein Aufruf.

05. Mai 2009

Mit Sorge verfolgen wir, 83 Professoren der Volkswirtschaftslehre, die zunehmenden Bestrebungen, die Lehre von der Wirtschaftspolitik an den Universitäten zurückzudrängen. Professuren für Wirtschaftspolitik sollen zweckentfremdet oder umgewidmet werden, und betriebswirtschaftliche Bachelor-Studiengänge sehen wirtschaftspolitische Lehrveranstaltungen nicht mehr vor.

Die Lehre von der Wirtschaftspolitik behandelt normativ und positiv bedeutsame Fragestellungen: Woran sollten sich die wirtschaftspolitischen Ziele (zum Beispiel in Hinblick auf Staatsanteil, öffentliche Finanzen, Verteilung, Stabilität und Ähnliches) orientieren? Welche wirtschaftspolitischen Institutionen und welche wirtschaftspolitischen Instrumente sind geeignet, bestimmte wirtschaftspolitische Ziele zu erreichen? Wie kann politökonomisch erklärt werden, weshalb wirtschaftspolitische Institutionen versagen können? Wodurch können Veränderungen in den wirtschaftspolitischen Zielen und in der Effizienz wirtschaftspolitischer Instrumente erklärt werden? Die systematische Analyse solcher wirtschaftspolitischer Fragestellungen ist ohne normative Grundlagen nicht möglich.

In der volkswirtschaftlichen Theorie herrscht die Tendenz vor, aus jeweils gewählten Annahmen logische Schlussfolgerungen abzuleiten. Das jeweilige Ergebnis ist bereits vollständig in den Annahmen enthalten. Diese Methodik garantiert formale Rigorosität, ist aber für die Analyse realweltlicher Wirtschaftspolitik wenig geeignet. Eine gute wissenschaftliche Analyse der Wirtschaftspolitik fußt immer auf solider Wirtschaftstheorie. Aber sie geht darüber hinaus, indem sie untersucht, inwieweit die theoretisch abgeleiteten Schlussfolgerungen in der Realität anwendbar und umsetzbar sind. Dazu ist unter anderem eine Kenntnis der realen Institutionen und ihrer (Anreiz-) Wirkungen notwendig. Nur hiermit können letztlich wissenschaftlich fundierte Empfehlungen an die wirtschaftspolitischen Entscheidungsträger abgeleitet werden.

Zu einem Versagen in der realen Wirtschaftspolitik kommt es in der Regel nicht deshalb, weil den Entscheidungsträgern logische Fehler unterlaufen, sondern weil sie die Wirkungen ihrer Instrumente falsch eingeschätzt haben oder weil von den wirtschaftspolitischen Institutionen falsche Anreize ausgehen oder weil Verhaltensweisen bei den Wirtschaftssubjekten vorherrschen, die mit der reinen Theorie nicht übereinstimmen. Über diese Zusammenhänge zu informieren ist Aufgabe der Lehre von der Wirtschaftspolitik. Kunstfertigkeit in der Ableitung logischer Schlussfolgerungen ist manchmal nur von begrenztem Nutzen, wenn es darum geht, Realität zu verstehen und zu beurteilen.

Auch in anderen Ländern opfern immer mehr Ökonomen die Realitätsnähe ihrer Analysen dem Ziel formal-logischer Stringenz, und auch dort wird diese Tendenz in der Öffentlichkeit lebhaft beklagt. Die Vereinigten Staaten sind keine Ausnahme. Die Ökonomen ziehen sich aus der Wirklichkeit zurück, weil die Karriereanreize in ihrem Fach verzerrt sind. Die vorherrschende Ausrichtung der universitären Forschung und Lehre bietet kaum einen Anreiz für Nachwuchswissenschaftler, sich mit wirtschaftspolitischen Fragen zu beschäftigen. Denn die Ergebnisse der wirtschaftspolitischen Analyse sind häufig kontrovers und – da sie empirischer Natur sind – nie mit letzter Gewissheit beweisbar. Für die Zurschaustellung logischer Virtuosität bleibt wenig Raum.

Da somit die Anreize nicht stimmen, vernachlässigt das Fach Volkswirtschaftslehre zunehmend den Beitrag, den es zur Lösung praktischer wirtschaftspolitischer Probleme leisten könnte – und sollte! Aber die Wissenschaft hat eine gesellschaftliche Verantwortung. Sie ist gehalten, anwendbare Ergebnisse zu produzieren. Professuren für Wirtschaftspolitik müssen daher unabdingbarer Bestandteil der wirtschaftswissenschaftlichen Forschung und Lehre bleiben.

Die Unterzeichner

Gerd Aberle, Jürgen Backhaus, Hartwig Bartling, Hartmut Berg, Peter Bernholz, Norbert Berthold, Ulrich Blum, Kilian Bizer, Armin Bohnet, Gertrud Buchenrieder, Rolf Caesar, Dieter Cassel, Dietrich Dickertmann, Norbert Eickhof, Gisela Färber, Cay Folkers, Siegfried F. Franke, Bruno S. Frey, Andreas Freytag, Oskar Gans, Herbert Giersch, Heinz Grossekettler, Gerd Habermann, Walter Hamm, Rolf Hasse, Fritz Helmedag, Klaus-Dirk Henke, Rudolf Hickel, Carl-L. Holtfrerich, Stefan Homburg, Klaus Jaeger, Erhard Kantzenbach, Gerhard D. Kleinhenz, Henning Klodt, Rainer Klump, Günter Knieps, Andreas Knorr, Lambert T. Koch, Ulrich Koester, Hans-Günter Krüsselberg, Jörn Kruse, Bernhard Külp, Hans-Otto Lenel, Helga Luckenbach, Chrysostomos Mantzavinos, Joachim Mitschke, Josef Molsberger, Christian Müller, Hans-H. Nachtkamp, Renate Neubäumer, Bernhard Neumärker, Peter Oberender, Renate Ohr, Hans-Georg Petersen, Ingo Pies, Bernd Raffelhüschen, Hermann Ribhegge, Walter Ried, Dirk Sauerland, Wolf Schäfer, André Schmidt, Ingo Schmidt, Michael Schmitz, Gunther Schnabl, Friedrich Schneider, Alfred Schüller, Christian Seidl, Jürgen Siebke, Olaf Sievert, Joachim Starbatty, Ulrich van Suntum, Theresia Theurl, Horst Tomann, Viktor Vanberg, Roland Vaubel, Christian Watrin, Gerhard Wegner, Paul J.J. Welfens, Dirk Wentzel, Rainer Willeke, Hans Willgerodt, Manfred Willms, Artur Woll.

Text: *Frankfurter Allgemeine Zeitung*

# Baut die deutsche VWL nach internationalen Standards um!

Der folgende Aufruf erschien am 8. Juni 2009 im *Handelsblatt*, Ein Aufruf von 188 Professoren und Forschern der Volkswirtschaftslehre: Nicht wettbewerbsfähige Strukturen in den deutschen Ökonomie-Fakultäten nicht zementieren.

Mit Sorge verfolgen wir, 188 Professoren und Forscher der Volkswirtschaftslehre und Wirtschaftswissenschaften, die Bestrebungen einiger unserer Kollegen, für eine Zementierung international nicht wettbewerbsfähiger Strukturen an deutschen VWL-Fakultäten zu argumentieren und den Blick der Öffentlichkeit auf den nützlichen Beitrag unserer Wissenschaft für die Lösung der drängenden Probleme zu verstellen. Dazu wird ein Zerrbild moderner ökonomischer Forschung gezeichnet.In dem am 5. Mai 2009 in der »Frankfurter Allgemeinen Zeitung« erschienenen Aufruf »Rettet die Wirtschaftspolitik an den Universitäten!« wird etwa der Vorwurf erhoben, dass »in der volkswirtschaftlichen Theorie die Tendenz« vorherrsche, »aus jeweils gewählten Annahmen logische Schlussfolgerungen abzuleiten«, die »für die Analyse realweltlicher Wirtschaftspolitik wenig geeignet« seien. Es wird weiter behauptet, dass »auch in anderen Ländern […] immer mehr Ökonomen die Realitätsnähe ihrer Analysen dem Ziel formal-logischer Stringenz« opferten und »sich aus der Wirklichkeit« zurückzögen. Daraus wird der Schluss gezogen, das Fach Volkswirtschaftslehre vernachlässige »zunehmend den Beitrag, den es zur Lösung praktischer wirtschaftspolitischer Probleme leisten könnte«. Deshalb, so der Aufruf, müssten »Professuren für Wirtschaftspolitik […] unabdingbarer Bestandteil der wirtschaftswissenschaftlichen Forschung und Lehre bleiben«.

Mit diesem Aufruf wenden wir uns gegen das so gezeichnete Zerrbild der modernen Ökonomik als reiner Wirtschaftslogik. Mit diesem Aufruf wenden wir uns aber auch gegen die weitere und international nicht übliche

Zementierung der nicht fruchtbaren Trennung an deutschen Fakultäten zwischen »Wirtschaftstheorie« und »Wirtschaftspolitik«.

Stattdessen fordern wir den an internationalen Standards und Strukturen ausgerichteten Aus- und Umbau der volkswirtschaftlichen Fakultäten, um so deutschen Universitäten eine führende Stellung in der internationalen Forschung in voller Breite und mit hoher Qualität zu ermöglichen. Dort, wo dieser Aus- und Umbau bereits begonnen wurde, ist er verstärkt fortzusetzen und sowohl von der Wissenschaftspolitik als auch den Universitätsverwaltungen zu unterstützen.

Eine deutliche Mehrheit der Teilgebiete moderner Volkswirtschaftslehre ist angewandte Wissenschaft, in denen es sowohl um die theoretische als auch die empirische Analyse volkswirtschaftlicher Fragen und deren wirtschaftspolitischen Implikationen geht. Spezialisten der Theorie oder der Ökonometrie sind dabei ebenso willkommen wie Forscher, die beides miteinander kombinieren.

Die Trennlinie liegt hier nicht zwischen Theorie einerseits und Politik andererseits, sondern zwischen den Schwerpunkten der jeweiligen konkreten Themen. Aus diesem Grund haben internationale Spitzenfakultäten etwa drei Viertel ihrer Professuren mit angewandten Fächern wie Mikroökonomik, Makroökonomik, Arbeitsmarktökonomik, Entwicklungsökonomik, Außenwirtschaftsökonomik, Industrieökonomik, der experimentellen Wirtschaftsforschung oder der Finanzwissenschaft besetzt.

Die wissenschaftlich basierte Analyse und Kenntnis der Anreizwirkungen wirtschaftspolitischer Instrumente und Institutionen – wie in dem am 5. Mai veröffentlichten Aufruf gefordert – spielt dabei eine wichtige Rolle.

Der bei weitem größte Anteil der Arbeiten in internationalen Spitzenjournalen wie dem »American Economic Review«, »Econometrica«, dem »Journal of Political Economy«, dem »Quarterly Journal of Economics« oder der »Review of Economic Studies« sind angewandter oder empirischer Natur. Wirtschaftspolitik und die Lehre davon sind dabei konsequent integrierte Bestandteile des wirtschaftswissenschaftlichen Forschungs- und Ausbildungsprogramms. Auf diese Weise werden Einsichten in die Wirtschaftspolitik methodisch, theoretisch und empirisch sauber fundiert, und die Schlussfolgerungen für andere nachprüfbar und nachvollziehbar.

Die wirtschaftspolitische Beratung findet sich in den USA zunehmend wieder in den Händen akademischer Spitzenökonomen, die zuvor bahnbrechende Beiträge in unserer Wissenschaft geleistet haben. Ben Bernanke, Lawrence Summers, Christina Romer oder Olivier Blanchard beispielsweise haben als Wissenschaftler modelltheoretisch-quantitative Untersuchungen zur Wirtschaftspolitik in führenden Journalen veröffentlicht und sind nun zentrale Entscheidungsträger der amerikanischen und internationalen Wirtschaftspolitik.

Vergleichbar führende Vertreter unseres Faches findet man dagegen in der Bundesregierung kaum. Daraus den Schluss zu ziehen, dass die herkömmliche Trennung von Wirtschaftspolitik und Wirtschaftstheorie in Deutschland zu einer Vorreiterrolle bezüglich einer zentralen Rolle der Volkswirtschaftslehre zur Lösung praktischer wirtschaftspolitischer Probleme geführt hat, halten wir für verfehlt.

Die Volkswirtschaftslehre ist eine aktive, sich entwickelnde Wissenschaft. Die gegenwärtige Finanz- und Wirtschaftskrise wirft neue Herausforderungen auf. Aufbauend auf den führenden Einsichten der Wissenschaft sucht die gegenwärtige Forschung nach einem tieferen Verständnis des Zusammenspiels von Finanz-, Banken- und Realsektor und der Auswirkungen entsprechender wirtschaftspolitischer Instrumente, auch um so die praktische Wirtschaftspolitik und die Öffentlichkeit auf wissenschaftlich solider Basis noch besser informieren und beraten zu können.

Gute Theorie und gute Empirie werden hierbei eine wichtige Rolle spielen, alte Dogmen dagegen nicht. Die deutsche volkswirtschaftliche Forschung sollte von den entsprechenden wissenschaftspolitischen Entscheidungsträgern in den Stand versetzt werden, hier international maßgebende Beiträge zu leisten.

Klaus Adam, Carlos Alós-Ferrer, Erwin Amann, Lutz Arnold, Rüdiger Bachmann, Iwan Barankay, Ernst Baltensperger, Christian Bayer, Ralph Bayer, Sascha Becker, Aleksander Berentsen, Dirk Bergemann, Ulrich Berger, Helmut Bester, Tilman Börgers, Anette Boom, Michael Braulke, Friedrich Breyer, Jeanette Brosig, Björn Brügemann, Markus Brunnermeier, Michael Burda, Kai Carstensen, Christiane Clemens, Gerhard Clemenz, Claus Conrad, Matthias Dahm, Herbert Dawid, Harris Dellas, Matthias Doepke, Hartmut Egger, Peter Egger, Paul Ehling, Wolfgang Eichhorn, Winand Emons, Horst Entorf, Oliver Fabel, Falko Fecht, Reto Foellmi, Guido Friebel, Markus Frölich, Michael Funke, Thomas Gehrig, Gerhard Glomm, Laszlo Goerke, Volker Grossmann, Klaus Gugler, Hendrik Hakenes, Tarek Alexander Hassan, Harald Hau, Robert Hauswald, Burkhard Heer, Ulrich Hege, Christian Hellwig, Thomas Hintermaier, Stefan Hoderlein, Steffen Hoernig, Mathias Hoffmann, Olaf Hübler, Silke Januszewski Forbes, Peter Jost, Philip Jung,

Leo Kaas, Ulrich Kaiser, Ulrich Kamecke, Alexander Karmann, Goeran Kauermann, Ashok Kaul, Wolfgang Keller, Mathias Kifmann, Lutz Kilian, Philipp Kircher, Georg Kirchsteiger, Roland Kirstein, Stephan Klasen, Stefan Klonner, Martin Kocher, Marko Köthenbürger, Martin Kolmar, Michael Kosfeld, Vally Koubi, Kornelius Kraft, Jan Krahnen, Tom Krebs, Matthias Kredler, Hans-Martin Krolzig, Dirk Krüger, Frank Krysiak, Dorothea Kübler, Felix Kübler, Kai-Uwe Kühn, Astrid Kunze, Oliver Landmann, Fabian Lange, Wolfgang Leininger, Martin Lettau, Bernd Lucke, Helmut Lütkepohl, Alexander Ludwig, Alfred Maussner, Lukas Menkhoff, Christian Merkl, Thomas Mertens, Monika Merz, Petra Moser, Gernot Müller, Holger Müller, Ulrich Müller, Rosemarie Nagel, Stefan Nagel, Stefan Napel, Klaus Nehring, Manfred Nermuth, Wilhelm Neuefeind, Klaus Neusser, Volker Nocke, Georg Nöldeke, Dennis Novy, Jörg Oechssler, Gerhard Orosel, Ralph Ossa, Andreas Park, Martin Peitz, Grischa Perino, Martin Pesendorfer, Monika Piazzesi, Uta Pigorsch, Jörn-Steffen Pischke, Werner Ploberger, Winfried Pohlmeier, Mattias Polborn, Patrick Puhani, Clemens Puppe, Horst Raff, Fritz Rahmeyer, Michael Raith, Ray Rees, Michael Reiter, Till Requate, Wolfram Richter, Johannes Rincke, Albrecht Ritschl, Klaus Ritzberger, Andreas Roider, Michael Roos, Martin Schindler, Burkhard Schipper, Karl Schmedders, Philipp Schmidt-Dengler, Stephanie Schmitt-Grohe, Isabel Schnabel, Reinhold Schnabel, Martin Schneider, Ulrich Schittko, Almuth Scholl, Klaus Schöler, Joachim Schwalbach, Urs Schweizer, Gerhard Schwödiauer, Konrad Stahl, Jörg Stoye, Roland Strausz, Holger Strulik, Daniel Sturm, Jan-Egbert Sturm, Jens Südekum, Tymon Tatur, Michele Tertilt, Peter Tillmann, Elu von Thadden, Marcel Thum, Carsten Trenkler, Harald Uhlig, Nico Voigtländer, Hans-Joachim Voth, Joachim Wagner, Mark Weder, Joachim Weimann, Lutz Weinke, Carl-Christian von Weizsäcker, Georg Weizsäcker, Iwo Welch, Mirko Wiederholt, Gerald Willmann, Joachim Winter, Nicolaus Wolf, Elmar Wolfstetter, Alexander Zimper

# Podiumsdiskussion
# 19. Februar 2010

*Moderation:* Gerald Braunberger

*Diskussionsteilnehmer:* Rüdiger Bachmann (Michigan), Nicola Fuchs-Schündeln (Frankfurt/Main), Nils Goldschmidt (München), Bert Rürup (Darmstadt), Roland Vaubel (Mannheim), Carl Christian von Weizsäcker (Köln).

*Beiträge aus dem Publikum:* Bertram Schefold (Frankfurt/Main), Ekkehard Schlicht (München), Michael Mödel.

*Gerald Braunberger, FAZ:* Guten Abend verehrte Gäste, guten Abend liebes Podium. Der Streit um die Ausrichtung des akademischen Faches Volkswirtschaftslehre ist in vollem Gang. Nach einem Aufruf, zur »Rettung der Wirtschaftspolitk an den Universitäten«, der von 83 Professoren unterzeichnet wurde, folgte prompt der Gegenaufruf von 188 weiteren Forschern und Professoren zum »Umbau der VWL nach internationalen Standards«. Daran anschließend kam es zu einem regen Schlagabtausch in den Printmedien und im Internet, der schon bald weitere Kreise erfasste und auch von der Öffentlichkeit wahrgenommen wurde. Es ging dann nicht mehr nur um den Fortbestand von Wirtschaftspolitiklehrstühlen an den deutschen Universitäten, sondern auch um die zunehmende Mathematisierung des Fachs und das Verhältnis zu den Nachbardisziplinen. Allerdings schien der Schlagabtausch zunehmend eine systematische Beschäftigung mit der Materie vermissen zu lassen. Der gestern und heute vorangegangene Workshop »Normen in der Volkswirtschaftslehre – Normung des volkswirtschaftlichen Curriculums« versuchte dieses Versäumnis nachzuholen. In der nun folgenden Podiumsdiskussion treffen die Wortführer dieses neuen »Methodenstreits« – wie er manchmal genannt wird – erstmals persönlich aufeinander. Wir sind alle gespannt, was uns erwartet.

Der Plan sieht vor, zunächst den Initiatoren der beiden Aufrufe, Herrn Vaubel und Herrn Bachmann, Gelegenheit zu bieten, ihren Standpunkt auszuführen, dann die Diskussion auf das gesamte Podium auszudehnen und anschließend Wortmeldungen aus dem Publikum zu ermöglichen. Herr Vaubel, Sie haben das Wort.

*Roland Vaubel, Mannheim:* [Da an dieser Stelle das Tonband versagte, konnte das einführende Kurzreferat Roland Vaubels nicht angemessen rekonstruiert werden. Es beruhte auf den Hypothesen des von ihm mitinitiierten Aufrufs, die Vaubel in seiner vorangestellten schriftlichen Positionsbestimmung näher ausgeführt hat. Wir verweisen die Leser der Podiumsdiskussion auf die Seiten 238–242 in diesem Band.]

*Gerald Braunberger, FAZ:* Vielen Dank Herr Vaubel. Herr Bachmann, Sie haben auch eine Präsentation vorbereitet.

*Rüdiger Bachmann, Michigan:* Ich werde versuchen zusammenzufassen, was *ich* mit dem Gegenaufruf sagen wollte. Dabei kann ich nicht ohne Weiteres für alle Unterzeichner des Gegenaufrufs sprechen. Ich möchte Herrn Vaubel beruhigen. Man kann, glaube ich, nicht so tun, als habe der Aufruf in einem kontextlosen Raum stattgefunden. Das Kölner Geschehen stand in einer zeitlichen Abfolge, es gab Zusammenhänge auch mit anderen Aufrufen, mit anderen Pamphleten, mit anderen Manifesten. Insofern kann man nicht ahistorisch, sozusagen textimmanent lesen, sondern es gibt auch einen Zusammenhang, den man nicht ganz vergessen sollte. Insofern nehmen wir für uns in Anspruch, breiter gelesen zu haben.

Ich starte genau umgekehrt zu Herrn Vaubel, und ich sage zunächst einmal, was wir mit der Internationalisierung und der Formalisierung nicht gemeint haben. Es geht uns erstens überhaupt nicht um formal logische Stringenz. Wer nach Amerika oder zum sogenannten internationalen Mainstream schaut, der wird im Gegenteil für meinen persönlichen Geschmack eher einen Hyperempirismus finden. Die Ökonometrie und die klare Empirieorientierung sind absoluter Standard. Da muss man sich nur mal beliebige Ausgaben des *American Economic Review*, des *Quarterly Journal of Economics* und des *Journal of Political Economy*, die führenden Fachzeitschriften der letzten 10 Jahre anschauen, da wird man eher ein Übergewicht an empirischen Arbeiten finden als zu rein theoretischen. Und nebenbei bemerkt, die Befürchtung, die auch Hans-Werner Sinn in der FAZ geäußert hat, dass die Finanzwissenschaft am Aussterben sei, teile ich nicht. Das Gegenteil ist der Fall. Public Finance ist ein blühendes und weit verbreitetes Fach in den USA.

Herr Sinns Befürchtung mag in Deutschland zutreffen, aber das kann man nicht auf die internationale Ebene verallgemeinern.

Es geht auch nicht und schon gar nicht um die Ablehnung von Wirtschaftspolitik. Unser Anliegen war nur, und da beziehe ich mich jetzt auf den etwas kessen Spruch von Herrn Otremba, dass Wirtschaftspolitik sich nicht darauf beschränken kann, morgens Freiburger Schule und abends Eucken zu sagen, vielleicht war das umgekehrt.

Bedeutend ist für uns aber auch, dass gerade vom Wirtschaftspolitiker erwartet werden muss, dass er die Sprache der überwiegenden Mehrheit der Ökonomen spricht: nämlich Mathematik und Ökonometrie. Nur dann sind auch positive Forschungsexternalitäten möglich. Es geht also, anknüpfend an die Curriculums-Diskussion im vorangegangenen Workshop, um die Ausbildung von Ökonomen. Wir brauchen ein einheitliches Curriculum, dem sich auch Wirtschaftspolitiker und Wirtschaftshistoriker unterziehen müssen.

Es geht auch nicht um Ablehnung von Normendiskussionen und Normativität. Da werden Sie vielleicht überrascht sein, dass ich da vielleicht sogar mehr bei Herrn Goldschmidt bin als bei Herrn Vaubel. Der Mainstream hat überhaupt kein Problem damit, normative Ökonomie zu betreiben. In jedem Fachjournal finden sich heute entsprechende Themen mit normativem Bezug: Optimalsteuertheorie, Mechanism Design, Optimal Monetary Policy.

Es geht auch nicht um die Ablehnung von Wirtschaftsgeschichte oder Dogmengeschichte. Beispielsweise ist die Great Depression immer noch ein heißer Forschungsgegenstand. Ich schreibe zur Zeit selbst ein Paper darüber. Auf jedem Jahresmeeting der ASSA (*Allied Social Science Associations*) wird man Sessions finden, in denen man sich über die Great Depression unterhält. Ein anderes Beispiel: das kürzlich erschienene Rogoff-Reinhardt Buch zur Geschichte der Finanzkrisen ist eine breit angelegte Diskussion von Finanzkrisen – ein absoluter Mainstream-Ökonom.

Man muss aber auch bedenken, und das habe ich in den zwei vergangenen Tagen auf dem Workshop noch nicht gehört, wir sind alle Volkswirte und sollten auch verstehen, dass auch Curricula letztlich Optimierungsentscheidungen unter Nebenbedingungen sind. Ich bin für eine wirtschaftsgeschichtliche und dogmengeschichtliche Ausbildung. Aber die Frage, die man sich aufgrund der gegebenen bestimmten Zeitrestriktionen stellen muss, ist die nach den Opportunitätskosten von wirtschaftsgeschichtlicher oder dogmengeschichtlicher Ausbildung. Nehmen wir an, wir können nichts daran ändern, dass der Bachelor nur drei Jahre dauert. Dann muss man sich fragen, welcher Teil der Ausbildung dann vernachlässigt werden soll bzw. welche ökonometrische Technik oder ob die Ausbildung in dynamischer Programmierung aus dem Lehrplan gestrichen werden soll. Die Diskussion darüber, worin eigentlich die Kosten wirtschaftsgeschichtlicher und dogmengeschichtlicher Ausbildung liegen, die habe ich noch nicht gehört.

Es geht auch nicht um eine Ablehnung der Betrachtung von kulturellen Einflüssen auf das Wirtschaftsgeschehen: Nicola Fuchs-Schuendeln ist eine der führenden Wissenschaftlerinnen, die über Risikopräferenzen in Ostdeutschland und die ökonomischen Implikation der Wiedervereinigung geforscht und publiziert hat. Nicola ist absoluter Mainstream-Ökonom.

Es geht auch nicht um die Ablehnung von Institutionenkenntnissen. Auch die Behauptung von Hans Werner Sinn, dass Institutionenkenntnis nicht gefördert wird, würde kein sogenannter Mainstream-Ökonom unterschreiben. Es muss klar sein, dass, wenn man die Kausaleffekte von Institutionen auf wirtschaftliche Ergebnisse studieren will, man schon fast per Definition eine internationale Perspektive haben muss. Erst durch (internationale) Institutionsvariation kann man ökonometrisch Kausaleffekte von Institutionen auf ökonomische Ergebnisse identifizieren. Wenn Sie nur ein Land betrachten, dann wissen Sie nicht, ob das wirtschaftliche Ergebnis in diesem Land ein Effekt von Institutionen oder von irgendetwas anderem ist.

Ich lehne auch nicht die Untersuchungen von Gerechtigkeits- und Verteilungsfragen ab. Die Theorie heterogener Agenten und der unvollständigen Märkte ist mein Spezialgebiet und ist zentraler Bestandteil moderner Makroökonomik. Dort geht es eben genau um Gerechtigkeits- und Verteilungsfragen. Auch in diesem Bereich hat Frau Fuchs-Schündeln mitgewirkt. In der Zeitschrift *The Review of Economic Dynamics* ist kürzlich eine Ausgabe erschienen, die sich den unterschiedlichen Verteilungsentwicklungen in unterschiedlichen Ländern gewidmet hat. Dabei handelt es sich um eine Zeitschrift, die man mit Fug und Recht als sozusagen »Minnesotas School«, die ja jetzt in der Kritik steht, bezeichnen kann. Verteilungs- und Gerechtigkeitsfragen sind absolut im Fokus des modernen Mainstreams.

Was meinen wir – positiv gewendet – mit Internationalisierung und Formalisierung? Oder konkreter, worum ging es in unserem Aufruf »Baut die deutsche VWL nach internationalen Standards um!«? Gebhard Kirchgässners Überschrift »Keine deutschen Sonderwege!« heißt für uns, dass es Konsequenzen für die Ausbildung des wirtschaftspolitischen Nachwuchses geben muss. Gerade was Wirtschaftspolitiker und -historiker betrifft, meinen wir, dass zunächst einmal Technik- und Methodenkenntnis da sein muss, damit eine innerfachliche Kommunikation stattfinden kann und dementsprechend auch Spezialisierungsgewinne innerhalb des Faches eingefahren werden können. Internationalisierung heißt wissenschaftlicher Austausch auf allen Hierarchieebenen vom Diplomanden bis zum Ordinarius. Bei den Bewerbern für unsere PhD-Programme in Michigan finde ich immer noch zu wenige Bewerbungen von deutschen Diplomanden. Das muss mehr werden, es müsste auch umgekehrt mehr werden. Auch und gerade Deutschland-spezifische Forschungen müssen den höchsten methodischen und theoretischen Standards genügen. Das sind wir dem Steuerzahler schuldig. Auch Deutschland-spezifische Forschungen müssen – und hiermit beziehe ich mich auf Professor Justus Haucap – methodisch sauber sein. Wir möchten den Trade-off so gering wie möglich halten. Man muss z. B. über strukturelle Reformen nachdenken. Gestern ist dies bereits von Carl Christian von Weizsäcker im Zusammenhang mit dem Lehrstuhlprinzip angesprochen worden. Ist die beste Lehrstuhleinteilung eine fachliche oder das alte deutsche Lehrstuhlprinzip?

Von den USA lernen muss nicht heißen, dass die Wirtschaftspolitik verschwindet. Man darf Folgendes nicht vergessen, in den USA gibt es ganze Fakultäten, die sich mit Wirtschaftspolitik beschäftigen, die sogenannten public policy schools. Diese sind genau dafür da, die Schnittstelle zwischen der ökonomischen Grundlagenforschung und der Politikberatung herzustellen. Auch ist darüber nachzudenken, ob so etwas nicht auch in Deutschland eine mögliche und sinnvolle Strukturreform wäre.

*Gerald Braunberger, FAZ:* Vielen Dank Herr Bachmann. Herr von Weizsäcker retten Sie uns! Was ist nach diesen beiden Darlegungen vom sogenannten Methodenstreit übriggeblieben?

*Carl Christian von Weizsäcker, Köln:* Das weiß ich nicht, ich bin kein Methodiker. Ich habe den Aufruf, den Herr Bachmann zusammen mit Harald Uhlig formuliert hat, unterschrieben. Dabei ging es mir vor allem um das Geschehen an der Universität zu Köln: Da war ich mittendrin. Was bisher gesagt wurde war ja nicht abstrakt, sondern bezog sich auf die Kölner Vorgeschichte. Ich hatte meinen verehrten wirtschaftspolitischen Kollegen Willgerodt und Watrin gegenüber, die das Ganze im Protest gegen die neue Berufungspolitik ihrer jüngeren Kollegen angestoßen hatten, in der Verteidigung dieser Politik, darauf hingewiesen, dass sich die Zeiten ändern und dass man sich darauf einstellen muss. Ich will das jetzt nicht im Einzelnen ausführen.

Die Globalisierung macht natürlich nicht vor den Wissenschaften Halt. Heute ist Englisch die Sprache der Wissenschaft, so wie es im Mittelalter Lateinisch war, und das müssen wir zur Kenntnis nehmen. Vor zwanzig Jahren habe ich in Köln selbst erlebt, wie einem brillanten Doktoranden von mir noch verwehrt wurde, seine ursprünglich auf Englisch geschriebene, in Amerika verfertigte Doktorarbeit auf Englisch einzureichen. Das war einfach altmodisch, eine Änderung war überfällig. Man muss es nun nicht so weit treiben, dass man selbst in Seminaren, in denen alle Teilnehmer Deutsch als Muttersprache sprechen, nur noch Englisch redet. Was aber Publikationen betrifft, so gibt es natürlich den Zwang, das auf Englisch zu tun und nicht auf Deutsch. Nun kann man natürlich sagen, damit hat man in Deutschland dann einen gewissen Nachteil, wenn man ein dickes Werk schreibt wie Karl Marx *Das Kapital*, der immerhin in London saß, aber es doch auf Deutsch geschrieben hat. Wir haben es mit einem weiteren Wandel zu tun, den man mit dem Übergang von der handwerklichen Produktion im vorindustriellen Zeitalter zur industriellen Produktion im Industriezeitalter vergleichen kann. Im vorindustriellen Zeitalter waren die Kommunikationswege beschwerlich. Deswegen war es schlecht möglich, über breite Regionen hinweg Produkte zu verkaufen. Dies führte zur handwerklichen Produktion und dem entspricht das Schreiben großer Bücher. Dem Ideal der deutschen Universitätstradition entsprechend, sitzt man in seiner Einsamkeit und Freiheit hinter seinem Schreibtisch und liest und schreibt und schreibt; und nach einem Jahrzehnt kommt ein großes Werk heraus, und das revolutioniert dann vielleicht die Welt, vielleicht auch nicht. Das ist sozusagen die handwerkliche Phase. Inzwischen haben wir alle E-Mail, ein Notebook, sind ans Internet angeschlossen, und die Verbreitung und Erstellung von Publikationen ist überhaupt kein Problem mehr, insbesondere auch in der Kooperation im Team. Der eine sitzt in Kalifornien, die andere sitzt in Frankfurt, und dann macht man zusammen ein Paper. Das bedeutet aber auch, dass die Interaktion in der Forschung ein ganz anderes Tempo bekommen hat als früher. Damit ist der Artikel, der publiziert wird, heute die geeignete Publikationsform. Das hat durchaus alles seine Probleme, gar kein Zweifel. Man sollte auch zur Kenntnis nehmen, dass da gewisse *biases,* zu deutsch: Verzerrungen entstehen, von denen Herr Vaubel auch schon gesprochen hat.

In den letzten anderthalb Tagen habe ich im Workshop zweimal gesagt: Für mich ist die Ökonomik die Wissenschaft der Arbeitsteilung. Die Arbeitsteilung geht seit Smith immer weiter, wird immer stärker, und das betrifft natürlich auch unser eigenes Fach. Wenn wir heute Wirtschaftspolitik als Forschungsgebiet und als Lehrgebiet betrachten, dann kann es sich heute fast niemand mehr leisten, ausschließlich auf dem Gebiet der Wirtschaftspolitik zu forschen. Das können nur die ganz großen Geister, aber es gibt leider mehr Lehrstühle zu besetzen, als es ganz große Geister gibt. Heute muss man sich als Wissenschaftler spezialisieren, z. B. auf den Arbeitsmarkt. Da gibt es heute eine Fülle von Daten, die die Ämter sammeln: Sozioökonomische Panel und die ganzen Arbeitsmarktdaten. Wenn man in der Forschung mit diesem empirischen Material Schritt halten will, dann muss man sich voll auf den Arbeitsmarkt konzentrieren. Dann macht man von morgens bis abends nichts anderes als Arbeitsmarkt. Es ist gut, wenn man dann noch eine gewisse Allgemeinbildung hat und auch versteht, dass es ein Walras'sches General Equilibrium und diese und jene Theorie gibt, dass Ricardo mal das Prinzip der komparativen Vorteile erfunden hat, usw. In der eigenen Forschung, also in dem, was man wirklich selber beiträgt, ist man aber hoch spezialisiert. Umweltökonomie, Gesundheitsökonomie usw., das sind Spezialgebiete, in denen und mit denen der Allgemeinökonom gar nicht konkurrieren kann. Ich habe auch ein Spezialgebiet, die Industrial Organisation, also die Wettbewerbsökonomik. Ich würde mir nicht zutrauen, zum Arbeitsmarkt etwas Bedeutendes zu publizieren.

Wenn man nun die besten Leute für die Lehrstühle beruft (in der Max-Planck-Gesellschaft wird diese Berufungspraxis als Harnack-Prinzip bezeichnet und seit 100 Jahren praktiziert), und wenn die Besten dann auch die Flexibilität haben, in der Lehre über ihr eigenes Forschungsspezialgebiet hinaus zu sehen, und wenn sie insbesondere Schüler produzieren, die wiederum sehr gut forschen können, weil sie das von ihrem Lehrer vermittelt bekommen haben, dann heißt das, dass im Forschungswettbewerb eben diese Spezialisierung zur Kenntnis genommen werden muss. Wer auf dem Arbeitsmarktgebiet spezialisiert ist, der macht das sowohl theoretisch als auch politisch. Das ist ganz klar. Ein Arbeitsmarktökonom, der keine Wirtschaftspolitik, also Arbeitsmarktpolitik betreibt, ist ja unsinnig. Diese Gefahr einer Enthaltsamkeit in Sachen Wirtschaftspolitik ist nicht vorhanden.

Im Großen und Ganzen würde ich sagen: Wer die ganzen empirischen Daten *at his finger-tips* hat, den juckt es dann doch, damit Wirtschaftspolitik zu machen bzw. Empfehlungen für die Wirtschaftspolitik zu geben. Ich glaube auch, dass die Tendenz einer Spezialisierung auf Gesundheitsökonomie, auf Arbeitsmarktökonomie, auf Geldtheorie und -politik, auf Industrial Organisation, auf Außenhandel – ein Modell, das im Ausland gang und gebe ist –, auch in Deutschland zu entsprechenden Anpassungen führen wird. Die Globalisierung zwingt uns dazu, hier nicht zu meinen, dass unser Sonderweg nun des Rätsels Lösung ist.

*Gerald Braunberger, FAZ:* Vielen Dank, Herr von Weizsäcker.

Herr Vaubel hatte in seiner Ausführung das Principal-Agent-Problem angesprochen, wonach die Anreize in der Wissenschaft so ausgestaltet sind, dass es den Wissenschaftler eher in die logischen Spielereien führt als in die Wirtschaftspolitik. Herr Rürup, ich frage mich, ob Sie nicht die lebende Widerlegung des Vaubel'schen Principal-Agent-Problems sind? Oder was meinen Sie zu Herrn von Weizsäckers These, wonach es durchaus eine Beschäftigung mit der Wirtschaftspolitik gibt, allerdings im Rahmen einer anderen Lehrstuhlorganisation?

*Bert Rürup, Darmstadt:* Ich werde versuchen meine Position darzulegen: Ich bin zwar nicht gefragt worden, einen Aufruf zu unterschreiben, aber wenn ich hätte wählen müssen, hätte ich den Aufruf von Herrn Vaubel unterschrieben. Nach dem, was ich allerdings heute gehört habe und das ernst nehme, was die beiden Kontrahenten vortragen, sind die Gegensätze der Positionen doch mehr subtiler denn grundsätzlicher Natur. Harte Differenzen sind in der gegenwärtigen Diskussion noch gar nicht herausgekommen. Herr Vaubel sagte, die Wissenschaftler haben eine Bringschuld und daraus orientiert die politische Beratung. Dem stimme ich zu, und Herr Bachmann hatte eigentlich nichts dagegen einzuwenden. Herr Bachmann wiederum sagte, wir müssen die Mathematik und Ökonometrie beherrschen. Dem hat Herr Vaubel nicht widersprochen. Einen deutschen Sonderweg sehe ich nicht mehr. Auch gibt es in Deutschland mehr ausländische Studenten als in den USA. Was die Studentenschaft angeht, ist Deutschland mindestens so international wie die USA. Meine Position hängt mit den Rekrutierungsmechanismen zusammen: Heute bekommen Sie einen Lehrstuhl, wenn Sie drei Aufsätze in referierten Journals geschrieben haben. Dazu müssen Sie den Applaus einer bestimmten Peer Group in den Vereinigten Staaten bekommen. Damit ist die Bearbeitung bestimmter Themen nicht mehr attraktiv. Das bedeutet beispielsweise, dass traditionelle Themen, die an deutschen Lehrstühlen z.B. für Finanzwissenschaft oder Sozialpolitik gelehrt wurden, im Aussterben begriffen sind. Diese Lehrstühle werden faktisch überall gestrichen, weil dort ein hohes Maß auch an spezifisch deutschem institutionellem Wissen erforderlich ist, und das wird bei solchen Referees eigentlich nicht mehr gewährt. Und das hat zur Konsequenz, dass die wirtschaftspolitische Beratung, m. E. in zunehmendem Maße, leider aus den Hochschulen auswandert hin zu den Wirtschaftsforschungsinstituten oder zu den Unternehmensberatungen. Ein Teil des zu einer kompetenten wirtschaftspolitischen Beratung erforderlichen Wissens wird durch dieses Punktesystem (Handelsblattranking) aus den Universitäten verdrängt. Ich sehe darin eigentlich keinen deutschen Sonderweg. Sofern wir uns wirklich einig sind, dass Wirtschaftswissenschaft auch eine gesellschaftliche Bringschuld für Optionen zur Lösung anstehender wirtschaftlicher Probleme hat, nicht zuletzt weil sie vom Steuerzahler alimentiert wird, dann müssten die dort Lehrenden und die dort Ausgebildeten auch in die Lage versetzt werden, kompetent wirtschaftspolitische Beratung zu betreiben. Ich will das definitiv nicht so hoch hängen, aber wenn Sie diese spezialisierte Forschung machen, müssen Sie immer wieder die Anerkennung anderer Referees haben, und damit rutschen Sie dann von den genannten Themenbereichen weg, aber das ist m. E. ein kleiner Unterschied. Nachdem ich die beiden Positionen heute gehört habe, frage ich mich, ob es sich wirklich gelohnt hat, diesen Streit anzuzetteln. Sicher, es gab einen Kontext, aber so wie es hier dargestellt worden ist, denke ich, es hätte eigentlich dieses Aufstandes nicht bedurft.

*Gerald Braunberger, FAZ:* Ich würde gern noch Frau Fuchs-Schündeln und Herrn Goldschmidt das Wort erteilen, und auch Herrn Vaubel und Herrn Bachmann einladen, dazu Stellung zu nehmen. Frau Fuchs-Schündeln, Sie sind aus Harvard gekommen. Wie haben Sie diese deutsche Debatte wahrgenommen bzw. haben Sie sie überhaupt wahrgenommen? Was bedeutet das für eine junge Wissenschaftlerin, die im internationalen Kontext erfahren ist? Ist Deutschland wirklich noch anders als Amerika?

*Nicola Fuchs-Schündeln, Frankfurt:* Ich habe die Debatte durchaus wahrgenommen, weil ich in die Kölner Lehrstuhlbesetzung auch miteinbezogen war. Wegen des persönlichen Bezuges habe ich keinen der beiden Aufrufe unterschrieben. Aus der amerikanischen Perspektive, also zumindest unter den deutschen Ökonomen in Amerika, wurde die Debatte sehr wohl wahrgenommen, denn natürlich steht man immer wieder vor der Frage, ob man nach Deutschland zurückkehren möchte und welches Umfeld man in dem Falle antreffen würde. Aus amerikanischer Sicht erstaunt mich die Hypothese sehr, dass durch die Abschaffung der wirtschaftspolitischen Lehrstühle die

Wirtschaftspolitik nicht mehr betrieben wird, wie es auch Herr von Weizsäcker bereits erwähnte. Ich kenne wirtschaftspolitische Lehrstühle aus den USA nicht, und dennoch sind zum Beispiel meine Kollegen in Harvard überaus aktiv in der Wirtschaftsberatung. Es gibt da z.B. David Cutler, der zur Gesundheitsökonomie forscht und die Obama Administration als Berater unterstützt und hilft, das Gesundheitssystem zu reformieren. Es gibt Roland Fryer, der über Education Policies forscht und jetzt beim *New York School System* ganz konkret beratend tätig wird. Außerdem wären natürlich noch Wissenschaftler wie Ken Rogoff zu erwähnen, der beim Internationalen Währungsfond Chefökonom war. Ich denke schon, wie Herr von Weizsäcker gesagt hat, dass es die Leute, die das nötige Wissen haben, doch auch »kitzelt«, dieses theoretische und empirische Wissen auch anzuwenden. Wir sind ja Sozialwissenschaftler mit Leib und Seele und möchten auch gestaltend tätig werden. Und wenn es um das konkrete Eingreifen geht – da hat Herr Rürup natürlich recht – ist das Institutionenwissen sehr, sehr wichtig. Als Gesundheitsökonom kann ich überlegen, wie das optimale Gesundheitssystem aussieht. Wenn ich dann in der aktuellen Debatte in Amerika mitsprechen möchte, muss ich viele institutionelle Restriktionen, den Status Quo, die Lobbygruppen, Interessengemeinschaften, etc. kennen, und da sind natürlich Kenntnisse und auch Fähigkeiten gefragt, die nicht unbedingt mit den wissenschaftlichen übereinstimmen. Einem sehr guten Wissenschaftler ist das aber durchaus bewusst, und er kann sich dieses Institutionenwissen dann auch aneignen.

*[Zwischenbemerkung aus dem Publikum, dass Institutionenkenntnisse länderspezifisch seien, und dass sich ein deutschlandspezifisches Institutionenwissen schwer in einer amerikanischen Fachzeitschrift publizieren lasse.]*

Es ist richtig, dass sich deutschlandspezifisches Institutionenwissen schwer in einer amerikanischen Fachzeitschrift veröffentlichen lässt. Internationale Fachzeitschriften sind für ein internationales Publikum geschrieben und behandeln international relevante Fragestellungen. In ihnen geht es durchaus auch um Institutionen. Es stehen dann aber Institutionen im Fokus, die im internationalen Kontext auftreten. Es gibt zum Beispiel sehr viel Forschung über die Rolle von Gewerkschaften im Arbeitsmarkt. Die Gewerkschaften in den USA sind anders organisiert als in Deutschland. Sobald man aus den deutschen Gegebenheiten jedoch allgemeinere Schlüsse ziehen kann, kann man das durchaus auch international publizieren. Ich selber habe drei Papiere mit deutschen Daten publizieren können, obwohl viele Leute sagen, dass sich Aufsätze mit deutschen Daten nicht international platzieren lassen. Das stimmt so nicht. Die Fragestellung muss lediglich über Deutschland hinaus interessant und relevant und nicht rein deutschlandspezifisch sein. Anders sieht es hingegen aus, wenn es um Details geht, aus denen keine allgemeineren Schlüsse gezogen werden können: Wenn ich heute ein Papier über das kassenärztliche System in Deutschland schreibe, das keine allgemeinere Fragestellung behandelt und das in zehn Jahren vielleicht nicht mehr interessant sein wird, weil das System sich dann verändert haben wird, dann erscheint das natürlich eher in deutschen wirtschaftspolitischen Zeitschriften. Aber ich denke, das ist auch angemessen.

Ansonsten wurde gefragt, wie ich die Debatte im Allgemeinen als junge Wissenschaftlerin wahrnehme. Herr Caspari hatte gestern erwähnt, dass es um einen »Umbruch der Wissenschaftskultur« geht. Von außen schauend kommt mir das in der Tat so vor: Es geht um Fragen, wie man zum Beispiel Fachbereiche strukturiert, ob man Lehrstühle auflöst, ob man strukturierte Doktorandenprogramme einführt oder Doktoranden an einzelnen Lehrstühlen verbleiben. Es geht auch um die Internationalisierung und Diversifizierung. Sicherlich tut sich da Einiges.

*Gerald Braunberger, FAZ:* Dankeschön, Frau Fuchs-Schündeln. Herr Goldschmidt, ich will Sie nicht nur als Ordnungsökonomen fragen, aber was bleibt denn für die Ordnungsökonomik, die ja auch schon von Herrn Vaubel ein Stück weit an den Rand geschoben wurde?

*Nils Goldschmidt, München:* Es geht nicht nur um Eucken-Exegese, das steht außer Frage, aber als langjähriger Mitarbeiter des Eucken-Instituts muss ich natürlich sagen: Sie kann auch nicht schaden. Ordnungsökonomik öffnet uns den Blick auf etwas, was in der vorherrschenden ökonomischen Theorie in Vergessenheit geraten ist. Das ist der erste Grundsatz der Ordnungsökonomik: Wirtschaftspolitik ist Gesellschaftspolitik. Und ich glaube, das ist keine triviale Aussage, sondern sie hat aus meiner Sicht zumindest vier wesentliche Konsequenzen: Die erste, die zentrale, ist eine methodologische, nämlich die Frage: Was ist die angemessene Methode, um wirtschaftliche Phänomene zu untersuchen? Es geht nicht nur rein um einen Methodenstreit (wann passt eine Methode zu einer Fragestellung), sondern darum, generell zu fragen, wie man wirtschaftliche Phänomene tatsächlich erfassen kann. Und wenn man, wie ich der Meinung bin, dass man Wirtschaft als ein

Kulturphänomen verstehen muss und eben nicht als ein Naturphänomen, dann ist es eben auch notwendig, gesellschaftswissenschaftlich auf wirtschaftliche Phänomene zuzugreifen.

Ordnungsökonomik ist nichts rein Nationales. Es gibt durchaus genug internationale Ansätze. Wenn ich Ansätze von Douglass North, Amartya Sen oder Elinor Ostrom sehe, betreiben die genau das, eben Wirtschaftspolitik als Gesellschaftspolitik zu verstehen. Das ist eine Sprache, die man wieder entdecken sollte. Ich würde sie als kontextuale Ordnungsökonomik oder kontextuale Ökonomik bezeichnen. Ich glaube, das ist zumindest komplementär zu einer anderen Vorgehensweise. Darüber hinaus bringt der Satz »Wirtschaftspolitik ist Gesellschaftspolitik« vier andere Punkte mit sich:

Wir müssen erstens tatsächlich normativ argumentieren, weil wir als Ökonomen darauf Antwort geben müssen, wie eine Wirtschaftsordnung gestaltet werden kann, damit sie den Mitgliedern dieser Wirtschafts- und Gesellschaftsordnung ein gutes Leben ermöglicht. Ich glaube, darauf müssen auch Ökonomen eine Antwort haben, ganz im Sinne von Herrn Rürup, dass wir die Sozialpolitik tatsächlich wieder entdecken müssen. Das ist nicht nur ein Feld für Soziologen und Politologen, sondern durchaus auch eines Ökonomen.

Der andere Punkt (aber da weiß Herr Rürup sicherlich besser Bescheid): Sofern wir Ökonomik als Gesellschaftstheorie verstehen, müssen wir uns immer auch Gedanken darüber machen, wie es tatsächlich politisch umsetzbar ist. Die schönste ökonomische Theorie nutzt nichts, wenn sie nicht politisch vermittelbar ist.

Drittens, wenn wir ökonomische Theorie als Gesellschaftstheorie und Gesellschaftspolitik ansehen, muss Ökonomik perspektivisch Bezug zur Gesellschaft nehmen. Sie muss sozusagen responsiv sein und untersuchen, was es für gesellschaftliche Entwicklungen gibt, die möglicherweise auch unsere ökonomische Forschung verändern. Genannt seien hier Dinge wie zivilgesellschaftliche Entwicklung und Social Entrepreneurs. Von daher glaube ich, dass man Ordnungsökonomik durchaus als Gesellschaftspolitik verstehen kann.

Noch einen kurzen Satz zur Sprache der Wissenschaft, die auch Herr Bachmann angesprochen hat. Ich gebe ihm tendenziell Recht. Es ist nicht verkehrt, wenn man die Sprache seiner eigenen Wissenschaft versteht, aber es ist gar nicht so einfach festzustellen, was denn die Sprache der Wissenschaft ist. Das gilt schon einmal intern in der Wissenschaft selbst. Ich habe zusammen mit einem Linguisten eine Untersuchung darüber gemacht, wie sich die Sprache von Journals darstellt, und man sieht, dass sie sehr heterogen ist, auch im Vergleich der führenden ökonomischen Journals. Es ist meine Hoffnung, dass sie heterodoxer wird – das schlägt da durch. Sie ist durchaus sehr heterogen, auf jeden Fall.

Und der vierte Punkt: Man muss die Sprache der Wissenschaft verstehen. Ich glaube aber auch, dass eine Ökonomik, die gesellschaftliche Relevanz haben will, ebenso die Sprache der Gesellschaft sprechen muss. Eine Ökonomik, die sich nicht mehr vermitteln kann, läuft ins Leere. Ordnungspolitik kann gerade bei dieser Vermittlung Hilfe leisten. Ordnungspolitik setzt darauf – und das ist ja in Frankfurt durchaus angemessen zu sagen – dass es so etwas gibt, wie einen möglicherweise zwanglosen Diskurs, oder zumindest den zwanglosen Zwang des besseren Argumentes. Es geht also darum, Argumente zu generieren. Und wenn wir im Studium tatsächlich nicht mehr vermitteln, dass man Wirtschaftspolitik argumentativ umsetzen und Positionen für geeignete oder weniger geeignete Maßnahmen darstellen kann, verliert Ökonomik und damit die Wirtschaftspolitik auch ihre Berechtigung – oder zumindest einen Teil ihrer Berechtigung – als Wissenschaft.

*[Applaus]*

*Gerald Braunberger, FAZ:* Herr Goldschmidt, Sie sind bisher der Einzige, der Applaus bekommen hat. Herr Vaubel, ich wollte Ihnen am Anfang noch ein Zitat von Martin Hellwig mitgeben, der ja nicht irgendwer ist in der Branche. Zu der Frage, warum er den Aufruf nicht unterschrieben hat, sagte er: »Ich halte die traditionelle deutsche Einteilung des volkswirtschaftlichen Fächerkanons in Theorie, Politik, Finanzwissenschaft und Methodenfächer für unselig. Diese Einteilung ist mit dafür verantwortlich, dass die quantitative empirische Arbeit in der wirtschaftspolitischen Diskussion wie an der Universität eine allzu geringe Rolle spielt. Der Wissenschaftsrat hat das schon vor Jahren angeprangert. Unter dem Etikett ›Politik‹ diskutiert man lieber über ordnungspolitische Grundfragen als darüber woher wir wissen, ob bestimmte Elastizitäten so groß sind wie die wirtschaftspolitische Empfehlung es eigentlich unterstellt usw. usf.«. Sie haben ja in Ihrem Aufruf und in der Präsentation das empirische Arbeiten betont. Teilen Sie das Argument Hellwigs: So wie bei uns das Lehrstuhlwesen organisiert ist, werde gerade quantitatives Arbeiten nicht in dem Maße geleistet, wie man es sich wünschen würde?

*Roland Vaubel, Mannheim:* Ich bin in diesem Punkt natürlich nicht der Meinung von Herrn Hellwig und kann das auch an Beispielen zeigen. Herr Hellwig war ja auch einige Zeit in Mannheim, und in Mannheim haben wir einen Lehrstuhl für Wirtschaftspolitik. In den achtziger Jahren habe ich erreicht, dass dieser Lehrstuhl mit Jürgen von Hagen besetzt wurde, den Sie vielleicht kennen. Man wird Herrn von Hagen nicht vorwerfen können, dass er, was quantitative Empirie angeht, schwach auf der Brust sei. Dann haben wir einen Lehrstuhl für Finanzwissenschaft mit Eckhard Janeba besetzt. Für ihn gilt genau das gleiche.

Herr Rürup hat die Frage gestellt: Ist und war dieser Streit überhaupt notwendig? Ganz klar ja, denn wir haben trotz aller Gemeinsamkeiten einen fundamentalen Dissens, und dieser fundamentale Dissens ist, ob die Abschaffung wirtschaftspolitischer Lehrstühle sinnvoll ist oder nicht. Ich bin der Meinung, die Existenz wirtschaftspolitischer Lehrstühle ist ein Anreiz insbesondere für die Jüngeren, sich mit Wirtschaftspolitik zu beschäftigen, und diesen Anreiz brauchen wir, um dem Principal-Agent-Problem entgegenzuwirken.

Herr von Weizsäcker hat die Notwendigkeit der Spezialisierung betont. Dem würde ich auf gar keinen Fall widersprechen, aber auch auf einem Lehrstuhl für Wirtschaftspolitik wird man sich natürlich spezialisieren. Das ist doch gar keine Frage. Man wird ja nicht nur oder in erster Linie allgemeine Wirtschaftspolitik machen, sondern man wird sich einige Felder heraussuchen, in denen man sich spezialisiert. Die Existenz wirtschaftspolitischer Lehrstühle widerspricht auch in keiner Weise der Internationalisierung. Ich persönlich bin voll und ganz für die Internationalisierung. Ich habe an einer amerikanischen Universität studiert, ich habe an einer anderen amerikanischen Universität gelehrt, das ist für mich ein echtes Anliegen. Aber wenn Herr Bachmann jetzt sagt, es dürfe keine deutschen Sonderwege geben, dann ist das für mich eine, ich sage mal, Mitläufermentalität, die wir auf jeden Fall vermeiden sollten. Wir sollten es für möglich halten, dass das, was wir bisher gemacht haben, besser ist als das, was Andere machen, und wenn das so ist, dann sollten wir unsere eigenen Forschungstraditionen nicht aufgeben. Es ist ein Irrtum zu glauben, dass in Amerika alles besser ist.

*[Applaus]*

*Gerald Braunberger, FAZ:* Vielen Dank.

Herr Bachmann, Ihnen wollte ich vorher auch noch etwas mitgeben, ausgehend von dem was Herr Goldschmidt gesagt hat. Vielleicht muss man Eucken nicht lesen und lernen. Andererseits ist wahrscheinlich noch keiner krank oder ein schlechter Ökonom geworden, weil er Euckens konstituierte wirtschaftspolitische Prinzipien kennen gelernt hatte. Bei Herrn Vaubels Modell bekomme ich eine Vorstellung, an welchem Lehrstuhl ich das möglicherweise lernen könnte. Ich weiß natürlich nicht, ob Herr Vaubel speziell Eucken lehrt. In dem Modell, das Sie vertreten und, so habe ich es aufgefasst, auch Herr von Weizsäcker vertritt: Habe ich da irgendeine Chance, noch drauf zu kommen, oder schaue ich mir nur die neuen Papers aus der *American Economic Review* an?

*Rüdiger Bachmann, Michigan:* Denken wir zum Beispiel an einen dogmenhistorischen Lehrstuhl. Damit komme ich auf meine Frage auf den Folien zurück, die bisher immer noch nicht beantwortet ist: Was sind eigentlich die Opportunitätskosten bei gegebenen Ressourcen? Wir haben nun mal eine begrenzte Zahl von Lehrstühlen und Stunden zu vergeben. Wie teilen wir das eigentlich auf, und worauf wird dann verzichtet? Wird darauf verzichtet, sich z. B. über moderne Entwicklungsökonomie zu unterhalten oder ökonometrische Grundkenntnisse zu legen? Die Debatte kann und muss geführt werden. Dabei kann auch herauskommen, dass dogmenhistorische oder wirtschaftsgeschichtliche Fächer verpflichtend sein sollen. Dementsprechend müssen wir dann auch Lehrstühle schaffen, vor allen Dingen an größeren Universitäten, wo die kritische Masse da ist. Ich bin hier überhaupt nicht dagegen. Ich bin der Letzte, der sich dagegenstellen wird.

Ich wollte noch zwei Punkte ansprechen:

Was bleibt an Dissens? Ich sehe das so ähnlich wie Herr Vaubel. Es gibt eigentlich nur einen Grunddissens, der vielleicht noch ein bisschen fundamentaler ist. Es geht, glaube ich, nicht darum, wie wir die Lehrstühle organisieren und benennen. Das ist nur ein Mittel zum Zweck. Ich glaube, der fundamentale Dissens ist einfach eine empirische Frage, nämlich die, wo ist und wohin geht der Status-Quo-Pfad? Unsere Behauptung ist: Wenn die deutsche VWL auf ihrem Entwicklungspfad bleibt, wird sie alles das erfüllen, von dem Herr Vaubel träumt, nämlich die Beschäftigung mit wirtschaftspolitischen, angewandten Fragen. Wir sehen einfach die Gefahr nicht, die da aufgeführt wurde. Das ist, glaube ich, der fundamentale empirische Dissens zwischen uns beiden. Also, es gibt keinen Zielkonflikt. Es gibt einen Konflikt darüber, wohin der Status-Quo-Pfad geht, gegeben dieses Ziel. Wir sagen: Keine oder marginale Änderungen, und Herr Vaubel sagt, wir müssen uns sozusagen zurück auf Älteres besinnen. Es gibt heutzutage zwei unterschiedliche politische Empfehlungen aufgrund des unterschiedlichen empirischen Befundes.

Und der zweite Punkt betrifft Herrn Rürup. Man könne im heutigen Rekrutierungsmechanismus nicht erfolgreich sein mit einem Paper über das deutsche Krankenkassensystem. Zwei Punkte dazu: Es muss nicht immer ein Top Five-Journal wie die AER (*American Economic Review*) sein. Das ist auch ein Missverständnis in der deutschen Diskussion, fürchte ich. Es gibt hervorragende europäische Journals, z.B. das JEEA (*Journal of the European Economic Association*), wo ich durchaus sehen würde, dass auch deutsche Themen eine Chance hätten.

Kommen wir zu meinem zweiten Punkt: Von den USA lernen heißt, auch im Rekrutierungsmechanismus nicht einfach nur mechanisch Punkte zu zählen. Wo haben Sie das denn her? Das macht keiner. Also, ich sitze immer wieder in Rekrutierungskommissionen in Michigan, auch Senior Recruitments. Was glauben Sie, was wir da machen? Wir lesen die Papers! Wir schauen uns die Letters an, es wird jedes einzelne Paper gelesen, und es werden Gutachten dazu geschrieben. Da ist es völlig egal, ob ein Paper im AER publiziert wurde oder nicht. Wenn es ein schlechtes Paper ist, kriegt der Mann oder die Frau keinen Lehrstuhl. Insofern: Dieses reine mechanische Aufaddieren von Punkten aus den Handelsblatt- oder Tinbergen-Rankings, das haben Sie mit Sicherheit nicht aus den USA.

*Nicola Fuchs-Schündeln, Frankfurt:* Natürlich kann man Sonderwege gehen, aber ich denke, wenn man den Sonderweg wählt, sollte es dafür einen triftigen Grund geben. An dieser Stelle möchte ich auf Ihre dritte Hypothese zurückkommen. Sie sagten, die Anreize für Wissenschaftler seien aufgrund eines Principal-Agent-Problems verzerrt. Ihrer Meinung nach hat ein Wissenschaftler keine Anreize, in Kleinarbeit empirische Kausalhypothesen zu überprüfen. In der empirischen Forschung sehe ich jedoch einen immensen Fortschritt, der gerade auf umfassender empirischer Kleinarbeit basiert. In der empirischen Arbeitsmarktforschung gibt es zum Beispiel Forscher, die ein ganzes Jahr brauchen, um alleine ihren Datensatz aufzuarbeiten, weil er so komplex ist. In der Entwicklungsökonomie gibt es Forscher, die in jahrelanger Feldforschung Datensätze sammeln, und es gibt Experimentalökonomen, die in mühsamer Kleinarbeit ihre Hypothesen im Labor testen. Ich sehe folglich überhaupt nicht die Gefahr, dass empirische Kausalhypothesen nicht mehr überprüft werden, nur um möglichst schnell ein Papier zu publizieren. Mir stellt sich nun die Frage, ob Sie der Auffassung sind, das Principal-Agent-Problem sei in den USA ein anderes als in Deutschland, möglicherweise mit der Begründung, die deutschen Universitäten seien staatlich und die amerikanischen nicht. Mich würde interessieren, warum Deutschland diesen Sonderweg braucht. Warum kann in Deutschland nicht funktionieren, was in den USA funktioniert?

*Roland Vaubel, Mannheim:* Ich sage nicht, dass in den USA weniger empirisch geforscht wird als in Deutschland. Das ist nicht der Punkt, und es wäre wahrscheinlich auch falsch, dies zu behaupten. Ich sage nur, wir brauchen mehr empirische Forschung im Bereich der Wirtschaftspolitik und ein Weg, dies zu erreichen, sind Lehrstühle für Wirtschaftspolitik.

*Carl von Weizsäcker, Köln:* Ich bin entschiedener Anhänger des Subsidiaritätsprinzips und des Prinzips der Vielfalt. Dazu haben wir schließlich die Marktwirtschaft. Ich möchte gerne eine Analogie aus dem Bereich der wirtschaftlichen Praxis bemühen: Es gibt gewisse Konformitätszwänge; denken Sie z.B. an Normen. Wenn Sie das Internet benutzen wollen, müssen Sie sich dem Internet-Protokoll (IP) unterwerfen. Ähnlich ist es in der Wissenschaft, wenn wir unsere Forschung auf Englisch publizieren müssen. Es ist fraglich, ob ein relativ kleines Gebiet wie der deutschsprachige Raum, der vielleicht ein Prozent der Weltbevölkerung umfasst, die kritische Größe erreicht, um in einem Sonderweg, der vielleicht seine Meriten hätte, exzellente Forschung hervorzubringen. Herr Vaubel hat völlig zurecht das Principal-Agent-Problem angesprochen. Es ist klar, dass der einzelne Forscher, im Zuge der Freiheit der Wissenschaft, nicht genau das macht, was sich der repräsentative Steuerzahler vorgestellt hat, als er beschloss, ihn zu finanzieren. Dieses Principal-Agent-Problem gibt es natürlich und zwar in allen Fächern und in allen Ländern, solange es die Freiheit der Forschung gibt. Aber es gab natürlich auch schon früher ein Principal-Agent-Problem. Der Hauptgrund, warum ich den Gegenaufruf, den Herr Bachmann formuliert hat, unterschrieben habe, ist, dass ich die Transition vom alten zum neuen System als eine Verbesserung empfinde. Es ist nicht so, dass das neue System ideal ist. Es hat viele Fehler, es gibt große Probleme, zum Beispiel einen großen Konformitätsdruck. Aber das alte System war Inzucht und war daher ein schlechteres System. Ich möchte auf die Publikationen zurückkommen. Es wurden im alten System vielleicht schöne Bücher geschrieben. Diese wurden von einem

Verlag publiziert, der dem Ordinarius, unter dessen Aufsicht der Privatdo-
zent das Buch geschrieben hat, nahe stand. Das Buch erschien dann in einer
Reihe, die der Ordinarius herausgab und es gab ein kleines Herausgeberho-
norar. Veröffentlicht wurde natürlich auf deutsch, damit auch bloß niemand
einen Blick in das Buch wirft, der kein Deutsch kann. So wurde ein regel-
rechter Schutzzaun aufgestellt. Ich selbst war nun drei Achtel Jahrhunderte
Professor und habe einige Berufungsentscheidungen miterlebt. Wie sind die
zustande gekommen? Zuerst fragte man: »Wessen Schüler ist der?« Das war
das Hauptkriterium. Dann wurde auch noch gefragt, ob der Kandidat etwas
Vernünftiges publiziert hatte, aber bloß keinen Marxisten, bloß niemanden,
der abwich. Das war ein schlechtes System. Von Anfang an habe ich als junger Professor dagegen angekämpft, bis ich merkte: Ich allein bin zu schwach,
etwas zu ändern. So habe ich mich seitdem nie wieder um Hochschulrefor-
men gekümmert. Stattdessen habe ich andere Dinge gemacht, habe eine Te-
lekommunikationsreform vorbereitet. Das war sehr erfolgreich, weil dort die
Voraussetzungen für eine Reform besser waren als an den Hochschulen. Inzwischen ist aber auch hier die Reform gekommen und ich bin heilfroh, dass
wir diese Reform haben.

*Gerald Braunberger, FAZ:* Vielen Dank, Herr von Weizsäcker. Bevor ich
Herrn Goldschmidt das Wort erteile möchte ich noch auf Herrn Bachmanns
Chronik des Methodenstreits hinweisen. Auf seiner Homepage an der Uni-
versität Michigan hat er alles zusammen gestellt was in diesem Zusammenhang veröffentlicht wurde. Dort befinden sich nicht nur die Zeitungsartikel
und die Aufrufe selbst, sondern auch Emails von Professoren, die diese zur
Veröffentlichung frei gegeben haben. Ich kann nur sagen, dass einige der
Emails von Herrn von Weizsäcker zu den Höhepunkten der Homepage gehören. Das heutige Modell mag nicht besonders gut sein, aber wenn die
Beschreibung des alten Modells, die Herr von Weizsäcker uns vorgetragen
hat, zutrifft, dann war das alte Modell vielleicht auch nicht besser als das
neue, Herr Goldschmidt?

*Nils Goldschmidt, München:* Vorab möchte ich noch ein Wort zu dem Op-
portunitätskostenargument von Herrn Bachmann einwerfen. Vielleicht
kann ihn das ja letztlich überzeugen. Ich glaube, die Opportunitätskosten
sind sehr hoch, wenn wir die Studierenden nicht in Richtung einer argu-
mentativen kontextualen Ökonomik ausbilden. Wenn Ökonomen nach
dem Studium wirtschaftspolitische Problemlagen nicht allgemein verständ-

lich diskutieren und analysieren können, dann ist ein wesentliches Ziel des Studiums nicht erreicht. Ein Studium sollte leisten, dass man seine Fachkenntnis auch gesellschaftlich relevant einbringen kann. Gerade hier sind die Opportunitätskosten für die Gesellschaft besonders hoch. In einer Marktgesellschaft ist die Ökonomik ein Fach von grundlegender Bedeutung. In diesem Zusammenhang spielt meines Erachtens die Theoriegeschichte eine wesentliche Rolle. Die Ökonomik hat verschiedene Zugänge. Wie wir schließlich auch auf dieser Tagung gesehen haben, gibt es verschiedene Möglichkeiten, wirtschaftliche Phänomene zu analysieren. Es ist ein Ausweis intellektueller Redlichkeit, wenn man einem Fach auch zubilligt, diese verschiedenen Instrumentarien und Zugänge zu erhalten. In der sehr stark standardisierten Ausbildung im Ökonomiestudium liegt in meinen Augen die Gefahr, den Studierenden die Ökonomik als einen in sich geschlossenen Kanon zu verkaufen. Man müsse demnach nur noch die Inhalte der Mikro- und Makroökonomik lernen und schon hätte man die Ökonomik in der Tasche. Ich denke, dass es wichtig ist, die Studierenden zu kritischen Ökonomen auszubilden, die sich selbst die verschiedenen Zugänge zur Ökonomie erschließen können.

Vielleicht noch ein Wort zum »deutschen Sonderweg«. Ich glaube, es geht nicht darum, einen deutschen Sonderweg hochzuhalten, weil die deutschsprachige Ordnungsökonomik und die deutsche Wirtschaftspolitik so schön ist. Auch aus ökonomischer Perspektive erscheint es sinnvoll, verschiedene Ansätze zu erhalten. Wir brauchen einen Wettbewerb von Zugangsweisen und ich glaube, dass es ein Vorteil sein kann, eine Tradition, die man besitzt, lebendig zu halten und diese auch in den internationalen Kontext einzubringen. Das war ein Problem, das die alte Ordnungspolitik nicht gesehen hat. Auch sie hätte sich stärker dem Wind des internationalen Wettbewerbs stellen müssen.

*Zwischenruf Carl Christian von Weizsäcker, Köln:* Dazu würde ich gerne eine Bemerkung machen: Die deutsche Ordnungsökonomik hat die sensationelle Entwicklung des *Mechanism-Design* vollkommen verschlafen.

*Nils Goldschmidt, München:* Wie bereits gesagt, denke ich, dass jüngere Ordnungsökonomen da auch andere Wege gehen. Ich möchte aber noch einen Punkt betonen, den Herr Vaubel auch schon angedeutet hat. Wenn man eine eigene Position im Wettbewerb etablieren möchte, dann muss man dazu auch Strukturen schaffen. Und an dieser Stelle sehe ich in der deutschen wirtschaftswissenschaftlichen Landschaft das Problem, dass es in Bereichen, in denen man eine gewisse Stärke vorzuweisen hat, überhaupt keine Betätigungsfelder mehr gibt. Wo kann man denn heute in Deutschland noch Ordnungspolitik, Theoriegeschichte, Wirtschaftsethik und eine normativ ausgerichtete Sozialpolitik lernen? In dieser Hinsicht sind uns die USA im Übrigen voraus. Ich bin überzeugt, dass man dafür auch Strukturen schaffen muss.

*Gerald Braunberger, FAZ:* Vielen Dank. Hat bei dem gegenwärtigen sogenannten Methodenstreit neben der Wirtschaftspolitik nicht auch die Makroökonomik eine Rolle gespielt? In dem Aufruf der 83 wird dies zwar nicht explizit erwähnt, aber mein Eindruck war, dass implizit auch eine Warnung drin steckte, der Makroökonomik im Rahmen der Wirtschaftspolitik kein zu großes Gewicht zu geben. Dabei handelt es sich um meine persönliche Interpretation. Allerdings weiß ich aus persönlichen Gesprächen auch, dass es tatsächlich ein gewisses Unbehagen darüber gibt, was in der Makroökonomie in den USA in den letzten zehn Jahren passiert ist. Spielte das in der Diskussion eine Rolle oder nicht? Dazu zunächst Herr Vaubel, dann Herr Rürup und zuletzt Herr von Weizsäcker.

*Roland Vaubel, Mannheim:* Das möchte ich klar dementieren.

*Carl Christian von Weizsäcker, Köln:* Ja, bei Ihnen mag das zutreffen, aber sicher nicht bei allen Beteiligten.

*Bert Rürup, Darmstadt:* Herr von Weizsäcker und ich, wir kennen beide das Kölner System sehr gut. Vielleicht trifft es bei Herrn Vaubel nicht zu. Aufgrund dieser Kenntnis glaube ich sagen zu können, dass bei den Initiatoren des Aufrufs die Angst vor der Dominanz der modernen Makroökonomie mit Sicherheit eine große Rolle gespielt hat. Die Genese der Diskussion zeigt dies sehr deutlich. Aber das ist ein anderes Thema. In meinen Augen ist der Streit, dabei bleibe ich, ein etwas künstlicher Streit. Herr von Weizsäcker, was Sie über das alte System geschrieben haben, mag für die Vergangenheit zutreffen, aber es ist eine Karikatur der derzeitigen Realität. Wir haben die Ordinarienuniversität nicht mehr. Das hat in den sechziger Jahren gestimmt. Aber...

*Carl Christian von Weizsäcker, Köln:* ...es trifft auch auf die Achtziger zu!

*Bert Rürup, Darmstadt:* In den Achtziger Jahren eigentlich schon nicht mehr. Da hatte sich viel geändert und ich glaube, dass die heutige Realität nicht mehr der von Ihnen beschriebenen Ordinarienuniversität entspricht. Natürlich ist es so, dass Englisch die Weltsprache ist und es ist völlig richtig, dass Internationalisierung und Austausch eine so große Bedeutung zukommen. Das kann aber nicht bedeuten, dass man bestimmte Strukturen und Mechanismen eins zu eins überträgt. Ich möchte das an dem Beispiel der Studienordnung deutlich machen: Der Übergang zum Bachelor- und Masterstudiengang ist in meinen Augen ein Rückschritt. Der deutsche Diplomingenieur war ein Markenzeichen. Der Bachelor sollte die Internationalität erhöhen, aber das Gegenteil ist der Fall, die Internationalität ist zurückgegangen. Es gibt noch eine ganze Reihe anderer Beispiele, wo man in manchen Fällen sagen muss, wir müssen den amerikanischen Weg gehen, und an anderen Stellen, dass wir uns differenzieren müssen. Ich selbst würde lieber den Weg von Herrn Vaubel gehen, lieber das System, wie wir es in Deutschland haben, optimieren als es auszutauschen. Ein Plädoyer für Lehrstühle für Wirtschaftspolitik ist definitiv keine Ablehnung der Spezialisierung. Sie können heute weder eine kompetente wissenschaftliche Begutachtung, noch wissenschaftliche Beratung leisten, ohne ein hohes Maß an Spezialisierung. Es gibt den Universalökonom nicht mehr, wenige glauben zwar es zu sein, aber in Wirklichkeit gibt es das nicht mehr. Gerade die Wirtschaftspolitik setzt im positiven Sinne ein hohes Maß an Spezialisierung voraus. Deswegen bin ich der festen Überzeugung, dass eine Verbesserung des traditionellen deutschen Wegs – wo wir auch die Grundsätze der Wirtschafspolitik lehren – besser ist, als das Überstülpen einer strikten Parzellierung auf dieses gewachsene System. Ich denke, es ist immer besser, gewachsene Systeme evolutorisch zu entwickeln, als sie durch andere auszutauschen.

*Gerald Braunberger, FAZ:* Herr von Weizsäcker.

*Carl Christian von Weizsäcker, Köln:* Da kann man ohne Zweifel vieles für und wider sagen. Mir scheint es aber wichtig, hier einen Blick in die Statistik zu werfen. Ich sehe jedes einzelne Heft des American Economic Review nach, die die Nummer 1 im Zeitschriften-Ranking ist, ob da ein deutscher Autor drin vertreten ist. Heutzutage ist die Antwort jedes Mal ja. Vor dreißig Jahren war das fast nie der Fall. Das weist darauf hin, dass das alte System zur Isolation der Forschung deutscher Ökonomen geführt hatte. Meines Erachtens sollte Wissenschaft der Kritik der Kollegen aus der ganzen Welt unterliegen. Das kann man durchaus noch geografisch spezifizieren, schließlich weiß sicherlich der Eine besser über die Verhältnisse eines bestimmten Landes Bescheid, ein Anderer wiederum weiß mehr über ein anderes Land. Das will ich gar nicht leugnen, aber das Grundprinzip muss der internationale Wettbewerb sein. Das zu erreichen ist das Wichtigste. Ich will nicht ausschließen, dass uns das institutionell auch über wirtschaftspolitische Lehrstühle möglich ist. Aber noch einmal zu ihrer Frage bezüglich der Ordinarienuniversität. Ich habe in den neunziger Jahren hautnah miterlebt, wie Personalentscheidungen fielen, bei denen weniger die Leistung als die Herkunft des Kandidaten entscheidend war.

*Gerald Braunberger, FAZ:* Ja, vielen Dank. An dieser Stelle soll nun auch das Publikum zu Wort kommen.

*Redebeitrag:* Ich habe den Eindruck, dass die wirtschaftspolitische Beratung allen hier Beteiligten sehr am Herzen liegt. Herr Rürup hatte erwähnt, dass er die Gefahr sieht, in Deutschland könne das spezifisch institutionelle Wissen verloren gehen. In diesem Zusammenhang hat er als Beispiel die Auftragvergabe von Gutachten bei Unternehmensberatungen erwähnt. Ich gehe davon aus, dass wir übereinstimmen, dass Unternehmensberater dafür bezahlt werden, das Ergebnis zu produzieren das man sich wünscht. Vor diesem Hintergrund wird diskutiert, wissenschaftliche Gutachten, genau wie bei Artikeln in Journals, einem Begutachtungsprozess zu unterwerfen. Es würde mich freuen, wenn Sie alle dem zustimmen würden und wir unabhängig vom Methodenstreit darin übereinkämen.

*Gerald Braunberger, FAZ:* Richtet sich Ihr Kommentar an jemand Spezifischen?

*Redebeitrag:* Meine Frage ist letztlich, ob es auf dem Podium dazu einen Konsens gibt und ob sie sich auch in den entsprechenden Gremien und Beiräten dafür einsetzen wollen, dass zu einem von der Bundesregierung in Auftrag gegebenen Gutachten gleichzeitig ein Referee-Report erstellt wird.

*Gerald Braunberger, FAZ:* Gibt es hier einen Konsens auf dem Podium? Herr von Weizsäcker.

*Carl Christian von Weizsäcker, Köln:* Die Praxis ist da zumeist etwas schwieriger. Diese Beratungsunternehmen liefern schnell eine Leistung. Der Politiker, das Parlament oder der Minister brauchen das Gutachten übermorgen und der Refereeing-Prozess, der natürlich in der Grundlagenforschung unentbehrlich ist, bedeutet eine erhebliche Zeitverzögerung. Ich würde Ihnen insofern zustimmen, dass es möglich ist, im Nachhinein eine Qualitätsprüfung durchzuführen. Man vertraut dann auf den Reputationsmechanismus, dass der Auftragnehmer, obwohl er schnell arbeiten muss, Qualitäts- und Objektivitätsstandards einhält, weil er weiß, dass er nach erbrachter Leistung noch einmal evaluiert wird. Ich halte es aber aufgrund des Zeitdrucks für unrealistisch zu sagen, ein Gutachten solle erst seine politische Wirkung entfalten können, nachdem es von Fachkollegen evaluiert worden ist.

*Bert Rürup, Darmstadt:* Ich möchte mit dem Thema Begutachtung und Beratung nicht noch eine ganz neue Diskussion eröffnen, aber vielleicht doch eine kurze Bemerkung dazu: Ich war selbst in beiden Feldern tätig und ich kann berichten, dass nach der Ausschreibung von Gutachten ein sehr strikter Auswahlprozess stattfindet. Bei großen Gutachten gibt es immer mindestens eine Sitzung mit exzellenten Wissenschaftlern, die dieses Gutachten kritisieren. Das ist kein *ex ante* Referee-Prozess, aber es gibt sehr strikte Auswahlverfahren. Dann kann man durchaus darauf vertrauen, dass da eine gewisse Qualitätskontrolle stattfindet. Ein wirkliches Gutachterverfahren im Voraus ist nicht möglich. Die Gutachten nehmen meist ohnehin schon sehr viel Zeit in Anspruch. Dieses Procedere noch weiter zu verlangsamen wäre problematisch. Ich denke auch nicht, dass in Deutschland die Qualitätssicherung bei Gutachten zu gering ist. Bei Beratungsleistungen gibt es Qualitätsprobleme, aber bei Begutachtungen eigentlich nicht.

*Gerald Braunberger, FAZ:* Herr Vaubel.

*Roland Vaubel, Mannheim:* Ich meine, es ist entscheidend, dass Gutachten, die aus Steuergeldern finanziert werden, veröffentlicht werden müssen. Wenn dann nämlich jemand schlechte Qualität abliefert, macht er sich lächerlich. Es gibt automatisch eine Begutachtung durch andere Wissenschaftler.

*Gerald Braunberger, FAZ:* Danke schön. Es gab noch eine weitere Wortmeldung im Publikum.

*Redebeitrag Michael Mödel:* Ich schreibe im Moment meine Diplomarbeit über den Methodenstreit an der Uni Erlangen-Nürnberg. So, wie Sie die Situation hier darstellen, ist das für mich natürlich zunächst mal schlecht, weil die Kontroverse beendet zu sein scheint. Aber ich versuche, sie wieder in Gang zu bringen. Es scheint mir so, als bestehe ein Konsens darin, dass sich der Streit auf der institutionellen Ebene abspielt: Sollen wir in Deutschland weiterhin wirtschaftspolitische Lehrstühle haben oder nicht? Ich bin der Meinung, es sollte auch noch einen Streit hinsichtlich der konkreten Inhalte geben; an dieser Stelle sehe ich bislang keine Einigkeit. So wie ich den Streit bisher interpretiert habe, ist er eigentlich kein Methodenstreit. Dieser Begriff wurde ihm vielleicht aus historischen Gründen und vielleicht von der Presse gegeben. Meine Interpretation ist eher die eines Fokussierungsstreites. Dabei geht es um einen Vorwurf von der Seite, die ich das Ordoliberalismus-Lager nennen möchte, an die Mainstream-Ökonomie. Zum einen lege man zu wenig Wert auf institutionelle Details und Besonderheiten und zum anderen stelle man auch die falschen Fragen. Dazu möchte ich ein wissenschaftliches Papier von Glan Allison zitieren, übrigens ein amerikanischer Mainstreamartikel. Darin stellt er seine Untersuchung vor, ob mehr Wert auf Rigorosität oder auf Relevanz gelegt wird. Also ob mehr die Rigorosität der Methodik oder die Relevanz der Fragestellung im Vordergrund steht. Dabei kommt er ganz klar zu dem Schluss, dass zunehmend die Mathematik in den Vordergrund rückt, zum Nachteil der Relevanz der Fragestellung. Das bringt mich zu der These, dass die Ökonomie bzw. die Mainstreamökonomie in den USA teilweise den Fokus verloren hat. Es handelt sich also nicht nur um ein spezifisch deutsches Problem. Vielleicht sollten wir bei unserer Diskussion auch einmal über den Tellerrand hinausschauen. Der Streit findet nicht nur in Deutschland, sondern sehr wohl auch in den USA statt. Krugman fordert, wir bräuchten neue Paradigmen in der Volkswirtschaftslehre, und wenn ich noch ein paar polemische Zitate einwerfen darf: Mir gefällt das Buch *Freakonomics* von Steven Levitt, in dem er sagt: »Economics is merely a set of tools rather than a subject matter.« Wenn ich das alles betrachte, dann denke ich, dass es sehr wohl einen inhaltlichen Streit geben sollte. Worauf soll mehr Wert gelegt werden, auf die Fragestellung oder auf die Rigorosität der Methodik? Meine Frage ist, ob sich dieser Streit wirklich nur auf das Institutionelle bezieht oder ob nicht doch eine inhaltliche Diskussion in den Vordergrund rücken sollte, wie sie in den USA geführt wird.

*Nils Goldschmidt, München:* Das würde ich sofort unterschreiben. Ich habe auch versucht, das deutlich zu machen. Es gibt verschiedene Herangehensweisen an die Ökonomik, so zum Beispiel die kontextuale Ökonomik. Es geht nicht unbedingt darum, ob die eine Seite die richtigen Fragen stellt und die andere Seite die falschen. Wenn man ökonomische Phänomene verstehen will, muss man das wirtschaftliche Handeln in den gesellschaftlichen Kontext einordnen können. Das hat nicht primär etwas mit Methoden zu tun, ich glaube, da sind wir uns einig. Ich kann in diesem Zusammenhang jedem empfehlen, ein Forschungsseminar von Herrn Vanberg zu besuchen. Da geht es auch um die Rigorosität von Methoden, denn natürlich muss man sorgfältig argumentieren, aber es ist eine andere Art von Methodik. Mein Punkt ist: Neben einer isolierenden Ökonomik, die die ökonomischen Prozesse an sich betrachtet und hierzu ein anderes Instrumentarium braucht, bedarf es immer auch komplementär einer kontextualen Ökonomik, die an den Rändern arbeitet und die den Kontext zur Gesellschaft herstellen will.

*Roland Vaubel, Mannheim:* Ja, Sie haben vollkommen Recht. Wir haben einen institutionellen Dissens und der resultiert daraus, dass wir uns nicht einig sind, ob Rigor oder Relevance wichtiger ist. Statt von Rigor versus Relevance habe ich von logischen Übungen versus empirischer Überprüfung wirtschaftspolitischer Kausalhypothesen gesprochen.

*Gerald Braunberger, FAZ:* Herr Bachmann, möglicherweise ist es Ihnen gelungen, jetzt doch noch das Feuer zu entzünden.

*Rüdiger Bachmann, Michigan:* Wie bereits erwähnt, gibt es den Dissens gerade nicht zwischen Rigor und Relevanz. Eine Durchschau der Titel des *American Economic Review* zeigt schnell die wirtschaftspolitische Relevanz der Artikel. Der einzige Dissens ist ein empirischer. Unterstützt der *status quo* die Ziele der ökonomischen Wissenschaft oder gefährdet er sie eher? Das ist der Dissens, zumindest zwischen Frau Fuchs-Schündeln, Herrn von Weizsäcker und mir auf der einen und Herrn Vaubel auf der anderen Seite. Es mag auch einen inhaltlichen Dissens geben. In diesem Zusammenhang noch einmal eine Bemerkung zur Ordnungspolitik und zur Argumentation bezüglich der kontextualen Wirtschaftspolitik. Da mir das nicht ganz klar ist, möchte ich Herrn Goldschmidt an dieser Stelle fragen, wo die Grenze zwischen Fragen des kulturellen Kontexts und Fragen der Mainstreamökonomie zu ziehen ist? Ich denke da zum Beispiel an die Arbeit von Frau Fuchs-

Schündeln, die sich Gedanken zu kulturellen Fragen macht und das im Kontext des ökonomischen Instrumentariums. Ich will nicht bestreiten, dass es diese Grenze gibt, aber sie ist wohl fließend und damit relativ bestimmt.

*Carl Christian von Weizsäcker, Köln:* Ein Stück weit muss es die Verzerrung in Richtung auf Rigor und gegen Relevanz geben. Das ist wissenschaftssoziologisch unvermeidlich. Denn es geht um Forschung und somit um ungelöste Probleme. Die schon abgearbeiteten Probleme braucht man nicht mehr zu erforschen. Man forscht also über noch nicht beantwortete Fragestellungen. Wenn nun jemand eine neue Idee hat, was sagen dann die anderen Forscher dazu? Zunächst einmal: Mir selber ist das nicht eingefallen, das muss also falsch sein. Die erste Reaktion unter Kollegen ist daher grundsätzlich kritisch. Und dann stellt man sich die Frage, wie man denn die eigene neue Idee in einem Journal unterbringen kann. Das geht natürlich leichter, wenn man die eigene Argumentation mathematisch genau untermauern kann. Rigor wird also einfach deshalb belohnt, weil eine neue Idee in einem Kleid kommt, das unanfechtbar ist, nämlich im Kleid der Mathematik. Leichter zu verkaufen ist eine neue Idee natürlich, wenn sie verbal daher kommt. Dann kann jeder auch etwas behaupten ohne dass klar ist, was wirklich dahinter steckt. Der Zwang zur Rigorosität liegt folglich darin begründet, dass es einen instinktiven Widerstand gegen das Neue gibt, das man selbst nicht erfunden hat. Zudem gibt es einen enormen Anreiz, Neues zu generieren. Wenn jemand etwas als erstes publiziert, dann wird das hoch belohnt. Darunter leidet allerdings die Relevanz, das möchte ich gar nicht bezweifeln. Wahrscheinlich muss das auch so sein. Das Gleiche gilt aber auch für alle Disziplinen, es handelt sich um kein spezifisches Problem der Ökonomie. In den Rechtswissenschaften ist es sogar noch stärker ausgeprägt, da man hier auf die Mathematik verzichtet und es daher auf die juristische Dogmatik ankommt. Ebenso in der Medizin. Bevor ich auf einen Quacksalber hereinfalle, finde ich eine große Menge Argumente um zu zeigen, dass er Unrecht hat. Die Wirksamkeit einer neuen Therapieform muss sehr exakt nachgewiesen werden. Es ließen sich noch viele andere Beispiele anführen. Das Beharrungsvermögen von Etabliertem gibt es in allen Fächern und deshalb kann sich das Neue nur durch Rigorosität durchsetzen.

*Nicola Fuchs-Schündeln, Frankfurt:* Auch von mir eine kurze Antwort auf diese Frage. Ich denke, dass uns in der Wissenschaft, und damit meine ich nicht nur die Ökonomie, oft große Fragen umtreiben. Ist zum Beispiel die

Globalisierung etwas Gutes oder etwas Schlechtes? Diese Fragen lassen sich aber nicht beantworten. Genau beantworten kann man immer nur sehr kleine Teilfragen, zu denen sich rigoros argumentieren lässt. Wenn man dann das Endprodukt solcher Forschung liest, fragt man vielleicht, wo bleibt da die Relevanz der Fragestellung? Der Bezug zur großen Frage geht manchmal unter, oder es handelt sich um einen Spezialfall, der analysiert wurde. Aber ich denke, die Wissenschaft entwickelt sich über die Beantwortung dieser spezifischen Teilfragen weiter, und das Gesamtbild entsteht über die Zeit durch langfristige Prozesse. Das muss man im Hinterkopf behalten, wenn es um die Relevanz geht. Darüber hinaus stimme ich Herrn Bachmann zu, dass durchaus sehr heterogene wirtschaftspolitische Themen in den führenden Zeitschriften behandelt werden.

*Gerald Braunberger, FAZ:* Herr Schlicht und Herr Schefold und dann fürchte ich, ist die Zeit schon fast um.

*Ekkehart Schlicht, München:* Ich fände es problematisch, wenn man die inhaltliche Ausrichtung von Lehrstühlen von der Denomination abhängig machen wollte. Man könnte auch alle Lehrstühle als »Professur für Volkswirtschaftslehre« betiteln und dann Spezialisierung zulassen und schlicht die besten Kandidaten auswählen. Wo ich ein massives Problem sehe, speziell in Deutschland, ist die Ausgestaltung der Anreize bezüglich der Einheitlichkeit. Wir sind alle denselben Kriterien unterworfen, Wettbewerb lebt aber von Heterogenität. In den USA gibt es verschiedene Stiftungen, die Forschungsprojekte finanzieren. Es gibt z.B. die *Earhart-Foundation*, die *National Science-Foundation*, die *National Endowment for the Humanities,* die *Russell Sage Foundation* und die religiösen Stiftungen. Die Universitäten spezialisieren und profilieren sich in ganz unterschiedliche Richtungen. Es gibt tatsächlich einen Wettbewerb zwischen verschiedenen Ansätzen. Es gibt Universitäten in Massachusetts, wo radikale Ökonomen sind, dann gibt es welche, wo eher Österreicher sitzen, die auch nicht mehr im Mainstream sind und so weiter. Möglicherweise habe ich auch einen falschen Eindruck der noch von früher kommt. Aber jedenfalls gibt es diese Heterogenität und die ist bei uns sehr schwer durchzusetzen in den Universitäten, weil wir alle nur ein Kriterium haben. Es gibt keine verschiedenen Kriterien, nach denen sich die verschiedenen Konstellationen bezüglich der Fragestellung gegeneinander im Wettbewerb befinden. Diese Kriterien sind bei uns weitgehend über Publikationslisten und die Methodik festgeschrieben und das beschränkt den Wettbewerb. Da sehe ich wirklich massive Fehlanreize in der deutschen Forschungslandschaft. Nur allein einen Namen zu ändern, ist meines Erachtens nicht der richtige Weg. Er wird auch zu nichts führen, weil die Anreize sich letzten Endes nicht ändern. Es ist ja denkbar, dass eine Professur für Wirtschaftsgeschichte ausgeschrieben wird, die dann mit einem Spieltheoretiker besetzt wird, der Spieltheorie auf historische Fragen anwendet, was viele Historiker für der Sache nach nicht gerechtfertigt halten würden. Man kann fast überall Principal-Agent-Theorie betreiben, auch wenn man Wirtschaftspolitik macht; Denomination ist gar nicht der Punkt. Wenn Universitäten sich eigentlich spezialisieren möchten und dann gezwungen sind, Herdenverhalten an den Tag zu legen, dann *ist* das ein Problem für das System. Vielen Dank.

*Gerald Brauberger, FAZ:* Vielen Dank.

*Bertram Schefold, Frankfurt:* Herr Bachmann, Sie sagten, die Spannung zwischen Rigorosität und Relevanz sei kein Problem, aber an einer anderen Stelle der Diskussion haben Sie dann doch angedeutet, dass Sie hier eine Alternative sehen. Als es nämlich um die Opportunitätskosten der Einrichtungen des Faches Dogmengeschichte ging, stellten Sie diese Kosten denen anderer Methoden, die man eben zu lernen habe, gegenüber. Ich glaube, an diesem Punkt eröffnet sich die Frage, ob es nicht wichtiger wäre, auf dem Wege der Dogmengeschichte eine breitere Orientierung zu geben, als alle speziellen Methoden der Volkswirtschaftslehre zu kennen. Herr Vaubel hatte auch schon eingebracht, dass es eine Pflicht der Universität ist, Volkswirte breit auszubilden und zwar breit in dem Sinne, dass sie ein bestimmtes Orientierungswissen erlangen. Die bisherige Diskussion hat sich fast vollständig auf die Forschung konzentriert. Das ist natürlich für die Hochschullehrer das vorrangig Interessante. Aber der Auftrag der Universitäten ist nun einmal ein weiterer. Es geht um Ausbildung und um Bildung im weiteren Sinne. In dieser Hinsicht hat mich Herr Goldschmidt am ehesten überzeugt, der durch seine Bemerkungen über eine kontextuell eingebettete Volkswirtschaftslehre darauf hingewiesen hat, dass wir Menschen brauchen, die verstehen, wie die Wirtschaft mit den übrigen unser Leben bestimmenden Faktoren zusammenhängt. Es fiel der Begriff des Sonderwegs, aber es ist nicht deutlich geworden, was am Sonderweg in der deutschen Ökonomie wirklich das Besondere war. Die deutsche Ökonomie ist wie die ganze deutsche Universität in den letzten hundert Jahren dreimal gewaltig umgestürzt worden, nämlich zunächst und hauptsächlich durch den Nationalsozialismus, dann in der anderen Richtung nach 1945 und schließlich hat es die großen Universitätsreformen im Gefolge von 1968 gegeben. Heute kommt es zu einer vierten Wandlung. Angesichts der verschiedenen Transformationen und der vielen Windungen überrascht es nicht, dass man nicht mehr so recht weiß, was der Sonderweg eigentlich ist oder war. Wenn man es auf einen aktuell häufiger benutzten Begriff bringen will, dann ist die »kontextuelle Orientierung« vielleicht eine gute Bezeichnung. Wie wir auf diesem Workshop besprochen haben, gehören dazu aber auch systematischere Begriffe wie die frühere »Sozialökonomie«. In der deutschen Tradition finden sich hier Stärken, die es in Amerika weniger oder zumindest nicht in gleichem Ausmaß gibt. Ich denke zum Beispiel an die moderne Institutionenökonomie. Die Frage, wie sich Institutionen durchsetzen, macht die Institutionenökonomik kraft der gelehrten Methodik interessant. Das ist durchaus ein wichtiger Gesichtspunkt. Aber jener kulturelle Zusammenhang, von dem eben am Anfang dieses Sonderweges wesentlich die Rede war, kommt kaum mehr vor. Man glaubte zeigen zu können, dass sich die besten Institutionen nach einer ökonomischen Logik, bestimmt von ökonomischen Zielen, durchsetzen. Aber sie werden in Lebenszusammenhänge gestellt, die von kulturellen Traditionen und gemeinsamen Wertvorstellungen geprägt sind. Sie entwickeln sich innerhalb eines bestimmten Wirtschaftstils, den man nicht ignorieren darf. Es genügt nicht, ihn nur zu erfühlen, sondern man muss ihn auch beschreiben können. Darin bestand die Meisterschaft der historischen Schule. Ich denke, dass es dieses Wissen und Können ist, was die Forschung hierzulande immer noch schmücken kann und was in jedem Fall zur Orientierung dazu gehört.

*[Applaus]*

*Bert Rürup, Darmstadt:* Was Herr Schefold sagt, wird umso wichtiger, wenn wir sehen, dass die Volkswirtschaftslehre im Kampf um die Lehrstühle oder Fachgebiete auf dem Rückzug ist. Volkswirtschaftliche Lehrstühle werden gestrichen, betriebswirtschaftlichen Lehrstühle aber nicht – im Gegenteil. Gerade vor dem Hintergrund einer Verschiebung der Zahlen der Volkswirtschaftlehrstühle, bei einer nicht geringer werdenden Zahl der Studenten, bin ich der Meinung, dass das fachübergreifende, kontextuelle Wissen zunehmend an Bedeutung gewinnt. Wenn Universitäten über riesige Departments verfügen, an denen alle Gebiete gleich besetzt werden können, stellt sich die

Frage anders als in Deutschland. Nicht alle Fakultäten haben Verhältnisse wie hier in Frankfurt. Gehen Sie mal in die sogenannte Provinz und sehen Sie, wie groß volkswirtschaftliche Institute sind. Die fangen mit drei an und hören bei fünf oder sieben Professuren auf. Ich glaube, dass daher die Vermittlung der allgemeinen funktionalen Zusammenhänge relativ wichtiger wird, gerade auch vor dem Hintergrund des Opportunitätskostenargumentes.

*Nils Goldschmidt, München:* Herr Bachmann hatte die Frage aufgeworfen, wo denn die Grenze zwischen isolierender und kontextualer Ökonomik zu ziehen sei. Wie Herr Schefold und Herr Rürup deutlich gemacht haben, nehmen Forscher unterschiedliche Perspektiven ein. Herr Bachmann und ich können beide ein Paper über den Einfluss des Prozentsatzes orthodox Gläubiger in Russland auf die Akzeptanz marktwirtschaftlicher Institutionen verfassen. Ich glaube, wir würden das aus ganz anderen Blickwinkeln heraus machen. Beide Sichtweisen wären sicherlich hilfreich, das Problem zu verstehen. Ich bin natürlich davon überzeugt, dass mein Paper noch ein bisschen hilfreicher wäre, aber das ist eine andere Frage. Statt die gegenseitigen Kompetenzen zu klar abzustecken, sollte sich die Ökonomenzunft auch als eine »Kaste« verstehen, die miteinander verknüpft ist und interdisziplinär denkt, sich nicht nur zu spezialisieren versucht, sondern vielleicht auch mit etwas Hybris meint, verschiedene Facetten des großen Ganzen im Blick zu behalten. Das gelingt natürlich nicht immer, ist aber trotzdem insbesondere für die gesellschaftliche Akzeptanz der Ökonomik wichtig.

*Carl Christian von Weizsäcker, Köln:* Ich habe große Sympathien für das Forschungsprogramm der Herren Schefold und Goldschmidt, würde das aber unter Theorie einordnen. Das ist Grundlagenforschung auf theoretischem Gebiet, und es besteht kein Zweifel, dass solche Forschung gerade auch für die Politik relevant ist. Ich sehe darin aber ein Problem, das man von der Frage trennen kann, ob man Lehrstühle mit »Theorie« und »Politik« oder »Arbeitsmarktökonomik« und »Theorie der sozialen Systeme« bezeichnet. Die Bezeichnung der Lehrstühle ist eine pragmatische Frage. Wie Herr Rürup sagte, hängt diese natürlich auch eng damit zusammen, wie viele Professuren für VWL es an einer Universität gibt. Bei sehr kleinen Fachbereichen ist das dann eine Frage der Prioritäten, wie Herr Bachmann das auch schon sagte. Ganz unabhängig davon ist die Frage zu sehen, woran man forschen soll. Hier gibt es ganz klar den Druck des Mainstream. Es ist leichter, etwas zu publizieren, was sich im Mainstream verorten lässt, als etwas aus der Forschungsrichtung, die Herr Goldschmidt vertritt. Darin sehe ich einen Missstand. In dieser Hinsicht mag es gut sein, diese deutsche Tradition bzw. Innovation zu pflegen. Aber nicht, indem dann nur auf Deutsch publiziert wird.

*Gerald Braunberger, FAZ:* Wir haben schon leicht überzogen und sind am Ende angekommen. Es fällt mir leicht, das Ergebnis zusammenzufassen. Dazu habe ich zwei Zitate vorbereitet. Die Tatsache, dass Ökonomen scheinbar weit auseinander liegen, in grundsätzlichen Fragen aber nicht, ist altbekannt. Nicht nur die Jüngeren von Ihnen werden das berühmte Keynes-Hayek-Video kennen. Wer das Video gesehen hat, kommt zu dem Eindruck, dass die beiden Herren völlig über Kreuz waren. Zumindest in wissenschaftlicher Hinsicht, persönlich waren beide ja befreundet. Andererseits ist es interessant – und das hat auch mit unserem Thema zu tun – sich einmal anzuschauen, was Herr Keynes und Herr Hayek über den großen Ökonomen zu sagen hatten. Ich zitiere, was beide völlig unabhängig voneinander sagten. Keynes schrieb anlässlich des Todes seines Lehrers Alfred Marshall: »Der Meisterökonom muss eine seltene Kombination aus seltenen Gaben besitzen. Er muss einen hohen Standard in mehreren verschiedenen Richtungen erreichen und Talente miteinander kombinieren, die man nicht oft zusammen findet. Er muss Mathematiker, Historiker, Staatsmann, Philosoph sein – bis zu einem gewissen Grad. Er muss Symbole verstehen und in Worten sprechen. Er muss das besondere im Zusammenhang mit dem Allgemeinen begreifen, und Abstraktes wie Konkretes im selben Gedankengang ertasten. Er muss die Gegenwart im Lichte der Vergangenheit studieren für die Zwecke der Zukunft. Kein Teil der menschlichen Natur oder seiner Institutionen darf sich völlig außerhalb seines Blickes befinden. Er muss zielgerichtet und uninteressiert in einem sein, so abgehoben und unbestechlich wie ein Künstler, aber manchmal ebenso dem Erdboden nah wie ein Politiker.« Hayek hat bei einer Gelegenheit, die ich nicht kenne, eigentlich in viel weniger Sätzen genau dasselbe gesagt, und viele von Ihnen werden das Zitat kennen: »Ein Physiker, der nur Physiker ist, kann durchaus ein erstklassiger Physiker und ein hochgeschätztes Mitglied der Gesellschaft sein. Aber gewiß kann niemand ein großer Ökonom sein, der nur Ökonom ist – und ich bin sogar versucht hinzufügen, dass der Ökonom, der nur Ökonom ist, leicht zum Ärgernis, wenn nicht gar zu einer regelrechten Gefahr wird.«

In diesem Sinne. Vielen Dank für Ihre Anwesenheit, liebes Podium, vielen Dank!

*[Applaus]*

# Autorinnen und Autoren

*Prof. Rüdiger Bachmann, Ph.D. (Michigan):* Rüdiger Bachmann hat an der Universität Mainz Ökonomie und Philosophie studiert. Im Jahre 2007 schloss Bachmann seine Promotion zum Thema »Essays on General Equilibrium with Heterogeneous Agents« im Department of Economics an der Yale University ab. Seit 2009 ist er Assistant Professor an der University of Michigan. Zu seinen Forschungsschwerpunkten zählen die markoökonomischen Konsequenzen von *micro frictions* und die Wohlfahrts- und Verteilungswirkungen von Politikmaßnahmen in Modellen mit heterogenen Agenten. Zu seinen Veröffentlichungen zählt unter anderen »Testable Implications of Coalitional Rationality« (2006).

*Prof. Dr. Volker Caspari (Darmstadt):* Nach seinem Studium der Volkswirtschaftslehre in Frankfurt am Main, promovierte Volker Caspari mit einer Arbeit über Walras, Marshall und Keynes (1983). Nach Forschungs- und Lehrtätigkeiten in New York (*The New School*) und Frankfurt hat Caspari seit 1995 eine Professur für Wirtschaftstheorie an der TU Darmstadt inne. Seine Forschungsschwerpunkte liegen auf der Wachstumstheorie, der keynesianischen Theorie, der allgemeinen Gleichgewichtstheorie und der Geschichte des ökonomischen Denkens.

*Prof. Dr. Nils Goldschmidt (München):* Nils Goldschmidt hat in Freiburg Theologie und Volkswirtschaftslehre studiert, 2001 erfolgte die Promotion zum Dr. rer. pol. Anschließend arbeitete er als Forschungsreferent am Walter Eucken Institut in Freiburg, dem er als *Research Associate* bis heute angehört. Im Jahr 2008 erfolgte die Habilitation in Volkswirtschaftslehre und der Wechsel auf eine Vertretungsprofessur an die Universität der Bundeswehr München. Seit 2010 ist Nils Goldschmidt Professor für Sozialpolitik und Sozialverwaltung an der Hochschule für angewandte Wissenschaften München. Zu seinen Forschungsschwerpunkten zählen unter anderem Ordnungsökonomik, Wirtschafts- und Unternehmensethik, kulturelle Ökonomik und die Geschichte des ökonomischen Denkens.

*Prof. Dr. Rainer Klump (Frankfurt am Main):* Rainer Klump studierte Volkswirtschaftslehre in Mainz, Paris und Erlangen-Nürnberg. Nach Lehrtätigkeiten in Würzburg, Freiburg im Breisgau und Ulm, hat Klump heute den Lehrstuhl für Wirtschaftliche Entwicklung und Integration in Frankfurt am Main inne. Er ist außerdem Ko-Direktor des interdisziplinären Wilhelm Merton-Zentrums für Europäische Integration und Internationale Wirtschaftsordnung an der Frankfurter Goethe-Universität und Wissenschaftlicher Leiter der Hessen International Summer University (ISU) in Frankfurt. Seit 2007 ist er Mitglied des Exzellenzclusters 243 »Die Herausbildung normativer Ordnungen«; seit 2009 ist er zudem Vizepräsident der Goethe-Universität.

*Prof. Dr. Heinz D. Kurz (Graz):* Nach seinem Studium der Volkswirtschaftslehre in München promovierte Heinz D. Kurz an der Universität Kiel. Über die Zwischenstationen eines Visiting Fellowships am Wolfson College in Cambridge (UK) und einer Professur an der Universität Bremen, hat Kurz heute einen Lehrstuhl am Institut für Volkswirtschaftslehre der Karl-Franzens-Universität Graz inne. Seine Forschungsschwerpunkte liegen in der Wirtschaftstheorie und der ökonomischen Theoriegeschichte. Kurz leitet das *Graz Schumpeter Centre* und ist General Editor der unveröffentlichten Werke Piero Sraffas.

*Prof. Dr. Andrea Maurer (München):* Nach Mitarbeit an mehreren Forschungsprojekten und einer Disseratation und Habilitation in Soziologie an der Universität Augsburg ist Andrea Maurer derzeit Professorin für Organisationssoziologie an der Universität der Bundeswehr in München. Andrea Maurer erhielt mehrere Rufe auf Soziologieprofessuren und weilte zu Forschungsaufenthalten in Pittsburgh (USA) und Oxford (UK). Ihre Forschungsschwerpunkte sind soziologische Theoriebildung, neue Institutionentheorie sowie die Wirtschafts- und die Herrschaftssoziologie. Andrea Maurer ist Mitherausgeberin der Reihe »Wirtschaft + Gesellschaft« im VS-Verlag und hat 2010 den Band »Wirtschaftssoziologie nach Max Weber« und 2008 das »Handbuch der Wirtschaftssoziologie« herausgegeben.

*Prof. Dr. Dres. h.c. Bertram Schefold (Frankfurt):* Bertram Schefold studierte in München, Basel und Hamburg Mathematik, Theoretischer Physik und Philosophie (1967). Anschließend wandte er sich dem Studium der Nationalökonomie in Basel und Cambridge (GB) zu, das er 1971 mit der Promotion abschloss. Er wurde Lektor in mathematischer Nationalökonomie in Basel (1971–1972), danach Visiting Scholar am Trinity College in Cambridge (GB) und Research Associate in Harvard. Seit 1974 ist Bertram Schefold ordentlicher Professor am Fachbereich Wirtschaftswissenschaften der Johann Wolfgang-Goethe Universität in Frankfurt am Main, unterbrochen von zahlreichen Gastprofessuren. Sein Forschungsschwerpunkt ist die Wirtschaftstheorie (Bücher zur Kapitaltheorie und Theorie der Kuppelproduktion). Seit etwa 1980 hat er sich zunehmend der Geschichte der ökonomischen Theorie zugewandt, war aber auch mit Umweltpolitik und Energieanalyse beschäftigt.

*Prof. Dr. Manfred E. Streit (Jena):* Nach einer Promotion am Institut für Europäische Wirtschaftspolitik an der Universität des Saarlands im Jahr 1966 war Manfred E. Streit wissenschaftlicher Assistent im Sachverständigenrat und *Lecturer* an der University of Reading (UK). Nach seiner Habilitation hatte Streit Professuren an der Universität Mannheim, am European University Institute in Florence und seit 1990 an der Universität Freiburg inne. Er ist Gründer des Max-Planck-Instituts für Ökonomik (Jena). Im Jahre 2001 wurde er mit der Hayek-Medaille für Institutionenökonomik und Ordnungstheorie im Sinne Hayeks ausgezeichnet. Zu Streits Forschungsschwerpunkten zählen die analytischen Grundlagen der Wirtschaftspolitik und die Ordnungstheorie und –politik in der Freiburger Tradition.

*Dr. Keith Tribe (Sussex):* Keith Tribe studierte Soziologie an der University of Essex (1971) und promovierte in Cambridge (1977) mit einer Dissertation über das Verhältnis zwischen die Schriften von Malthus und Ricardo und der Entwicklung des englischen Agrarkapitalismus im 18. Jahrhundert. Nach einer Lehrtätigkeit an der Keele University und einem Visiting Fellowship am Max Planck Institut für Geschichte in Göttingen, arbeitet er heute als professioneller Rudertrainer und Übersetzer. Derzeit arbeitet Tribe an einer neuen englischen Übersetzung von Max Webers *Wirtschaft und Gesellschaft,* Teil 1.

*Prof. Dr. Roland Vaubel (Mannheim):* Roland Vaubel studierte Philosophie, Politik und Ökonomie an den Universitäten Oxford und Columbia (New York). Er war wissenschaftlicher Mitarbeiter am Institut für Weltwirtschaft in Kiel. Er promovierte 1977 zum Dr. rer. pol. und habilitierte sich 1980 an der Universität Kiel. Nach einer Professur an der Universität Rotterdam und einer Gastprofessur an der University of Chicago wurde Vaubel 1984 Professor für Volkswirtschaftslehre an der Universität Mannheim. Er ist Mitglied des Wissenschaftlichen Beirats beim Bundesministerium Wirtschaft und Technologie und Associate Editor der Zeitschrift Review of International Organisations. Zu seinen Forschungsschwerpunkten zählen unter anderem die Public-Choice-Analyse internationaler Organisationen und die internationale Währungspolitik. Er lehrt auch Wissenschaftstheorie.

*Prof. Dr. Carl Christian Freiherr von Weizsäcker (Bonn):* Carl Christian von Weizsäcker forschte und lehrte als Professor an der Universität Heidelberg, dem MIT und den Universitäten Bielefeld, Bonn, Bern und Köln. In Köln war von Weizsäcker Direktor des Energiewirschaftlichen Instituts. In der Mitte der 1990er Jahre war er zudem Leiter der Monopolkommission. Bis heute ist von Weizsäcker Mitglied im Beratergremium des Bundeswirtschaftsministers und ist seit seiner Emeritierung als *Senior Research Fellow* am Bonner Max-Planck-Institut zur Erforschung von Gemeinschaftsgütern tätig. Seine Forschungsschwerpunkte umfassen die Wohlfahrtstheorie bei adaptiven Präferenzen, die Theorie der Sozialen Marktwirtschaft, Wettbewerbspolitik und Energiepolitik.